Ricarda Huch

Ausbreitung und Verfall der Romantik

Verlag
der
Wissenschaften

Ricarda Huch

Ausbreitung und Verfall der Romantik

ISBN/EAN: 9783957005106

Auflage: 1

Erscheinungsjahr: 2015

Erscheinungsort: Norderstedt, Deutschland

Hergestellt in Europa, USA, Kanada, Australien, Japan
Verlag der Wissenschaften in Hansebooks GmbH, Norderstedt

Cover: Tizian "Ländliches Konzert "

Verlag
der
Wissenschaften

Ausbreitung und Verfall der Romantik

Von

Ricarda Huch

Leipzig 1902

H. Haessel Verlag.

Inhalt.

Ueberblick.

Das will Alles umfassen und verliert sich
darüber immer in's Elementarische.
Goethe.

Ringseis erzählt in seinen Lebenserinnerungen eine
merkwürdige Geschichte: der kleine Sohn eines Officiers hörte
eines Tages auf freiem Feld eine Hirtenflöte blasen, lief
voll Sehnsucht dem Klange nach und kam nicht zurück.
Die Eltern mußten es endlich aufgeben, den Verlorenen zu
suchen, der irgendwo in einem Dorfe ein Hirtenbube geworden
war; nach vielen Jahren fanden sie ihn zufällig mit Familie
in einer Hütte und so in die bäuerlichen Verhältnisse ein-
gelebt, daß es unthunlich gewesen wäre, ihn in die früheren
zurückzuversetzen.

Dies kann wohl als ein Bild für die Geschichte der
Romantik gelten: sie ging dem süßen, volksthümlichen Tone
einer Schalmei nach, wie sie Kinder oder Hirten blasen,
setzte sie selbst an den Mund, gab sich der wilden, freien
Natur hin, stolz, einmal die Kultur abstreifen zu können,
und ging dabei unversehens ihrer gebildeten Geisteskräfte
verlustig, bis sie schließlich nichts anderes mehr konnte als
auf der Schalmei blasen.

Die ersten Romantiker waren Norddeutsche gewesen,
durch hellen Verstand, Wissensdurst und geistige Energie
ausgezeichnet, wie sie dem Norddeutschen im Allgemeinen
eigen sind. Was sie von den meisten ihrer Zeitgenossen

unterschied war der Sinn für das Geheimnißvolle, für das
dunkle Reich in unserem Innern, das uns mit dem Allgemeinen, mit dem Kosmos verbindet.

> Es liegt um uns herum
> Gar mancher Abgrund, den das Schicksal grub;
> Jedoch in unserm Herzen ist der tiefste,
> Und reizend ist es sich hinabzustürzen.

Ueber diesen Abgrund beugten sich die Romantiker,
lauschten hinunter, förderten Schätze aus ihm zu Tage,
erkannten in ihm den Urquell des Lebens und der Kunst.
Wenn sie sich an den pythischen Dünsten, die aus der Tiefe
aufstiegen, hie und da berauschten, so behielten sie doch im
Allgemeinen den Kopf frei und klar. Sie blieben die bewußten Pfadfinder durch das dunkle Land des Unbewußten,
sie deuteten Mythologie, Märchen, Sage, Aberglauben, aber
sie verirrten sich nicht oder fanden sich doch bald wieder
zurecht. Mit klardenkendem, ja kritischem Kopfe liebten sie
eine schöne Raserei, die Verwirrung des Traumes; und
eine Verbindung der entgegengesetzten Pole, nenne man sie
Vernunft und Phantasie oder Geist und Trieb, stellten sie als
Ideal auf.

Bald indessen drängten sich andere hinzu, die keine Verwandtschaft mit dem Verstand und der Geisteskraft jener
fühlten, sondern einzig durch die berauschenden Dünste angelockt wurden, die aus dem aufgedeckten Abgrund stiegen.
Es waren durchaus keine kritischen Köpfe, sondern unklare
Träumer, Halberwachte, Schwache, denen es Wollust war,
sich zu verirren und in den Abgrund hinuntergleiten zu
lassen. Um dem Zwiespalt zwischen Geist und Natur zu
entgehen, den sie nicht in sich zu überwinden vermochten,
gaben sie sich ganz und gar der Natur, ihrem Triebleben

hin, den Geist abschwörend, worauf denn eben bald die flache Natürlichkeit wieder da war, die die ersten Romantiker bekämpft hatten. Diese waren keineswegs stolz auf das junge Gefolge, sondern blickten mit Befremden und geheimem Mißfallen auf die Selbstmörder, die den Geist in sich erstickten, und dabei ihren Namen anriefen. In ihren weiteren Grenzen erlebten freilich die Aelteren auch einen Niedergang.

Dem Kreise des Erblühens und Verwelkens ist die Natur eingestellt; der mit ihr verbundene Geist wird von ihr überwältigt, theilt ihr Loos, nur in seltenen Fällen macht er sich von ihr unabhängig und überstrahlt sie mit dem Lichte einer ewigen Jugend. Gerade für den Künstler sind die Bedingungen schwierig; denn ohne reiche Natur gäbe es keine Künstlerschaft (etwa wie kein gutes Drama ohne eine Frauenrolle, keine schöne Stadt ohne einen landschaftlichen Hintergrund oder Umgebung), der das Gleichgewicht zu halten schon eines starken Geistes bedarf. Daran fehlte es den jüngeren Romantikern, und so kam immer ein Augenblick, wo das Triebleben in ihnen das Geistesleben überwucherte, und damit begann der Untergang. Der Schwelgerei der Jugend folgte Erschöpfung, ja Faselei und Albernheit. Das neue thatkräftige Geschlecht rottete Blumen, Gras und Unkraut mit einander aus, um die Saat zu bestellen und Häuser zu bauen.

Die jüngere romantische Bewegung wurde aber nicht nur von jungen schwachgeistigen Dichtern und Künstlern getragen; die Ideen von Novalis, Schlegel, Schelling regten die Mehrzahl der bedeutenden Zeitgenossen an, unter denen viele Männer von Kopf und Charakter waren. Alle Gebiete — Religion, Kunst, Wissenschaften — erfuhren durch die Romantik Erweiterung und Vertiefung, nach allen

Richtungen gingen die Strahlen, erleuchteten und erloschen
schließlich. Das Ideal, Geist und Natur, Bewußtes und
Unbewußtes in gleichkräftigem Vereine zu halten, erfüllt
sich schwer im Einzelnen so wie in irgend einer Erscheinung
oder Bewegung. Einen Augenblick lang erhielt sich die
romantische Richtung über den Polen, das Alte und das
Neue, das Historische und Radikale, den Katholicismus und
Protestantismus, den Zwang und die Freiheit gleich werthend,
jedem das Seine lassend, allein die Kraft erlahmte bald,
eine Schale mußte sinken, und zwar in den meisten Fällen
die der Vernunft, während die der Neigung in die Höhe
ging. Man könnte den Weg, den die Romantik nahm, so
bezeichnen: vom Norden ausgehend wandte sie sich nach
Süden, hielt kurze Zeit die Mitte zwischen Norden und
Süden, um dann nach Süden hinunter zu gleiten.

Was für reichen Samen sie auf diesem Wege aus=
streute, ist kaum zu sagen; hier soll zunächst nur versucht
werden, die Richtung zu zeigen, in der er geworfen wurde,
oder, um bei dem vorhin gebrauchten Bilde zu bleiben,
die Hauptstrahlen aufzuweisen, die von der neuen Ideenwelt
ausgingen.

Der höchste Ruhm der Romantiker, was in den oben
angeführten Worten Goethe als ihren Fehlgriff und die
Ursache ihres Untergangs bezeichnete, war daß sie alles umfassen wollten. Er habe die Welt müssen vermodern und in
ihre Elemente zurückkehren sehen, sagte Goethe in derselben
Hinsicht, er habe versucht, sich Welt und Natur als Plastiker
klar zu machen, nun machten jene wieder einen Dunst
darüber. Es kam den Romantikern in der That weniger
auf eine klare, sichtbare Welt an, als auf die unergründe-
ten Tiefen, auf die verborgenen Zauberkessel, wo die Elemente sich mischen und kochen und oben die Dünste aus

Licht senden, die es trüben. Die kosmischen Kräfte ließen sich beschwören, wurden aber der Menschen Meister und unterwühlten ihre eble Bewußtseinswelt, anstatt sie zu einem Ganzen zu vollenden. Dieser Prozeß mag indessen so nothwendig sein, wie dem einzelnen Menschen der Schlaf ist, damit sich der Geist aus den Elementen des Seins, die ihn verschlingen, wieder Kraft zu leben schöpfe.

Die Zerstreuung.

Innerer Krieg, Familienzwist und Liebesleidenschaften, und der große Völkerkrieg lösten den Kreis der ersten Romantiker auf und vertrieben sie aus Jena. Nie dachten die Glieder der Urgemeinde ohne Wehmuth an den lieblichen Ort zurück, der für sie in jeder Hinsicht ein Paradies gewesen war: das Heim ihrer Jugend, ihrer Einigkeit, ihrer lebendigen und fruchtbaren Ideen. So schädlich für die einzelnen die Absonderung, das Aufhören des Zusammenwirkens war, so förderlich war die Zerstreuung für die Ausbreitung ihrer Ideen, freilich mit der nothwendigen Kehrseite, daß, indem viele, verschiedenartige Menschen sie aufgriffen und sich ähnlich machten, auch ihre Verunstaltung und Verflachung begann.

Einen Mittelpunkt, wie die ältere hatte, erlangte die sogenannte jüngere Romantik nicht wieder, weder in leitenden Personen, wie die Schlegel gewesen waren, noch örtlich. Im großen Ganzen wurde der Schwerpunkt der Romantik mehr und mehr nach Süden verrückt, räumlich und geistig, wenn man einmal Norden mit Gedanken und Süden mit Gefühl gleichsetzen will.

Dem älteren Schlegel, August Wilhelm, wurde ehrenhalber eine gewisse Pietät gezollt, und Gelehrte gab es auch, die ihn, weil er in Erforschung orientalischer Sprache und Literatur die Wege gewiesen hatte, dankbar verehrten. Friedrich blieb das Vorbild der jungen Dichter, die dem

Katholicismus zuneigten; aber gerade die maßgebenderen Persönlichkeiten hielten sich von beiden zurück. Die neue extreme Richtung fühlte sich von dem norddeutschen Wesen, das in beiden Brüdern so durchaus ausgeprägt war, abgestoßen; die Gründlichkeit und Schwere selbst, mit der Friedrich sich in den Süden versenkt hatte, war nordisch und geborenen Süddeutschen im Grunde unverständlich.

Die Schlegel ihrerseits sahen voll Aerger auf die Geister, die sie geweckt hatten, und vollends die Berlinerin Dorothea, die Tochter des alten Mendelssohn, konnte ihre Entrüstung über die verschwommene Schwärmerei, die sich romantisch nannte, kaum zurückhalten und gerieth oft in Verlegenheit, wenn sich die Träger solcher ihr lächerlichen und ärgerlichen Dichtungen mit dem Anspruch von Jüngern und Glaubensgenossen zugleich an Friedrich und sie drängten. Werner's Dramen machten ihr einen „unanständigen Eindruck", auch als Friedrich ihn noch vertheidigte, erklärte sie ihn nachdrücklich für ihre ganze Antipathie. „Es ist kein Leben, kein warmer Hauch, keine Natur, kein Glauben und kein Gefühl, keine andere Bewegung, als die bei einem todten Frosch wohl durch den Galvanismus hervorzuckt. Es ist die Sünde und die kalte Hölle. Pfui!" Von dem Roman „Arkadien" des Grafen Loeben sagte sie, es sein ein „Scandal von einem Roman! Wahrer Mißbrauch der Sprache und der Worte, der Dichtkunst und des Papiers." Zwischen Clemens Brentono und Friedrich und Dorothea bestand seit der Zeit, wo jener als blutjunger Student nach Heidelberg gekommen war, ein mißliches Verhältniß, das sich nie wieder ganz ausglich. Mit Tieck war Clemens zeitenweise recht befreundet, aber Tieck dachte sehr gering von Arnim's dichterischer Befähigung und hielt das, was an seinen Werken gut wäre, für Nachahmung seiner selbst. Schelling, dessen überwiegende Kraft Anfangs alles an sich gezogen hatte, vereinsamte mehr und mehr, wie sein Hochmuth mit den Jahren wuchs und die unbedingte Annahme seines Systems, die er herrisch verlangte, um so seltener wurde, je kräftiger die Ideen, die er ausgesät hatte, keimten und wuchsen.

Die jüngeren Romantiker schließlich wollten nichts von den letzten Ausläufern der Richtung, den Hyperromantikern wissen, deren Typus Graf Isidor Loeben war. „Es ist aber auch jetzt ein solches Gesinge und ein solcher Romantismus eingerissen", schrieb Clemens schon i. J. 1803 an Arnim, „daß man sich schämt auch mit beizutragen." Ueber die „Lotosblätter von Isidorus", nämlich dem Grafen Loeben, urtheilte E. T. A. Hoffmann, er ersehe mit Vergnügen daraus, „daß die Clarinette deßhalb so heißt, weil sie klar und nett ist, übrigens auch als ein liebenswürdiger Charakter und herziges, himmelblaues Vergißmeinnicht überall ungemein gelitten wird 2c. Noch bemerke ich, daß mir wenigstens der musikalische Theil solche Ansicht gewährte, als wenn ich viele kleine plinzernde Fischchen in einem sehr trüben Wasser spielen sähe."

Die Ideale der jüngeren Romantik waren denn auch andere geworden; von Goethe, dem Götterbilde, das sie in ihrem Tempel aufgestellt hatten, wandten sich zum Theil auch die älteren ab, je mehr ihre besonderen Tendenzen sich ausbildeten. Schon Novalis erklärte den von der Schule als Musterroman ausgerufenen Wilhelm Meister für prosaisch; Arnim klagte sogar, daß „der verdammte Werther" und seine „falsche Verehrung der Goethe'schen Formen" ihn verleitet habe, das Beste aus seinem Hollin wegzuschneiden. Andererseits wurde bekanntlich die Goethe-Verehrung durch Bettina auf's Höchste gesteigert. Arnim fand Tieck's Lovell

„himmlisch," den Ofterdingen des Novalis dagegen, der den Freunden des Verstorbenen heilig war, mittelmäßig, das „dummgelehrte Bauerngeschwätz allenthalben" störte ihn, das darin enthaltene Märchen erklärte er für langweilig. Brentano ftimmte bei, noch hinzusetzend, die Figuren darin hätten Fischschwänze, alles Fleisch darin wäre Lachs, er empfände physischen Ekel, es zu lesen. Folgendes war sein Urtheil über die Fragmente: „es ist, als sähe man ein vom Schweine- metzger geschlachtetes und am Boden ausgespanntes Uni- versum und bei jedem Gedärm eine Nummer und über alles ein Register." Der wissenschaftliche Geist der älteren Romantik war ihnen zuwider, auch Tieck ihnen zu kritisch. Daß Clemens Schiller's Maria Stuart ein „erbärmliches Machwerk" nannte, „langweilig, bizarr und lächerlich durch und durch" kann nicht überraschen; aber über Friedrich Schlegel's Alarkos dachte er nicht besser, sondern erklärte ihn für das Schlechteste, was er kenne. Am meisten be- fremdet, wie wenig Brentano eines der schönsten Produkte der Romantik, Grimm's Märchen, zu würdigen wußte; sie seien, sagte er, „aus Treue äußerst liederlich und versudelt und in manchem dadurch sehr langweilig." Dann wieder finden wir unbegreifliche Blindheit den Werken der Freunde gegenüber: Arnim fand, es sei nur Brentano im Roman Godwi gelungen, einen jungen werdenden Dichter darzu- stellen. Brentano sagte, Arnim habe in Hollin's Liebeleben Schiller übertroffen. Wenn vollends Justinus Kerner den Zauberring von Fouqué mit Cervantes vergleicht, so sehen wir, wie der kritische Verstand abhanden gekommen ist, um einem zufällig persönlichen, oft ganz irreleitenden Gefühl Platz zu machen. Nicht alle übrigens trifft das: E. T. A. Hoff- mann zum Beispiel hatte ein zutreffendes, klar abgewogenes Urtheil; er war auch einsichtsvoll genug, um Schiller nicht zu verkennen, den er gelegentlich den Heros nannte. Die Schwaben alle verehrten ihren großen Landsmann; man weiß, was für ein schwärmerisches, an Anbetung grenzendes Gefühl Hölderlin — ähnlich wie der etwas jüngere Novalis in seinen Anfängen — Schiller widmete.

Kurze Zeit war die Romantik eine centralisirte Monarchie gewesen, nach deren Auflösung wurde sie ein aus lauter kleinen selbstständigen Gemeinden bestehende Republik.

Berlin, der nördliche Punkt der Romantik und zugleich der, wo ihre Elemente zum großen Theil sich gesammelt hatten, blieb dauernd für sie von Bedeutung. Die Stadt, wo Tieck und Wackenroder geboren waren, wo Wilhelm Schlegel seine Vorlesungen über Literatur, Fichte seine Reden an die deutsche Nation hielt, wo in späteren Jahren ein romantisirender König auf dem Throne saß, verdiente wohl von Zacharias Werner in Bezug auf die Romantik das „neue Bethlehem" genannt zu werden. Hier besuchten Aerzte und Neugierige Wolfart's Anstalt für magnetische Kuren durch vermittelnde Agentien, und die Schöngeister Europa's waren glücklich, wenn sie sich bei Rahel und Bettina einführen lassen konnten, die sich an Geist und Poesie zu überblitzen suchten. Als Hoffmann i. J. 1814 nach Berlin kam, fand er zu seiner Ueberraschung, daß seine ersten Novellen, der Hund Berganza und der Magnetiseur, ihn bereits bekannt und merkwürdig gemacht hatten; ein Diner, daß an einem der ersten Tage stattfand, und an dem Tieck, Fouqué, Franz Horn, Chamisso, Hitzig, Bernhardi theilnahmen, kam ihm höchst interessant vor. Mit der Zeit beschränkte er sich auf den Umgang mit dem humorvollen Contessa, mit Hitzig, dem er von der Warschauer Zeit her anhänglich war, und dem glänzenden Koreff, bald aber waren ihm auch diese nicht „stomachal" genug, und er tobte sich mit dem Schauspieler Devrient in den berüchtigten Nächten bei Luther und Wegener aus.

Berlin, das preußische, mechanische, cerebrale, war trotz aller romantischen Bestrebungen die Stadt der Widersacher. Die Romantik verlor dort nie den Kopf, unächte Töne aus der Aufklärungszeit, Schöngeisterei und witziges Aesthetisiren, spielten beständig hinein. Dresden, die Stadt edler Stimmung mit schönem landschaftlichem Hintergrunde hat einen bescheideneren, aber klangvolleren Namen in der Geschichte der Romantik. Nicht nur verlebte der Altmeister Tieck hier sein Alter, in Dresden hatte sich eigentlich bei Gelegenheit eines freundschaftlichen Zusammentreffens die erste romantische Schule konstituirt. Wie mancher hatte sich, seit Wilhelm und Karoline das Gespräch über die Gemälde schrieben und Steffens vor dem Bilde der Sixtinischen Madonna unter heftigem Erzittern zu Thränengüssen hingerissen wurde, an derselben Stelle Erleuchtung über Kunst und Kirche geholt!

Durch ihre Schwester Charlotte Ernst, die dort lebte, blieben die Schlegel stets mit Dresden in Verbindung. Als Schubert auf Anregung von Adam Müller und namentlich von Kleist, dem „sanften, ernsten Manne," der nicht genug über Magnetismus hören konnte, vor einem vornehmen Publikum Vorträge über die Nachtseiten der Natur hielt, wurde er mit beiden Brüdern bekannt und fühlte sich namentlich von dem gemüthreichen Friedrich an- gezogen. Dorotheen's Sohn aus erster Ehe, Philipp Veit, kam, etwa 14 jährig, um die Malerei zu studiren, nach Dres- den und hatte, als er im Schubert'schen Hause das Weihnachts- fest mitfeierte, Gelegenheit, die kleine 3 jährige Tochter zu retten, die, im weißen Kleidchen um ein Weihnachtslicht -tanzend, Feuer fing und ohne die Geistesgegenwart des

Knaben vielleicht verbrannt wäre. Schubert berichtet, er
habe nur wenige Knaben gesehen, bei denen die innere
Schönheit so sichtbar durch die äußere hindurchgeschienen
habe. Auch der Maler Otto Runge, dessen symbolsirende
Bilder Brentano, Tieck und Görres entzückten, erlebte glückliche Studien- und Liebesjahre in Dresden. Vor allem
aber malte hier der „edle Pommer" Caspar David Friedrich,
ein Mann mit schwermüthigernster Stirne und kindlich treu-
herzigem Blick der Augen, seine träumerischen Landschaften
und Luftschaften: ein Felsen im anbrandenden Meere; ein
abgestorbener Baumstamm, auf dem ein Rabe sitzt; ein
Wald, dem ein Sturm die herbstlichen Blätter entreißt;
eine Eule bei Mondschein zwischen Wolken schwebend. Der
melancholische Mann pflegte heiteren Scherz im Freundeskreise und namentlich im Umgange mit Kindern. Er war
arm und genügsam: in seinem Zimmer, das zugleich sein
Arbeitsraum war, fand sich nichts als ein hölzerner Stuhl
und ein Tisch; kam jemand um ihm zu sitzen, wurde aus
der Schlafkammer noch ein ebensolcher Stuhl geholt.

Den Frühling und Sommer des schicksalvollen Jahres
1815 brachte E. T. A. Hoffmann in Dresden zu; am
Altmarkt Nr. 33 bewohnte er vier Treppen hoch ein „höchst
romantisches Stübchen" und flüchtete sich aus der düsteren
Zeit in ein phantastisches Reich, das aus seinem Innern
sich gestaltete, und wo ihm wohl war. Sein vollendetstes
Werk, das Märchen vom goldenen Topfe, das damals entstand, spielt in Dresden: im schwarzen Thore sitzt das
schreckliche Aepfelweib, im Linkischen Bade will der Student
Anselmus Kaffee mit Rum und eine Bouteille Doppelbier
trinken, und nicht weit davon unter dem Hollunderbaum,
da wo „hinter dem schönen Elbstrom das herrliche Dresden
kühn und stolz seine lichten Thürme emporstreckt", sieht er

zum ersten Male die grüngoldnen Schlänglein und die dunkelblauen Augen seiner Serpentina.

In den 20er und 30er Jahren führte Carus, der Leibarzt des Königs von Sachsen, als Ausbeute seiner abendlichen Spaziergänge in der Umgebung Dresdens, ein malerisches Tagebuch, das ein eindringliches Sehen und Verstehen der Natur bekundet, wie es damals unter Malern selten war. Ein Novemberbild: „Abends grau bewölkter Himmel, einzelne hellgelbe durchbrochene Stellen im Westen. In der Elbe hinter der Brücke lag längs dem Ufer ein Schiff mit schlaff aufgehangenem Segel. Alles dunkel; hinter dem Segel blitzte eine gelbliche Stelle hervor. Mehr südlich die katholische Kirche und das Schloß riesenhaft dunkel und scharf; dahinter eine wundersam bewegte hellere Wolken-partie." Wundervolle Bilder giebt die Brühl'sche Terasse bei Schnee und Mondschein, wir sehen das Schauspielhaus, die Bastion, die gewaltige Kuppel der Frauenkirche; anderes ist im „großen Garten" beobachtet. „Die Sonne war unter; vor dem mattgeblichen Abendhimmel stand ein breites bis zum Horizont monotones graues Schneegewölk, drüben am bläßlichen Himmel wurden lockere Cumuli noch von dem verlöschenden Tageslichte erleuchtet. Dunkel breitete sich in bräunlichen, grünlichen und endlich violetten Farbentönen die Ferne hinaus. Schneestreifen, heller als das graue Gewölf, aber dunkler als der helle Himmel, unterbrachen die finstere Fläche.

Im Heimgehen trieb der Wind das Schneegewölk näher, wunderlich sauste es in tiefer Dämmerung in den kahlen Baumwipfeln und Fichten, und ein Mann vor mir hergehend in weitem Mantel, platter Mütze, mit schwarzem Hund zur Seite, gab eine Belebung, wie sie dieser trüben Nachtstimmung angemessen war."

Gleichzeitig wurde ein Kreis in Dresden tonangebend der eine jämmerlich verdünnte Romantik auf den Markt brachte und ihren Namen dadurch entwerthete. Die schwäch= lichen, ganz reizlosen Dramen Houwalds wurden als Meisterwerke ausposaunt, obwohl noch der alte Tieck die ächten Schätze der Romantik, die er hatte heben helfen, Shakespeare und Calderon, seinen Zuhörern zum Besten gab.

Im Nordwesten war ein Punkt, wo die Romantik fußte, das heilige Köln, das freilich mit seinen mittelalter= lichen Kirchen und Bildern wie kaum eine andere Stadt dazu geeignet scheint. Dennoch hat die Romantik niemals das geistige Leben der Stadt durchdrungen; man kann es fast zufällig nennen, daß gerade dort das größte Denkmal, der Dom, steht, das zeugt, „wie stark der Geist dieser Zeit" war.

Als der Jenenser Kreis sich auflöste, begab sich Friedrich mit Dorothea nach Paris, wo er mit seiner tief= gründigen Romantik sich als Bischof in partibus infidelium fühlte. Um ihn sammelten sich allerlei Deutsche und Aus= länder, die in der Fremde das gemüthliche deutsche Heim genießen wollten und sich von Friedrich in die Lehren der modernen Schulen einführen ließen. Besser als Achim und Arnim, der die Gründlichkeit Friedrich's langweilig fand, würdigten ihn die jungen Brüder Sulpiz und Melchior Boisserée, in denen er die Liebe zur mittelalterlichen Kunst anregte, die für die Kunstgeschichte so bedeutende Folgen hatte. Sulpiz, der zum Kaufmann bestimmt war, dann Jurist werden wollte, war durch den etwas älteren Bertram auf die ihm bisher unbekannten Schriften der Romantiker Tieck und Novalis aufmerksam gemacht worden und hatte von diesen einen nachhaltigen Eindruck empfangen, den Friedrich nun verstärkte und bildete. Nach Köln zurück=

gekehrt begannen die Brüder, denen eine glückliche Ver-
mögenslage erlaubte, ihrer Liebhaberei in großartiger
Weise nachzugehen, emsig die mittelalterlichen Bilder zu
sammeln, die theils durch Klosteraufhebungen zerstreut, theils
durch Ungeschmack oder die antikisirende, dem Mittelalter
abgeneigte Kunstrichtung von den Altären und anderen
Plätzen in der Kirche verbannt und in Nebenräumen, unter
Schutt und Plunder, vergessen worden waren. Wohl hatten
schon die älteren Kölner Kunstfreunde dergleichen Bilder in
ihre Sammlungen aufgenommen, doch war es niemals
systematisch und mit absichtlicher Beschränkung auf die
mittelalterliche Epoche zum Zweck besserer Kenntniß und
Schätzung ihrer Kunst geschehen, wie die Boisserée, denen
ihr unzertrennlicher Freund Bertram sich anschloß, es thaten.
Sie hielten die Bilder der Kölner Meister und die im
Styl verwandten für Erzeugnisse einer Schule, die sie die
neugriechische nannten, weil das Streben nach schöner
Form sie charakterisire.

Mit dem Anwachsen der Schätze stieg die Lust, eine
möglichst vollkommene Sammlung herzustellen; werthvolle
Funde brachte Melchior aus den Niederlanden heim. Der
Hauptgegenstand von Sulpizens Wirksamkeit wurde nun
aber das Wahrzeichen Kölns, die edle Ruine des Domes,
die er zunächst nur vor dem Verfall zu retten dachte, bis
allmählich der große Plan der völligen Wiederherstellung
sich an's Licht wagte. Bei der Gemahlin Napoleon's, Marie
Louise, der er, als sie i. J. 1810 nach Köln kam, als der
Tochter der alten deutschen Kaiser, die Sache des Domes
an's Herz legte, fand er freilich kein Verständniß und keinen
guten Willen. Desto inniger war die Theilnahme der
romantisch-vaterländischen Deutschen und bald konnte Görres,
der gleichzeitig mit Sulpiz den Ausbau des Kölner Domes

angeregt hatte, verzeichnen, daß Cotta die Herausgabe der
graphischen Darstellung des Domes in allen seinen Theilen
durch Sulpiz übernommen hatte, mit der Bemerkung: „so
stark ist der Geist dieser Zeit." Als beinah 60 jähriger
Mann erlebte Sulpiz eine Genugthuung, wie sie selten einem
Menschen zu Theil wird, indem er dem Feste der Grundstein-
legung im Dome beiwohnte.

Eine denkwürdige Stadt war Köln für Friedrich
Schlegel und Dorothea, die, begierig in die Heimath zurückzukehren, dem liebgewordenen Brüderpaar nach ihrer
Heimath folgten. Dorothea blickte später auf die Zeit am
Rheine, dem vor allem romantischen Strome, der mit goldenen Wellenklang durch die ganze Dichtung der Brentano
rauscht, als auf die schönste ihres Lebens zurück. Den
Rhein hat die Romantik eigentlich entdeckt, ja man kann
sagen, geschaffen. Es giebt kaum ein besseres Beispiel für
die Uebermacht der Phantasie: man vergleiche den Rhein
wie er ist mit der Vorstellung, die man im Allgemeinen,
sogar im Auslande, von ihm hat, nicht nur bevor man ihn,
sogar wenn man ihn gesehen hat. Auf diesem lieben landschaftlichen Grunde nun entwickelte sich den Schlegels ein
bedeutendes innerliches Erlebniß: umringt von katholischem
Leben und erhabenen katholischen Erinnerungen planten und
vollzogen sie den Uebertritt zur katholischen Kirche. Friedrich's
Hoffnung, in der Stadt, wo er und besonders Dorothea sich
so heimisch fühlten, eine Anstellung zu finden, verwirklichte
sich indessen nicht, und sie wandten sich südwärts, wohin der
Zug der Romantik ging.

In Mitteldeutschland gab es außer Jena noch einen
kleinen, aber hervorragenden Sitz der Romantik, Halle,
dann, weiter südlich, Bamberg. Seit den Tagen, als Tieck
und Wackenroder am buschigen Ufer der Saale in der

Nähe von Giebichenstein die Feste ihrer Freundschaft feierten,
gehörte Halle zur Romantik. Um zwei Anziehungspunkte
sammelte sich dort das romantische Leben: um den Mediciner Reil und um die Familie Reichardt. Reil, ein groß-
gewachsener Mann mit großen blauen Augen, scharfen Zügen
mit mildem Ausdruck und überzeugender Sicherheit des
Wesens, gehörte zu den durch Geist und Charakter ausge-
zeichneten Männern wie Fichte und der Geologe Werner,
die die Romantiker als Vorbilder der Deutschen hinstellten.
Er war der erste, der die Irrenheilkunde zu einer Wissenschaft erhob und verinnerlichte; von der Wirklichkeit des
animalischen Magnetismus, wie von dem Einfluß der Metalle auf den menschlichen Organismus war er überzeugt.

Reichardt, als Charakter nicht zuverlässig und als
Musiker schwächlich, besaß doch eine gewisse Großartigkeit
des Lebens. Mit Tieck und Steffens verwandt hielt er
ein schöngelegenes, gastliches Haus, voll schöner und be-
gabter Töchter, ihren Freunden und Gesinnungsgenossen
offen. Bei Reichardt fand die erste Begegnung zwischen
Tieck und Voß statt, bei welcher der schelmische Tieck den
mißtrauischen Gegner durch Hinweis auf einen siebenfüßigen
Hexameter in Goethe's Hermann und Dorothea zu gewinnen
wußte. Auch Arnim's Bekanntschaft, der 1798 und 99 in
Halle Mathematik, Chemie und Physik studirte, machte
Tieck auf Giebichenstein. Uebrigens verkehrte Arnim in
Halle mit Contessa und Houwald, deren Werke den letzten,
faden, üblen Aufguß der Romantik vorstellen und einem
späteren, geistig erschöpften Publikum eben recht waren. In
dem weitläufigen Drama Halle und Jerusalem hat Arnim
seine Studenteneindrücke nicht gerade glücklich wieder-
gegeben.

Im Beginn des neuen Jahrhunderts wanderte der

junge Gotthilf Schubert mit mehreren Kameraden zu Fuß
von Leipzig nach Halle, um dort „in dem Cos an der
Saale, dem äskulapischen Heroënsitz unserer Zeit", seine
medicinischen Studien zu vollenden. Indessen, so mächtig
Reil anzog, noch gewaltiger packte die Nachricht von Ritter's
Beobachtungen und Versuchen über die Wirkungen des
Galvanismus auf die Nerven des menschlichen Körpers, die
in einer Zeitschrift mitgetheilt war. Sofort nachdem Schubert
das gelesen hatte, machte er sich, obwohl es schon Nach=
mittag war, auf den Weg nach Jena, wo er am folgenden
Tage mit seinen Begleitern eintraf. Kaum hatten sie
Ritter gesehen und gesprochen und Schelling gehört, als sie
für Jena entschieden waren, wo sie denn mit Beginn des
Sommersemesters wieder einrückten. „Es war ein milder
Frühlingsnachmittag, als wir auf dem Wege von Bürgel
her die Saale und die alte, ehrenwerthe Musenstadt vor
uns liegen sahen. Wir konnten es nicht lassen, wir wen=
deten uns noch hinüber nach dem Berge, auf dem die
Burgruine mit dem Fuchsthurme weithin im Thale gesehen
wird. Die Abhänge der kahlen Höhen erschienen jetzt wie
in violblauen Sammet und grünliches Seidengewebe ge=
kleidet, denn es war die Zeit, in welcher die Pulsatillen
ihre großen, dunkelpurpurnen Blüthen aufthaten, deren zahl=
lose Menge den felsigen Boden in einen Blumengarten ver=
wandelte." Aehnlich hatte zwei Jahre vorher Dorothea
Schlegel die sanften Höhen um Jena beschrieben. Erst im
Wintersemester las Schelling sein berühmtes Colleg über
Naturphilosophie, um dessentwillen Schubert hauptsächlich
nach Jena gekommen war. Dem jungen Zuhörer war es
zu Muthe, als ob er Dante, „den Seher einer nur dem ge=
weihten Auge geöffneten Jenseitswelt" hörte; der Inhalt
seiner lapidarischen Rede erschien ihm „wie ein gebundener

Prometheus, deſſen Bande zu löſen und aus deſſen Hand das unverlöſchende Feuer zu empfangen, die Aufgabe des verſtehenden Geiſtes iſt." Kurze Zeit darauf verließ Schelling, ſpäter auch Ritter und damit die Romantik das freundliche Jena. Halle dagegen gewann Steffens und Schleiermacher, von denen wenigſtens der erſte fortwährend ein gemäßigter Vertreter der Romantik blieb. Eichendorff, der 1805 in Halle ſtudirte, wurde hier zuerſt durch die Bekanntſchaft mit Novalis' Werken die Welt der Romantik eröffnet. Ein Jahr ſpäter folgten die jungen Leute vom „Polarſtern", Varnhagen, Koreff und Andere, die Anhänger der „neuen Schule" waren, vorzüglich aber Fichte verehrten. Im Jahre 1809 kam Wilhelm Grimm, um Reil zu konſultiren, nach Halle und wurde während des längeren Aufenthaltes, den er der verordneten Kur wegen nehmen mußte, von Steffens in alle Ideale der Romantik eingeführt. Er lernte Jakob Böhme und Paracelſus, Bilder von Runge, Magnetismus und Siberismus und die indiſche Philoſophie kennen und begann unvermerkt romantiſch zu denken, intereſſante Vergleiche zwiſchen Farben und Tönen zu machen. Reichardt war damals fern von Halle und ſeine Familie lebte in bedrängten Umſtänden; die ſchönen Tage auf Giebichenſtein waren vorüber. In vielen Herzen mag das wehmuthvolle Lied Eichendorff's mitgeklungen haben:

Da ſteht eine Burg über'm Thale
Und ſchaut in den Strom hinein,
Das iſt die fröhliche Saale,
Das iſt der Giebichenſtein!

Da hab ich ſo oft geſtanden,
Es blühten die Thäler und Höhn,
Und ſeitdem in allen Landen
Sah ich nimmer die Welt ſo ſchön.

Auf dem verfallenen Schlosse,
Wie der Burggeist halb im Traum
Steh ich jetzt ohne Genossen
Und kenne die Gegend kaum.

Die uralte Bischofstadt Bamberg mit dem romanischen Münster und der Bergruine des Babenberger Schlosses war durch das Krankenhaus, an dem Markus und Röschlaub erst die Brown'sche Erregungstheorie, dann die neue naturphilosophische Medicin lehrten, für die Romantik bedeutend. Im Herbst 1801 wanderte Schubert von Jena aus über das Fichtelgebirge nach Bamberg. Auf der Höhe des Ochsenkopfes las er Steffen's Beiträge zur Geschichte des festen Erdkörpers, besah die Quellen der Saale, des Main und Eger, das Grabmal einer alten, sagenberühmten Zigeunerin und stieg dann nach Bayreuth und Bamberg hinab. Als Student aus Jena, wo Schelling „als geistiger Herrscher waltete", wurde Schubert von den Studirenden der Bamberger Medicinschule mit Jubel und Hochachtung empfangen und in fröhlicher Gesellschaft wurde voll Begeisterung die Gesundheit der verehrten Lehrer, Röschlaub's und Schelling's, ausgebracht. Nach der Verlegung der medicinischen Hochschule nach Würzburg erlebte Bamberg noch einmal eine romantische Zeit durch die Anwesenheit E. T. A. Hoffmann's, der in den Jahren 1809—13 als Musikdirektor und Musiklehrer dort lebte. In Bamberg brachte Hoffmann Calderon's Andacht zum Kreuze, den standhaften Prinzen und die Brücke von Montible in Schlegel'scher Uebertragung auf die Bühne und malte selbst die Dekorationen dazu, auf denen er als „angenehme Schnörkel" an irgendwelchen versteckten Ecken sein Bild oder das eines Freundes anbrachte. Kleist's Käthchen von Heilbronn ging auf seine Veranlassung in Bamberg zum ersten Mal in Scene. Auf der Alten

burg, die dem Medicinaldirektor Markus gehörte, war er oft
zu Gaste, machte dort die ersten Entwürfe zu den „Kreis-
lertana" und malte, als ein Gastgeschenk, einen Thurm der
Ruine mit geschichtlichen Fresken aus dem Leben Adalbert's
von Babenberg aus. In dem Garten des dicken, gebildeten
und selbstzufriedenen Weinhändlers und Verlegers Kunz
leerte er manche Flasche Burgunder und rief, alle die klein-
lichen Plackereien seines Musiklehrerlebens vergessend, mit
hochgehaltenem Glase: Wie ist die Welt doch schön! Ein
Besuch bei den Kapuzinern in der Gesellschaft von Kunz,
wobei ein alter Pater die beiden Weltleute in die Gruft an
die Gräber seiner entschlafenen Genossen führte, gab die erste
Anregung zu den Elixiren des Teufels; und da sich nun hier
die Liebe zu Julia abspielte, die erste Idee zum goldenen
Topf entstand, kann man sagen, daß die Elemente zu den meisten
Dichtungen Hoffmanns sich in Bamberg angesammelt haben.

Aber die eigentliche Stadt der Romantik, wo sie ihr
wildestes Fest feierte, dessen Raketen und Funkensprühen
weithin sichtbar wurde, war Heidelberg, das altehrwürdige,
malerische, von Hügeln und Wäldern umringte, mit der
herrlichen Schloßruine, von der man auf den reizenden
Schlangenlauf des Neckar herabsieht. Clemens Brentano
hatte hier das Nest für Weib und Kind gebaut und lockte
den Freund Arnim nach; zu ihnen gesellte sich Görres,
jung, wagemuthig, zuversichtlich, überströmend von Ideen,
mit einer schönen sanften Frau und lieblichen Kindern.
Die schöne, gute Sophie Mereau, harmonisch wie Karoline
Schlegel, aber in kleineren Maßen, und die ruhige, be-
harrliche Frau Görres, die, wie Clemens sagte, zehn Bücher
zugleich lesen konnte, sorgten für gemüthliche Häuslichkeit.
Daß sie sämmtlich nur beschränkte Geldmittel zur Ver-
fügung hatten, erhöhte den Reiz des jungen, hoffnungs-

vollen Lebens. Der vielseitige Görres las als Privat-
docent an der Universität über Mythologie und Physiologie
und fesselte die jungen Zuhörer unwiderstehlich durch seine
Persönlichkeit und seine Rede. Eichendorff, der damals,
von Halle kommend, in Heidelberg studirte und sich hier
völlig der Romantik hingab, fand, daß Arnim und Brentano
sich zu Görres verhielten wie Schüler zu ihrem Meister.
„Sein durchaus freier Vortrag", so erzählt derselbe, „war
monoton, fast wie Meeresrauschen schwellend und sinkend,
aber durch dies einförmige Gemurmel leuchteten zwei
wunderbare Augen und zuckten Gedankenblitze beständig hin
und her. Es war wie ein prächtiges, nächtliches Gewitter, hier verhüllte Abgründe, dort neue ungeahnte Landschaften plötzlich aufdeckend, und überall gewaltig weckend
und gründend für's ganze Leben!" Eichendorff war so ein-
gefangen von Görres genialem Wesen, daß er lange Zeit in
seinem Style sprach; aber noch viele andere Schüler behielten das dankbare Gefühl, von ihm geweckt, angeregt
und auf immer bereichert worden zu sein.

Arnim und Brentano arbeiteten indessen an der Volks-
liedersammlung und aus gemeinsamem Wirken entstand die
Zeitung der Einsiedler, in der die ersten altgermanischen
Studien der Brüder Grimm erschienen, Görres' „knolligter"
Aufsatz über die Nibelungen, Uhlands erste, volksthümliche
Lieder und unter andern jenes schwungvolle Lied von
Arnim: Jugend hat ein heißes Blut! das die bayrischen
Studenten, Ringseis an der Spitze, zu der enthusiastischen
Kundgebung an die Herausgeber bewog. Mit Bezug auf
solche Thätigkeit mochte wohl der Freiherr von Stein in
späteren Jahren sagen, in Heidelberg habe sich ein guter
Theil des deutschen Feuers entzündet, welches später die
Franzosen verzehrt habe.

Zwei schöne Früchte dieser Jahre, 1806—1808, waren ferner die asiatische Mythengeschichte von Görres und die Symbolik von Creuzer, die allerdings erst später als Bücher erschienen.

Vollendet wurde dies reiche Leben durch die Nähe der Gegner, die sich um den nordischen Bauern Voß schaarten, und durch die Anwesenheit der fast ebenso feindlich ange= sehenen Hyperromantiker, deren Haupt Graf Otto v. Löben, der „Hohepriester der Winkelkirche" war. Als einen „sehr guten, reichen, garstigen Grafen", der einem „schimmlichten Käse" gliche, beschrieb ihn Clemens Brentano. Auch daß es nur ein kurzes Vorüberrauschen, wie vorher in Jena, war, gehörte wohl dazu, den Sommernachtstraum der Romantik in Heidelberg so schön zu machen.

Im Frühling des Jahres 1808 erwartete Sophie Brentano, der schon zwei Kinder, kaum geboren, wieder ge= storben waren, zum dritten Male ihre Niederkunft. In fröhlich=wehmüthiger Erwartung waren die letzten Tage ver= gangen, und als plötzlich am schönsten Sommerabend die Zeichen der nahenden Geburt sich meldeten, milderte Görres' beschwichtigende Gegenwart Brentano's Aufregung. Der nach schmerzvoller Entbindung eintretende Tod der lieben Frau, woran ernstlich niemand gedacht hatte, schmetterte Clemens völlig nieder. Nie vergaß sein dankbares Herz, was Görres, der „göttliche, herrliche", ihm in diesen Jammertagen gewesen war. Aber es litt ihn doch nicht mehr in Heidelberg, wo er hoffnungslos starrend und brütend in verödeten Räumen saß, und er begann seine Junggesellen-Wanderschaft auf's Neue. Ihm folgte im Herbst Görres, dem eine Anstellung an der Heidelberger Universität nicht geworden war, und bald auch Arnim, so daß der vollste Akkord der Romantik in dieser Gegend nun verklungen war. Zurück blieben Creuzer, der Mytholog, und Daub, der Theologe, stillere Gelehrtennaturen, die immerhin die Fahne der Romantik noch lange Jahre hoch hielten. Im Jahre 1810 kam vorübergehende Verstärkung durch die Leute bei den Bildern, wie Görres die Brüder Boisserée nannte, deren Sammlung viele Menschen anlockte und für die Kunst des Mittelalters gewann. Auch Hegel, der eine gewisse Richtung der Romantik ergriff und einseitig fortführte, bis er in äußersten Gegensatz zu ihr gerieth, lehrte zwei Jahre — von 1816 bis 1818 — in Heidelberg, und hielt bei den Kämpfen zwischen Voß und Creuzer zu letzterem. Besonders merkwürdig war Wilhelm Schlegel's Erscheinung in Heidelberg, der nicht nur bei Voß leidlich gut aufgenommen wurde, sondern sich sogar mit der Tochter des Professor Paulus, des rationalistischen Theologen und erpichten Gegners der romantischen Schule, verlobte und vermählte. Die Verbindung zwischen dem alternden, eiteln Manne und dem koketten jungen Mädchen war ein trauriger Mißgriff und mußte nach häßlichen Vorgängen und Auseinandersetzungen schleunig wieder gelöst werden.

Wir kommen nun zu den großen Centren der Romantik im Süden: München, Wien und außerhalb Deutschlands: Rom. Nur einen Blick werfen wir vorher noch auf ein urdeutsches Stammland, das von alters ein fruchtbarer Boden für Poesie gewesen war. „Im Schwabenlande", schrieb Heinrich Voß um 1814 „hat sich ein ganzes Nest solcher Dichter aufgethan, die, hoffe ich, nach ihrem 40sten Jahre aus der heiligen Raserei zur Vernunft zurückkehren werden." Der gute Voß wußte nicht, daß man von „heiliger Raserei" in Bezug auf keinen anderen deutschen Dichter wie auf den Schwaben Hölderlin so berechtigt war zu sprechen. Ueberhaupt, nicht die größte Anregung, aber das Vollkommenste was die Romantik geschaffen hat, ist von Schwaben ausgegangen, war doch Schelling ein Schwabe und darf man die Bezeichnung „Klassiker der Romantik", die eigentlich dem Schwaben Uhland galt, mit vollem Recht und im höchsten Sinne auf Hölderlin und Eduard Mörike an= wenden. Den deutsch=romantischen Ton im Bilde und in der Romanze hat außer Brentano keiner getroffen wie Justinus Kerner und keine Novelle von Eichendorff, keine von Arnim, versetzt so mitten in die Romantik hinein wie seine Schattenbilder. Es ist, als wäre das durch keine fremden Zuflüsse in Gährung versetzte, gute Schwabenblut ein Gesundbrunnen, erscheint doch sogar der Wahnsinn Hölderlin's gesunder und harmonischer als das Dämonische und Verzerrte in Brentano oder Hoffmann oder Zacharias Werner. Die Dichtung der Heimathlosen schlägt Wurzel in dieser mütterlichen Erde; aus der Stammeskraft mag es zu erklären sein, daß hier Gedichte entstanden, wie manche von Hölderlin und Mörike, die, aus romantischer Seele aufgetaucht, von griechischen Lippen gesungen zu sein scheinen.

München, die Stadt, von der Gustav Adolf gesagt haben soll, sie gleiche einem goldenen Sattel auf dürrer Mähre, war nicht wie Jena oder Heidelberg oder das schwäbische Bergland zur Bühne für die Romantik geeignet. Immerhin konnte Bettine Spaziergänge im englischen Garten machen, und die Isar, über die vor der Stadt ein schwindelnder Brettersteg führte, erschien ihr wie ein „schäumender Drache mit aufgesperrtem Rachen." Die Stadt selbst war vielleicht damals romantischer als später, wo Carus trotz aller Anerkennung der großartigen, von König Ludwig angeordneten Bauten und Anlagen, das Historische und Irrationale, also eben das Romantische, so durchaus vermißte. Jedenfalls war der genius loci der Romantik nicht abhold.

Es war dort ein Mann einheimisch, den schon Novalis und Friedrich Schlegel in der ersten Jenenser Zeit als in Denken und Fühlen sich verwandt erkannten, und dessen Werke sie mit Theilnahme und Bewunderung verfolgten. Franz Baader, der „heitere Gewaltige", stammte aus einer kinderreichen bayerischen Familie, studirte Bergbau und Chemie und kam also, ganz romantisch, über die Natur= wissenschaften auf die Philosophie. Von Schelling unab= hängig hatte er gleichzeitig mit ihm naturphilosophische Ideen angedeutet, mit dem Unterschiede, daß er, innerhalb der katholischen Kirche geboren und aufgewachsen, sie von Anfang an mit katholischer Religionswissenschaft in Berührung brachte. Seine „wolkenzerreißenden Gedankenblitze" ver= mochten selbst Goethe zu dem Bekenntniß, daß er hier etwas Bedeutendes ahne, wenn er es sich auch nicht recht aneignen könne. Baader machte es sich zur Aufgabe, Jakob Böhme's mystische Philosophie in die Sprache moderner Wissenschaft zu übertragen, es kam aber so, daß das Studium seiner eigenen Philosophie durch Hinübernahme Böhme'scher An= schauungs= und Ausdrucksformen erschwert wurde. So streng sich Baader an die großen Lehrer der mittelalter= lichen Kirche hielt, so wenig band er sich an die bestehende, hierin Görres ähnlich, der einen Conflikt mit dem Papste durchaus nicht scheute.

Mißtrauen und Eifersucht hielten ihn stets von Schelling fern, der nach kurzem Aufenthalt in Würzburg i. J. 1805 in München anlangte. Abgesehen davon, daß Baader'n der pantheistische Ton, der in Schelling's Natur= philosophie anklang, zuwider war, stießen sich auch die beiden Naturen ab: Schelling war schroff, vornehm zu=

sammengefaßt, herrisch, in Baader's Wesen und Werken war
Schwung und Wurf, feuriges Ueberwallen der lockeren
Form. Karolinen's Anmuth, Geist und Liebenswürdigkeit
machten sich, trotz des üblen Rufes, der ihr vorangegangen
war, auch in München sogleich geltend; aber bei der an-
spruchsvollen Unverträglichkeit ihres Mannes war es nicht
leicht, einen Kreis lebendiger Mittheilung um sich zu
sammeln. Als Bettine Brentano i. J. 1809 nach München
kam, trafen die ältere und die jüngere Romantik unfreund-
lich auf einander. Zwei Rassen und zwei Generationen —
denn Karoline war 20 Jahre älter als Bettine — standen
sich in den beiden Frauen gegenüber. Bettinen's wunderlich
schillerndes Wesen erschien der harmonischen Holdseligkeit
Karolinens gemacht, aufgebauscht und verzerrt. Sie konnte
es nicht lassen, wenn Bettine mit ihren Beziehungen zu
Goethe prahlte, ihr von Pauline Gotter, der Tochter ihrer
Jugendfreundin zu erzählen, mit der der frauenfreundliche
Dichter gleichfalls in einem väterlich-zärtlichen Verhältnisse
stand — nicht ahnend, daß dieselbe Pauline bald, wenige Jahre
nach ihrem bevorstehenden Tode, ihre Nachfolgerin im Herzen
und an der Seite ihres Mannes werden sollte. Bettine
verzieh Schelling diese Frau, die er liebte, nicht; doch bewunderte sie den „großen, prächtigen, viereckigen Schellings-
kopf", wie er aus den Händen Friedrich Tieck's, des Bild-
hauers, hervorging.

Infolge seiner Lage auf der Verbindungslinie zwischen
Deutschland und Italien, das von Romantikern so viel besucht wurde, sah München häufig Gäste, die von hüben
oder drüben kamen: Tieck, Carus, Rumohr, der vielen
Maler nicht zu gedenken. Tieck kam von Rom, krank und
gichtbrüchig, und ließ sich von schöngeistigen Damen pflegen
und von Bettine bald bewundern, bald hänseln. Die

eigentlich romantische Zeit begann für München erst, als
Karoline und Ritter bereits gestorben waren, nach den
Freiheitskriegen unter dem kunstliebenden, deutschthümelnden
König Ludwig, als Schelling, Baader, Görres, Schubert,
Ringseis, Oken neben einander an der Universität lehrten
und Clemens Brentano seinen letzten Weihrauch und seine
letzten Witze verpuffte. In der Nähe ihrer Bilder, die sie
an König Ludwig verkauft hatten, siedelten sich auch die
Brüder Boisserée und Bertram nach langen Wanderjahren
in München an. Alle diese Elemente versammelten sich an
dem gastlichen Tisch der liebenswürdigen, bescheidenen und
ganz unromantischen Baslerin Emilie Linder, Clemens
Brentano's letzter Liebe, die dem Geiste der Zeit ihre
Schuld zahlte, indem sie zum Katholicismus übertrat. Seit
den Landshuter Studententagen war Ringseis mit den
Savigny und Arnim befreundet; an der Wiege seiner
jüngsten Tochter standen als Pathen 3 Schwestern Brentano's:
Kunigunde v. Savigny, Meline v. Guaita und Bettine v.
Arnim.

Das kleine Landshut „mit seinen geweißten Giebel-
dächern und dem geplackten Kirchthurm, mit seinem Spring-
brunnen, aus dessen verrosteten Röhren nur sparsam das
Wasser lief. um den die Studenten bei nächtlicher Weile
Sprünge machten und sanft mit Flöte und Guitarre
accompagnirten", wo Röschlaub und Savigny lehrten, und
Clemens Brentano Altarthüren zu 45 Kreuzer und Altäre
mit Reliefs zu 4 Gulden kaufte, muß füglich neben
München genannt werden. Als Clemens mit Savigny und
Bettine im Herbst 1808 hier ankam, schrieb er Arnim, die
Landshuter Universität sei nichts als eine Gesellschaft
katholischer Pfarrer, die Abends bei einem „guten Mann
und modernen Mystiker, dem Religionsschriftsteller Sailer"

zusammenkämen und Schach spielten. Später gewann Sailer, der „allgemein Gefeierte, Geliebte, der Philosoph Gottes" ihn wie so viele andere Irrende und Schwankende für die Kirche.

Der Seelenfischer von Wien war Pater Hoffbauer, geistlicher Berather und Hausfreund bei Friedrich und Dorothea Schlegel, deren beiden im Judenthum geborenen Söhnen, den Malern Jonas und Philipp Veit er die Taufe ertheilte. Hoffbauer konnte sich weder an Bildung noch an edler Liebenswürdigkeit noch an weitblickender Menschlichkeit mit Sailer vergleichen. Von wissenschaftlicher Begründung des Glaubens wollte er nichts wissen; als Friedrich Schlegel ihm einmal sein neurologisches (oder mesmerisches) System des Katholicismus auseinandersetzte, rief er erst ablehnend, das sei nichts, gar nichts, dann, da Friedrich nicht abließ, es ihm aufzudrängen, umarmte er ihn und sagte: Du bist doch mein Friedrich! Gutherzig war er und hülfreich, daher im geselligen Verkehr behaglich. Die Frömmigkeit war in Wien besonders in den vornehmen Kreisen verbreitet und vertrug sich mit leichtsinnigem Lebensgenuß. In dem verführerischen Wien, das Grillparzer das Kapua der Geister genannt hat, konnte Ernst und Tiefe nicht aufkommen. Man hatte Recht, es dem preußischen Berlin nach romantischer Art gegenüberzustellen wie das Gefühl dem Kopfe oder, wie man damals sagte, wie des Bauchsystem dem Cerebralsystem. Litt die Romantik in Berlin an zuviel Verstand, so litt sie in Wien an zu viel Sinnlichkeit, dort artete sie in Schöngeisterei aus, hier wurde sie Fleisch und bekam sogar etwas hautgoût.

Es war verhängnißvoll, daß Friedrich Schlegel am Scheidewege die Straße nach Wien einschlug; ob ihm nun andere nachfolgten oder nicht, so hatte die Romantik damit doch die abschüssige Bahn nach Süden betreten. Friedrich und Adam Müller, den Brentano als einen „gescheiten, zur Vornehmigkeit und Noblesse geneigten, etwas einbärmigten Mann" schildert, „ruhig und hinlänglich und länglich, zu Zeiten sogar langweilig", hielten philosophische Vorträge für das Wiener Publikum, und da Adam Müller dasselbe weniger langweilte als Friedrich, waren seine besuchter, was eine heimliche Eifersucht auf Schlegel'scher Seite mit sich brachte. Beide waren grundverschiedene Naturen, obwohl sie sich in den Ideen vielfach trafen: Adam Müller fand sich in die zweideutige Lage, ausdrücklich gläubiger Katholik zu sein und die irreligiösen Lebemänner Gentz und Metternich als Freunde und Führer zu verehren, mit weit mehr Geschick und Anstand als der schwerere, ehrliche und gemüthvolle Friedrich. Beide starben kurze Zeit nacheinander im Beginn des Jahres 1829 eines plötzlichen Todes, als die Zeit der Romantik in Wien und überhaupt vorüber war. Sechs Jahre vorher war Zacharias Werner gestorben, der den vornehmen Wienern die Religion viel kurzweiliger vorgetragen hatte als Friedrich Schlegel die Philosophie. Als Werner auf seinen Fahrten das erste Mal nach Wien kam, sprach er sich herzlich billigend namentlich über die Wiener Frauen aus, „denen man es ansieht, daß sie außer dem Gebetbuch nie etwas gelesen, außer dem Waschzettel nie etwas geschrieben haben; alle wie von lauter Sahne und Milchbrot aufgepappt, alle nichts fürchtend als den Regen, der die Schlapphauben naß machen könnte, und nichts wünschend, als morgen, über morgen und immerzu in den ewig neuen, wimmelnden Prater an der Hand des Bräutigams herausschlänkern, Caroussel fahren und reiten und gebackene Hendel essen zu können, und bei diesem allem alles Frauenvolk so unendlich naiv, froh, zwecklos und liebenswürdig."

Die älteren Romantiker hatten andere Ideale in Bezug auf das Weib; immerhin gewann auch Schlegel mit der häßlichen, tüchtigen, strebsamen Frau an seiner Seite allmählich Verständniß und Neigung. Aber nicht nur solche Reize, auch etwas ernsteres, nämlich die medicinische Fakultät zog Romantiker, unter denen ja viele Mediciner waren, nach Wien, so Ringseis, Justinus Kerner, Passavant. Wer sich im thierischen Magnetismus, dessen Geburtsstadt Wien war, unterweisen lassen wollte, fand einen geübten Lehrer in Malfatti. Still, unbemerkt bereitete sich auch die neue Malerei, die prärafaelitische, in Wien vor, indem einige junge Akademieschüler, von denen Overbeck der berühmteste wurde, i. J. 1808 die Lukas-Brüderschaft begründeten, deren Zweck Befreiung der Kunst von den Fesseln des Manierismus sein sollte. Um ihre Ideale in Kunst und Leben ins Werk zu setzen, siedelten sie nacheinander nach Rom über und bezogen ein altes Kloster, in dem sie brüderlich träumten und arbeiteten.

Rom war die südlichste Station der Romantik, wohin die Nadel ihres Kompaß von Anfang an gewiesen hatte und wo sie schließlich im Schooße der Kirche unterging, ihr Hafen und Grab zugleich. Wackenroder und Tieck hatten die Sehnsucht nach Rom in die Literatur eingeführt, Sehnsucht nach dem mittelalterlichen Kirchen-Rom wie nach dem Kunst-Rom der Renaissance; Sternbald's Wanderungen sollten damit abschließen, daß er in Rom zum Katholicismus übertrat. Tieck war auch der erste Romantiker, der die Wallfahrt nach Rom antrat, und es war nicht zu verwundern, daß ihn sein Lebenlang der Verdacht verfolgte, er sei dort katholisch geworden, während thatsächlich nur das harmlose Spiel getrieben war, daß seine Schwester Sophie Bernhardi und die schöne Frau von Humboldt als

Maria und Venus zwei Lager gründeten, in denen sich je
nach Neigung die Verehrer sammelten. Der Verkehr unter
den Deutschen war außerordentlich lebhaft; wer länger
dablieb konnte sich kaum dem Bekehrungseifer der Neube=
kehrten — Overbeck, Christian Schlosser, Zacharias Werner
— entziehen. Die Aufgabe, die Schwankenden im Glauben
fest zu machen, fiel dem Cardinal Ostini zu, einem klugen,
feinen und liebenswürdigen Manne, der die Menschen mit
großem Geschick nach ihrer Eigenart zu behandeln wußte.
Einige wurzelten in Rom fest: Jonas Veit, der eine
Italienerin zur Frau nahm, und Overbeck, der Lübecker,
der Nina Hartl heirathete, eine schöne Wienerin und junge
Freundin von Dorothea Schlegel, die auch Wilhelm Schlegel
in Italien hofirt und besungen hatte. Overbeck starb
i. J. 1869, 80jährig, in demselben Jahre, wo Böcklin,
42jährig, seinen Ritt des Todes malte; er hatte damals
schon jahrelang in Rom gelebt und war mit einer Römerin
verheirathet.

Die Schweiz, dem Schwabenlande stammverwandt,
hatte mit ihrer schwereren Art der Romantik, als sie in
Deutschland blühte, nicht folgen können. Der merkwürdige
Besuch Tieck's bei Ulrich Hegner in Winterthur zeigte, daß
zwar der bewegliche, feinfühlige Tieck den Werth der stil=
vollen Novellen des Schweizer Schriftstellers erkennen
konnte, diesem aber der deutsche Romantiker unverständlich
und fast unheimlich war. Doch waren es Schweizer,
Gottfried Keller und Arnold Böcklin, die uns die endlich
gereiften Früchte der Romantik gereicht haben, allerdings
zum kleineren Theile auf Schweizer Boden gereift und nicht
in der Schweiz zuerst schmackhaft gefunden.

Schöne Fremde und heimischer Nord.

Fecisti nos, Domine, ad te, et irrequietum est
cor nostrum, donec requiescat in te.

S. Augustinus.
Zach. Werner.

Die naturphilosophisch-romantische Lehre, daß das Leben
ein Oscilliren zwischen zwei Polen sei, ist buchstäblich auf
die zwischen den geographischen Polen schwankende Wanderlust und Sehnsucht der Romantiker anzuwenden. Die
Wanderlust überhaupt in ihrer romantischen Eigenart hat
keiner wie Eichendorff zum Ausdruck gebracht: die lauen
Lüfte, die verführen, das Posthorn, das ruft, tausend
Stimmen der Natur verbinden sich zu einem magischen
Fluß, der mitreißt —

Und ich lasse mich entführen!
Ach, wohin? mag ich nicht fragen.

Alle die fahrenden Gesellen in seinen Geschichten, vom
Fürsten und Grafen bis zum Vagabunden, singen ihre tolle
Reiselust in trunkenen Liedern; wer vermöchte das wunder-
vollste von allen zu lesen, ohne daß die Sehnsucht im
Innersten widerhallte:

Es schienen so golden die Sterne,
Am Fenster ich einsam stand,
Und hörte aus weiter Ferne
Ein Posthorn im stillen Land.
Das Herz mir im Leibe entbrennte,
Da hab' ich mir heimlich gedacht:
Ach, wer da mitreisen könnte
In der prächtigen Sommernacht!

Sollte doch ein Ziel der Sehnsucht bestimmt werden, so war es der Süden, insbesondere Italien, und der Orient, nach welchen beiden Richtungen von Alters der Kompaß des deutschen Gemüthes wies.

Die Romzüge und die Kreuzzüge sind es vor allem, die dem Mittelalter die romantische Färbung gaben; man kann sagen, daß die Weltgeschichte romantisch wurde, als die Germanen mit ihrer Sehnsucht nach Italien auftraten. Italien und der Orient lockten als die Länder der Ueberlieferung und der Sinnenfreude; der Westen, als Land der Freiheit, gegenüber dem Lande der Gebundenheit, bedeutete den Romantikern wenig, ja besonders das nördliche Amerika galt als Sinnbild der Nüchternheit, der geschichtslosen, willkürlichen Construction. Einzig Lenau, dem Kreise der Romantiker zwar nicht unmittelbar zugehörig, bereiste den Westen und besang die beschäumten Fluthen des Niagara; sodann läßt Eichendorff, auffallend genug, einen europäischen Helden seines Romans „Ahnung und Gegenwart" nach Amerika auswandern. Auch nach den Ländern des Ostens gelangten naturgemäß nur wenige Romantiker, Schubert war wohl der einzige. Indessen die Richtung nach Osten hatten schon die Schlegel und Novalis gegeben und Görres und Creuzer verfolgten sie in wissenschaftlichen Werken. „Wir vom Orient so sehr isolirte Deutsche" schrieb Creuzer, „müssen auf diese Weise orientalisirt werden — sonst ist nicht zu helfen." Aehnlich Ritter: „Wir alle leiden am Occident, an seinen Ungeheimnissen, folglich Unheimlichkeiten." Schwärmerisch ruft Görres aus: „Kennt ihr das Land, wo die jugendliche Menschheit ihre frohen Kinderjahre lebte? Nach dem Morgenlande, an die Ufer des Ganges und Indus, da fühlt unser Gemüth von einem geheimen Zuge sich hingezogen." Er selbst übersetzte den Ferdusi, orientalische

Märchen und Sagen wurden veröffentlicht, viele Dichter, Goethe voran, beeilten sich, ihre Lieder mit dem süßlich spielenden Dufte morgenländischer Poesie zu parfümiren.

Mit Italien war es auch schon damals etwas anderes: es wurde häufig besucht, und nur wenige von den Roman= tikern lernten es nicht kennen. E. T. A. Hoffmann gehörte zu den Ausnahmen; das ist jedenfalls die Ursache, warum, obwohl mehrere seiner Novellen in Italien spielen, eine charakteristische italienische Scenerie nirgends anzutreffen ist. Höchstens bemerkt man an den Namen bekannter Straßen und Gebäude oder an der Erwähnung des blauen Himmels und der milden Luft, daß man nach Italien versetzt ist. Indessen für seine Personen, namentlich wenn er junge deutsche Maler schildert, ist Italien auch das er= sehnte Land. Es hatten nun freilich schon seit Jahrhun= derten die Maler aller Länder, wenn es möglich war, Italien aufgesucht; aber die hatten schlechtweg die berühmten Muster der bildenden Kunst kennen lernen und studiren wollen. Die romantischen Maler empfanden zugleich die Anziehungskraft der römischen Kirche und der dunkel ge= ahnten Wonne des Südens. Sie traten die Reise in über= schwänglicher Erregung des ganzen Wesens an; vor den ersten Bildern von Bellini und Giotto, die Jonas Veit sah, glaubte er in Thränen zerfließen, vor Seligkeit hinsterben zu müssen. Für die klassischen Dichter, Lessing, Schiller, Goethe war Italien ebenfalls das Land der Sehnsucht; aber auch ihr Gefühl hatte nicht den romantischen Charakter, schon deshalb nicht, weil der Zug zur Kirche fehlte. Ihnen war Italien das klassische Land, wo man Sinn für Maaß und Form lernte, die an= geborene Barbarei des Nordens mildernd und läuternd. Im Gegentheil suchten die Romantiker in Italien das Wesen des Südens als Ueppigkeit, Ueberfluß, Sinnengluth;

3*

nicht Kultur, sondern zerstörte Kultur: Verwilderung, Auflösung. Er möchte gleich nach Italien, schrieb Zacharias
Werner, „nicht um dort, wo auch Tollheiten genug sind,
zu wirken, sondern um unter Trümmern und Blüthen alles
und mich selbst zu vergessen." Es war ein Trieb wie der
des Mannes nach dem Weibe, Trieb nach Rausch, Maaß-
und Regellosigkeit, wildwachsender Schönheit.

Die am meisten so empfanden, haben begreiflicherweise
ein treues Bild Italiens nicht entworfen: sie sahen, was sie
suchten, sahen durch den schwimmenden Schleier ihrer Sehnsucht.

Als Bettine zum ersten Male nach Italien reisen
sollte, rieth ihr der Bruder Clemens, sie möchte sich durch
das Studium von Winkelmann's Kunstgeschichte vorbe-
reiten, aber sie wies das mit lachender Entrüstung von sich.
„Wenn ich trunken bin von Seligkeit, daß dort andere
Bäume, andere Blumen und Früchte sind, wenn ein schönerer
Himmel über mir wogt, wenn Menschen, Knaben, Jünglinge,
die mir verwandter sind im Blut, in der Faulheit, als die
kalten, deutschen, fleißigen Brodstudenten, mir begegnen auf
der Straße, mich sanft grüßen, umkehren, mich noch einmal
grüßen, feuriger —", ja, was hatte damit irgend eine
Kunstgeschichte zu schaffen? Ebenso war für die Männer
Italien hauptsächlich das Land der wunderschönen Mädchen,
die den Fremden mit verführerischer Zärtlichkeit ohne Dauer,
aber darum desto reizender, entgegenkommen.

Das eigentlich romantische Italien hat Eichendorff ge-
malt: Das Land voll veröbeter Prachtpaläste, voll ver-
wilderter Gärten, wo Marmorbilder ein einsam verzaubertes
Leben führen, wo nichts sich bewegt als uralte Wasserkünste,
wo es schwül und berauschend duftet, wo Vergangenheit
und Erinnerung über Trümmern weben, wo gefährlicher
Liebreiz allerorten das Herz umgarnt. Vom gegenwärtigen

Italien ist nicht viel mehr bewußt, als daß es das Land der Päpste, der Thron der Kirche ist, und dieser Gegensatz des weltentsagenden und weltüberwindenden Christenthums, das sich über der heidnischen Wonne aufbaut, die Begegnung der beiden Pole, erhöhte das Gefühl des Romantischen.

> Von kühnen Wunderbildern
> Ein großer Trümmerhauf,
> In reizendem Verwildern
> Ein blühender Garten drauf.
>
> Versunkenes Reich zu Füßen,
> Vom Himmel fern und nah
> Aus anderm Reich ein Grüßen —
> Das ist Italia!

In Eichendorff's Taugenichts wird die Ankunft in Rom folgendermaßen beschrieben: als er hört, daß er nur noch einige Meilen bis zur Stadt hat, erschrickt er vor Freude   wie in Wirklichkeit den jungen Maler Erwin Specter ein Zittern befiel, als er zum ersten Male Rom von weitem erblickte; denn von Rom hatte er als Kind schon wunderbare Dinge gehört und es sich vorgestellt „wie die ziehenden Wolken über mir, mit wunderbaren Bergen und Abgründen am blauen Meer und goldenen Thoren und hohen, glänzenden Thürmen, von denen Engel in goldenen Gewändern sangen." Gerade so sieht denn auch Rom in Wirklichkeit aus: „die hohen Burgen und Thore und goldenen Kuppeln glänzten so herrlich im hellen Mondschein, als ständen wirklich die Engel in goldenen Gewändern auf den Zinnen und sängen durch die stille Nacht herüber." Dann schreitet er durch ein prächtiges Thor in die Stadt hinein. „Der Mond schien zwischen den Palästen, als wäre es heller Tag, aber die Straßen waren schon alle leer, nur hin und wieder lag ein lumpiger Kerl, wie ein Todter, in der lauen Nacht auf den Marmorschwellen und schlief. Dabei rauschten die Brunnen auf den stillen Plätzen, und die Gärten an der Straße säuselten dazwischen und erfüllten die Luft mit erquickenden Düften."

In einer anderen Eichendorff'schen Novelle zieht ein junger Mann am Abend in Rom ein. „Nur ein Streifen des Meeres in der Ferne und das Kreuz der Peterskuppel brannten noch im Widerschein, dazwischen der Klang unzähliger Abendglocken, und Gärten, Paläste und einsames Gebirg, unten wunderbar zerworfen — es war ihm, als zöge er in ein prächtiges Märchen hinein." Eine gewöhnliche Straße mit einigermaaßen neuen, wenigstens aus dem letzten Jahrhundert datirenden Häusern scheint es in ganz Italien nicht zu geben, keine anderen Menschen als schöne Mädchen mit überflüssigen Eltern, kein anderes Geschäft als Liebestollheit und Religion.

Ganz andere Schilderungen Italiens haben wir aus der Feder von Ringseis, Görres, Carus, für welche Italien auch eine ganz besondere Anziehung besaß, die aber nichtsdestoweniger die Wirklichkeit in sich aufnahmen. Muster von realistisch-romantischer Darstellung liefern die Tagebücher von Carus über seine Reisen in Italien. „Empfange gut deinen alten Geliebten, Italia" ruft er gerührt, als er nach dreizehn Jahren die Schwelle des Landes der Schönheit wieder betritt. Nach der Oede der österreichischen Alpen erscheinen ihm die kleinen Orte Resciutta, Venzano mit den malerischen, in edlen Verhältnissen gebauten Häusern, mit den schöneren Menschen, wie Traum und Dichtung. Die Einrichtung im Inneren des Hauses, das hohe und breite Bett, der Kamin, die Art der Erheizung, alles ist deutlich angeschaut und dargestellt, in seiner Einfachheit und Zweckmäßigkeit gewürdigt. „Könnte man in solchem Lande einmal nach freier Wahl mit wenig auserlesenen Freunden existiren — das schönste poetische, echt menschliche Leben müßte sich ergeben." Die Einfahrt in Venedig auf dem Canale, wo sich Barken mit sauerriechendem Rothwein und übelriechenden Fischen drängen, das dürftige, schmutzige Gesindel an den Häusern, selbst die dunkle Rialto-Brücke, alles wirkt beinah häßlich und stimmt melancholisch. Erst allmählich, als sich die großartige Architektur der Häuser, Paläste und Kirchen geltend macht, geht der alte Zauber auf. Der erste Ausgang ist zur Markuskirche: „o Glück der Augen, das auch wieder zu sehen!" Vollends zur Aufregung steigert sich das Ent= zücken in der Vollmondnacht, sowohl auf dem Wege zum Theater, wo noch eine fröhliche Menge unter den Arkaden des Markusplatzes promenirt, als in der stillen Mitternacht, wenn der Mond, gegen Westen gerückt, die Façaden der Markuskirche erleuchtet, das Gold der Mosaiken im bleichen Licht schimmert und von den metallenen Rossen des Lysippos wiederglänzt, wenn die hellen Kuppeln sich in den dunkeln Nachthimmel erheben und alle Gesims- und kunstreiche Ver= zierungen lange geheimnißvolle Schatten werfen — „dann erst bekommt die Kirche etwas ganz eigenthümlich Magisches und tief Mysteriöses."

Leider hängt Carus eine gewisse pedantische Lehrhaftig= keit und Feierlichkeit immer an und beeinträchtigt die romantische Gefühlsweise, die sich sonst zu den besten Er= zeugnissen mit einem kräftigen Wirklichkeitssinn in ihm ver= einigen könnte.

In Eichendorff's Romanen und Novellen sieht es in Deutschland nicht viel anders aus als in Italien: rauschende Gärten, Wasserkünste, verfallene Palläste, verliebte Mädchen auch dort. Es wird indessen versucht, einen gewissen Stimmungsunterschied festzuhalten, weil die beiden Länder sich durchaus wie zwei entgegengesetzte Pole verhalten sollen, wie Geistesstärke und Sinnengluth.

Wie man im Mittelalter gern von der Tücke des Welschlands sprach und den Tod junger Kaiser und Ritter, die das Klima hinraffte, dem Gift zuschrieb, das falsche Frauen oder arglistige Mönche gereicht hätten, so wird auch hier Italien als berückend schön, aber verderblich und tödtlich aufgefaßt. Es verkörpert eben die heidnische Lust der Welt, an deren Genuß die Seele sich vergiftet.

Innerhalb Italiens selbst besteht der erwähnte Gegensatz von Heidenthum und Kirche, den die deutsche Gesellschaft in Rom zur Anschauung brachte, indem Frau v. Humboldt und Tieck's Schwester Sophie Bernhardi als Venus und Himmelskönigin Maria zwei gesonderte Parteien um sich versammelten. Eichendorff behandelt den Gegenstand in einer Novelle, die „das Marmorbild" betitelt ist und in Lucca spielt. Aus einem verfallenen Venustempel, wovon nur noch geborstene Gemäuer und ein zertrümmertes Bild der Göttin zeugen, steigt in gewissen Nächten die versunkene Herrlichkeit an's Mondlicht, um den Jüngling, der für den dämonischen Reiz empfänglich ist, zu verlocken und zu verderben. Nur der Name Gottes oder überhaupt ein christlicher Sinn rettet vor dem gefährlichen Trugbilde. Diese Venus ist nicht die antike, sondern die mittelalterliche des Tannhäusers: sie hat langes, goldenes Gelock, trägt ein blaues Gewand, in das buntglühende Blumen gestickt sind, eine prächtige Laute, auf der sie Accorde greift zu träumerisch wehmüthigem Gesange. Ganz Italien ist der Hörselberg; den Verlockten rettet die Kirche oder denn — Deutschland.

In dem Roman „Dichter und ihre Gesellen" vermählt sich der deutsche Student Otto mit der schönen

Römerin Annidi. Seinen Freund, als er das junge Paar in einem einsamen, von Epheu und Weinlaub überwucherten, von Tauben und Schmetterlingen durchschwirrten Gärtchen selig bei einander sitzen und Kastanien schmausen sieht, überwältigt Wehmuth, „als sei Otto nun hier in der Fremde märchenhaft verzaubert". Als Otto äußert, wie schauerlich ihm der Gedanke wäre, aus dem italienischen Glanze jemals in die deutsche Heimath zurückkehren zu müssen, entgegnet der Freund: „Hüt' dich wohl, es ist ein wunderbares Lied in dem Waldesrauschen unserer heimathlichen Berge: wo du auch seist, es findet dich doch einmal wieder."

Rudolf, in Eichendorff's erstem Roman „Ahnung und Gegenwart" erlebt gleichfalls in Italien ein wildes Liebesabenteuer und durchstreift das ganze Land, um eine Entführte zu suchen. „Als ich endlich, erschöpft von den vielen Zügen, auf den letzten Gipfeln der Schweiz ankam, schauderte mir, als ich da auf einmal aus dem italienischen Glanze nach Deutschland hinabsah, wie das so ganz anders, still und ernsthaft mit seinen dunklen Wäldern, Bergen und dem königlichen Rheine da lag." Er hat nun keine Sehnsucht mehr in die Ferne, die Liebe ekelt ihn an als „eine liederliche Anspannung der Seele."

Auch in Wirklichkeit zitterte das Herz der Romantiker zwischen Italien und Deutschland. Zacharias Werner dichtet, wie es ihn, da das Ziel der Sehnsucht erreicht ist, wieder fortpeitscht zu wandern.

> Von Rom nach Deutschland! Immer, immer rennen!
> Du bist wahrhaftig wie der edle Jude.

Overbeck betrachtete es als seine besondere Aufgabe, in seinen Werken das Deutsche und Italienische, etwa den deutschen Ernst und die italienische Anmuth, wie es seit Wackenroder beliebt war, den herrlichen deutschen Dürer und den holdseligen Rafael nebeneinanderzustellen, zu verschmelzen. Sein in München befindliches Bild Italia und Germania, das ihn lange beschäftigte, sollte diese Idee symbolisiren. Es liegt sicherlich daran, daß wir Clemens und Bettine Brentano als so besonders romantische Erscheinungen empfinden, daß sie eine leibhaftige Verschmelzung von deutschem, italienischem und orientalischem Wesen waren, und eine derartige Mischung wird man oft bei ähnlichen Typen finden.

Wie der Tannhäuser des Hörselberges wird der Wanderer Italiens überdrüssig und verlangt nach der kräftigeren Heimathsluft.

> Ich komme aus Italien fern
> Und will Euch alles berichten
> Vom Berg Vesuv und Romas Stern
> Die alten Wundergeschichten.
>
> Da singt eine Fei auf blauem Meer,
> Die Myrten trunken lauschen.
> Mir aber gefällt doch nichts so sehr,
> Als das deutsche Waldesrauschen!

Dem Drang in die Ferne steht das Heimweh gegenüber. Wie sie den romantischen Zug nach Italien aufbrachten, unternahmen Tieck und Wackenroder auch die ersten romantischen Wanderungen durch Deutschland. Das Buch, in welchem sie Deutschland, verklärt oder romantisirt durch seine Vergangenheit, schildern wollten, blieb allerdings ungeschrieben. Anstattdessen haben Clemens und Bettine wenigstens der Rheingegend, die in ihren beiden Briefen und in seinen Märchen so oft die Scene bildet, ein romantisches Gepräge aufgedrückt. Clemens' „Lieder an den Rhein" gehören zu seinen empfundesten, das von der Rückkehr an den „heiligen Strom" zu den unmittelbar hinreißenden.

O willkomm'! willkomm'! willkommen!
Wer einmal in dir geschwommen,
Wer einmal aus dir getrunken,
Der ist Vaterlandes trunken!

In „krystallenen Mitternächten" am Rheine schrieb
Bettine viele ihrer Briefe an Goethe und malte unvergeß-
liche Bilder zwischen die Ergüsse der Liebe. „Glanzverhüllt
liegen die Berge da mit ihren Rebstöcken und saugen schlaf-
trunken das nahrhafte Mondlicht." Spaziergänge bei
Nacht am Ufer des rauschenden Stromes, Gesang und
Guitarre, fröhliches Geschwätz mit Brüdern und Freunden,
Rebenduft und Träumerei — so sah ein gutes Theil ihrer
Jugenderinnerungen aus, und so etwa stellte man sich in
der Folge das Leben am Rheine vor.

Die germanische Sprach- und Sagenforschung, mit
welcher der Name der Gebrüder Grimm unzertrennlich verbunden ist, war das glückliche Ergebniß der Heimaths-
richtung. Die abenteuerliche Gewalt der nordischen Dichtung
— Eisgebirge schwimmend in Mitternachtsonnengluth —
lockte ebenso geheimnißvoll wie Süden und Osten. Als
Wilhelm Grimm die alten dänischen Lieder übersetzte, schrieb
er an Görres, sie ständen wie lebendig und seinesgleichen
um ihn herum, „und wenn ich sie in mir durcheinander-
klingen lasse, da kommt es mir vor, als sei ich selbst eine
Orgel." Reisen nach Skandinavien wurden zwar damals
noch nicht üblich, doch fingen romantische Dichter an, den
Schauplatz ihrer Geschichten dorthin zu verlegen. Fouqué
entzückte das verweichlichte Publikum durch seine kindlich
wilden Nordlandsrecken auf der „schneeigen Insel Island
mit ihrem glührothen Hekla", die er einem flammenden
Rubin in reine Krystalle gefaßt vergleicht. Der junge
Schwabenritter Otto im Zauberring erreicht in lauer

Frühlingsnacht zu Schiff die norwegische Küste. „Er rich=
tete sich in die Höhe, vom hellsten Mondlicht umgossen, und
eine Reihe schroffer, hoher Felsen starrte unfern des Schiffes
gegen den tiefblauen Nachthimmel empor. Mächtige Buchen=
wälder rauschten auf der Steinberge Gipfeln, die Zinnen
einzelner Warten und starke Bergthürme ragten hin und
her zwischen den Bäumen und zwischen dem wilden Geklüft
heraus. Adler, in den Klippen horstend, flogen rufend
herunter, und über die Schiffe hin. Sehr schaurig war
dem jungen Ritter zu Muth, und doch so wohl. Er sang
folgende Worte:

> Wie ernste Sagen wehen
> Von Sangesmund, so gehen
> Wir Schauer aus und ein.
> Uralte Wälder rauschen,
> Mondlicht und Seefluth lauschen;
> Das muß hier Norweg sein.

Stärke, Ehre, Liebe, alle Tugenden wohnen in dem
wildschönen Norden, und seine wandernden Söhne kehren
am Ende, der Fremde überdrüssig, in die heilige Heimath
zurück, wie man nach Verirrungen zum rechten Wege
zurückkehrt.

Die Ferne überhaupt, nicht nur Italien, wird dem
Dichter zum Symbol für das gefährliche, verlockende und
verderbliche Princip im Menschen, das dunkle Reich der
Leidenschaft und Sinnlichkeit, das man damals anfing das
Unbewußte zu nennen. Das Thema von dem Wanderer
dem „die schöne Ferne log" und der darüber zu Grunde
geht, wird unerschöpflich in Eichendorff's Gedichten be=
handelt. Bald ist das Lockende der Abgrund, der hinab=
zieht „mit bleiernen Gewichten", bald die „duftschwüle
Zaubernacht", die falsche, die die Sinne verwirrt, vor deren
betrüglichen Klängen man auf der Hut sein muß. „Die

Nacht ist eine wilde, phantastische Blume, berauschenden Duft verstreuend, schöne, gefallene Engel wiegen sich auf den Blättern und singen im Traume von den Sternen, wo sie sonst gewohnt, und zwischen den träumenden Kaiserkronen und Blüthenglocken flüsternd, ringelt die alte Schlange sich leise empor, und von ihrem Krönlein lösen sich grüngoldene Funken und schwärmen durch das Blüthengeflecht, und in ihrem streifenden Widerscheine sehen die Gesichter leichenblaß, wie Sie jetzt, Fürstin, im Mondlicht —"

„O Zauberei verbuhlter Nacht" singt auch Brentano.

Oder die schönen Waldfrauen sitzen auf hohen Felsen, von wilden Nelken umhüllt, und singen, den Jäger hinauflockend, den niemand wiedersieht; der zaubrische Spielmann zieht mit wunderbarem Gesange das Fräulein vom Schloß hinunter in den nächtlichen Grund; die Meerfei kämmt ihr Haar am Riff und singt von Inseln, die im Meere untergingen:

> Wann die Morgenwinde wehn,
> Ist nicht Riff noch Fei zu sehn,
> Und das Schifflein ist versunken,
> Und der Schiffer ist ertrunken.

Hier haben wir bereits den Typus der Lorelei, den Heine volksthümlich machte, indem er ihn etwas sentimentaler und etwas weniger geheimnißvoll unverständlich darstellte, als Eichendorff und Brentano thaten. Bei Eichendorff ist sie die Hexe, die einsam, wenn es kalt und spät wird, im Walde reitet; bei Brentano, dessen Gedicht nicht so wundervoll gedrängt ist wie das Eichendorff'sche, aber magische Töne hat, die Zauberin zu Bacharach, der niemand in die Augen blicken kann, ohne von tödtlicher Liebe erfaßt zu werden.

So wenig aber wie der Süden stillt der Norden die Sehnsucht des Romantikers, für welche es charakteristisch ist, das halb bewußt, halb unbewußt das Heimweh nach einem nicht irdischen Hafen in ihr mitklingt. Das macht hauptsächlich den Zauber der Eichendorff'schen Poesie, die wir als so ächt romantisch empfinden, aus, daß in ihnen der Drang nach den Berauschungen des Südens und nach fernen, ungenannten Wunderreichen, die Sehnsucht nach dem starken Norden und das Heimweh nach einem jenseitigen Vaterlande in einem Tone zusammenschmilzt.

Nicht immer verzweifelt der Betrogene, den seine Sehnsucht in die Irre geführt hat, sondern er erkennt, daß sie Recht hatte, nur freilich ein verkehrtes Ziel sich wählte. Als Otto im Roman „Dichter und ihre Gesellen" einmal bei Nacht durch's offene Fenster über die Dächer in die mondbeglänzten Abgründe der Stadt Rom hinabsieht, über der einzelne Wolken seiner fernen Heimat zufliegen, sagt er zu sich selbst: „Wunderbar, schon in meiner Kindheit, wie oft bei stiller Nacht im Traume hört' ich der fernen Roma Glocken schallen, und nun, da ich hier bin, hör' ich sie wie damals aus weiter, weiter Ferne, als gäb' es noch eine andere Roma weit hinter diesen dunklen Hügeln." Deutlicher besingt Eichendorff, was er meint in der Romanze „die Brautfahrt", wo der wilde Ritter am Hochzeitstage die Braut bestürmt, mit ihm über's Meer in's Weite zu fahren:

> Ich kann hier nicht müßig lauern,
> Treiben auf dem flachen Sand,
> Dieser Kreis von Felsenmauern
> Hält mein Leben nicht umspannt;
> Schön're Länder blühen ferne,
> Das verkünden mir die Sterne

Du mußt glauben, du mußt wagen,
Und, den Argonauten gleich,
Wird die Woge fromm dich tragen
In das wunderbare Reich;
Muthig schreitend mit den Winden,
Muß ich meine Heimath finden.

Siehst du, heißer Sehnsucht Flügel,
Weiße Segel dort gespannt?

Die Braut folgt willig dem Geliebten, stirbt aber im furchtbaren Wetter, gerade als ein zauberhaftes Eiland vor den Reisenden auftaucht. Der Ritter bricht über ihrer Leiche, mit der er schwimmend den blühenden Strand erreicht, in Thränen zusammen und seine Seele wandelt sich.

Von der langen Täuschung trennt er
Schauernd sich — der Stolz entweicht,
And're Heimat nun erkennt er,
Die kein Segel hier erreicht,
Und an echten Schmerzen ranken
Himmelwärts sich die Gedanken.

Nach der Heimath, die irgendwo hinter fernen Gipfeln liegt, ziehen unabläſſig sehnſüchtige Lieder; aber

Wir sehnen uns nach Hause
Und wiſſen nicht, wohin?

Ebenso klagt der Wanderer bei Kerner, daß ihm alle Straßen, auf denen er geht, fremd bleiben, daß die Herberge, wo er weilen möchte, unerreichbar fern ist.

So fremd mir anzuſchauen
Sind dieſe Städt' und Auen,
Die Burgen ſtumm und tot!
Doch fern Gebirge ragen,
Die meine Heimath tragen,
Ein ewig Morgenroth.

Es ist der Sehnsucht Lebenslauf, heißt es wiederum bei Eichendorff, daß sie an jeden Felsen schlagen muß, ob sie vielleicht an's Licht gelangt. Es fehlt nicht an Irrungen und Kämpfen; aber gelangt der Unermüdliche einst auf den Gipfel, von dem er auf das Leben hinuntersieht:

> Wie klein wird sein da, was mich hat gehalten,
> Wie wenig, was ich Irrender vollbracht,
> Doch was den Felsen gläubig hat gespalten,
> Die Sehnsucht treu steigt mit mir aus der Nacht.
> Und legt mir an die wunderbaren Schwingen,
> Die durch die Stille mich nach Hause bringen.

Romantische Weltanschauung.

Wie verschiedenartig sich nun aber die durch die ersten
Romantiker und Naturphilosophen angeregten Ideen bei den
Menschen entwickelten, so blieb ihnen doch eine gewisse Art
die Welt anzusehen, über die Dinge zu denken, gemeinsam.
Eine Reihe von Menschen standen auf derselben Grundlage
des Glaubensbekenntnisses, das freilich in den Einzelheiten
ein jeder anders gestaltete, und fühlten sich dadurch mit
einander verbunden und für einander interessirt. Sogar die
Verschiedenheit und Feindseligkeit der Confession wurde bis
zu einem hohen Grade durch die gleichartige Weltanschauung überwunden, wie denn z. B. der Protestant Schubert
im Kreise der Münchner Katholiken wohlgelitten war und
der Protestant Justinus Kerner sogar für einen katholischen
Kirchenfürsten Predigten verfaßte. Versucht man, von den
Abweichungen absehend, die gemeinsamen oder verwandten
Ideen herauszufinden, so ergiebt sich etwa folgendes: Die
Welt ist eine lebendige Einheit; das ist die Grundlage der
romantischen Weltanschauung, der Satz, den ihre Vertreter
nicht müde wurden zu wiederholen. Sie verkündeten ihn
wie ein Evangelium, das die Schönheit und den Segen
künftiger neuer Zeit einschließt; und was könnte auch ver-
heißungsvoller klingen als die Botschaft: alles lebt, alles
hängt wirkend zusammen, es giebt nichts Todtes in der Welt.

Das All ist ein Organismus und jeder seiner Theile
ist sein Abbild, trägt die Züge des All, jedes Glied der
Welt hängt mit ihr zusammen wie der Finger des Menschen

mit seinem Leibe und wiederum wie der Mensch selbst mit der Erde. Die Folgen dieser Anschauung sind so weittragend, daß sie sich im ersten Augenblick kaum übersehen lassen. Wenn die Welt ein zusammenhängender Organismus ist, so sind die wunderbarsten Wirkungen eines lebendigen Ganzen auf ein anderes oder auf ein Theilwesen oder umgekehrt eines Theilwesens auf ein Ganzes — denn alles ist ja das eine wie das andere — nicht nur dadurch zu erklären, sondern müssen infolgedessen vorausgesetzt werden. Die Frage, ob ein Geistiges auf ein Natürliches wirken könne, oder umgekehrt, ob die Seele auf den Körper, das Lebendige auf das Todte, das Organische auf das Unorganische, fällt dahin, indem diese Unterscheidungen als wesentliche, absolut trennende wegfallen.

Zwar giebt es eine große Spaltung, die ein Zwiefaches aus dem Ureinen macht und sich, dem Grundgesetz gemäß, in jedem Theile des großen Ganzen wiederholt und sich in zahllosen Formen, als Licht und Schwere, Geist und Natur, Nord und Süd, Mann und Weib wiederholt; aber das sind nicht absolute Gegensätze, sondern Polaritäten, das heißt Gegensätze, die sich voraussetzen, indem das eine nur im Gegensatz zum andern seine Bedeutung hat, und die in einem dritten eine innere Einheit haben, die ohne diesen Gegensatz nicht wäre. Licht und Schwere, Kraft und Stoff, Thätigkeit und Sein liegen dem Leben der Natur zu Grunde, theilen sie, ohne sie unversöhnlich zu zerreißen. So wenig wie Inneres ohne Aeußeres, Centrum ohne Peripherie vorstellbar ist, ebensowenig Sinn hat es, nach der Priorität von Geist und Natur zu fragen, die einander ewig voraussetzen.

Zwei Principien werden von den romantischen Denkern häufig zur Erklärung und Begründung herbeigezogen: der thierische Magnetismus und die Entwickelungslehre. Die

Einheit, nämlich der Zusammenhang der Einzelglieder des
großen Weltganzen, das Aufeinanderwirken der entferntesten,
beruht auf der Kraft, die allem Lebenden innewohnt, und
die man damals thierischen Magnetismus oder Mesmerismus
nannte; einige Theorieen hielten sie dem Erdmagnetismus
wesensähnlich, andere wesensgleich und ihn umfassend. Es
versteht sich, daß der Magnetismus selbst wiederum erklärt
werden muß, und es gab Forscher, die als Mittel der
Fernwirkung einen feinsten Aether annahmen, andere, die
ein unmittelbares Wirken für denkbar hielten. Hier indessen kommt es mir nur darauf an zu betonen, daß die
Romantiker eine von Lebendigen ausgehende Kraft voraus-
setzten, die sowohl die unorganische wie die organische, die
körperliche wie die geistige Welt zu einem lebendigen Ganzen
zusammenbände, eine und dieselbe Lebenskraft, „die in den
Pulsen des Menschen und in den Rotationen der Sphären
zusammenhängend schlagen müsse."

Wie die Romantiker so oft ihre Ideen in längstver-
gessener Vergangenheit wiederfanden, entdeckten sie auch diese
Lehre in großartiger Einfachheit dargestellt bei Kepler, der
behauptete, daß die Weltkörper thierischer Natur seien, sich
selbstständig bewegten und durch die von ihnen ausgehende
magnetische Kraft das Sonnensystem herstellten; eine
Meinung, die ihm in späteren Jahrhunderten um seiner bekannten unsterblichen Entdeckungen willen zugute gehalten und
als unvermeidliches Anhängsel seiner abergläubischen Zeit
betrachtet wurde.

Ein feiner Denker der Spätromantik, Passavant der
Arzt, kam bei der Untersuchung katholischer Dogmen zu
dem Ergebniß, daß die Vorstellung von der Solidarität der
Menschheit von jeher unbewußt in den Menschen lebendig
gewesen sein müsse, denn die Lehren von der Erbsünde und

von der Erlösung, Glaubenssätze nicht nur der christlichen, sondern vieler alter Religionen, haben nur dann Sinn, wenn die Menschen eine so reelle Einheit bilden, daß einer für den andern gesetzt werden kann. Dementsprechend nun, daß der Mensch sowohl Geist wie Natur ist, nahm Passavant einen doppelten Zusammenhang zwischen den Menschen an, einen organischen und einen magnetischen oder magischen, von denen der magische dem organischen so vorangehe, wie die Idee des Kunstwerks im Haupte des Künstlers dem Kunstwerk selbst vorausgeht. Wenn wir, wie der Magnetismus behauptet, durch Handauflegen unsere Kraft auf andere übertragen können, so gewinnt die Priesterweihe eine lebens= volle Bedeutung, indem dann wirklich eine ununterbrochene magische Kette vom ersten Geweihten bis zum gegenwärtig letzten herunterführt. Magisch=organische Ketten verbinden die Geschlechter, da das Kind mit der Lebenskraft der Eltern gleichsam geladen ist. An Stelle der Begriffe Menschheit, Thierheit oder Thierwelt, Pflanzenwelt, treten lebendige Individuen: nur die Menschheit ist der ganze Mensch, nur die Gesammtheit der Thiere das Thier. Man kann sich denken, welche Wirklichkeit das Bild habe, das Christus das Haupt der Menschheit nennt.

Das Romantisiren, sieht man, besteht hier hauptsächlich im Lebendigmachen und Persönlichmachen. Die Wissenschaft be= stätigte die ahnungsvolle Dichtung kindlicher Völker, die Götter und Heroen als Sternbilder an den Himmel versetzte. Nicht als todte Körper nach mechanischen Gesetzen drehen sich die Gestirne, nicht als seelenlose Organismen stehen uns Bäume und Pflanzen unverständlich gegenüber: die Dryaden des Waldes, die Nymphen der Gewässer, die Elfen der Wiesen und Blumen feiern ihre Auferstehung, was Bild war wird Wirklichkeit. Vielleicht in Erinnerung an einen Ausspruch des Plato, der die Welt ein mit Seele begabtes Thier nannte, wird die Seele als „lebendiges Kugelthier" bezeichnet; Görres nennt sie einmal die göttliche Madonna mit dem geliebten Kinde, nämlich dem Menschen. Ganz allgemein fassen die romantischen Forscher die Welt als den Total-Organismus, die Erde als Erd-Organismus auf.

Von diesem Standpunkt aus wird die Zuneigung der Romantik für die Astrologie verständlich, als für die Wissenschaft, die die Beziehungen der überirdischen Weltorganismen zu dem Organismus Erde und den irdischen Organismen untersucht. In der Astrologie, sagt Windischmann, entwickelte sich zuerst in der alten Welt die Idee der Einheit in der Natur; und es gehöre deßhalb der Glaube an den Bezug des Himmels und namentlich der Planeten auf die irdischen Begebenheiten zur innersten Religion. Ein so verständiger und von aller Ueberspannung entfernter Mensch wie Wilhelm Grimm schrieb gelegentlich an seinen Bruder: „Ich glaube gewiß, daß unser Schicksal an den Himmel und die Sterne geknüpft ist."

Während Keplers Name von den Romantikern mit andächtiger Verehrung genannt wurde, verabscheuten sie in Newton den Urheber der mechanischen Weltansicht, den Feind wahrer Religion, Philosophie und Naturanschauung, da er den Weltkörpern die Seele und das eigene Leben nahm und sie zu todter, bewegter Masse herabsetzte. In seiner Lehre sahen sie den Ausgangspunkt des Materialismus, der Irreligion; wer die Sterne leugnet, leugnet die Erde, leugnet den Menschen und muß zuletzt auch Gott leugnen, heißt es bei Baader. Aehnlich drückt sich jener französische Philosoph St. Martin aus, den schon die Brüder Schlegel gern anführten, und aus dem Baader viel und gern schöpfte; die Sensibilität der Erde war ein Hauptsatz der

Schule des Pasqualez gewesen, aus welcher St. Martin hervorging.

Hier schwebte also dieselbe Idee vor, die Fechner veranlaßte, den Vorschlag zu machen, man möchte einmal, anstatt das Organische aus dem Unorganischen ableiten zu wollen, das umgekehrte versuchen und das Unorganische als Residuen des lebendigen Erd-Organismus ansehen. Zwar unterließen es die Romantiker, überwältigt von der Fülle und dem Glanze ihrer Ideen, sie klar und gründlich zu verfolgen; aber wenn der übrigens dunkle und feierlich ungeschickte Ritter in einer Rede über die Physik als Kunst sagt: „Die Erde war ein vollkommen Lebendiges, ist es nicht mehr — das Feuer fehlt ihr fast ganz — wo ist das Feuer hingekommen — was bedeutet der scheidende Koloß, der leblos zu unseren Füßen liegt?" so liegt als Folgerung augenscheinlich darin eingeschlossen, was Fechner aussprach. Ist die Erde ein lebendiger Organismus, so hat es nichts räthselhaftes, daß sie lebendiges hervorbringt. Die Frage nach dem Entstehen des Lebens auf der Erde wurde erst möglich, als man das Leben als etwas der Erde mit den Organismen neu hinzukommendes anzusehen anfing. Wie selbstverständlich es für die Romantiker war, daß das All beseelt sei und der Geist Gottes ewig über den Wassern schwebe, geht daraus hervor, daß sie die sogenannte generatio spontanea im allgemeinen nicht für etwas unmögliches oder nur wunderbares hielten: gelegentlich werden die Infusorien, aus aufgelöstem Fleisch erzeugt, animalische Atome, die Schimmelpilze vegetabilische Atome genannt. Die Erde ist die große Gebärerin, die, befruchtet von der Sonne, im Wasser das organische Leben erzeugt. Daß auch die andern Gestirne ihre Bewohner hätten, wurde für wahrscheinlich gehalten.

Im Meere, das lebendig ist, entstanden, das war die Meinung der Romantiker, sowohl die niedersten pflanzlichen wie die niedersten thierischen Organismen; nicht etwa sind diese aus jenen hervorgegangen, nicht nach dem Bilde einer Reihe oder Leiter entwickelten sich Pflanzen und Thiere, sondern sie verhalten sich wie die verschiedenen Zweige eines und desselben Baumes zu einander. In diesem Punkte schieden sich die Romantiker unversöhnlich von den Darwinisten, denen sie insofern eigentlich den Boden bereiteten, indem sie die Auffassung des Lebens als eines Entwickelungsprozesses, und daß die höheren Formen sich aus den niederen entwickeln zum Gemeingut der Gebildeten machten. Dagegen leugneten sie nachdrücklich die Veränderlichkeit der Arten, höchstens daß sie auf den untersten Stufen der Entwickelung ein Ineinanderübergehen der Formen für möglich hielten, was auch wiederum Fechner als „Princip der abnehmenden Veränderlichkeit" aufgenommen hat.

Dies hängt schon damit zusammen, wie die Romantiker klar erkannten, daß auf den höheren Stufen eine stets aus= gesprochenere Individualität erreicht wird, deren Wesen eben Loslösung vom Ganzen und Unbeeinflußbarkeit ist, Gewinnen eines eigenen, unverrückbaren Mittelpunktes.

Nach der neuen Lehre wisse man nicht, sagt Baader einmal, ob nicht aus einem Stein ein Baum, aus einem Baum ein Pferd, aus einem Pferde ein Mensch werden könne. Dies sei aber unmöglich; jede Art entspreche einer ewigen Idee, habe ihren unauslöschlichen Charakter, der innerhalb seiner Grenzen durchaus verharren müsse, nur durch Wiedergeburt der eigenen Form sei Vervollkommnung denkbar. Auch Kielmeyer und Oken, die beide das biogene= tische Grundgesetz wohl kannten, und von denen namentlich der erstere durch keinerlei vorgefaßte religiös-philosophische

Meinung beeinflußt war, behaupteten fest die Unveränderlichkeit der Arten.

Eine bestimmte Theorie darüber, wie die Entwickelung, die die Romantiker lehrten, vorzustellen sei, liegt nicht vor. Sie glaubten, daß Gott einen gewissen Inhalt in das Weltall hineingeschaffen habe, der sich durch das Leben entwickeln solle, daß alle individuellen Lebensformen im Chaos inbegriffen waren und zugleich belebt und beseelt worden seien. Die Natur mache stets neue Ansätze, um etwas, nämlich das individuellste zu erreichen; das Leben sei ein Phönix, der sich immerfort verbrenne, um neu aus der Asche zu erstehen; die letzte Entwickelung sei der letzte Endzweck. Wenn Fechner den Kampf ums Dasein zur Erklärung der Entwickelung gering anschlägt und dagegen ein „Princip der Abhängigkeit der Existenzbedingungen der Organismen von einander" annimmt, nämlich daß das ganze kosmorganische Reich, da es in der Uranlage eine zusammengehörige Einheit bildete, sich immer mit Bezug auf einander differenziren müsse, so folgt diese Auffassung mit Nothwendigkeit aus der Anschauung der Romantiker.

Dem Gesetz von der Entwickelung der höheren Individuen aus den niederen scheint auf den ersten Blick die ebenso oft wiederkehrende Behauptung, daß der Mensch in seiner jetzigen Erscheinung gefallen sei, zu widersprechen. Doch muß man bedenken, daß die aufsteigende Entwickelung nur ein Ausdruck für die beschränkte menschliche Auffassung ist; denn insofern die ewigen Lebensformen alle Gott angehörig sind, können sie gar nicht als höhere und niedere unterschieden werden und sind es nur durch ihr vereinzeltes Erscheinen, das unsere Sinne wahrnehmen. Gehen wir von Gott aus, steht der selbstbewußte Menschengeist an der Spitze der Erdengeschöpfe, die alle gewissermaßen von ihm umfangen sind wie der Mensch selbst es von Gott ist; gehen wir von der Erscheinung in der Zeit aus, so ist der Mensch das Schlußgeschöpf oder vielmehr die letzte und höchste uns bekannte organische Entwickelungsform.

Von beiden Seiten ausgehend gelangt auch die Naturphilosophie (oder romantische Philosophie) zu der wichtigen Ansicht, daß der Mensch nicht die letzte Form sein kann, die Gott gedacht hat und die die Natur anstrebt, sondern daß die Entwickelung über den Menschen hinausgehen müsse. Ist der Mensch in göttlicher Vollkommenheit aus der Hand Gottes hervorgegangen und gefallen, so muß es wohl sein Ziel sein, diesen Zustand wieder zu erreichen; sieht man davon ganz ab, so ist doch nicht einzusehen, warum die Natur bei einer so mangelhaften Form, wie der Mensch ist, stehen bleiben solle. Am klarsten und mit der ganzen revolutionären Kraft ihrer Bedeutung erlebte die Idee des Uebermenschen der interessante spätromantische Denker Georg Friedrich Daumer. Angeregt wurde Daumer durch einige Aeußerungen des französischen Romantikers Charles Nodier, wo er aus dem Drange des Menschen nach Vervollkommnung darauf schließt, daß er der Gipfelpunkt der Schöpfung nicht wäre. Und zwar träumt er von einer erhöhten Menschheit mit neuen Organen, die die jetzige verdrängen würde, so ähnlich wie neue Thiergeschlechter sich über den ausgestorbenen erhoben haben.

Dieser Gedanke, daß der Mensch nur eine Uebergangsform sei, die ein vollkommneres Wesen, das Daumer den Engel der Zukunft nannte, vorbereitete, rief einen Umschwung in allen Anschauungen Daumer's hervor. Ein reizbarer Idealist hatte er sich durch die Mängel des Menschen niederdrücken und, wie er selbst sagt, zum odium generis humani treiben lassen; nun konnte er seine Ansprüche auf den „Zukunfts=

menschen" übertragen, die jetzige Menschheit hassen und verachten und doch in Hoffnungen schwelgen. Doch löste er
die Frage, ob der Uebermensch sich aus und innerhalb der
jetzigen Menschheit entwickeln würde oder ob noch eine neue
Artbildung erwartet werden könne, anders als Nodier; denn
er entschied sich für die Ansicht, daß die jetzige Menschheit
die Grundlage der neuen bilde. Schon bei Novalis findet
sich die Meinung angedeutet, die auch neuerdings wieder
auftaucht, daß von der Möglichkeit einer organischen Ver-
änderung des Menschen abzusehen sei, da der menschliche
Geist die Wetterentwickelung der Organe gewissermaßen selbst
übernommen habe, indem er ihnen durch Werkzeuge zu Hülfe
komme. Für Daumer fiel von dieser Vorstellung ein neues
Licht auf die Bedeutung der christlichen Religion: in Christus
sah er nun den Erstling der Zukunftsmenschen, das Vorbild,
das nur durch Wiedergeburt des alten Adam, nämlich der
alten Menschheit erreicht werden kann. Insofern blieb also
doch die Meinung gültig, daß der Mensch das Schlußgeschöpf sei.

Fast ohne Ausnahme stimmten die Romantiker im
Glauben an den Uebermenschen überein, nur daß die einen
mehr vom naturwissenschaftlichen, die andern mehr vom
religiösen oder mystischen Standpunkte aus dazu gelangten.
Der Mensch greife tiefer in sich hinein, sagten sie, und er
muß den Urmenschen wiederfinden und aus sich gebären
können, der er war und der er werden soll. Der Mensch,
wie er aus Gottes Händen kam, war geschlechtslos, vielmehr
Mann und Weib zugleich, unsterblich, Herr der Natur. Er
war mit magischen Kräften begabt, das heißt mit solchen,
die uns wunderbar erscheinen, weil sie aus dem gewöhnlichen
Gange der Natur heraustreten und unmittelbar wirken, wo
wir materieller Vermittelung bedürfen. Mit solchen Kräften

beherrfchte er fowohl feine eigene Natur wie die ihn um=
gebende und war alles deffen mächtig, was von jeher
Heilige oder Zauberer und Hexen, die die verlorene Götter=
kraft ganz oder theilweife, lauter oder verderbt wieder her-
ftellten, vermochten oder denn zu vermögen vorgaben. Diefer
Herrenmenfch fiel zufammen mit der ganzen Natur, deren
Mittelpunkt er fein follte und die zu erlöfen nun, neben der
eigenen Wiedergeburt, feine wichtigfte Beftimmung ift. Wie
die Menfchheit Chriftus geboren hat, damit er fie erlöfe, fo
die Erde den Menfchen; wie Gott Chriftus der Menfchheit
zum Haupt und Mittelpunkt gedacht hat, fo den Menfchen
der Erde. Im Glauben an die nothwendige Erlöfung, fagt
der katholifche Philofoph Baader, liege wefentlich die
Religion; und allerdings fetzt das Gefühl der Erlöfungs-
bedürftigkeit ein uns tragendes und wiffendes Wefen,
Gott, voraus.

Ueberhaupt ift Gott für die romantifche Anfchauung
der von felbft einleuchtende, der Erklärung nicht bedürfende
Grund alles Denkens und Seins. „Gottes Dafein", fagt
Schelling felbft, „ift eine empirifche Wahrheit, ja die Grundlage aller Erfahrung. Wer das gefaßt hat, dem ift der
Sinn aufgegangen für Naturphilofophie." Kann man fagen,
daß, wer die Sterne leugnet, auch den Menfchen und
fchließlich Gott leugnen wird, fo muß es entfprechend wahr
fein, daß, wer die Sterne glaubt, auch die Menfchen und
Gott glauben muß.· Die Welt wäre keine lebendige Einheit,
als welche die Naturphilofophie fie doch betrachtet, wenn es
nicht einen Mittelpunkt gäbe, der fie zufammenhält und mit
einem einheitlichen Gedanken befeelt; das ift Gott. Doch
ift er nicht mit der Weltfeele zu verwechfeln.

Die romantifch-naturphilofophifche Weltanfchauung kann
leicht als pantheiftifche mißverftanden werden; auch wurde

Schelling namentlich anfangs sowohl von Anhängern wie von Gegnern der Vorwurf des Pantheismus gemacht. Je mehr aber die Romantiker diese Gefahr erkannten — denn dafür hielten sie es — desto bewußter erklärten sie sich dagegen. Sie wollten so wenig von einem bewußtlosen wie von einem werdenden Gott etwas wissen und wandten sich deswegen energisch gegen den aus der Romantik hervorgegangenen Hegel, der die Natur- und Menschengeschichte als eine Entwickelung Gottes angesehen wissen wollte. Wenn Hegel die Lehre Kant's bestritt, daß wir nur die Erscheinung, nicht das Ding an sich kennen könnten, indem er behauptete, die Erscheinung sei eben nichts als das explicirte Wesen, dasselbe gehe in der Erscheinung auf wie der Mensch in der Reihe seiner Thaten, so erhob sich dagegen wiederum die Romantik und sagte — ich führe hier Passavant an — nein, der Mensch ist nicht nur die Reihe, sondern auch die Quelle seiner Thaten, und ebenso Gott. Gott ist transcendent, geht nicht auf in der Erscheinungswelt, ein Mysterium bleibt. Passavant dachte dementsprechend daran, das Geheimnis von Freiheit und Nothwendigkeit so zu erklären, daß der Mensch nicht für seine Handlungen, aber für seinen Willen, die Quelle seiner Thaten, verantwortlich zu machen sei. Man sieht hier — wie an vielen anderen Punkten — die Berührung der Romantik mit Schopenhauer.

Wo sich romantisch-naturphilosophische Strömungen mit modernen, sogenannten jungdeutschen mischen, wie z. B. bei Oken, wird man allerdings die Grenze gegen den Pantheismus hin überschritten finden. „Gott ist eine rotirende Kugel. Die Welt ist der rotirende Gott" oder „Gott ist Monas indeterminata", das sind Aeußerungen, die auf dem Boden der Naturphilosophie gewachsen, aber über den Pantheismus nicht herausgekommen sind.

Die eigentlich romantische Idee von Gott ist die: Gott ist nicht identisch mit der Welt; sondern er ist zugleich ihr Mittelpunkt und umfaßt und trägt sie. Gott ist in allem, aber nicht alles ist Gott, ähnlich wie unsere Seele in unserm ganzen Leibe ist, darum aber unser Leib doch nicht identisch mit der Seele ist. Der berüchtigte außerweltliche Gott wäre demnach wieder da, wenn nicht stets betont würde, daß er die Welt sowohl von innen wie von außen bewegt und, wenn auch nicht nothwendig, so doch freiwillig untrennbar mit ihr zusammenhängt. Unser Verhältniß zu Gott wird am besten durch den Bibelspruch bezeichnet: in ihm leben, weben und sind wir. Weil er uns weiß, wissen wir uns, weil er der Leuchtende ist, sehen wir, weil er der Tönende ist, hören wir. Carus nannte diese Gottesauffassung Entheismus; womit hauptsächlich, im Gegensatz zum Pantheismus, ausgedrückt sein soll, daß wir uns in Gott fühlen, aber nicht mit ihm identisch halten sollen. Sehr glücklich veranschaulichten die Romantiker die Beziehung zwischen Gott und Mensch durch das Bild eines rein menschlichen Verhältnisses: nämlich zwischen dem Magnetiseur und dem Magnetisirten. Man kann sich thatsächlich das Leben der Seele in Gott, das Getragensein von ihm nicht besser deutlich machen; in gewissen Fällen der Abhängigkeit nimmt der Magnetisirte das in Zeit und Raum entfernte wahr, wenn der Magnetiseur ihn damit verbindet, das nächste nicht, wenn er nicht durch ihn damit verbunden ist; wirft er seine Sinnlichkeit auf den Magnetiseur ab und empfängt die Welt durch ihn, sieht mit seinen Augen und hört mit seinen Ohren. Der Magnetiseur ist in Wirklichkeit der Mittelpunkt des Magnetisirten geworden und hat ihn dadurch frei und leicht gemacht; je höher der Magnetiseur steht, desto glücklicher ist der Zustand des Magnetisirten, der, wäre der Magnetiseur Gott, nunmehr das Paradies wiedergewonnen hätte.

Waren die Romantiker keine Pantheisten, so waren sie ebensowenig Spiritualisten. Gott ist ihnen ein Geist, aber deswegen nicht naturlos; so wenig wie der Mensch, nach dem Bilde Gottes gemacht, ohne Leib, so wenig kann Gott ohne Natur gedacht werden. Das stete Festhalten an der Natur bei einer Richtung auf das Geistige ist wesentlich romantisch und kann auf jedem Gebiete beobachtet werden; es hängt zusammen mit der der Romantik gleichfalls wesentlichen Ehrfurcht vor der Individualität. „Die Natur ist das dem rein geistigen Princip Individualität verleihende"; es kann demnach, und wenn die individuellste Bildung Ziel der Entwickelung ist, niemals Loslösung von der Natur, sondern immer innigere Durchdringung derselben Bestimmung des Menschengeistes sein.

Diese Auffassung erweist sich vornehmlich, wenn es sich um die Frage unseres Zustandes nach dem Tode handelt. Manche romantische Dichter, die nicht gerade folgerichtige Denker waren, schwankten zwischen dem Drange nach persönlicher Unsterblichkeit und der Sehnsucht nach Auflösung in der Natur; aus beiden Trieben ist die Unsterblichkeitsansicht der Romantik erwachsen. Die naive Idee von der Auferstehung des Fleisches, in der sich der Wunsch individueller Fortdauer äußert, wird nach ihrer großartigen Auslegung durch den Apostel Paulus beibehalten. Einige nehmen einen inneren Leib oder Astralleib an, der den Verfall des materiellen Leibes überdauert, andere drücken sich so aus, daß ein Keim des materiellen Leibes nach dem Tode mitgenommen werde. Schubert gebraucht dabei zur Erläuterung das Bild von dem verdauenden Leibe, der aus der Speise die todten Reste der Speise ausstößt, aber einen Nahrungssaft zurückbehält, aus dem neues Fleisch wird; so, meint er, behielte die Seele aus dem sterbenden Leibe einen Keim der

Unsterblichkeit mit reproducirender Kraft, aus welchem der Geistleib entstände. Schelling bezeugt, daß anhaltendes Nachdenken in ihm die Ueberzeugung befestigt habe, daß der Tod die Persönlichkeit nicht schwäche, vielmehr erhöhe, indem er sie von manchem zufälligen befreie; daß der Zustand nach dem Tode mit einer bedeutenden Steigerung des Bewußtseins verbunden sei.

Was hier mehr oder weniger als Glaube und Gefühl geäußert und höchstens durch ein Bild erläutert wird, suchte Passavant wissenschaftlich zu begründen in einer schönen Untersuchung darüber, ob nach dem Tode noch etwas von den Sinnen übrig bleibe. Er kam zu folgendem Ergebniß: Die Idee, welche die Richtung hatte mit der Natur in Bezug zu treten und Organe dazu bildete, wird diese Richtung nicht verlieren. Man könnte zwar meinen, daß sie, nach Schwinden dieser Organe in der uns bekannten Form, ihren Zweck auf einem ganz anderen Wege zu erreichen suchte; aber da wir uns Entwickelungszustände — und das Entwicklungsprincip wird auch nach dem Tode beibehalten — nur als Fortrücken und Potenziren früherer Zustände denken können, so muß die künftige Beziehungsweise der Seele zur Natur Aehnlichkeit mit der jetzigen haben, und es muß etwas der jetzigen Sinnesthätigkeit analoges bestehen. So könnte z. B. der künftige Leib ganz und gar Lichtorgan sein, alles könnte uns durchsichtig und das Wesen der Natur — insofern auch der göttliche Gedanke — mehr und mehr erschlossen werden. Eine entsprechende Verwandlung könnten die übrigen Sinne erfahren. Wahrscheinlich ist es, daß auf höherer Stufe die Beziehungen zur Natur nicht mehr geschieden sind, sondern an Stelle der Sinne ein Allsinn tritt, der uns die verschiedenen Manifestationen der Natur ineinander übergehend oder zugleich erscheinend vermittelt.

Also: nicht Aufgehen weder in der Natur noch in Gott, sondern immer innigere Berührung, immer helleres Erkennen. Aehnlich nannte Justinus Kerner, während er in schweren, trüben Stimmungen das Sichauflösen in der Natur herbeisehnte, bei ruhiger Besinnung den Tod die innigste Vereinigung mit dem Geiste der Natur, den Zustand, in welchem man mit dem Leben der Geister und Gestirne befreundeter würde. Aber auch mit uns selbst werden wir in diesem Zustande inniger verbunden: wir verinnern uns gleichsam. Tiefer in unsere Seele hineintauchend begegnen uns dort lebendige Gestalten, nämlich unsere Sinnesbilder, die nun je nach ihrer Art unsern Himmel oder unsere Hölle ausmachen, so etwa wie wir es vorbildlich im Traume erleben. In diesem Sinne, kann man sagen, fügt Ringseis seiner bedeutungsvollen Theorie über die Realität der Sinnesbilder hinzu, daß unsere Werke uns nachfolgen.

Charakteristisch ist, wie ich schon sagte, daß das Entwickelungsprincip auch auf den Zustand nach dem Tode angewandt wird; so daß Passavant vorschlägt, es möchte statt vom künftigen Leben von künftigen Lebensformen gesprochen werden. Im Grunde ist es nur, wie so häufig in der Romantik, ein wissenschaftlicher Ausdruck für das, was die dichtende Mythe in Bildern verkündete; wenigstens die christliche Mythe lehrte auch eine Stufenordnung im Himmel, ein Unterwiesenwerden und allmähliges Aufsteigen der Unmündigen, wie es Goethe im zweiten Theile des Faust dargestellt hat.

Neben dieser Unsterblichkeitsanschauung begegnen wir bei den Romantikern einer andern, welche die Unsterblichkeit als etwas dem lebendigen Menschen erreichbares, oder, besser gesagt, in der Constitution des Uebermenschen liegendes ansieht. Nicht nur der phantasievolle Ringseis sagte: „Der

Tod ist nicht natürlich, er kommt nur bei allen vor;" auch der alte Reil, ein Gelehrter, der ebensogut der Aufklärungszeit wie der Romantik angehörte, that gelegentlich den Ausspruch, das Sterben sei nicht als nothwendig nachzuweisen. Justinus Kerner und Baader behaupteten, vollkommen unabhängig von einander, alles Ernstes, der Tod hänge mit der Geschlechtsliebe zusammen, sei mit ihr entstanden und würde mit ihr verschwinden; einmal würden keine Kinder mehr erzeugt werden, meinte Baader in einem Jugendbriefe, und der Mensch unsterblich sein. „Warum sollten wir uns nicht einen Zustand denken, in welchem Reproduktion und Irritabilität zu einem Minimum herabsinken, die Sensibilität dagegen das Maximum wird?" In welchem also das, was man damals den Nervengeist nannte, die Hülle der Seele bildete, der neue Leib ein Hirn-Leib und insofern, — da das Gehirn immer dem Lichte gleichgesetzt wurde, ein Licht-Leib wäre. Da diese Vorstellung sowohl auf den Zustand nach dem Tode wie auf den der irdischen Zukunft anwendbar ist, ließe sich denken, daß dasselbe Ziel in der irdisch-materiellen Religion die sich entwickelnden Generationen erreichten, welchem der Einzelne nach dem leiblichen Tode entgegen ginge. Soviel bleibt als allgemeine Ueberzeugung, daß der Schauplatz des Lebens sich nicht verändert, als höchstens im Menschen selber. Das Wort des Novalis: „Nach Innen geht der geheimnißvolle Weg" bleibt die Lösung der romantischen Gedankenarbeit auf diesem Gebiete; so aber, daß das Aeußere dem Innersten nur um so näher rückt.

Gott, Welt und Individuum, keine der Größen dieser Dreiheit verläugnet oder bekämpft die romantische Weltordnung, nur will sie sich jeder im richtigen Maaße hingeben.

Carus stellt die Frage: Kann die Idee — nämlich unseres Seins — durch ihr sich Darleben ein Resultat gewinnen? oder, schlichter gesagt: Wozu leben wir? und beantwortet sie folgendermaaßen: Als Fühlende sollen wir anstatt zur Gottlosigkeit zur Gottinnigkeit gelangen, als Wollende anstatt zur Verweltlichung zur Weltinnigkeit, als Erkennende anstatt zur Selbstsüchtigkeit zur Selbstinnigkeit. Dies maaßvolle Schweben über den Polen ist freilich im Leben weit schwerer darzustellen als schrankenlose Ergebung an Eines, sei es Gott oder die Welt oder das Selbst; weswegen auch extreme Weltanschauungen, wie etwa die mittelalterlich-asketische oder der Materialismus, weit eher sich ausbreiten und zur Macht werden können.

Ich habe versucht den Boden abzugrenzen, auf dem ein reiches und buntes Gedankenleben, alle Gebiete des menschlichen Seins berührend, sich entwickelte. Man weiß, daß die Romantik keine Systeme schuf; doch eine sichere Grundlage gab es, von der alle ihre Denker ausgingen, die sich deshalb mit Recht als unter einander verbunden, Mitglieder einer unsichtbaren Kirche fühlten. Diese Grundvorstellungen, die ich angedeutet habe, von der Einheit und Lebendigkeit der Welt und von dem Gotte, der sie von innen erfüllt und von außen umfaßt, waren nicht nur Theorieen, die in Büchern standen; sondern, das ist gerade das charakteristische dieser Menschen und dieser Zeit, sie lebten in ihren Bekennern wie eine innig geglaubte Religion und beeinflußten ihr gesammtes Denken, so daß ihre systemlosen und oft im Einzelnen einander widersprechenden Schriften nichtsdestoweniger das Gepräge eines Geistes tragen.

Neue Wissenschaften.

Die Ueberzeugung, daß alles Aeußere Symbol eines Inneren sei, führte die Romantiker unmittelbar zur Physiognomik, das heißt zu der Wissenschaft von der seelischen Bedeutung der Körperformen, insbesondere natürlich der menschlichen.

Diejenigen welche annahmen, daß der Geist sich den Körper baue, folgerten daraus, daß man die allgemeinen Gesetze und Verhältnisse des Geistes auf den Organismus müsse anwenden können. Die andern, welche von keinem Primat des Geistes wissen wollten, sondern an einen Parallelismus von Geist und Körper glaubten, zogen aus der Thatsache, daß das, was von der einen Seite Geist, von der andern Körper ist, das Ergebniß, es müsse sich vom einen auf das andere schließen lassen.

An der Möglichkeit, aus dem Aeußern das Innere zu deuten, wird nirgend gezweifelt; es finden sich Zeugnisse dafür bei Ennemoser, Görres, Volk, dem Verfasser des Buches über die ekstatischen Jungfrauen in Tirol, Troxler und anderen. Ennemoser äußert sich folgendermaaßen: „Wie alle Form eine Vergeistigung des räumlichen Stoffes darstellt, so wird auch die leibliche Form, in der sich der Vernunftgeist des Menschen offenbart, durch einen eigenthümlichen Charakter sich auszeichnen, und die Kenntniß dieser Form führt daher direkt auf die Erkenntniß des Geistes, oder umgekehrt: wer den Geist kennt, wird ihn in der Form wiederfinden. Die Kenntniß der Form ist die Physiognomik.“

Entsprechend der doppelten Möglichkeit des Schließens von der Form auf den Geist und vom Geiste auf die Form, wird denn auch ein zweifacher Weg in der Physiognomik eingeschlagen, ein metaphysischer und physiologischer. Die metaphysische Untersuchung nimmt die Dreieinigkeit als Maaß an und legt dies an den menschlichen Leib, wie es Malfatti in seiner „Architektonik des menschlichen Organismus" thut. Die elliptische oder die Kreisform, die mehr oder weniger den Organen zu Grunde liegt, drückt etwas Geistiges aus und enthüllt dem für die feinen Abweichungen der Form empfindlichen Auge Geheimnisse der Seele. Theilt Malfatti den Menschenkörper in drei Gruppen: das Kopf-Ei mit den Satelliten Auge und Ohr, das Brust-Ei mit den Satelliten Lunge und Niere, das Bauch-Ei mit den Satelliten Leber und Milz, so weiß derjenige, dem die romantische Anschauungsweise vertraut ist, daß diese Dreieinigkeit der von Geist, Seele und Leib oder der von Sensibilität, Animalität und Vegetation oder der von Mannheit, Jugend und Embryoleben oder der von Actio, Functio und Factio entspricht, und entnimmt daraus, was jedes der Organe im Allgemeinen an seiner Stelle auszudrücken und in welchem Verhältniß es zum andern zu stehen hat. Hierzu tritt nun die vergleichende Methode Okens, der das Antlitz die Wiederholung des ganzen Körpers in seiner höheren Region — denn der Kopf ist der eigentliche Aetherleib — nannte. Die Stirn wiederholt den Kopf beziehungsweise das Gehirn, die Nase, gebildet durch die Einmündung der Lunge, die Brust, der Mund, gebildet durch die Einmündung des Darmes, den Bauch, die Kiefer, da sie eigentlich Glieder sind, die Extremitäten: indem sich so das Wesen der Organe, das was sie sind, offenbart, offenbart sich zugleich unmittel-

bar, was sie bedeuten. Auch der Kopf unterliegt wie der
ganze Körper dem Maaß der Dreieinigkeit. „Einheit und
Theilung in Zweiheit und Wiedervereinigung in der Dreiheit ist in der Gesichtsform auf wundervolle Weise enthalten"
sagt Ennemoser. Es leuchtet von selbst ein, von welcher
Bedeutung für die Art des Menschen gute oder mißliche
Verhältnisse zwischen den beiden Theilen des Gesichtes und
das Verhältniß der Nase sind, welche gewissermaaßen der
Mittler — der Ternar — zwischen ihnen ist. Dennoch
ist es sicher, daß solche Andeutungen noch kein wissenschaft-
liches System der Physiognomik bedeuten können, da dem
Verständniß oder sagen wir der Eingebung des Auslegen-
den ein allzugroßer Spielraum gegeben ist. Es ist aber
gleichwohl aus dem Umkreise der Romantik ein meister-
haftes und das erste wissenschaftliche Werk über diesen
Gegenstand hervorgegangen: Symbolik der menschlichen
Gestalt von Carus, im Jahre 1853 erschienen.

Carus gewinnt seine psychologischen Ergebnisse, indem
er sich in die Physiologie jedes Organs versenkt, wobei ihm
seine bedeutenden anatomischen und morphologischen Kenntnisse zu Statten kamen. Vielfach sich an Oken anschließend
geht er doch weniger sprunghaft, mit weiserem und stren-
gerem Tiefsinn vor. Analogieen, die sich nicht physiologisch
begründen lassen, vermeidet er, überhaupt schließt er das
Sinnbild aus, „um den Sinn und die Bedeutung in der
Natur an und für sich selbst zu erfassen." Lavaters An-
regungen schätzt er außerordentlich und läßt es sich häufig
angelegen sein, desselben geistreiche Entdeckungen zu begründen,
doch war er sich bewußt, daß sich durch ihn die Physiognomik zu einer Wissenschaft erhöhen werde. Daß freilich der Physiognomiker — wie nach romantischer Auffassung der Arzt — mit aller Wissenschaft unvollkommen

arbeiten müsse, wenn er nicht auch Künstler sei und sein
systematisches Erforschen durch seherischen Blick unterstützen
könne, betont er ausdrücklich. Ob er selbst Divinationsgabe
oder Gewalt über die Menschenseele in so hohem Grade besaß
wie Lavater, ist zu bezweifeln; jedenfalls hatte er Menschen-
kenntniß und wissenschaftlichen, insbesondere naturwissenschaftlichen Sinn, dessen Fehlen Lavater's Werk trotz seiner
Verwandtschaft mit romantischen Bestrebungen im Ganzen
doch zu einem unromantischen macht.

Ein gewisser Scharfblick war auch dem bekannten
Phrenologen Gall nicht abzusprechen, doch trübte er ihn
durch eine haltlose Theorie; gerade wo Carus ihm entgegentritt, erhellt die wissenschaftliche Reinheit und Tiefe
seiner eigenen Methode am schönsten. Als ein Beispiel
führe ich an, wie Carus bei Gelegenheit der Schädellehre
die Schwellungen der Stirn erklärt, welche die Augen von
oben umgeben, an welche Stelle Gall den Orts=, Farben=
und Zahlensinn verlegte. Carus erkannte darin das richtige
Gefühl an, daß an dem hervorspringenden Knochenrande
der Augenhöhlen Eigenschaften zu suchen sein müßten, welche
sich auf den Gesichtssinn beziehen; denn auch aus der Ver=
gleichung verschiedener Thiere, die Carus immer zuerst vor-
nahm, um sich an diesen einfacheren Organismen zu orien=
tiren, ergab sich, daß diejenigen, die sich durch Anschwellung
der unteren Stirngegend auszeichnen, mit besonderer Seh=
schärfe begabt sind und umgekehrt, wie zum Beispiel die
Raubvögel gegenüber den Maulwürfen oder, in einer und
derselben Thierklasse die Gemsen gegenüber den Schafen.
In Bezug auf die Menschen fand Carus die fragliche
Schwellung weit mehr bei den Stämmen des Westens, den
Indianern, als bei den östlichen Völkern, zum Beispiel den
Chinesen, die an dieser Stelle eher flach gebildet sind, und

bei Betrachtung der verschiedenen Art und Lebensweise dieser Völker wird man das dem vorhergehenden ganz entsprechend finden. Trotzdem hielt es Carus nicht für erlaubt, jedem Individuum mit vorspringendem Orbitalrande daraufhin Sehschärfe und daraus entspringende geistige Eigenschaften — geschweige denn Farben-, Orts- und Zahlensinn — zuzuschreiben. Nur das, meinte er, könne dadurch angezeigt werden, daß die betreffende seelische Individualität vorzüglich durch den Sinn des Gesichtes bestimmt, „mehr gegen die Welt des Lichtes als gegen die Welt der Töne organisirt" wäre. Es ist darin bereits etwas anderes angedeutet: Carus erinnerte sich, bei Malern, — er erwähnt seinen berühmten Zeitgenossen Friedrich — vielfach tiefliegende, durch vorspringende Augenhöhlenränder beschützte Augen beobachtet zu haben, während ein vorspringendes Auge eher bei Dichtern und Musikern gefunden wird. Auch Gall hatte, in Uebereinstimmung mit der Volksmeinung, den Menschen mit vorspringendem Auge starkes Gedächtniß, Sinn für Sprache und Ton zugeschrieben, ohne aber eine annehmbare Erklärung beizubringen. Diese liegt einfach darin, wie Carus schön ausführt, daß, wer nicht gegen die Welt des Lichtes organisirt ist, — was durch tiefliegende Augen angezeigt wäre — naturgemäß mehr durch die Welt der Töne beeinflußt sein wird. Das hervorgedrängte Auge — gleichsam ins Aeußere sich verlierend — gebe an sich schon, sagt Carus, den Ausdruck eines aufhorchenden Menschen, der keinen Gegenstand besonders fixirt, während einer, der scharf sehen will, das Auge unwillkürlich zurückzieht und womöglich noch mit der Hand beschattet. Käme zum vorstehenden Auge eine Schwellung des Schädels gegen den Gehörsinn hinzu, so hätten wir das ausgesprochene Symbol einer vorzüglich in der Tonwelt lebenden Seele.

Was für die organischen Formen wird auch für die organischen Funktionen gelten: die physiologischen Vorgänge haben eine psychologische Seite und umgekehrt, und können nicht von einander getrennt werden, und es müßte demnach aus den beiden Wissenschaften Physiologie und Psychologie eine einzige, die Physio=Psychologie werden.

„Kein Wunder", so sagt Malfatti in seinen Studien über Anarchie und Hierarchie des Wissens „daß bei der gegenwärtigen Trennung die Psychologie von der Physiologie verlassen, sich oft im Denken entleibte, sowie die Phy= siologie von der Psychologie getrennt sich ebenso oft in Leiben entseelte." Die Forderung einer Psycho=Physiologie lag zu sehr in der Naturphilosophie inbegriffen, deren Auf= gabe es ja war, „die Gleichheit der Naturerscheinungen mit den Geisteserscheinungen aufzudecken", als daß sie nicht von allen ihren Anhängern erfaßt und ausgesprochen hätte werden müssen. Derjenige der wirklich einige Grundlinien der neuen Wissenschaft zog, war wiederum Carus. In seinen beiden Werken Psyche und Physis hält er streng die Einheit der Seele fest, als welcher nicht nur das Erkennen, sondern auch das Bilden und Ernähren zufalle. Daraus aber, daß alle Lebenserscheinungen eine gemeinsame Grund= lage haben, folgt, daß jede physiologische Thatsache Be= deutung für die Psychologie haben muß und umgekehrt. Als Grundsatz der Psychologie stellte er auf, daß der Schlüssel zum bewußten Seelenleben im unbewußten liege, insofern als das bewußte aus dem unbewußten sich ent= wickele. Das Getheiltsein des Menschen in bewußtes und unbewußtes Seelenleben, welches in ein gegensätzliches Ver= hältniß zu einander trete, sodaß der Unbewußte zusammen= schrumpfe, je mehr das Bewußte sich ausbreite, habe den Irrthum eines Getheiltseins in Leib und Seele erzeugt, und der Umstand, daß der bewußten Seele fortwährend aus den unbewußten Seelenprovinzen Gefühle zugehen, und daß der Mensch durch die unbewußte Seele mit dem Allgemeinen zusammenhänge, veranlasse die Täuschung, als sei der Geist vom Leibe abhängig. Eigentlich dürfe man beispielsweise nicht sagen: gewisse Vorgänge in der Galle machen zornig, sondern: die Gallenabsonderung ist, was im bewußten Leben der Zorn ist. Oder es sei nicht richtig zu sagen, Aerger und Aufregung der stillenden Mutter verderbe ihre Milch, da es vielmehr so sei, daß was sich im bewußten Leben als Aerger, im unbewußten als Verderbniß der Milch äußere. Carus vermißte in unserer Sprache Ausdrücke für das unbewußte Seelenleben, wie man denn das Wort Willen füglich nur auf den bewußten anwenden kann, und um den unbewußten zu bezeichnen Umschreibungen gebrauchen muß. Es scheint, als wäre es von solchen Einsichten aus nur noch ein Schritt gewesen zu dem Gesetz der Schwelle, das Fechner aufstellte, daß die unbewußten Prozesse eine gewisse Stärke erreicht haben müßten, um bewußt zu werden; allein Carus befaßte sich nicht damit, über die Beziehung zwischen Unbewußten und Bewußten im Einzelnen Versuche zu machen und hat überhaupt, wie schon gesagt, nicht mehr gethan, als das allgemeine Bild einer Psycho=Physiologie entworfen. Seine Wissenschaft blieb stets entweder Phy=siologie oder Psychologie. Bedenkt man aber, wie reich und lebensvoll seine Seelenentwickelungslehre gegenüber der alten Begriffspsychologie war, so muß man wohl Oken Recht geben, welcher sagte, mit Carus' Psyche sei der Embryo der Psychologie zur Welt gekommen, einer Psycho=logie, das will eben doch der Naturphilosoph damit sagen, die nur im Zusammenhange mit der Physiologie gedacht werden kann.

In immer weiteren Kreisen sehen wir die Einführung der Naturwissenschaften in die Geisteswissenschaften. Ueberall spüren wir als Grundlage die Ueberzeugung, daß die Physik, nach einem Ausdruck von Windischmann, zu Gott führen müsse; die Anwendung physiologischer, überhaupt naturwissenschaftlicher Thatsachen auf religiöse Fragen war ein Hauptzug von Baader's Methode. „Wie werden Sie und mehrere sich freuen über den lebendigen Zusammenhang der Religion und Physik" schrieb er gelegentlich einem Freunde, und wiederum, es sei kaum zu glauben, welches Licht die Anwendung der Physiologie auf die Religionswahrheiten gebe, „und wer die Physiologie im allgemeinsten Sinne des Wortes darstellte, würde, ohne es zu wissen, eine Begründung unserer Religion geben." In einer Schrift über das Opfer wies er den physisch-psychischen Grund der Augurien beim Schlachten der Thiere nach. Ein ander Mal meldet er einem Freunde feierlich, es sei ihm gelungen, das selige Geheimniß der Menschwerdung Gottes und Gottwerdung des Menschen an dem Wachsthum der Pflanzen als Erdwerdung der Sonne und Sonnenwerdung der Erde zu illustriren. Auch der von den Romantikern verehrte Philosoph St. Martin hatte beklagt, daß er nicht genug Kenntnisse in den Naturwissenschaften besäße, „pour viriliser sa doctrine religieuse et morale."

Als Passavant der Arzt einen Versuch zur wissenschaftlichen Begründung der katholischen Lehre unternahm, ermahnte ihn Diepenbrok, der nachmalige Kardinal, mit dem er darüber brieflich verhandelte, die tiefsten, dunkelsten Punkte mit dem Sonnenmikroskop der Naturwissenschaften zu beleuchten, das Dogma von der stellvertretenden Genugthuung durch Christi Opfertod zum Beispiel physiologisch, psychologisch und philosophisch zu erörtern. Diepenbrok selbst machte den Versuch, dem Sinn der Tauflehre dadurch auf die Spur zu kommen, daß er daran erinnerte, wie der Mensch aus dem unreinen Wasser des Mutterleibes hervorgegangen sei, weswegen bei der Wiedergeburt das Symbol des aus dem Wasser erzeugten Lebens nicht fehlen dürfe.

Im Bezug auf Görres' Mythengeschichte der asiatischen Welt schrieb ihm Creuzer, daß ihm diejenigen Stellen am besten gefielen, wo er die Wurzeln des Mythus durch Physiologie und Anthropologie so recht innerlich aus des Menschen Natur selbst aufgezeigt hätte. Ebenso verfährt Görres in seiner Mystik, wo durchweg das Naturleben auf geistigem und das Geistige auf physiologischem Grunde aufgebaut ist.

Die hohe Werthschätzung von Mythos, Sage und Volksdichtung überhaupt beruht auf der von Görres und Kanne zuerst aufgestellten Idee, daß Gott sich sowohl in der Natur wie in dem frühen, noch mit der Natur eng zusammenhängenden Menschen offenbart habe, und daß daher die Natur, für diejenigen, die ihre Symbole entziffern könnten, wie die alten mythischen Dichtungen untrügliche Wahrheit über Gott und die Welt enthielten. Es müßten die Weissagungen des menschlichen Geistes auf die Natur sich beziehen lassen, wie umgekehrt die großen Erscheinungen der Natur, der Streit zwischen Licht und Dunkel, der Wechsel im Aufblühen und Verwelken, Bilder für das Leben des Geistes wären. Görres nennt den frühen Menschen das artikulirte Wort, das die Erde ausgesprochen, wie die Welt das von Gott sei. „In den Reden, die er führt, tönt die dumpfe Sprache der Elemente fort, eines jeden eigenthümlicher Accent läßt sich in ihnen unterscheiden. Nothwendig muß daher diese Geschichte der Uebergang der Physik in's Leben sein, wenn irgendwo müssen in ihr die

Gesetze des Himmels sich bewähren, in einem Grade, daß sie sogar kritisch über Echtheit und Unechtheit gegebener Thatsachen entscheiden können. Der Mensch in dieser Periode ist somnambul, wie im magnetischen Schlafe wandelt er, seines Bewußtseins unbewußt, im tieferen Bewußtsein der Welt einher; sein Denken ist Träumen in den tieferen Nervenzügen; aber diese Träume sind wahr

Steffens war zwar der Ansicht, daß Görres und Schubert in der Anwendung dieser Idee zu weit gingen, doch glaubte auch er, daß Poesie und Mythologie auf unmittelbare göttliche Offenbarung müßte zurückgeführt werden. Die tiefe Naturbedeutung mancher Sagen habe ihn oft in Erstaunen versetzt, erzählte er Wilhelm Grimm, und führte als Beispiel die vom gefesselten Prometheus und der Melusine an: sie sei das Wasser, daß sich mit dem Licht verbindet, ihre seltsam gebildeten Söhne seien die mannigfachen Gestaltungen der Erde; denn die Erde habe sich als Niederschlag aus dem Wasser gebildet. Er habe häufig Thatsachen, zu denen er durch Spekuliren und Studiren mühsam durchgedrungen sei, in der Mythologie klar ausgedrückt gefunden.

„Wie die Grundfesten der Erde auf dem gewaltigen Urgebirge ruhen, so ruht unser Wissen auf den einfach großen Ueberlieferungen." Auch für die Geschichte beutet der romantische Historiker gern Sage und Chronik und jede Art der Ueberlieferung aus, überzeugt daß die Geheimnisse so gut im unbewußten, wie im bewußten Leben wurzeln. Wenn Görres verlangt, daß das Privatleben der Menschen in die Geschichte hineingezogen werden müsse, so thut er das, damit uns der Boden enthüllt werde, auf welchem die großen, öffentlichen Ereignisse gedeihen, um der Masse gegenüber dem Einzelnen ihr Recht zu geben. Zwar

war die Liebe für das Individuelle in den Romantikern
viel zu groß, als daß sie die Bedeutung des Einzelnen für
die Geschichte je hätten verkennen können; aber die Berührung des Einzelnen mit dem Allgemeinen, des Bewußten
mit dem Unbewußten, die zu zeigen, das wird immer das
wesentliche Trachten des Romantikers auf jedem Gebiete
sein. Insofern also, als er mit Vorliebe diplomatische
Quellen für sein Geschichtswerk benützte, war Ranke
unromantisch; seinen weltgeschichtlichen Standpunkt indessen
hatte er von der Romantik übernommen. Die Idee der
Einheit führt die Idee der Universalgeschichte mit, die der
Entwickelung bedingt eine verhältnißmäßige Entwerthung
der Thatsache gegenüber dem Werdegange. Die bedeutendste
Leistung der Creuzer und Görres im universalgeschichtlichen
Sinne war die Anknüpfung des Hellenenthums in der
Richtung gegen die Vergangenheit mit dem Morgenlande,
gegen die Zukunft mit dem Christenthum. Ernst von Lasaulx,
Görres' Verwandter und Schüler, war der Romantiker der
klassischen Philologie. In der Oedipussage fand er das
Verhältniß des Griechenthums zum ägyptischen Wesen und
„zu der höchsten Manifestation Gottes im Christenthum“
ausgesprochen. Der nach dem Tode wohlthätig waltende
Heros Oedipus war ihm „die über dem Grabe der hellenischen Philosophie auferstandene Gnosis“, die Geschichte
von Prometheus eine Art griechischer Sündenfall, das Bild
des Herakles entwarf die Hoffnung auf den Heiland, überhaupt die Mythologie der heidnischen Völker des Alterthums
„eine Traumprophezie, deren wahre Deutung erst in Christus
gegeben wurde.“

Mit hoher Begeisterung, die jetzt noch mit hinreißen
kann, erfüllte die Idee, auf die alle die neuen Entdeckungen
und Kombinationen hinzuführen schienen, von dem einen in

Centralasien ansässigen Urvolke, der einen Religion, der einen Sprache, die wie eine Ur- und Centralsonne am Beginn der Geschichte stehen und von der alle Völker mit ihren Sprachen und Religionen losgelöste Gestirne sein sollten. Wie anfechtbar diese Theorie nun auch sein mag, wer dürfte die großartigen Ergebnisse verkennen, die die vergleichende Methode gefördert hat! Daß hie und da in kühnen Deutungen zu weit gegangen und fehlgegriffen wurde, kann davon nichts herabmindern. Derjenige, welcher Gründlichkeit und Kühnheit vereinend, die ersten grundlegenden Werke vergleichender Geisteswissenschaft schuf, Jakob Grimm, hat den Einfluß der Bahnbrecher, Görres und Kanne, dankbar erfahren und bewunderte beider Genialität trotz mancher Ausstellungen im Einzelnen aufrichtig. Es gäbe, sagte er, zweierlei Art zu etymologisiren, beide nothwendig, beide reizvoll; die eine, die häusliche, hielte sich im Kreise ihrer Sprache, die zweite dringe in die Ferne und suchte gleichsam Gott aus der weiten Welt zu erkennen, dessen Spuren unleugbar im Ganzen ebenso da wären, wie im Kleinen. Fühle er sich auch zu jener häuslichen mehr hingezogen, so achte er doch auch jene andere Art zu untersuchen hoch; man könne ihrer sogar als einer Stärkung und Erhebung bedürftig werden, weil zu dem Wege durch das Detail doch kein menschliches Leben ausreiche.

Es ist durchaus unbillig, den Romantikern und Naturphilosophen den Vorwurf zu machen, als hätten sie exakte wissenschaftliche Forschung für überflüssig gehalten, um sich anstatt dessen ganz auf ihre Eingebungen und Spekulationen zu verlassen. Vielmehr war jeder von ihnen, soviel ich gefunden habe, der Meinung, daß Erfahrung und Idee im Forscher zusammenwirken müßten. Ueber die Methode Creuzer's, der sich Auszüge aus den Quellen machte, und wenn er sein Material beisammen hatte, den kombinirenden Ideen Spielraum ließ, machte sich Voß nicht wenig lustig. „Durch Vermischung der handfesten Excerpirmethode des Occidents" schreibt er in der Symbolik „mit der leichten symbolischen des Orients erwuchs eine wundersame west-östliche Doppelnatur: unten Sitzfleisch wie Blei, mit beweglichen Schlangenfüßen und eiserner Faust; oben ein Magier-haupt mit des Sonnendienstes goldrother Kalotte. Nach mystischer Windempfängniß warf die Zweigestaltete ein paar Mal fehl; dann unter Wehen der Angst gebar sie das vier-schrötige Ungeheuer, die Symbolik, mit nachwedelndem Lind-wurmschwanz!" Creuzer hatte sich allerdings im That-sächlichen kleine Irrthümer zu schulden kommen lassen; im Ganzen wird er, nicht mit Unrecht, eben auf die Doppel-natur, das Sitzfleisch zur Einzelforschung und das Magier-haupt der Idee, stolz gewesen sein. Oken, der „den Zauberstab der Analogie" aus Grundsatz schwang, sagt über seine naturphilosophische Methode, er habe sie sich geschaffen, um die Ebenbildlichkeit des Einzelnen mit dem Göttlichen, des Organischen mit dem Unorganischen, des Menschlichen mit dem Elementarischen, des Elementarischen mit dem Aetherischen herauszuheben. So sage er zum Beispiel, der Organismus ist das Ebenbild des Planeten; und folgere daraus, daß er kugelig sein und so viel Grundprozesse in sich haben müsse, als es Planetenelemente gebe. Diese Methode sei nicht die wahrhaft ableitende, sondern gewisser-maaßen die dichterische, aus der die Folgen hervorspringen, ohne daß man wisse wie, gleich den algebraischen Formeln, welche durch einen Zauber hervorgerufen, vor uns wie Riesen stehen, die man nicht faßt, von deren Wirklichkeit man aber doch überzeugt sei wie von seiner eigenen. Er habe diese Methode aber, und das ist das Wichtige, nur

nebenher gebraucht, um seinen Schülern die Einheit aller
Dinge vorzustellen, in der Hauptsache die sachliche Methode
benutzend, die sich an die einzelnen Gegenstände hält.

Steffens, obwohl von der Naturbedeutung der Mythen
überzeugt, betont nachdrücklich, man dürfe deswegen doch
nicht a priori aus der Mythologie deduciren, sondern müsse
unbeirrt den Weg wissenschaftlicher Forschung der Natur
verfolgen, nachträglich möge man die Uebereinstimmung mit
der Mythologie nachweisen. Erfahrung und Idee müssen
immer abwechseln, sagt Eschenmayer, und Wilbrand empfiehlt
dem Forscher als Grundlage die exakte Grundlage des
Einzelnen. Allerdings setzt er hinzu: „Wo aber die Natur
durch einen undurchdringlichen Vorhang das körperliche
Auge tiefer zu schauen hindert, da sollen wir mit den
Augen des Geistes schauen; nur seien die Geistesblicke in
Harmonie mit demjenigen, was wir als wirkliche Thatsache
kennen.“ Und ebenso gesteht der im Ganzen so exakte und
behutsame Carus der Divination ihr Recht zu, ja bekennt,
daß ohne ihr Mitwirken die Wissenschaft immer am Staube
müsse kleben bleiben.

So dachten in jenem idealistischen Zeitalter nicht nur
Romantiker und Naturphilosophen. Alexander von Humboldt, den die Nachwelt seiner exakten Forschung wegen
jenen weit voranstellte, wurde von Goethe und Schiller um
soviel geringer geschätzt. „Dieser Freund“, sagte Goethe
von ihm, „hat eigentlich nie höhere Methode gehabt, blos
viel gesunden Verstand, viel Eifer und Beharrlichkeit“ und
weit schärfer Schiller: „Es ist der nackte, schneidende Verstand, der die Natur, die immer unfaßlich und in allen
Punkten ehrwürdig und unergründlich ist, schamlos aus-
gemessen haben will — kurz, er scheint mir für seinen
Gegenstand ein viel zu grobes Organ und doch ein viel zu

beschränkter Verstandesmensch zu sein. Er hat keine Ein-
bildungskraft — bei ungeheuerem Reichthum des Stoffes
eine Dürftigkeit des Sinns."

Humboldt selbst antwortete Schelling, der ihm im
Jahre 1805 darüber schrieb, daß man der Naturphilosophie
vorgeworfen habe, sie verschmähe die Erfahrung und hemme
den Fortschritt: „Die Naturphilosophie kann dem Fortschritt der empirischen Wissenschaft nie schädlich sein. Im
Gegentheil, sie führt das Entdeckte auf Principien zurück!"
In demselben Sinne äußerte er sich auch gegen Andere
und bekennt, wie viel er selbst, ja wie er gerade das Höhere
der Naturphilosophie verdanke.

Die monistische Richtung der Romantik, die sich auf
dem Gebiete der Heilkunde, zum Beispiel in dem Bestreben
zeigte, ein Allheilmittel zu finden, alle Krankheiten auf eine
zurückzuführen, ging in Hinsicht auf die Wissenschaften im
Allgemeinen darauf aus, alle in einer einzigen aufgehen zu
lassen, nämlich in der Mathematik, der Wissenschaft des Weltgesetzes. Sowie die Mathematik sich in den Besitz desselben
gesetzt hätte, wäre sie zugleich Religion, gewissermaaßen die
Form der Religion, während das, was wir jetzt darunter
verstehen ihr Inhalt wäre, womit denn der Gegensatz
zwischen Glauben und Wissen hinfällig geworden wäre, da
es nur ein Schauen gäbe.

———

Die romantische Zahl.

Novalis schon, der fast ein jedes Thema angab, über welches die Romantik sich später erging, dichtete einen Hymnus auf die Mathematik, diese Wissenschaft, die den meisten Menschen als die eigentlich unpoetische, jedenfalls unromantische erscheinen mag. Wie nun aber die Romantik immer die entgegengesetzten Pole zu verbinden strebte, so wollte sie die Mathematik, scheinbar die weitgehendste Abstraction, das Leerste, das ganz Seelenlose, mit der größesten Fülle, mit der Seele selber, der Religion, verbinden.

Wir begegnen in den Werken der Romantiker häufig einer Zeitgröße und einer Raumform als Innerstes, worauf eine Welterscheinung zurückgeführt wird; nämlich die Dreieinheit und die Ellipse. Die Dreieinheit hängt auf's Engste zusammen mit der naturphilosophischen Lehre von der Polarität, als von zwei sich wechselseitig voraussetzenden Gegensätzen, die in einem Dritten, das ohne diese Gegensätze nicht wäre, eine innere Einheit bilden.

Malfatti definirt die Polarität als einen von der Unität ausgegangenen genetischen Dualismus; man könnte das die Formel der romantischen Weltanschauung nennen, die sich geometrisch ausdrücken ließe durch den Kreis, das Zeichen der Einheit, und die Ellipse, das Zeichen der Zweiheit, eine nicht absolute Form, die bestimmt ist, sich wieder zum Kreise auszugleichen, der nichts anderes ist, als eine Ellipse, deren Brennpunkte sich decken. In der Sprache Jakob Böhme's heißt das Dritte, in welchem die Polaritäten sich immer wieder auszugleichen suchen, der Ternar, wonach zum Beispiel der Ternar von Mann und Weib das Kind wäre.

Die Einheit der Dualität oder das Bestreben der Polaritäten, sich in einem Dritten auszugleichen, findet sich außer in der auf Geschlechtstrennung beruhenden Gattung auch im einzelnen Menschen, der den Gegensatz von Mann und Weib in sich vereinigt, in der Seele, die Geist und Leib zu einem Ganzen zusammenfaßt, vor allem in Gott, der Gott Vater, Gott Sohn und Gott Geist zugleich ist. Während die Materialisten und Atheisten gerade oft das Dogma der Dreieinigkeit herausgreifen, um die Absurdität der Religionslehren darzuthun, sahen die Romantiker es als das tiefste Mysterium des christlichen Glaubens, ja als sein wesentliches Merkmal an. Eine alte kirchliche Begriffsbestimmung des katholischen Glaubens lautete: fides catholica haec est ut unum deum in trinitate et trinitatem in unitate veneremur. Die Dreieinheit liegt als Maaß in allen Verhältnissen der Natur und in allen Formen des Denkens, nach ihr gliedert sich das Weltall und sie ist der Punkt, wo alle Wissenschaften und alle Glaubenslehren zusammentreffen müssen.

Die Frage, wie der Mensch dazu gekommen ist zu zählen, ließe sich demnach so beantworten, daß er zählt, weil Gott zählt, vielmehr weil Gott Zahl ist, und wie Gott zählt. Mit der Ueberlieferung, nach welcher die Menschen an den zehn Fingern das Zählen gelernt hätten, stimmte die Thatsache überein, die man beobachtet haben wollte, daß alle Völker, auch solche verschiedenen Ursprungs, nach dem Decimalsystem zählten.

Ich fand die romantische Anschauungsweise der Zahl in zwei Werken behandelt: in Wilhelm Butte's, eines Professors in Landshut, Grundlinien einer Arithmetik des menschlichen Lebens und in Malfatti's Studien über Anarchie und Hierarchie des Wissens, von denen das Erstere um 1811, das Letztere erst 1845 erschien.

Butte nennt die Zahlen Schatten, getödtete Zahlen, hinter denen ewige und lebendige stehen; die todten, die wir einzig kennten, hätten eine rein mathematische Bedeutung, während die lebendigen von einst auch eine physikalisch-philosophische gehabt hätten, die im Laufe der Zeiten verloren gegangen sei. Bruchstücke der uralten Kenntniß seien aus der alten Welt auf uns gekommen, so der Ausspruch des Pythagoras, daß das Weltall aus Zahlen bestehe, die herkömmliche Unterscheidung der geraden und ungeraden Zahlen als männliche und weibliche, der volksthümliche Glaube an heilbringende und verderbliche Zahlen; das alles wären Trümmer untergegangener, räthselhafter Weisheit. Die Zeit ihrer Wiederbelebung, glaubte Butte, sei nicht ferne, die Zeit des Novalis hänge mit der des Pythagoras zusammen. „Wenn die Mathematik ihre ganze Bahn der Entfernung vom Leben durchlaufen hat, wird sie zur Physik zurückkehren und sich mit ihr begegnen, die zuletzt keine qualitativen Verhältnisse mehr kennen wird, als welche sich in quantitative auflösen lassen." Andere Stimmen ließen sich in ähnlichem Sinne vernehmen, so daß die Ansicht, die mystische Bedeutung der Mathematik ginge neuer Enthüllung entgegen, berechtigt erschien. So sprach Joh. Jak. Wagner die Meinung aus, die Wissenschaft müsse das in der Mathematik enthaltene Weltgesetz wiederfinden und die Religion müsse auf Mathematik zurückgeführt werden. Eschenmayer sagte mit Hinblick auf des Pythagoras „großen Gedanken", — Malfatti nannte ihn kolossalisch, — daß die Gestaltung des Universums im Zahlensystem verhüllt liege, jedem Dinge in der Welt sei eine Zahl einverleibt, und könne der Mensch die Zahlen der Dinge erforschen, so würde er auch ihre Eigenschaften erkennen, und die Natur würde sich ihm in ihrem innersten Wesen enthüllen.

Von einigen Dingen nun nannte uralte Ueberlieferung die einverleibte Zahl: 5 galt als die facultas animae minima vivendi, als die Hieroglyphe der Pflanze, 7 als die des Thieres, 9 als die des Menschen und in's Besondere des Mannes, während das Wesen des Weibes ebenfalls durch die 7 ausgedrückt ist — womit die volksthümliche Bezeichnung einer zänkischen Frau als böse Sieben in merkwürdiger Uebereinstimmung ist. Butte machte, von solchen Grundsätzen und dem Urmaaß der Dreieinigkeit ausgehend, den Versuch, für den Verlauf des menschlichen Lebens eine Zahlenreihe zu finden, die, da der Mensch ein verkleinertes Abbild der Menschheit und ein Theil des Erdorganismus sei, auch in Bezug auf die Menschheit und die Erde gelten müsse, deren Alter sich danach berechnen ließe.

Nie wird der Zusammenhang des Weltalls so deutlich, als wenn man sich die Gültigkeit der Zahlensymbole für alle menschlichen, natürlichen, göttlichen Verhältnisse vorstellt. Von hier aus fällt Licht auf die verrufene Astrologie, welche im Grunde nichts war als ein Versuch, die Zahlenverhältnisse des Weltalls auf die des menschlichen Lebens zu übertragen. Den Satz des Hyppokrates, daß keiner ein guter Arzt sein könne, der nicht ein guter Astronom sei, glaubten die Romantiker wohl mit Recht als Beweis für die in der alten Welt herrschende Voraussetzung betrachten zu dürfen, „daß die Pulse des Lebens in den Pulsen des Menschen und in den Rotationen der Sphären zusammenhängend schlagen müssen."

Der große dreitaktige Rhythmus des menschlichen Lebens, Jugend, Reife, Alter, schlägt durch die ganze Natur und verbindet die Seele innig mit den wechselnden Jahreszeiten.

Nur hingedeutet wurde durch die Romantiker auf den Rhythmus, der in mannigfachen unbewußten Vorgängen wahrzunehmen sei: im Verlaufe der Krankheiten, im Pulsiren des Herzens, im Athmen, im Gang und in den Bewegungen, im Gesange der Vögel.

Dem Rhythmus der Lebenserscheinungen, der Arithmetik des Lebens, steht die Geometrie des Lebens, der Typus der Erscheinungen gegenüber. „Das Beseelende spricht sich rhythmisch in Zahlen, das Beseelte typisch in Formen aus." Auf das Wundervollste thaten die Chladni'schen Klangfiguren den Uebergang von Rhythmus in Typus dar und machten es dem Gläubigen anschaulich, wie jedem Dinge sowohl ein Rhythmus, eine Musik, wie eine Figur zu Grunde liege. So gut wie Oken sagte: was tönt gibt seinen Geist kund, wäre zu sagen: was tönt gibt seine Zahl kund. Die früh von der Romantik gefundene Gleichsetzung von Architektur und Musik wäre demnach darauf zurückzuführen, daß Musik der unmittelbare Ausdruck der Mathematik-Religion sei, und könnten wir in das Innerste des Menschen und des ganzen Weltalls vordringen, so müßte uns die Musik der Sphären sowohl, wie die zauberhaften Zeichen des Makrokosmus und Mikrokosmus aufgehen.

Malfatti gründete sein kleines, schwieriges Werk auf das Studium der durch die Romantik entdeckten Urkunden der alten Inder, von denen ja auch die sogenannten arabischen Ziffern ausgegangen sind, und die er im Besitz einer göttlichen Ur- und All-Wissenschaft, der Mathesis, glaubte. Dieses „mystische Organon" wurde entzweit in Mathematik und Metaphysik, die, der lebendigen Mitte verlustig, uns gewissermaaßen Steine statt Brod reichen, uns nie das Ganze anschauen lassen, sondern Bruchstücke liefern, die wir zusammensetzen müssen.

Vor jeder Zahl, den neutralen Punkt zwischen Mathematik und Metaphysik bezeichnend, steht die Zero oder Null, eigentlich Nichts und Alles bedeutend, die Form der reinen Ellipse, deren Entwickelung in Zeit und Raum die mathematischen Zahlen sind. Das, was man den methaphysischen Inhalt der Zahlensymbole nennen könnte, ist die Offenbarung des Gottes, des Brahm, der sich erstlich als Dreieinigkeit, Trimurti, und zweitens in sieben göttlichen Mächten offenbart, womit die Dekas abgeschlossen ist. Die Zahl-Bilder selbst sind abgekürzte geometrische Formen aus Symbolen der Götter oder des Weltlebens.

Es ergeben sich eine arithmetische und eine geometrische Grund-Größe: die Dreieinigkeit und die Ellipse. Die Dreieinigkeit, Gottes erste Offenbarung, ist „die metaphysische Evidenz, die allgemeine Form des Daseins, der Stempel der Gottheit." Die Ellipse ist „die Grundhieroglyphe der hierarchischen Mathesis, nicht bloß eine menschliche, sondern eine Welthieroglyphe", die Hieroglyphe der Schöpfung. „In der Erscheinung drückt sich das Geheimniß des Lebens als Dreieinigkeit aus, in der Existenz das Wunder des Lebens als Ellipse." Während der Kreis den Indern das Symbol des vorgenetischen Lebens, des in sich ruhenden Gottes war, war die Ellipse das Symbol des Weltlebens, das werdend ist. Wo immer Leben, Werden, Bewegung ist, da finden wir elliptische Form und elliptische Bahn: stellt sich doch das Sonnensystem selbst, das „nach dem großen Gesetz der Einheit vor den Augen der Sterblichen sich hinwälzt", in elliptischer Form dar. Wie die beiden Brennpunkte der Ellipse, stehen sich Mann und Weib, ewig bestrebt, sich zu vereinigen und auszugleichen, stehen sich Kopf und Herz, Denken und Leiben — nach einem von Baader aus Jakob Böhme übernommenem Ausdruck — gegenüber. Wo Leben ist, ist ewig dieser Streit und diese Liebe, und wo Leben erscheint, erscheint die Form des Eies, von der Zelle an, deren stete Wiederholung den Körper bildet, bis zu der Blüthe des Körpers, dem Gehirn. Der menschliche Leib läßt sich, nach Ennemoser, als aufrechtes Ellipsoid auffassen, wo Kopf und Becken die Brennpunkte bilden, und der Naturforscher Cassel bemerkt, daß die Urformen Kreis und Ellipse in allen Organismen und Organen durchschimmern, und zwar um so deutlicher, auf je niederer Stufe der Entwickelung sie sich befänden.

Die Kreisform steht der Ellipse einmal als die Erscheinung des Ursprünglichen, sodann als die des Vollkommenen gegenüber, demgemäß, daß der Kreis den Ursprung und das Ziel des Lebens bedeutet. So ist das Kindesgesicht rundlich und geht allmählig, wachsend und alternd, in's Oval über, wie überhaupt der Kreis das Symbol des unbewußten und ungeschlechtlichen Kindeslebens ist; aber auch den Genius zeichnet unbewußtes Schaffen und möglichst geringes Entbranntsein im Geschlecht aus, weshalb man wohl von der Kindlichkeit des Genius spricht.

Auch in Bezug auf diese Dinge schöpften die Romantiker Belehrung aus dem Somnambulismus. Man beobachtete nämlich, daß Personen im Zustande des Hellsehens ein eigenes Zeitmaß hätten, das mit uralten Zahlensystemen Aehnlichkeit haben sollte. Ueberhaupt verglich man die Somnambulen mit den alten, namentlich den morgenländischen Völkern und schrieb ihnen den sogenannten All- oder Gemeinsinn zu, dessen Eigenheit es sein sollte, die Welt in Zahlen und Figuren anzuschauen. Dürfte man den hellseherischen Zustand als ein Bild der Zukunft, gewissermaßen als ein Vermögen des Uebermenschen ansehen, so wäre verbürgt, daß die verlorene Wissenschaft der Religion-Mathematik dereinst wieder in den Besitz der geläuterten Menschheit gelangen würde.

Der Mensch in der romantischen Weltanschauung.

Der Mensch, das Ebenbild Gottes, ist eine Trinität; als Ebenbild des Universums ist er eine Zweiheit in einem Dritten; als Ebenbild der Erde ist er ein Magnet mit zwei Polen. Wie die Welt ist der Mensch eine Einheit, aber eine gegliederte: „wäre Leib und Seele wirklich eins, so fände keine Wechselwirkung statt"; er ist eben eine Dreieinheit. Besteht auch der alte Dualismus, wonach der Geist ein in den Körper eingeschlossener Fremdling war, aus welcher Gefangenschaft ihn der Tod befreite, nicht mehr, so giebt es doch Gegensätze im Menschen, die wie Pole auf einer vom Mittelpunkt nach entgegengesetzten Richtungen laufenden geraden Linie liegen.

Meistens werden die drei Wesenheiten, die den Menschen bilden, Geist, Seele und Leib genannt, wobei der Seele die Stellung des Mittlers zukommt. Die Seele, sagt der Physiker Weber, ist zweilebig, verbunden durch die Natur mit dem Leibe, durch die Geistigkeit mit der Intelligenz. Steinbeck charakterisirt die Seele als sinnliches Empfinden, geistiges Fühlen, oder er sagt, ihr Geschäft sei, „durch die geistige Seite den Einfluß des Geistes aufzunehmen und diesen durch die sinnliche Seite dem Körper zu übermitteln". Nach dem Schelling'schen Satze, die Seele sei der Nexus zwischen Urbild und Wirklichkeit, sagt sein jüngerer Bruder, jedes Wesen, dem man eine Seele zuschreiben könne, sei die Gegend, in welcher göttliche und irdische Kräfte wogten.

Eine Somnambule that den Ausspruch: „Geist ist der Seele Leben, das ewig Göttliche, aus Gott Erzeugte; Seele gehört zu seinem — des Menschen — persönlichen Wesen und macht sein Ganzes aus, sie ist ihrem Wesen nach Geistleib und kann daher auch die Natur des Geistes ganz anziehen und sich vergeistigen, aber auch den Geist überwältigen und sich immer mehr verkörpern und erniedrigen".

Am anschaulichsten drückt Ennemoser dasselbe durch ein schönes Bild aus: „Die Seele ist ein Spiegel, der auf der einen Seite das natürliche Amalgam an sich hat, auf der anderen die immateriellen Einstrahlungen als geistige Substanz in sich aufnimmt."

Dieser metaphysischen Ansicht gesellt sich nun die entwickelungsgeschichtliche, die zuerst Carus aufstellte, indem er von der unbewußten Idee ausging, die sich zum Bewußtsein entwickele. Er vergleicht das Seelenleben einem Strome, der, an einer Stelle vom Lichte des Bewußtseins erhellt, im übrigen im Dunkel des Unbewußtseins hinfließt. Unbewußt für uns, nach unbegreiflich göttlicher Weise, bildet die Idee ihren Leib; im Laufe der Menschengeschichte wie im Leben des Einzelnen erwacht sie allmählig; da, wo sie die Augen aufschlägt — könnte man sagen —, heißt sie Seele; die höchste Stufe des Bewußtseins ist Geist. Die Trinität gliedert sich also hier in Idee, Seele und Geist, die sich nach außen als Leib darstellen. Dadurch entsteht aber keine Dualität: nicht der Leib wirkt auf Gemüth und Geist, sondern eine Provinz des beseelten Leibes wirkt auf eine andere. Es ist falsch, betont Carus, von beklagenswerther Abhängigkeit des Geistes vom Körper zu reden, wie man wohl thut; denn der Geist beruht auf der Idee, wie die Spitze des Domes auf seiner Grundlage, er ist eins mit ihr; für nichts, was ihn entstellt, kann der Mensch etwas anderes als sich selbst, d. h. den Keim seiner Seele verantwortlich machen.

Physiologisch betrachtet, lebt der Mensch ebenfalls auf drei Stufen: Reproductivität, Irritabilität, Sensibilität, welche dem pflanzlichen, dem thierischen und dem menschlichen Wesen entsprechen. Die Reproductivität besorgt die Ernährung und Fortpflanzung des Menschen, die Irritabilität stellt sich durch das Athmungs- und Muskelsystem, die Sensibilität durch das Gehirn und Nervensystem dar. Wir haben also die Pflanze, das Thier und den Menschen im Menschen. Setzen wir aber den Menschen nicht mit der organischen, sondern mit der dynamischen Natur in Analogie, so entspricht das reproductive oder vegetative System den chemischen Kräften der Natur, das animalische den magnetischen, das sensible den elektrischen.

Je nachdem der Mittler oder Nexus im Menschen stärker oder schwächer bindet, werden die Pole seines Wesens mehr oder weniger hervortreten. Die Pole des Nervenmenschen nannte man damals das Cerebralsystem und das Ganglien- oder sympathische System, innerhalb dessen das Sonnengeflecht liegt. Zwischen diesen beiden Systemen besteht der wichtige Unterschied, daß das Cerebralsystem im Gehirn einen Mittelpunkt hat, das Gangliensystem hingegen aus lauter gleichwerthigen Nervenknoten besteht, deren Strahlen, wenn man sich so ausdrücken darf, nirgend gesammelt und zurückgeworfen werden, deren Wirken also auch unbewußt und unwillkürlich vor sich geht. Beide Systeme stehen, nach der Theorie von Reil, durch gewisse Verbindungsnerven in Zusammenhang. Reil verglich das Cerebralsystem mit einer Monarchie, das Gangliensystem mit einer Republik; andere bezeichneten das Gehirn als Regenten, den das Volk, das Gangliensystem, das ernährende, aus seiner Mitte hervorbringt und erhält, um sich von ihm leiten zu lassen, ohne welchen es seinerseits nicht bestehen kann. Es ist die Wurzel und der Stamm, der die Krone mit Blüthe und Frucht trägt.

Oft werden als Pole des Menschen schlechtweg Kopf und Bauch bezeichnet; daneben giebt es eine Reihe anderer Analogieen: Mann und Weib — ist doch Polarität nichts anderes als Geschlecht, ein von der Unität ausgegangener Dualismus —, das Bewußtsein und das Unbewußte, Licht und Schwere; auch der Ausdruck Wille und Vorstellung findet sich bei dem jüngeren Hufeland. In seiner grellen Ausdrucksweise sagt Oken: Das Thier ist doppelt. Ein Erdthier und ein Lichtthier, ein Geschlechtsthier und ein Empfindungsthier. Das Empfindungsthier ist ein in die Sonne gekommenes Geschlechtsthier, ein geadeltes Geschlecht. Es ist das Thierthier, gegenüber dem Pflanzenthier. Und dann wieder: das Thier besteht aus zwei mit den Bäuchen aneinander geschobenen Thieren. Der Geschlechtsbauch stößt an den Hirnbauch. Wie thatsächlich das gemeint ist, zeigt Oken, indem er das Zwerchfell genetisch erklären will: „Ur= sprünglich war der ganze Leib nur ein Bauch. Die Brust ist ein eigener, zweiter Leib, der sich an den Bauch anschob. Die zwischen beiden gebliebene Bauchwand ist das Zwerch= fell. Es ist äußere Leibwand gewesen." Das Hirn des Erd- oder Eingeweidthieres ist nach Oken die Leber, ein Hirn, das nicht denkt, aber Ahnungsvermögen besitzt; in ihr, sagt er in seiner Naturphilosophie, pralle der Hirn= gedanke wieder. „Die Leber ist ein fürchterlich erhabenes Organ; wahrhaft ein göttlicher Leib." Er nennt sie auch den „Mesmer" des Thieres, als das Organ, welches bei Traumzuständen thätig sei; Malfatti nennt die Leber den

Feuervulcan, den Brennpunkt der „tellurischen Gährungs-
prozesse."

Machte Oken einen horizontalen, so machte Malfatti
einen verticalen Schnitt durch den Menschen und theilte ihn
in den Mannmenschen und den Weibmenschen, was dem
alten homo dexter und sinister entspräche. Wie die Götter
stets doppelgeschlechtlich waren, so war es auch der nach
dem Bilde Gottes geschaffene Adam, der eigentliche Mensch;
erst später, so deutet es auch die Bibel an, entstand das
Weib und damit die fortpflanzungsfähige Gattung. Noch
ist das Kind Bild der einstigen Ganzheit. Mit der äußeren
Trennung zugleich, so sagt Malfatti, entstand nun eine
innere, wonach jeder Mensch entweder Androgyne oder
Gynandros wurde, sichtbar daran, daß alle Organe doppelt
vorhanden sind, in beiden Theilen sich vollkommen entsprechend, ja sogar ein Schlußorgan, wie die Zunge, wie
aus zwei früher getrennt gewesenen Theilen zusammengesetzt
erscheint. Die Möglichkeit, daß der Mensch auf einer Seite
gelähmt werden kann, ohne daß die andere mitbetroffen
wird, beweist eine gewisse Unabhängigkeit beider Hälften
und unterstützt die durchaus reale genetische Auffassung der
Doppelleiblichkeit.

Es versteht sich, daß auch durch den horizontalen
Schnitt der Mensch in Mann und Weib zerfällt, wobei
dem Weibe die Analogie der Gangliennerven, des „Bauchsystems", zukommt. Die Verkündigungen Okens: „Das
Urthier ist das Weib. Der Mann ist eine höhere Entwickelung des Weibes .. Der Mann steht eine ganze Thierklasse höher als das Weib. Schnecke, Fisch, Wasserthier ist
das Weib, Vogel, Säugethier ist der Mann. Mann verhält sich zu Weib wie Licht zu Wasser... Das Weib,
als das Unvollendete, kann nicht zu produciren aufhören.

Es will Mann werden und dazu producirt es Eier. Die Schwangerschaft ist der Trieb des Weiblichen, sich in's Männliche zu verwandeln ..." verrathen zwar den Romantiker, der bereits dem jungen Deutschland die Hand reicht; aber im Wesentlichen decken sie sich mit den Theorieen der Anderen, auch wenn sie zarteste Schwärmerei athmen. „Das Weib", so sagt Justinus Kerner, „(Weib zu sein ist eigentlich Krankheit), steht schon inniger, wie der Mann, in Verbindung mit der Natur, ist deswegen auch mehreren Krankheiten ausgesetzt und eilt auch bälder, als der Mann, dem gänzlichen Verein mit der Natur, dem Tode, zu." Man erkennt den Typus der Somnambulen: die Frau ist der Mensch mit den reizbaren Gangliennerven, in deren Bewußtsein eben durch diese Nerven von allen Seiten ihre Natur sowie die äußere eindringt. Insofern ist der Mann der Unbewußte, als ihm viel weniger Reize zum Bewußtsein kommen, und insofern der Bewußte, als diejenigen, die er empfindet, sofort in die Klarheit des Gehirns treten. Die Frau könnte man am besten die Unterbewußte nennen, indem ihr weit mehr Natur zu Sinne kommt, aber nur zum inneren Sinne; sie denkt nicht mit dem Gehirn, sondern hat Anschauung und Ahnung durch die Gangliennerven. Wie man es auch drehen und ansehen mag: es bleibt doch das Bauchsystem, das hinab- und nicht hinanzieht. Auch in dieser Beziehung ist die Geschichte der Romantik ein Herabsinken nach Süden: die immer mehr hervortretende Sinnlichkeit der Männer zeigt sich in der Wahl der Frauen und in der Meinung über sie. Sie wollten nicht mehr, wie die älteren Romantiker, Frauen, die zunächst Menschen, sondern solche, die wesentlich Weib waren; auch Bettine, die geistvolle Frau der jüngeren Romantik, war „lautere Sinnlichkeit"; sie war nichts und wollte nichts sein, als eine weissagende Somnambule, eine, die im Rausch oder Traum verkündet, was ebensogut sinnlos wie sinnvoll sein kann.

Wurde der Mensch bis jetzt in einen oberen und unteren oder in einen rechten und linken zerlegt, so unterschied man daneben noch einen inneren und äußeren, entsprechend dem, was Paracelsus den siderischen und adamitischen Leib genannt hatte oder was wieder andere den ätherischen Leib und den Elementarleib nannten. Der innere Mensch sollte „wie ein Embryo", wie ein Keim der Zukunft im Sinnenmenschen verborgen und Träger aller der Erscheinungen — Ahnungen, Hellsehen, Fernwirken und dergl. — sein, die uns wunderbar vorkommen. Es ist einleuchtend, daß diese Betrachtungsweise den Frommen unter den Romantikern, namentlich den Pietisten, besonders sympathisch war.

Die bereits von den ersten Romantikern aufgestellte Ansicht, daß der Mensch ein Doppelwesen sei, wurde erst recht leibhaft und thatsächlich durch die Beobachtungen, die man an somnambulen Personen machte. Unter Somnambulismus ist hier nicht das sogenannte Nachtwandeln zu verstehen, sondern der Zustand, in den Menschen von selbst verfallen und in den sie künstlich versetzt werden können, wo sie innerhalb tiefen und festen Schlafes erwachen und der Wahrnehmung ohne die Sinne — welche ja im Schlafe nicht wirken — fähig sind. In diesem Schlafwachen unterschied man verschiedene Stufen, indem der Somnambule anfänglich von einem Magnetiseur abhängig ist und erst allmählig selbständig wahrnimmt und zwar zunächst mit auf sein eigenes Innere beschränkter Wahrnehmung, bis er weiter und weiter in die Außenwelt vordringt.

Während Mesmer sich nicht damit abgegeben hatte, Personen in somnambulen Zustand zu versetzen, es sogar

mißbilligte, thaten es mit Vorliebe die Schulen, die sich im
Anschluß an sein Verfahren in Frankreich gebildet hatten.
Lavater, der die merkwürdigen Erscheinungen dort beobachtet
hatte, brachte die Kunde davon nach Deutschland, wo ihnen
in Bremen seitens mehrerer Aerzte thätiges Interesse ent-
gegengebracht wurde. Bis jetzt war das Phänomen blos
entweder vom medicinischen oder etwa vom religiösen
Standpunkte betrachtet worden, erst die Naturphilosophen
verwertheten es für die Erkenntniß des Menschen.

Es mußte einen seltsamen und erschütternden Eindruck
machen, die beiden Personen im Individuum reden zu
hören — denn nicht nur sprach der im Schlafzustande Be-
findliche mit anderer Stimme und in anderer Weise, sondern er hielt sich oft für jemand anders als den Wachen
und geberdete sich mit großer Folgerichtigkeit so —, gewissermaaßen jede zu ihrer Zeit auf die Bühne treten und
ihre Rolle spielen zu sehen. „In einem Individium" sagte
der alte Reil, „wohnen gleichsam zwei Personen zusammen,
deren jede ihre Begebenheiten für sich in einer eigenen
Rückerinnerung auffaßt." Zur physiologischen Erklärung
der Erscheinung stellte Reil die Theorie von der Inversion
des Cerebral- und Ganglienshstems auf, welche zunächst
ziemlich allgemein angenommen wurde: das im „labyrin-
thischen Gewebe" des Ganglienshstems prädominirende
Sonnengeflecht, welches gewissermaaßen ein zweites Gehirn
sei und daher auch cerebrum abdominale genannt werde,
bleibe für gewöhnlich unbewußt und vom Cerebralshstem
beherrscht; im Schlafe aber werde seine Thätigkeit erhöht,
die des Cerebralshstems hingegen vermindert, und in gewissen krankhaften Zuständen könne sogar das ganze Verhältniß umgekehrt werden. Es handle sich um ein Um-
tauschen der Polaritäten der elektrischen Lebensströme im

Nervensystem, so daß der positive Pol negativ werde und umgekehrt. Dieser Meinung, daß die Nerven des Gangliengeflechts Träger des inneren Sinnes oder All- oder Gemeinsinnes seien, welcher statt der getrennten Wahrnehmung durch die äußeren Sinne unmittelbar anschaute, stellte sich eine andere zur Seite, nach der jedes menschliche Organ unter Umständen Sinnorgan werden könnte, die Schlafwachen also thatsächlich, wie sie behaupteten, bald mit den Fingerspitzen, bald mit der Magengegend sähen. Im Laufe der Entwickelung seien einzelne Theile des ursprünglich gleichartigen Organismus für gewisse kosmische Einflüsse, z. B. das Auge für das Licht, empfindlich geworden; es ließe sich also denken, daß an einer beliebigen Stelle der Haut sich dieser Prozeß wiederholte, allerdings in einer wunderbar erscheinenden Geschwindigkeit. Eben das aber, „daß etwas augenblicklich oder doch schnell erreicht wird, was außerdem nur langsam und allmählich zu erreichen gewesen wäre“, gehört nach Carus’ Definition zum Begriffe des Magischen, ohne aber deshalb der Wissenschaft entzogen zu werden; nur muß es aus dem Unbewußten — dessen Substrat die Gangliennerven sind — erklärt werden. Solche Erklärungsversuche genügten denjenigen Romantikern nicht, welche (wie z. B. Baader oder Ringseis) aus den somnambulen Erscheinungen die Gewähr schöpfen wollten, daß ein Wahrnehmen und Empfinden ohne körperliche Grundlage möglich sei. Ihrer Meinung nach wäre der Hellseher der siderische oder ätherische oder schlechtweg innere Mensch, oder, anders ausgedrückt, der Mensch lebe in diesem Zustande in einer inneren, siderischen Region, in der die Gesetze der Sinnenwelt in Zeit und Raum nicht mehr wirkten.

Die Ganglien oder das vegetative System könnte man auch das romantische und die Geschichte der Romantik eine

Auflehnung des Ganglienſyſtems gegen das Cerebralſyſtem nennen, beginnend mit Verlangen nach Gleichſtellung, worauf Ueberwältigung des Cerebralſyſtems und ſchließlich, nach verübten Tollheiten und Ausſchweifungen, gänzliche Erſchöpfung des Ganglienſyſtems folgt, welches nun mit Leichtigkeit wieder unterworfen werden kann. Das Ganglienſyſtem iſt die Region der Gefühle, Schwärmereien und Leidenſchaften, der Liebe und der Religion, aber auch der Wolluſt, Grauſamkeit und Mordluſt. Gute und böſe Dämonen bekämpfen ſich hier, hier entſteht das Große und Entſetzliche, die Sünde und der Tod beherrſchen von hier aus den Menſchen. Es iſt vor allen Dingen das unbewußte, das unbekannte Land, das in den Organismus hineinragt und das der Menſch doch nicht beherrſcht, weil ſein Mittelpunkt nicht in ihm, ſondern draußen im Univerſum liegt.

Hier iſt der Punkt, wo die romantiſche Menſchenſchilderung in ihrem Weſen deutlich wird: ſie ſtellt ihn hin als ein ſelbſtſtändiges Individuum, ja, zugleich aber als ein Glied des Weltalls, in welchem die großen, kosmiſchen Rhythmen und Ströme pulſiren. Wie mit jenen niederländiſchen und italieniſchen Gemälden, in deren Hintergrunde eine ferne Landſchaft ſich verliert, die romantiſche Malerei beginnt und uns die bloßen Figurenbilder, in welche das Naturleben nicht hineinſpielt, kaum noch ergreifen können, ſo laſſen uns in der Literatur die Menſchen kalt, die ſich aus dem Bewußtſein allein erklären ließen. Man kann ſich den Eindruck, den viele romantiſche Bücher, z. B. Tieck's Sternbald, dann Eichendoff's Romane und Novellen, künſtleriſch noch weit unter jenen ſtehend, auf die Zeitgenoſſen machten, zum großen Theil daraus erklären, daß hier Menſchen auftraten, die nicht nur ebenſo, ſondern mehr von fremden, unterirdischen Mächten geleitet wurden, als von ihrem eigenen Kopfe. Man begriff den Menschen im doppelten Zusammenhange mit der Welt, in dem, welchen sein Bewußtsein herstellt, und in dem unbewußten, der eben deshalb und weil es der ursprüngliche, unergründliche ist, ganz besonders der Poesie zufällt. Freilich auch, wie sich von selbst versteht, der Wissenschaft; auch sie beschäftigte sich mit steigender Vorliebe mit dem Nachtmenschen.

Der Mensch ist nicht allein in seinem Hause. Er ist in Wirklichkeit eine Welt und eine Erde im Kleinen; in ihm leben die Elemente, in ihm die unbezähmte Wildheit der Thiere, zuletzt und oft zumindest der menschliche Gedanke. Windischmann nennt ihn „den lebendigen Magneten, um welchen die ganze irdische Natur sich versammelt". Schon der erste Mensch erbte eine Vergangenheit von Jahrhunderten; aber noch jetzt gehen durch das Pflanzliche in ihm, das ihn nach einem Ausdruck von Görres als eine Art Placenta mit der mütterlichen Erde verbindet, die Urelemente der Schöpfung in ihm über. „Was im Menschen Pflanze ist, ist leicht äußeren Einflüssen zugänglich" und ist es um so mehr, je weniger die Individualität entwickelt ist und je mehr das Bewußtsein im Menschen, also das cerebrale System, durch Schlafzustände, Krankheit oder Alter geschwächt ist. Das vegetative oder Gangliensystem ist demnach die Wurzel — und es wurde daran erinnert, daß es wirklich ein wurzelförmiges Aussehen habe —, die sich jenseits des Tageslichts, des bewußten Einzeldaseins, in den Kosmos verbreitet und klimatische, anorganische und organische Einflüsse aufsaugt; es verbindet mit der Nacht, der Natur, der Allgemeinheit.

Ueber die klimatischen Einflüsse, wohl auch über die von Sonne und Mond, werden viele Menschen an sich selbst

Beobachtungen machen können. Weit seltener ist das Wasser- oder Metallfühlen, das im Alterthum Anlaß zur Rhabbomantie gab, nämlich zu der Kunst, aus einer Ruthe zu weissagen, die sich in der Hand des Empfindlichen, welcher die Einwirkung von Wasser oder Metall erlitt, bewegte. Als sich im Jahre 1806 das Gerücht verbreitete, am Gardasee lebe ein sogenannter Ruthengänger, setzte es der Physiker Ritter durch, daß er von der bayerischen Regierung beauftragt und in Stand gesetzt wurde, nach Italien zu reisen, um den Fall zu untersuchen. Die ersten Versuche, die in der Orangerie eines Grafen Bettini ausgeführt wurden, gelangen freilich nicht, desto überraschender war aber der Erfolg, als die Befangenheit Campetti's, die ihn, indem sie sein Bewußtsein steigerte, naturgemäß untauglich machte, überwunden war. Er bedurfte schließlich nicht einmal der Ruthe mehr, um das vergrabene Metall anzuzeigen, so untrüglich verrieth ihm Uebelbefinden aller Art die fraglichen Stellen. Ritter war entzückt, zu finden, daß Campetti am Gardasee allgemein bekannt und seine Eigenschaft des Metallfühlens durchaus anerkannt war; vollends begeisterte ihn die Bekanntschaft mit dem Mailänder Gelehrten Amoretti, der nicht nur selbst Metallfühler war, sondern, als ein gelehrter und denkender Mann, sich und andere beobachtet hatte und die Ergebnisse seiner Forschung in einem kleinen Werk niederlegen wollte, welches denn auch im Jahre 1816 unter dem Namen „Elemente der animalischen Elektrometrie" erschien. Amoretti glaubte wie der Franzose Thouvenel, der im Jahre 1801 in Italien Experimente gemacht hatte, diese Erscheinungen seien auf Elektricität zurückzuführen, die durch gewisse Körper in gewissen Menschen, die er lebendige Elektrometer nannte, erregt würde. Seine Versuche, die er mit Menschen anstellte, ergaben, daß von

400 Personen 100 elektrometrisch waren; der Naturforscher Ebel wollte in der Schweiz 50 mehr oder weniger elektro= metrische Personen gefunden haben. Für die Romantiker gehörte die Erscheinung in das Reich des Unbewußten, war ein Beispiel für den unbewußten Zusammenhang des Menschen mit der Natur durch die sympathischen oder vege= tativen Nerven.

Ritter nahm Campetti mit nach Deutschland und setzte seine Versuche fort, deren Ergebnisse er in einem Buch, das er Siderismus betitelte, zusammenfassen wollte. Er starb indessen im Jahre 1810, bevor er es vollendet hatte; der Verdruß über Campetti, der wahrscheinlich infolge des unge= regelten Lebens, das er nun führte, ausartete und unbrauch= bar wurde, der Kummer über die Anfeindungen, die er von Seiten der meisten Professoren in dieser Sache erfuhr, trugen sehr dazu bei, die Lebensjahre des unglücklichen, herunter= gewirthschafteten Mannes zu trüben. Außer Ritter stellte Justinus Kerner Versuche an, indem er nämlich seiner Seherin die verschiedenartigsten Metalle in die Hand legte und sie gemäß den verschiedenartigen Empfindungen, die sie etwa erregten, in Reihen ordnete, ohne daß jedoch etwas Bemerkenswerthes dabei herausgekommen wäre. Er ließ sie auch Edelsteine, denen bekanntlich im Alterthum be= sondere Kräfte zugeschrieben wurden, fühlen, ferner eine Reihe von Traubensorten und andere Vegetabilien: die Blume vom Kartoffelkraut, Lorbeer und Haselnußstaude, wovon jener schlafmachend, diese erweckend wirkte.

Wie sympathisch und heilsam Pflanzen, besonders Bäume, auf uns einwirken, hat wohl ein jeder schon im Walde gefunden, andererseits sind auch die betäubenden und tödtlichen, wahrhaft dämonischen Einflüsse gewisser Kräuter bekannt. Es findet sich bei Carus ein schöner Hinweis darauf, wie wir in unserer Wohnung von lauter Erzeugnissen der Pflanzenwelt, theils Holz, theils Gewebe, umgeben sind, die eine ununterbrochene, leise, von uns nicht mehr bemerkte wohlthuende Wirkung auf uns ausüben, und daß es nicht nur ihre Eigenschaften der geringeren Wärmeleitung und minderer Härte oder Schwere sein können, die machen, daß wir sie mineralischen Stoffen bei weitem vorziehen.

Näher noch stehen wir natürlich der Thierwelt: neben dem dämonischen Einfluß mancher Thiere auf manche Menschen, wie z. B. der Schlange, der Maus, der Spinne oder der Katze, deren Anwesenheit, auch wenn sie unbemerkt bleibt, in gewissen Personen krankhafte Zustände herbeiführt, beobachten wir eine ebenso unerklärliche Sympathie für gewisse Thiere, und zwar wiederum nicht am wenigsten für die Katze. Vollends der Mensch berührt die unbewußte Region des Menschen so stark, daß jeder einem Jeden irgend ein Gefühl erregt, welches gewöhnlich bei der ersten Annäherung am lebhaftesten empfunden wird, oft aber auch sich nicht durch Gewohnheit abschwächt und bei genauester Kenntniß der Personen und reiflichster Ueberlegung nie völlig durch Gründe zu erklären ist. Tritt nun der Fall ein, daß, wie es zwischen Magnetiseur und Magnetisirtem geschieht, ein Mensch die Gedanken eines Andern denken, seine Gefühle fühlen und das thun muß, was der Andere will, so ist der Beweis erbracht, daß ein Geist von einem andern Besitz ergreifen kann, und man darf füglich von Besessenheit reden. Als ein magnetischer Vorgang und eine Art Besessenheit wurde denn auch von den romantischen Denkern das Problem der Ansteckung wie der Zeugung, wie überhaupt jeder magische Einfluß von Organismen auf einander aufgefaßt; so stellt Görres in seiner Mystik die wunderbare Wirkung des Tarantelstiches, wobei der Vergiftete das Bild der Tarantel mit dem inneren Auge vor sich sieht, als Ueberwältigung seines Wesens durch ein fremdes dar.

Baader stellte, namentlich infolge der aus dem animalischen Magnetismus gewonnenen Einsichten, den Satz auf, daß unser Leib (nämlich unser Nervensystem) nicht ausschließlich unser Eigenthum, sondern ein Gemeinbesitz von noch anderen Wesen (wie Regionen) sein könne, die sich nicht nur in den Besitz und Gebrauch desselben theilten, sondern uns bisweilen ganz daraus verdrängten. Auf ein weites, schwankendes und unergründliches Gebiet führt uns diese Thatsache; wenn ein unterirdischer Geisterverkehr, ohne sichtbare körperliche Vermittelung, möglich ist, so kann niemand denjenigen Wesen eine Schranke setzen, die wir nur deshalb für nicht daseiend erklären, weil sie für unsere äußeren Sinne nicht wahrnehmbar sind. Für die Romantiker, die an die Fortdauer des individuellen Princips nach dem Tode glaubten, konnte die Möglichkeit nicht bestritten werden, daß auch die Toten, da sie doch der Welt und dem „Zusammenhang der Dinge" angehörten, sich mit dem inneren oder unbewußten lebenden Menschen in Berührung setzen könnten. Dies ist keineswegs gleichbedeutend mit Gespensterglauben. Es waren immerhin nur wenige, welche für möglich hielten, ein Verstorbener könne mit seinem siderischen Leibe, der so aussähe, wie man sich eben Gespenster vorstellt, nach Belieben mitten in der Sinnenwelt umherwandeln. Andererseits hielt man, was von Erscheinungen aus der andern Welt von jeher überliefert wurde, auch nicht durchweg für subjektive Sinnenbilder oder für Sinnestäuschung, obgleich das häufige Vorkommen beider niemand außer Acht ließ.

Der Mensch kann, dies lehrten die Erscheinungen des Somnambulismus, eine doppelte Anschauung der Welt haben, eine äußere durch die Sinne und eine innere durch den inneren Sinn; oder denn: der Mensch lebt in drei Regionen, in der sinnlichen oder elementaren, in der siderischen und in der geistigen. In der siderischen oder Strahlenregion haben die Bilder der Sinne, der Phantasie und des Gedächtnisses ein immaterielles, aber reales Leben, sie sind Glieder der inneren Welt, so gut wie alles Körperliche Glied der äußeren Welt ist. Auf solchen Bildern, „mit unserer seelischen Organisation verwachsenen Gliedern", beruhen unsere Gefühle, sie bilden die Umgebung, in die wir wahrhaft gehören, die wir nicht wechseln können, unsern Himmel, den uns von außen niemand nehmen, oder unsere Hölle, aus der uns von außen niemand erlösen kann.

Durch diese immaterielle Welt kann jedes immaterielle Wesen strahlen, einerlei, ob es in der Sinnenwelt lebendig oder todt ist.

Die innere Welt oder die siderische Region betritt der Mensch vornehmlich im Schlafe und Traume, in traumähnlichen Zuständen, in der Ekstase, kurz, immer, wenn das wache Bewußtsein mehr oder weniger erloschen ist, analog dem Gesetz, welches Carus aufstellte, daß, je mehr in der Seele der individuelle, selbstbewußte Geist entwickelt sei, um so mehr er dem Einfluß des eigenen Unbewußten und der Welt entzogen sei und umgekehrt. Zwar ist auch unser waches Bewußtsein, wie Baader sagt, nie ganz leer von dem dunklen Bewußtsein einer anderen Welt, deren Bewohner in beständigem Rapport mit uns sind, aber die Stimmen kommen unseren „harthörigen und vom äußeren Weltlärm übertäubten Ohren" nur wie das Getöse eines fernen Oceans vor. Erst wenn die Sonne des Bewußtseins untergegangen ist — dies Bild wurde verschiedentlich gebraucht —, werden die Gestirne der Nacht sichtbar; die Sonne stellt dabei das Cerebralsystem, die Sterne stellen das Gangliensystem vor.

Schlaf und Wachen ist der Ausdruck eines kosmischen Verhältnisses, nämlich der Umdrehung der Erde um ihre Axe, wodurch für uns Tag und Nacht entsteht. Wachend gehört der Mensch mehr der Sonne, schlafend mehr der Erde an, wonach man wohl auch solarische und tellurische Menschen unterschied. Der schlafende Mensch lebt so gut wie der wachende, doch verläuft sein Leben nach anderen Gesetzen, als das des wachenden, Gesetzen, die uns zum großen Theile noch unbekannt sind. Dies ist die grundlegende Ansicht der Romantiker in Bezug auf die Nachtseite des Lebens, und schon Mesmer hat sie ausgesprochen in den Worten: „Der Schlaf ist kein negativer Zustand." Das übliche Verfahren, den Schlaf nur als ein Aufhören der Sinnesthätigkeit und den Traum als ein ordnungsloses Weiterspielen der Vorstellungen anzusehen, meinten sie, könne niemals zur Erleuchtung dieser dunklen Beziehungen führen; denn wir hätten es vielmehr mit einem anderen Pole des Lebens, mit einem anderen Menschen und anderen Nerven zu thun, wir beträten gemeinsam eine andere Bühne.

Beobachtungen, die man anstellte, ergaben, daß es beim Einschlafen so zugeht: Die Sinne, durch welche wir die einzelnen Seiten der Welt wahrnehmen — denn einen Sinn, das Ganze zu erfassen, haben wir im Wachen nicht —, werden allmählich nacheinander unempfindlich, zuerst das Gesicht, zuletzt das Gehör. Sind sie allesammt entschlafen, so ist die Welt für den Schlummernden vernichtet. Aber durch das Dunkel des Unbewußten hindurch findet sich die Seele zu einem neuen Bewußtsein im Traume. Die Träume freilich, deren wir uns für gewöhnlich erinnern, sind nichts als Nachklänge

des wachen Lebens oder, noch häufiger, Vorklänge des wieder-
erwachenden, wie man denn erprobt hat, daß es meist
Morgenträume sind, die im Gedächtniß bleiben. Ganz ausnahmsweise nur entsinnen wir uns der Träume, bei denen
das verborgene Vermögen der Seele, Ahnung, Blick in die
Ferne, Schauen in die Zukunft, thätig war. Im Nachtbe-
wußtsein nun entwickeln sich, wenn einmal die Schwelle, der
Schlaf überschritten ist, verschiedene Stufen: auf den Traum
folgt das Hellsehen, die Ekstase und schließlich der Tod,
wie auch thatsächlich die höchsten Grade des Somnambulismus leicht in den Tod übergehen. Schelling schilderte
einmal den Zustand von hochgradigem Somnambulismus
als „innigstes Bewußtsein", und mit denselben Worten bezeichnete er seine Vorstellung vom Tode. Erinnerung, schrieb
er einem Freunde, sei ein viel zu schwacher Ausdruck für die
Innigkeit des Bewußtseins, die dem Abgeschiedenen vom
vergangenen Leben bleibe.

„Im Traume gleitet die leichter bewegliche Seele
schneller, als der irdische Mensch die Bahn in die Ewigkeit
hinunter" sagt Schubert in seinem hübschen Traumbuch. Auf
der Bahn in die Ewigkeit ist der Traum die erste Station,
am leichtesten vom Menschen erreichbar und zu untersuchen.
Was besonders auffiel, war die Symbolik der Traumsprache
die sowohl an die dichterische Sprache aller Zeiten und
Völker, wie besonders an die biblische erinnert. In Anbe-
tracht, daß die Sprache im orientalischen Alterthum, da,
wo man annahm, daß die Wiege der Menschheit gestanden
hätte, ganz besonders bilderreich und seherisch war, kam
man zu dem Schlusse, daß in den Anfängen des historischen
Lebens noch etwas von dem paradiesischen Urzustand nachklänge, wo es eine Ursprache gegeben habe, die die Dinge
regierte, indem sie sie benannte, Magie übend, weil sie in

der inneren Welt reales Bild wäre. Aus dem versunkenen Reich des Unbewußten drängen zuweilen noch abgerissene Töne dieser Sprache, deren wir einst wieder mächtig werden sollten: in den Traumzuständen und in der Dichtkunst, deren Vertreter, wie die Seher und Propheten, von jeher als Besessene, Rasende, von einem Gott Erfüllte angesehen worden waren.

Auch der Wahnsinn wurde als eine Art von Traumzustand angesehen; ist es doch auch der volksthümliche Ausdruck, daß der Wahnsinnige „von Sinnen" sei. „Alle Arten von Geistesverwirrung sind nur Schattirungen eines vollkommenen Schlafes." Nach der Reil'schen Theorie ist der Wahnsinn, wie der Somnambulismus, eine Inversion der Polaritäten, ein Bewußtwerden der eigentlich unbewußten Gangliennerven. „Schlägt die überwiegende Lebenskraft durch, so bekommt man Raserei, Verliebtheit, Hysterismus, Hypochondrie. Schlägt sie nicht durch, sondern wird sie auf's Epigastrium beschränkt, hat man erhöhte Perception, Ahnungen oder Vorstellungen." Kerner hielt den Wahnsinn wie den Somnambulismus, die Epilepsie, das Metallfühlen für einen der Zustände, „durch die der Mensch dem Geiste der Natur, seinem Allgemeinleben, dem Leben der Geister und der Gestirne näher kommt, befreundeter wird." Ringseis stellt den Wahnsinn dem Traume ganz gleich, mit dem Unterschied, daß die Bilder im Wahnsinn ein selbstständiges Leben führen und assimilirende Kraft bekommen, so daß sie sich im Seelischen verhalten wie die krankheitserzeugenden Parasiten im Leiblichen.

In besonders glücklichen Fällen von Somnambulismus ließ sich feststellen, daß der oder die, vom gewöhnlichen irdischen Gesichtspunkt aus, Schlafende wach in einer Welt lebte, die der unsrigen entspricht, nur daß sie sie nicht bruchstückweise, sondern ganz und gar in sich aufzunehmen schien, gerade als befände sie sich im Mittelpunkte des Universums, während wir irgendwo draußen säßen, einen kleinen Ausschnitt überblickend. Es kam vor, daß Somnambule das wache Leben Traum nannten; so mußte ihnen naturgemäß der dumpfe Zustand vorkommen, wo sie wie Blindgeborene an der Außenseite der Dinge tasteten. Der jüngere Schelling, der ein erfahrener Magnetiseur war, nennt den Somnambulismus „eine vollkommene idealische oder innerlich gewordene Sinnlichkeit“, wie man die Sinnlichkeit auch einen äußerlich gewordenen Somnambulismus nennen könnte. „Wir werden ebensogut in die Sinnlichkeit hineinmagnetisirt, wie in den Somnambulismus. Alles, was wir sehen, hören u. s. w., sehen und hören wir, weil es uns magnetisirt.“ In der inneren Welt fallen die Schranken von Zeit und Raum weg, der fernste Mensch ist dem Hellsehenden näher, als uns der nächste, da er sich sein Wesen nicht mit Sinnen und Denken zurechtlegen muß, sondern ihn durchschaut, ihn weiß.

Scheinen hier die Worte des Apostels: wir sehen jetzt durch einen Spiegel in einem dunklen Wort, dann aber von Angesicht zu Angesicht, eine Erfüllung zu finden, so begreift sich, daß von mancher Seite der Zustand des Somnambulen wie eine Verklärung mitten im irdischen Leben angesehen wurde, wie ein Vorspiel des erhöhten Lebens, das sich nach dem Tode einstellen würde. Im Gegensatz dazu betrachteten andere den Somnambulismus als Herabsinken auf eine frühere, vom Menschen bereits verlassene Stufe. Keine höhere geistige Stufe sei hier erreicht, sondern das Instinktleben sei wieder so rege, wie es sonst nur bei Thieren sei, die ja auch gerade in Bezug auf die Gabe des Vorfühlens manches vor den Menschen voraus hätten. Auch bei Pflanzen und niederen

Thieren haben sich die Sinne, also die getrennten Beziehungen zur Außenwelt, noch nicht entwickelt, anstatt dessen verbindet eine Art Gemeinsinn das Geschöpf mit der Welt, der es noch nicht selbstständig gegenübersteht. „Der Magnetismus ist ein Exorcismus des Geistes" sagt der Schweizer Naturphilosoph Troxler, „der Mensch wird Welt"; durchaus mit Recht insofern, als das Bewußtsein, die logische Denkkraft, erst erlöschen muß, bevor Somnambulismus entstehen kann.

Indessen, die meisten romantischen Denker standen „über den Polen." Sie waren der Ansicht, daß der Somnambulismus Kräfte offenbar mache, die im Bereiche des Menschen lägen und die seine göttliche Natur und hohe Zukunft darthäten; aber sie verkannten nicht, daß sie aus dem Boden eines kranken und unvollkommenen Zustandes wüchsen. Die somnambulen Menschen, meist ungebildete Mädchen bäuerlicher Herkunft, im gewöhnlichen Leben in nichts außerordentlich, konnten unmöglich als Vorbilder der Menschheit angesehen werden. Wenn, wie es allgemeine romantische Ansicht war, die Rückkehr zum Ausgang, die Wiedervereinigung nach der Trennung das Ziel der Entwicklung ist, muß uns insofern das Unbewußte, Allgemeine, Instinktive, wovon wir ausgingen, vorbildlich sein; doch sollen wir freilich nicht durch Zurücksinken, sondern umgekehrt durch Vorwärtsdringen, nicht durch Unterdrückung des bewußten Sinnenmenschen, sondern durch seine Weiterentwickelung dahin gelangen. Selbst in den Worten: „das Hellsehen ist der reinste und höchste Erkennungszustand im irdischen Dasein" liegt zugleich eine Einschränkung; denn ist der Mensch nur ein erkennendes und fühlendes Wesen? Die Somnambule ist genau genommen nur ein halber Mensch, eine Blüthe, die auf einem fremden Stamme schmarotzt: sie trägt sich nicht selbst, sondern ihre Lebenskraft ist außer ihr, im Magnetiseur.

Es ist deshalb Baader wohl zu glauben, daß der somnambule Mensch, wie er beobachtet haben wollte, leichter unmoralisch sei, als der wache, da er ja überhaupt kein handelndes, kein vernünftig-sittliches Wesen ist. Die Unzuverlässigkeit, Einseitigkeit und Willenlosigkeit seines Zustandes erklären Schubert's Aeußerung, der gotterfüllte hellsehende Prophet verhalte sich zum magnetischen Hellseher wie der Mensch zum Affen. „Es giebt ein höheres Hellsehen, als das magnetische, das Hellsehen eines weisen, tugendhaften und frommen Mannes."

Einzig der höchste Grad des Somnambulismus, die Entzückung oder Ekstase, muß als ein vollkommener menschlicher Zustand geltend gelassen werden; hier wird der Magnetisirte unabhängig und handelnd, ein eigentlicher Wunderthäter. Die Ekstase kam aber so selten vor, daß sie von Zweiflern füglich außer Acht gelassen werden konnte, und was die Tradition von den Ekstasen der Heiligen berichtet, entbehrt vollends einer allgemein giltigen Beglaubigung.

Wie es oft so geht, daß sich Gegenstände finden, sowie das Interesse für sie erwacht ist, tauchten damals mehrere höchst merkwürdige Fälle von natürlichem und künstlichem Somnambulismus auf: Frau Hauffe, die Seherin von Prevorst, die Nonne Emmerich zu Dülmen, die Clemens Brentano beobachtete und deren Leben er schrieb, dann mehrere Mädchen in Tirol, von denen die interessanteren Maria von Mörl und Maria Lazzari waren. Während die erstgenannten im protestantischen Lande vielen Anfeindungen ausgesetzt waren, wurden die Mädchen im erzkatholischen Tirol wie Heilige angestaunt. Alle waren durch und durch körperlich krank, eigentlich aufgelöst.

Es waren losgerissene Pflanzen, die nicht mehr in der Erde wurzelten; ihre Wurzeln lagen bloß und empfingen deshalb aus allen Elementen der Welt Reize, für die der gesunde Menschenbaum unempfindlich ist. Erinnern wir uns, daß Fechner das sogenannte Gesetz der Schwelle folgendermaaßen feststellte: jeder Reiz, der im Stande sei, psychische Erregungen mitzuführen, müsse einen gewissen Stärkegrad erreicht haben, bevor er in's Bewußtsein trete; bei dem Nachtmenschen wäre also der allergeringste Reiz, der bei dem normalen stets unter der Schwelle bliebe, schon stark genug, um in das Bewußtsein einzudringen. Während der Somnambule, im romantischen Vorstellungskreise ausgedrückt, ein äußerst empfindliches Gangliensystem hat, muß der Magnetiseur ein starkes haben, damit ihn die umgebende Welt nicht zerstreut und auflöst; der eine ist die entwurzelte Pflanze, der andere der fest in der Heimatherde wurzelnde Baum.

Die wunderbare Kraft des Magnetiseurs, mit welcher derselbe auf gewisse andere Menschen, als wären sie ein Theil von ihm selbst, einzuwirken vermag, wurde von Mesmer durch die Annahme eines feinsten Aethers erklärt, der aus dem Weltall in den Magnetiseur einströme und den er wieder ausstrahlen könne. In der psychisch-magnetischen Schule von Lyon wurden im Gegensatz dazu der Wille und der Glaube, der nichts anderes ist, als die weibliche Seite des Wollens, als die einzigen beim Magnetismus wirkenden Kräfte angesehen; ihre Lehre ließ sich in die Worte zusammenfassen: Wollet das Gute, gehet hin und heilet. In der Folge ließen es die deutschen romantischen Forscher dahingestellt, ob ein Agens thätig sei oder nicht — der jüngere Schelling sprach von einer Art Miasma, das zuweilen finge, zuweilen nicht, Passavant von einer dem Licht analogen Ausstrahlung —, das eigentlich Handelnde, das, worauf es ankomme, sei ja doch der Wille, dem eventuell das Agens unterworfen sei. Einzig der freie Wille sei die Quelle des Magnetismus, der Wille, der im eigentlichen Sinne des Menschen Himmelreich ist, der in Wirklichkeit Berge versetzen kann. Aus dem Willen sind alle die Wunderwirkungen des Alterthums zu erklären, die unter dem Namen Magie bekannt sind und zu denen in der neueren Zeit die Beispiele nur fehlen, weil, je complicirter und decentralisirter die Menschheit wurde, die Willenskraft desto mehr verloren ging. Die Romantik ging dem, was lange als Aberglauben verschrieen war, nach, und es fand sich, daß namentlich in den südlichen Ländern der Glaube an den bösen Blick, an die Macht des Fluches oder Segens, an Verhexung und Besprechung noch lebendig war, wenn auch die Einsicht fehlte, welche natürlichen Kräfte des Menschen dabei thätig sind. Die merkwürdigsten Eröffnungen gaben die großen romantischen Aerzte der Vergangenheit; so äußerte sich Paracelsus über die Magie des Willens: „Es ist möglich, daß mein Geist ohne des Leibes Hilfe, durch inbrünstiges Wollen allein, und ohne Schwert, einen andern steche oder verwunde. Also ist es auch möglich, daß ich den Geist meines Widersachers bringe in ein Bild und ihn dann krümme, lähme nach meinem Gefallen. Ihr sollt wissen, daß die Wirkung des Willens ein großer Punkt ist in der Arznei. Man kann damit durch Fluchen Böses verhängen über Menschen und Vieh. Alles Imaginiren des Menschen kommt aus dem Herzen, und dieses ist die Sonne im Mikrokosmus, und aus dem Mikrokosmus geht die Imagination hinaus in die große Welt. So ist die Imagination des Menschen ein Samen, welcher materialistisch wird. . Es ist ein großes Ding um des Menschen Gemüth, daß es niemand möglich ist auszusprechen; wie Gott selbst ewig und unvergänglich ist, also auch das Gemüth des Menschen.

Wenn wir Menschen das Gemüth recht erkennten, so wäre uns nichts unmöglich auf Erden." Ebenso Hellmont: „Wenn Gott durch das Wort oder den Wink handelt, so muß es auch der Mensch können, wenn er den Geist Gottes und nicht ein müßiges Wesen darstellen soll; und nennen wir dies nun magische Kraft, so kann nur der Unterrichtete erschrecken über dies Wort, nenne es, wenn du lieber willst, geistige Stärke.   Der menschliche Wille ist aber das Erste und Höchste aller Kräfte, er ist die Grundursache aller Bewegungen, denn durch die Kraft des Willens des Schöpfers wurde alles gemacht, und dieser Wille ist das Eigenthum aller geistigen Wesen, bei denen sie durch Gegenwirkungen mehr oder weniger beschränkt werden können; wo die Kraft größer bei dem Einwirkenden oder bei dem Widerstand, da wird sich die Wirkung mit oder ohne Erfolg zeigen.   Die im Menschen verborgene Kraft ist eine gewisse ekstatische Macht, die nicht wirkt, außer durch ein heftiges Verlangen der Einbildung; sie ist eine geistige Kraft, die nicht vom Himmel herabkommt, noch viel weniger von der Hölle, sondern von dem Menschen selbst, wie das Feuer aus dem Kiesel; aus dem Willen des Menschen nämlich fließt der Lebensgeist, der ideelle Wesenheit annimmt und zwischen Geist und Körper vermittelnd dahin wirkt, wohin der Wille ihn richtet."

Dementsprechend ist auch nach dem Urtheil von Passavant, Ringseis, Windischmann und anderen der Wille die Kraft des Menschen, von der eine Wiedergeburt zu erwarten ist.   Durch bloße Stärkung des Willens könnte jeder dazu gelangen, der „Zauberer" zu sein, den schon Novalis als Zukunftsmenschen verkündigte. „Der freie Wille des Menschen", sagt Windischmann, „ist eine überirdische Kraft, die höchste auf Erden"; Ringseis: „nur auf dem Boden eines richtig geübten Willens gedeiht auch richtig geübte Einsicht"; Passavant nennt den Willen das höchste Vermögen des Menschen. Wie magisch der Wille auch in der Gegenwart noch zu wirken vermag, das hatte seit Mesmer der animalische Magnetismus bewiesen, wobei man ein Menschenpaar beobachten konnte, das die beiden Pole des menschlichen Wesens auf's Aeußerste concentrirt darstellte: auf der einen Seite thätiger Wille, auf der andern hellsehendes Erkennen.

Wir haben in dem willensstarken Magnetiseur und der reizbaren Somnambule die beiden Grundtypen der romantischen Psychologie; sie entsprechen dem positiven und negativen, dem solarischen und tellurischen, dem männlichen und weiblichen, dem Tagesmenschen und dem Nachtmenschen. Man könnte die beiden Typen ebensogut als den dämonischen und den magischen Menschen bezeichnen, womit ausgedrückt wäre, daß jener von Dämonen besessen werden könnte, während dieser selbst ein Dämon ist, der andere besitzt; das Analoge des Dämonischen in diesem Sinne wäre das Dionysische, das Analoge des Magischen das Apollinische.

Justinus Kerner sagte einmal über Goethe, er sei in höherem Grade Forscher als Dichter gewesen. „Er war nicht dämonisch. Eine solche Selbstständigkeit, wie Goethe hatte, ein solches Ego sum kann nur ein Dämon haben, in dem kein Dämon ist." Diese Bemerkung ist richtiger, als mancher meinen möchte; auch pflegt man in Goethe weniger den typischen Dichter, als den Universalmenschen zu feiern, oder wenigstens ist er vorzugsweise Dichter nur während einiger Jugendjahre seines Lebens. Das traumhaft Stammelnde des eigentlichen Dichters, der im Zustande von Rausch oder Begeisterung Worte hat, deren er bei Bewußtsein nicht mächtig ist, das „Zungenreden" finden wir viel ausgesprochener bei einigen romantischen Dichtern, Brentano, den Besessenen,

Werner, der so gern den Spruch: „Des Herrn Kraft ist in dem Schwachen mächtig" im Munde führte, sagte, manche Stellen in seinen Werken wären eingegeben, er wisse nicht, wie er dazu gekommen sei, und wenn er sie läse, befiele ihn ein Grauen vor seinem eigenen Innern. „Geistige Stärke" besaßen die romantischen Naturen nicht, fremder Einwirkung konnten sie keine Gegenwirkung entgegensetzen, so daß sie entweder von Stärkeren beherrscht wurden oder, sich selbst überlassen, in der Sinnlichkeit, besser gesagt: im Unbewußten untergingen.

Die Romantiker waren der Ansicht, daß die Poesie aus Zuständen des Hellsehens hervorgegangen sei; waren doch Homer wie Teiresias blind, weil das Tagauge sich schließen muß, ehe der Allsinn erwachen kann, die Allansicht der Dinge aber die dichterische ist. Die gesonderte Welt, die unsere wachen Sinne wahrnehmen, ist die Welt der Wissenschaft. Gleichwohl glaubten sie, wie wir schon früher gesehen haben, daß der moderne oder künftige Dichter „über den Polen" zu stehen habe. Ihr Ideal war überhaupt nicht der Dichter, sondern der ganze Mensch, der eben so sehr Forscher wie Dichter, Künstler wie Philosoph ist und vor allen Dingen sein Leben bildet, so daß es schön und gut ist. Die schwärmerische Verehrung Goethe's, die anfangs proclamirt war, dauerte im ganzen bei der jüngeren Romantik fort. — man denke nur an die beinahe knechtisch zu nennende Art, wie Werner ihn vergöttert. Die Dämonischen unter den Romantikern liebten die Magischen: Fichte, Schelling, Görres, Baader, Retl. Am meisten geistige Stärke scheinen Meßmer und Görres besessen zu haben, von denen berichtet wird, daß sie — was den Ernst natürlich nicht ausschließt — immer heiter und guter Laune waren. „Ich habe mich immer bemüht", erzählt Görres selbst, „mein

Inneres heiter und disciplinirt zu erhalten, übrigens unbe=
kümmert um die Handlungen und Aeußerungen, die bei
klaren Augen nicht trübe und verwirrt sein können." Die
meisten klagen von Zeit zu Zeit über unerträgliche Schwere
und Traurigkeit, Folge des „überwiegenden Bauchsystems"
und mangelnde Geisteskraft. Werner und Brentano, der
„so schwer an sich selbst tragende Mann", waren überhaupt
ununterbrochen schwermüthig, wenn sich das auch zuweilen
unter einer an der Oberfläche spielenden Lustigkeit versteckte;
ähnlich Kleist und Lenau, dem es oft so schwer wurde, als
ob er einen Todten mit sich herumtrüge. Justinus Kerner
klagt häufig über Schwere und behauptet sogar in seiner
Jugend einmal, es sei noch nie ein banges Gefühl von Angst
und Beklemmung von ihm gewichen, „das oft so hoch steigt,
daß es dem Gefühl eines, der den andern Tag zum Schafott
geführt wird, gleichkommen mag." Von Runge wich die
Schwere seit seiner Verheirathung nicht mehr; Passavant,
der ein höheres Alter erreichte, genoß erst in seinen
letzten Jahren eine durch Kämpfe verdiente Heiterkeit.
Friedrich Schlegel konnte monatelang an „tiefer Verstimm=
ung" leiden, an einem „tückischen inneren Grame" ohne Ursache; sogar Ringseis, der im ganzen mehr magischer Mensch
war, überfielen von Zeit zu Zeit „bis in den Tod betrübende
Melancholieen."

Goethe sagte einmal, wenn das Weib seine übrigen
Vorzüge durch Energie heben könne, so entstehe ein Wesen,
das sich vollkommener nicht denken ließe. Ein solches hat
man, wenn man sich Magnetiseur, ganz Wille, und Mag=
netisirte, ganz Reizbarkeit, als eine Person denkt. That=
sächlich aber bilden sie, wenn auch nicht einen materiellen
Körper, doch einen „Aetherleib", einen Nervenmenschen,
weswegen man die Beziehung zwischen dem Magnetiseur

und seiner Somnambule auch Nervenvermählung, Neuro=
gamie, nannte, wobei der Magnetisirende Neurhander, der
Magnetisirte Neurogyne hieß.

Dieser Vorgang ist von der ungeheuersten Bedeutung:
er zeigt uns zum einzigen Male die Möglichkeit einer or=
ganischen Vereinigung zwischen Mensch und Mensch, während
jede andere Art der Gemeinschaft, wie Baader sagt, nur die
eines Aggregats ist. Welcher empfindende Mensch hätte
nicht schon beklagt, daß, so nahe sich auch Menschen kommen,
doch immer noch ein unausfüllbarer Abgrund zwischen ihnen
bleibt? Die Verbindung bleibt eben stets äußerlich, indem
„nur das Einzelne wirklich, das Allgemeine nicht wirklich
ist." Die Menschheit bleibt für den Einzelnen etwas Ab=
stractes, während gerade die organisch verbundene Menschheit,
der „allgemeine Mensch", das Ideal ist, dem wir uns ent=
gegenbilden wollen. Bei den Romantikern findet sich ein
sehr lebhaftes Gefühl, wie die Gemeinschaft mit Menschen
den einzelnen in seinem Sein und Können hebt und steigert.
Immer wieder tauchten in ihrem Kreise Pläne zur Her=
stellung einer Hanse, einer Kirche, auf, oder wie sie die
innigste Verbrüderung nun nannten. Ringseis weist einmal
darauf hin, wie selbst bei unvollkommenen partiellen Ver=
einigungen, z. B. Volksversammlungen, wo gute und geringe
Elemente gemischt sind, wenn sie nur vorübergehend von
einem gemeinsamen Gefühl ergriffen sind, wie selbst dieser
Schatten paradiesischer Einheit das Gefühl von Stärke,
Freude, Seligkeit hervorbringt. „Wie in der physischen
Zeugung, so ist in allen Momenten künstlerischer und jeder
anderen Begeisterung und Aufregung, z. B. in aufgeregten
Volksversammlungen, eine vorübergehende Wiederherstellung
der paradiesischen, durch den Fall getrennten Einigkeit, durch
ein auf Wahlverwandtschaft beruhendes wechselseitiges zugleich

in einander Ein= und von sich Ausgehen zweier oder vieler."

Die Entwickelungslehre und der animalische Magnetismus, die beiden Hauptprincipien der wissenschaftlichen Romantik, führten beide auf Sammeln der durch Zeit und Raum getrennten Geschöpfe in der Einheit. So wenig aber wie die Meinung war, daß das Individuum in Gott aufgehen oder untergehen solle, so wenig wird die Auflösung des einzelnen im allgemeinen Menschen vorausgesetzt oder gefordert; sondern die Romantiker dachten an eine organische Verbindung, deren Glieder, wie die des Leibes, zwar alle aus einem Blute hervorgegangen sind, ihr Wesen aber dem Princip der Differencirung danken.

Das Thier in der romantischen Weltanschauung.

Ein moderner Schriftsteller spricht einmal von der Anziehungskraft, die Menschen mit Thierblick im Auge ausübten; wer überhaupt dafür empfänglich ist, wird das am stärksten dem Thiere selbst gegenüber empfinden. Alles, was unsere Seele in Sprache und Kunst nach außen gestrahlt hat, liegt noch ungelöst im Auge des Thieres; sein Blick berührt die Seele unmittelbar wie Musik. Es konnte kaum anders sein, als daß die Romantiker, die Liebhaber des Unbewußten, ganz besonders für den Zauber der Thierwelt empfänglich waren, wo die unbewußte Idee am auffälligsten in ihrer bewundernswerthen und räthselhaften Kraft wirkt.

Von den antiromantischen Richtungen hat namentlich diejenige, welche den Menschen als Geist, an einen gleichgültigen oder verächtlichen Körper gebunden, faßt, kein warmes Gefühl und Verständniß für die Thiere. Während das naive Alterthum Thiere göttlich verehrte oder Thiere den Göttern zugesellte oder dann sie in freundliche Gemeinschaft mit den Menschen setzte, während romantische Heilige des Mittelalters, wie Antonius v. Padua und Franciscus v. Assisi, den Thieren predigten und sie Geschwister nannten, grub die neuere Philosophie eine unermeßliche Kluft zwischen Mensch und Thier, indem Descartes es als Maschine angesehen wissen wollte. Auch Kant und Fichte, nur die moralische Welt vor Augen, gingen an dem Räthsel des Thierreichs vorüber. Lavater und Herder, die man wohl

Vorläufer der Romantik nennen kann, zeigten liebevollen Sinn für die Thiere; aber erst Schelling, dessen Naturphilosophie nach einem Ausdruck des Thierfreundes Scheitlin „die von Fichte begrabene äußere Welt wieder aus dem Grabe in's blühende Leben beschwor", füllte den Riß aus, und die Menschen eilten entzückt der wiedergefundenen Natur entgegen. Die entwicklungsgeschichtliche Auffassung der Natur brachte das Thier mit dem Menschen in innigsten Zusammenhang; beide stellten sich dar als Kinder der mütterlichen Erde: die Thiere die früheren, unvollkommenen, die Menschen die späteren, vollkommeneren. Die älteren Brüder des Menschen hatte auch Herder die Thiere genannt.

Wie E. T. A. Hoffmann Thier und Mensch zu einander in Beziehung stellte, daraus könnte man eine Art Identitätsphilosophie construiren. Ihm erschienen die Gestalten des gewöhnlichen Lebens, wie er selbst sagt, in seinem „inneren, romantischen Geisterreiche", und dort ist ihm das holde Mädchen ein grüngoldenes Schlänglein mit herrlichen dunkelblauen Augen, der Magister Tinte eine abscheuliche, sumsende Fliege. Dem Phantasten und Humoristen ist die auf der Grenze des Bewußtseins stehende Thierwelt, die sich so leicht als unbewußte Frontsirung der Menschenwelt ansehen läßt, aus künstlerischer Rücksicht erfreulich; aber als Romantiker zieht ihn auch sein Gefühl auf magische Weise zu den traumwandelnden, geheimnißvollen Geschöpfen, die man damals gern mit den Somnambulen verglich.

Hoffmann schilderte die Thiere, obwohl er sie im Einzelnen gut beobachtet hatte, nicht wie sie sind, sondern vermenschlichte, carricirte sie; denn es kam ihm hauptsächlich darauf an, sie mit den Menschen in Beziehung zu setzen, gewissermaaßen ihre vermummten Triebe, ihre Vergangenheit, versteckte Geheimnisse ihrer Natur in ihnen zu personificiren.

Es gilt in dieser Beziehung von ihm selbst, was er über den von ihm verehrten Maler Jacques Callot sagt: „Die Ironie, welche, indem sie das Menschliche mit dem Thier in Conflict setzt, dem Menschen mit seinem ärmlichen Thun und Treiben verhöhnt, wohnt nur in einem tiefen Geiste, und so enthüllen Callot's aus Thier und Mensch geschaffene groteske Gestalten dem ernsten, tiefer eindringenden Beschauer all die geheimen Andeutungen, die unter dem Schleier der Skurrilität verborgen liegen."

Es versteht sich, daß diese Art nichts zu thun hat, mit den lehrreichen Vergleichungen zwischen Mensch und Thier, wie sie auch in der Aufklärungszeit beliebt waren. Hier handelt es sich nicht um Vergleichung, sondern es ist ein Durcheinanderfluthenlassen verwandter Lebenskreise, wodurch die Harmonie reicher, das Gleichniß des ganzen Lebens deutlicher wird.

Oken definirte das Thierreich als den auseinandergelegten Menschen; auf die Thiere zurückblickend sieht der Mensch gewissermaaßen die Stufenjahre seiner Seele, die inzwischen gewachsen ist, ohne aber ihre angeborene Art ganz abgethan zu haben. Die Einsicht, daß die Thiere auch Seelen seien, zeigt sich in der wissenschaftlichen Schilderung der Thiere, zunächst eben bei Oken, dem Ersten, der die Umrisse einer eigentlichen Thierseelenkunde zog. Sowohl er wie Carus, der sich ihm anschloß, sahen den Unterschied zwischen der Thier- und der Menschenseele darin, daß die Thierseele sich nicht bis zur Höhe des Bewußtseins entwickele und daher sich selber nicht gegenständlich würde, so daß, wie Carus sagt, man sie wohl Individuen, aber nicht Personen nennen könne. Gerade deshalb aber erscheint uns die Seele der Thiere so unverstellt und ausgeprägt in ihrer Richtung. In flüchtig hingeworfenem Bilde läßt Oken die

Thierheit sich so entrollen: die Keimthiere, im Wasser lebend, haben statt der Sinne den Gefühlssinn, dessen Organ die Eingeweidmasse ist. Ihr geistiges Leben nennt er einen „mesmerischen Zustand“, mittels dessen sie ihre Nahrung finden, ohne zu sehen. Auf der folgenden Stufe, bei den Geschlechtsthieren, finden sich drei Systeme: die Geschlechts-, Verdauungs- und Schmeckorgane, denen ein gewisses geistiges Leben entspricht, nämlich Bedächtigkeit, Gefräßigkeit und Wolluft. Die mesmerische Wahrnehmung übernimmt vorzüglich die Leber, der Sitz des Ahnungsvermögens. „Sieht man eine Schnecke an, so glaubt man die vorahnende Göttin auf dem Dreifuß sitzend zu finden. Welche Majestät in einer kriechenden Schnecke, welche Ueberlegung, welcher Ernst, welche Scheu und zugleich welches Vertrauen! Gewiß, eine Schnecke ist ein erhabenes Symbol des tief im Innern schlummernden Geistes.“ In den Kerfen erscheinen nun zum ersten Male Thiere, die ihre Idee in Kunsttrieb äußern. Die ersten Gliederthiere haben auch geschickte Glieder, und „Kunsttrieb und Geschick in den Gliedern geht sich parallel.“ Die Luft- und Bewegungsorgane sind die wesentlichen der Kerfe, sie sind Lungenthiere; in der Brust aber wohnen „Gesundheit, Lebensfülle, Edelsinn, Großmuth, Heldenmuth.“ Oken nennt das Insekt das tapferste und stärkste Thier der Erde, aber auch eins der schlauesten und falschesten. Schlauheit sei nämlich gewissermaaßen die geistige Seite des Geruchssinnes, der der Brust entsprechend entwickelt sei. Der Kunsttrieb verschwindet bei den nun folgenden Fischen und Lurchen, die ohne Gliedergeschick sind. Doch zeigt sich bei ihnen zuerst ein Gegensatz zwischen Kopf und Rumpf, wodurch Bewußtsein (wenn auch nicht Selbstbewußtsein) und Gedächtniß entstehen kann. Der Fischkopf ist der niederste und der Fisch wesentlich Bauchthier: ernst, ahnungsvoll, gefräßig. Nach und nach stellen sich nun alle Sinne ein; nannte Oken die Fische Zungenthiere, so führt er die Lurche als Nasenthiere ein. Sie sind Brustthiere wie die Kerfe: aber ihre Schlauheit steigert sich zum Lauern, Ueberfallen und Vergiften, ihr Muth ist Unverschämtheit. „Sie sind nur hungrige Helden." Bei den Vögeln, die eine Wieder= holung der Kerfe auf höherer Stufe sind, tritt, da der „Lungen- und Gliedergeist" herrscht, der Kunsttrieb wieder hervor. Daneben ist der Vogel Ohrenthier, er hört und spricht, das heißt, es giebt für ihn Zeichen, die etwas be= deuten, nicht sind, im Gesange drückt er die verschiedensten Empfindungen aus. Dementsprechend haben die Vögel Vor= stellungen, und man will beobachtet haben, daß sie träumen. Das Säugethier bringt zu einer so weitgediehenen Differen= zirung noch „die Seele des Auges" und damit ein gewisses Erkennen und Verstehen hinzu. Aber erst im Menschen kommen alle Verrichtungen der Thiere zur Einheit und zum Selbstbewußtsein.

So wird das Bild des Thieres nicht mehr mosaik= artig aus Einzelzügen zusammengesetzt, sondern wir lernen es als ein Lebendiges und Ganzes begreifen, als eine ent= wickelungsfähige Seele. Wie weit die Entwickelung gehen könne, darüber gab es verschiedene Meinungen; Oken und Carus hielten, wie ich schon sagte, das Thier aus dem Reiche des Selbstbewußtseins oder des Geistes auf immer für ausgeschlossen.

Als Carus i. J. 1866 seine „Vergleichende Psychologie oder Geschichte der Seele in der Reihenfolge der Thierwelt" veröffentlichte, hatten sich die Verhältnisse im deutschen Geistes= leben sehr zu Ungunsten der Romantik und der Naturphilo= sophie geändert, indem der sogenannte Darwinismus herrschend wurde, wodurch eben die Stellungnahme zu den

Thieren in einem vorher ungeahnten Sinne bedeutend wurde. Denn die lautesten Schreier unter den Darwinisten und Materialisten wollten doch, indem sie den Menschen von einer Thierart abstammen ließen, ihn dadurch auf thierische Stufe herabziehen und ihm ein geistig-göttliches, d. i. ewiges Leben, absprechen. Als Verfechter der älteren romantisch-naturphilosophischen Anschauungsweise, daß die Arten, namentlich der höheren Thiere, unveränderlich seien, und daß der Entwickelungsgedanke keineswegs so aufzufassen sei, als gehe thatsächlich durch den Kampf um's Dasein oder wie immer eine Art aus der anderen hervor, nahm Carus in seiner Thierpsychologie eine polemische Haltung an und betonte stets, wie zwar die Thierseele von demselben Punkt ausgehe, wie die menschliche Seele, so daß die niedere Thier=seele der unbewußten menschlichen Embryoseele, die der höheren Thiere der unbewußten Säuglingsseele und schließlich der Kindesseele mit dämmerndem Selbstbewußtsein zu ver=gleichen sei, daß nie aber die Thierseele die Stufe der „ge=flügelten Psyche" erreiche und insofern trotz jener Analogie doch als wesentlich verschieden von der Menschenseele be-trachtet werden müsse.

Bei allem warmen Sinn für das Thier und bei aller Ehrfurcht vor dem Unbewußten, das in ihm wirkt, weist er vornehm auf den Abstand zwischen Menschen und Thieren hin, die nur als Gattung der Unsterblichkeit theilhaftig sind, gleichsam als sei die Gattung ein großes Thier, daß in immer neuen Gestalten, Verwandlungen von Theilen seiner selbst, fortwachse, während in der Menschheit der Einzelne an der Ewigkeit der Gattung theilnehmen kann.

Der behutsame, schrittweise vorgehende Denker Passavant kam, wie Carus, dahin, den Thieren die Unsterblichkeit ab-zusprechen; doch ist es bezeichnend, daß das Räthsel der

Thierwelt und ihrer Leiden ihn sehr beschäftigte und daß er sich durchaus nicht vermaß, es dadurch gelöst zu haben, daß er sie für eine Vorbereitungsstufe der Menschheit erklärte. Indessen beharrten andere Romantiker vielfach bei ihrem inneren Gefühl, daß eine innigste Verwandtschaft mit den Thieren voraussetzle und wesentliche Unterschiede nicht gelten lassen wollte. Je weniger der bewußte Geist in Einem entwickelt war und je mehr der Zusammenhang mit dem bewußtlosen All gefühlt und ersehnt wurde, desto mehr schwand auch für den betreffenden die Verschiedenheit von den nachtwandlerischen, durch dunkle Triebe geführten Geschöpfen. Christian Brentano war der Meinung, daß wir die Thiere, „verführt durch ihre gegenwärtige Erscheinungsweise" bei Weitem zu tief herabsetzten; was denn in der That der Fall sein müßte, wenn die Thiere in Rom, wie er beobachtet haben wollte und was er dem Einfluß des Papstes zuschrieb, wirklich so viel verständiger wären als anderswo. Ihre Nähe zur Natur erfüllt Bettinen's Briefe und Tagebücher mit poetischem Zauber und mystischer Weisheit. Man denke an ihre Begegnungen mit der Nachtigall und dem Reh im Bretterverschlag, das sie ansieht mit Augen, aus denen eine tiefe Seele blickt, das sie ansieht, anschreit, als ob es um Erlösung bäte. Auch die Nachtigall, die ihr immer näher hüpft, sieht ihr in's Auge, als hätte sie ein Gefühl, einen Gedanken mit ihr auszutauschen, wobei Bettine die Bemerkung macht, Gefühl sei der Keim des Gedankens. „Und wenn es so ist, welchen tiefen, gewaltigen Blick läßt uns hier die Natur in ihre Werkstatt thun, wie bereitet sie ihre Steigerungen vor, wie tief legt sie ihre Keime, wie weit ist es noch von der Nachtigall bis zu dem Bewußtsein zwischen zwei Liebenden, die ihre Inbrunst so deutlich im Lied der Nachtigall gesteigert empfinden, daß sie

glauben müssen, ihre Melodieen seien der wahre Ausdruck
ihrer Empfindungen. — O, nichts umsonst, alles braucht
die Natur zu ihrem rastlosen Wirken, es will und muß
weitergehen in ihren Erlösungen."

Einmal, als sie Nachts am Rheine stand und die
Schaumwellen wie Kinder lallend an's Ufer patschten, fragte
sie sich träumerisch: sollen vielleicht die Menschen die Natur
erlösen? und erinnerte sich, wie oft sie die Empfindung ge=
habt habe, als ob die Natur sie jammernd um etwas bäte,
daß es ihr das Herz durchschnitt, nicht zu verstehen, was sie
verlangte. Diesen religiös=romantischen Standpunkt, daß der
Mensch die Aufgabe habe, die Natur zu erlösen, vertrat ins
Besondere Baader, und mit ihm deuteten viele Andere das
bekannte Wort des Apostel Paulus von der Kreatur, die
nach Erlösung seufzt, auf die Thiere.

Bald ein schlicht brüderliches Gefühl für die Thiere,
bald etwas, was man Heilandserbarmen nennen dürfte, treffen
wir bei den beiden der Natur angeschmiegten Kinderseelen
Justinus Kerner und Gotthilf Schubert. Schubert schreibt
dem Thiere eine unsterbliche Seele ausdrücklich zu: „Oefters
scheint eine dem Auge verborgene geheime Welt aus dem
Auge des Thieres hervor, wie durch geöffnete, beide Welten
verbindende Pforten, den Menschen, wenigstens auf Augenblicke, fragend und antwortend zu betrachten. Und es
scheint öfters aus dem Auge des umsonst gemarterten oder
unter den Händen des Menschen sterbenden Thieres der
Strahl eines vorübergehenden, tieferen Selbstbewußtseins
hervorzublicken, welches dein gedenkender Zeuge sein wird,
aus dem Diesseits in's Jenseits." Kerner's Seherin erblickte im rechten Auge der Thiere ein blaues Flämmchen,
welches sie für das Unsterbliche derselben hielt, und in dem=
selben Sinne läßt Kerner im rührenden Gedicht den Glanz=

blick aus dem Auge des Kalbes, das zum ersten Mal von
der Mutter weg in's Freie geschleppt wird, um gewaltsamen
Tod zu erleiden, so sprechen: in mir auch wohnet eine Seele,
für mich auch hält ein Gott Gericht. Ringseis that sogar
in einem wissenschaftlichen Werke den Ausspruch, die Un-
möglichkeit der Unsterblichkeit der Thiere sei nicht zu erweisen.

Der wärmste, eigentlich leidenschaftliche Freund der
Thiere unter den Romantikern, dessen Propoganda die
Gründung von Thierschutzvereinen bewirkte, war Daumer,
der zarte und glühende, einsame Denker, der unentwegt bis
in die neueste Zeit die Rechte des Geistes gegenüber dem
anschwellenden Materialismus verfocht.

Auch er glaubte sich, so wie derartige Fragen in den
60er Jahren behandelt wurden, entschuldigen zu müssen,
daß er, indem er Mensch und Thier auf eine Stufe stelle,
den Widersachern in die Hände zu arbeiten scheine; nur
scheine; denn anstatt den Menschen zum Thier herabzuziehen,
wolle er vielmehr das Thier zum Menschen emporheben.
Den vorsichtigen Standpunkt Carus' verlassend, hielt er sich
an das große, allliebende Herz der Heiligen, die Fische und
Vögel anriefen, mit ihnen Gott zu loben. Um seinen Beweis zu führen, neigte er wohl dazu, ungenügend beglaubigten
Mittheilungen Glauben zu schenken, wie zum Beispiel der
Sage von dem Selbstmord der Skorpione. Auf Grund
einer Art „Lichtsucht" der Thiere — die nicht minder den
Pflanzen innewohnt — namentlich einer Begrüßung der
aufgehenden Sonne durch die Elefanten, von der Reisende
berichteten, glaubte er ein vielleicht weiterer Entwickelung
fähiges Religionsgefühl annehmen zu können. In einem
„Buch der Thiere" und einer „katholischen Naturwissenschaft" die ihm vorschwebten, die aber beide nicht geschrieben
wurden, hätte Daumer jedenfalls seine diesbezüglichen Ge-

danken ausführlicher dargestellt. Sein Ausspruch, daß die katholische Kirche, um mit Recht die allgemeine zu heißen, auch die Thiere, ja die ganze Natur umfassen müsse, mag überschwänglich scheinen; doch liegt im Grunde nichts darin, was nicht in des Apostels Worten von der nach Erlösung seufzenden Kreatur ausgedrückt wäre.

Die Poesie, und alle ächte Poesie ist romantisch, hat von jeher eine einheitliche und durch und durch lebendige Welt vorausgesetzt und die Thiere, vernünftig redend und handelnd, ja nicht selten überlegener, geheimnißvoller Kräfte mächtig, gesellig mitten unter Menschen und Götter gestellt. Doch ist ein specifisch romantischer Ton deutlich zu erkennen, daß nämlich die kindlich naive Gleichsetzung von Mensch und Thier durchaus nicht vorliegt, vielmehr das Bewußtsein des Unterschiedes immer da ist —

ihn scheu'n

    Die Thiere, denn ein anderer ist, wie sie,
    Der Mensch;

singt Hölderlin, — daß aber über die bestehende Trennung hinweg die Möglichkeit einer Wiederberührung geahnt und ersehnt wird.

Romantische Lebensläufe.

—

Carus, der Arzt und Kunstfreund, der sich an Goethe
und der Romantik geschult hatte, sagt, als er im Alter
auf sein Leben zurückblickt, der Lebenslauf des Menschen
habe einen zwiefachen Boden, einen für das unbewußte,
einen für das bewußte Leben. Wie das Unbewußte nach
geheimnißvollen Gesetzen den Körper baue, so bilde es mit
am Leben, und gerade in der Betrachtung des Weges, den
dies Princip genommen habe, um sich zeitlich durch Handlung darzustellen, liege das Interesse, das wir an Lebensläufen nehmen.

In den romantischen Menschen ist das Verhältniß des
Unbewußten und Bewußten gestört, so daß man sagen
könnte, ihr Leben habe nur einen einfachen Boden, aus
dem sowohl das unbewußte wie das bewußte in gefährlicher
Mischung hervorgehe. Ein Leben, das nur durch unbewußte
Triebe oder nur durch den bewußten Geist oder durch ab-
wechselndes Wirken beider gebildet wird, ist kein romantisches; denn in diesen Fällen würde entweder der sichere
Instinkt oder durchdachtes Wählen den Menschen einer bestimmten unter den tausend Möglichkeiten des Lebens
unwiderstehlich entgegentreiben, während gerade das
Schweben und Schwanken zwischen ihnen dem romantischen
Lebenslauf eigenthümlich ist. Ueberblickt man einen solchen
Lebenslauf im Ganzen, so erkennt man allerdings doch
einen treibenden Zug, das was Lenau bei sich selber die

Gravitation nach dem Unglück nannte. Es ist in ihnen mehr Schwere, das Princip des Nichtfürsichseins, als Licht, das Princip des Fürsichseins, oder, physiologisch ausgedrückt, das Bauchsystem überwiegt das Gehirnsystem. Wir haben darüber eine interessante Auseinandersetzung von Justinus Kerner: das Ueberwiegen des Bauchsystems störe das Geistige im Menschen, das Gehirn und was von ihm ausgehe, den freien Willen, die Selbstständigkeit. Es verbinde sich der Mensch dann mehr mit der Außenwelt, seine Selbstständig=keit schwinde — „ich möchte sagen, es wächst ihm eigentlich wieder eine Nabelschnur, an der ihn jeder mit vorherrschen=dem Gehirn zu gängeln vermag." Das Gehirn nennt er in diesem Sinne den Wächter und Gott in uns. Die Juden seien eine Nation, in der das Bauchsystem oder sympathische System sehr thätig sei; im allgemeinen stellten die Weiber das überwiegende Bauchsystem dar.

Mit bemerkenswerther Selbsterkenntniß schrieb der junge Passavant, der spätere Arzt, in sein Tagebuch: „Der Anfang des Tages geht, wie so viele der besten Stunden meines Lebens, mit allerlei Träumerei hin. Diese Krank=heit beruht denn doch wohl auf Geistesschwäche. Sie ist verminderte Energie mit erhöhter Reizbarkeit. Ich hoffe, die Krankheit wird geheilt werden, wenn ein bestimmtes Berufsgeschäft meinen Geist fixirt und ihm die Wahl der Beschäftigung durch Willen oder Noth vorgeschrieben ist." Diesem Einsichtigen gelang es thatsächlich, durch unablässige Selbstzucht, den verhängnißvollen Folgen des natürlichen Mißverhältnisses wirksam entgegenzuarbeiten.

Dies Hinabziehen der Schwere, der Sinnlichkeit, aus der zugleich reizende Blumen der Phantasie herausblühen und das Bild umkränzen, verbunden mit einem rührenden Drange nach Licht und Freiheit, gestaltet den romantischen

Lebenslauf. Diese Menschen stehen dem Leben nicht selbst=
thätig wie ein Künstler dem Stoffe, den er formen will,
gegenüber; sie leben hauptsächlich aus der Seele heraus,
deren Wesen, als der Punkt, in welchem Unbewußtes und
Bewußtes sich mischen, Beweglichkeit, ein Schweben und
eine Sehnsucht ist. In der witzigen Satire gegen die Ro=
mantiker, die von Baggesen und Voß ausging, heißt es,
sie, die Romantiker, müßten anstatt: ich dichte, sagen: ich
werde gedichtet; ebensogut könnte man sagen, daß sie nicht
leben, sondern gelebt werden. Sie haben das ja auch selbst
von sich ausgesagt. so Wackenroder und Brentano, indem
sie sich mit Instrumenten verglichen, deren Satten das
Schicksal bewegt, oder Karoline von Günderode, wenn sie
an Bettine schreibt: „Du dünkst mir der Lehm zu sein, den
ein Gott bildend mit Füßen tritt." In der modernen
Romantik hat Hugo von Hofmannsthal den schönsten und
zutreffendsten Ausdruck für diese Art des Lebens gefunden.
Er vergleicht das Leben gern einem Schattenspiel und
schildert Menschen, die „in jedem Ganzen, räthselhaft ge=
hemmt," den Fluch mit sich schleppen „nie ganz bewußt,
nie völlig unbewußt" ihr Leben wie ein Buch zu er=
leben, daß man halb noch nicht und halb nicht mehr be=
greift, denen die Tage hingleiten, „wie abgerissene Wiesen=
blumen ein dunkles Wasser mit sich reißt". Als Meranda
im „Weißen Fächer", nachdem sie eben noch tiefster Trauer
über den Tod ihres Mannes hingegeben war, in sich die
Entdeckung der neuen Liebe macht, läßt Hofmannsthal sie
sagen: „Gelegenheit

> Das große Wort; wir selber nur der Raum,
> Drin tausende von Träumen buntes Spiel
> So treiben wie im Springbrunn Myriaden,
> Von immer neuen, immer fremden Tropfen.

> All unsre Einheit war ein bunter Schein;
> Ich selbst mit meinem eignen Selbst von früher,
> Von einer Stunde früher, grad so nah,
> Vielmehr so fern verwandt wie mit dem Vogel,
> Der dort hinflattert."

Das erinnert lebhaft an die Worte, die Karoline von Günderode über Clemens Brentano schreibt: „Es kommt mir oft vor, als hätte er viele Seelen, wenn ich nun anfange, einer dieser Seelen gut zu sein, so geht sie fort und eine andere tritt an ihre Stelle, die ich nicht kenne und die ich überrascht anstarre." Sein Lebenslauf ist denn auch typisch romantisch.

Er entsprang einer Ehe, in der sich italienisches und deutsches Blut mischte, eine für die Nachkommenschaft durchaus nicht unglückliche, aber gefährliche Zusammensetzung. Jedenfalls waren die häuslichen Verhältnisse wegen der allzuverschiedenen Art der Eltern nicht angenehm. Nach dem Tode der Mutter lebte er bei einer Tante, die das Unglück, einen in Trunksucht verkommenen Mann zu haben, hart und verschlossen gemacht hatte, und wo sein weiches Gemüth unter schrecklichen Eindrücken litt. Mit 17 Jahren gab ihn sein Vater in die Oel- und Branntweinhandlung des Herrn Poler zu Langensalza, ohne zu beachten, daß er zum kaufmännischen Berufe als ein unpraktischer, in sich gekehrter Träumer durchaus untüchtig war. Je mehr Anforderungen das praktische Leben an ihn stellte, desto mehr verkroch er sich in ein märchenhaftes Traumleben und legte bald augenscheinliche Proben seiner Untauglichkeit ab.

Der kaufmännische Stand pflegt jungen auf Poesie und Kunst gerichteten Menschen besonders widerwärtig zu sein und man kann nicht einen jeden, der davon zu einem andern übergeht, nur deshalb romantisch nennen. Freiligrath zum Beispiel, der wie Brentano als Jüngling die

Kaufmannschaft über den Haufen warf um nichts als ein
freier Dichter zu sein, war keineswegs eine romantische
Natur und hätte füglich auch Kaufmann bleiben können,
wenn die Verhältnisse es durchaus erfordert hätten; Brentano dagegen war wirklich nicht im Stande sich einer
Thätigkeit hinzugeben, die sich nicht irgendwie mit seinem
Innern hätte verknüpfen lassen. Solange sein Inneres ein
schwankendes Chaos war, konnte er nicht, auch nicht einmal
mit Vorbehalt, zu gewissen Stunden, regelmäßig nach außen
wirken. Er hatte denn auch keine Neigung zu irgend einem
bestimmten Berufe, sondern ein Verlangen nach Bildung
überhaupt, ja eigentlich nur nach Eindrücken, die das Uni-
versitätsleben wohl mit sich bringen konnte. Kenntnisse erwarb er keine und scheute geistige Anstrengung so sehr, daß
er nicht einmal in Fichtes und Schellings philosophische
Systeme einzudringen sich bemühte, die damals fast alle
Studenten nicht nur interessirten sondern leidenschaftlich bewegten. Auch in seinem ersten Roman Godwi, den er in
dieser Zeit schrieb und den er selbst einen verwilderten
nannte, zeigt sich seine Unfähigkeit zur Sammlung, zum
Durchführen einer Stimmung, eines Bildes, einer Idee
Mehr nach seinem Sinne war das Sammeln von Ueberbleibseln des Mittelalters, seien es Lieder oder Bilder,
wobei er seinem Hang zu ungebundenem Wandern genug-
thun und sein Talent mit dem Volke zu verkehren, seinen
poetischen Sinn und seinen schnellen Blick zu einem schönen
Zweck verwerthen konnte. Auch wird die Volksliedersammlung, die er im Verein mit Arnim herausgab, von allen
Parteien als eine dankenswerthe Leistung anerkannt.

Die Zeit zwischen seinem zwanzigsten und dreißigsten
Jahre war für Clemens die glücklichste, weil ein wesentlich
schwärmendes und genießendes, ganz auf Hoffen und Er-

warten gestelltes Dasein in den Jünglingsjahren noch nicht als störender Mißklang empfunden wird. Er selbst behauptete zwar später, und man glaubt es ihm gern, daß er selbst damals nie eine trunkene Minute hatte, in der er seinen Unwerth, seine Schwäche und Lüge ganz vergaß; aber Liebe und Freundschaft, die seiner Schönheit, seiner Wärme, seiner munteren Laune gern dargebracht wurden, führten ihn leichter an den dunkeln Stunden vorüber.

Bei der Wahl seiner Freunde bevorzugte Clemens, der stets die Kraft, die ihm fehlte, in Andern suchte, ernste, männliche Naturen: an Savigny und Arnim schloß er sich mit Leidenschaft. Es ging ihm aber mit ihnen wie mancher Frau, die dem Manne, sowie er nicht mehr in sie verliebt ist, gleichgiltig wird, weil eine engere geistige Verbindung nicht zwischen ihnen möglich ist: beide heiratheten Schwestern von Clemens, eigneten sich also das was ihnen in der Brentanoschen Art zu Herz und Sinnen gesprochen hatte auf's innigste an, und bedurften seiner nun in dieser Hinsicht weniger, in einer anderen aber konnte er ihnen wenig bieten. Mit beiden blieb er zwar sein Lebenlang in freundlicher Beziehung, aber ganz äußerlicher, da sie von ihrem reiferem Standpunkt aus zu ihm so wenig zurück konnten, wie zu ihrer eigenen Jugend.

In seinen ersten Studentenjahren knüpften sich auch Clemens' Beziehungen zu seiner nachmaligen Gattin Sophie Mereau, die, als er sie kennen lernte, Gattin eines Professors war. Das Paar wurde durch herzogliche Gnade wegen mangelnder Uebereinstimmung geschieden; es war dieselbe Scheidung, auf die sich bald hernach Wilhelm und Karoline Schlegel als auf einen Präcedenzfall beriefen, der ihrer eigenen Trennung zugute kommen sollte. Sophie Mereau war weder im Sein noch im Denken und Dichten

romantisch, sondern gehörte zu den sanft sentimentalischen
Frauen, die sich um Schiller scharten. Sie war schön,
taktvoll und verständig, von einer wohlthuenden Wärme
und Milde, wenn auch weder ein großer Geist noch großer
Charakter. Wie es zu gehen pflegt, hatte sie die Hul=
digungen des blutjungen Studenten zurückgewiesen, nach
einigen Jahren aber, da sich der Altersunterschied weniger
fühlbar machte, gewann er sie und konnte sogar triumphiren,
daß sie nun glühe, er dagegen kühler sei. Wie er auch
hier nicht aus vollem Herzen, mit ganzem Willen und
ganzer Gegenwart des Geistes handelte, zeigt nicht nur
diese Bemerkung, sondern vielmehr noch was er an Bettine
schrieb: „Wir — d. h. er und Sophie — werden leben
wie es Schneeflocken zusammenschneit und wie die zerrinnen,
wenn ein neuer Frühling kommen sollte, so werden auch
wir zerrinnen, wenn wir nicht beisammen bleiben sollten.“ Also
durchaus passiv fühlte er sich, von irgend einem Zufall, einem
dunklen Naturtriebe mit einem lieben Weibe vereint, darauf gefaßt,
daß derselbe sie auch wieder auseinanderwehen könnte und von
vorn herein entschlossen, dem keinen Widerstand entgegenzusetzen.

Daß diese Ehe, die freilich nur drei Jahre dauerte,
sich so glücklich anließ, ist wohl vor allem seiner Frau zu
danken, deren weiblich harmonische Güte seine Friedlosigkeit
beruhigte. Er klagte zwar zuweilen, daß sie ihn mehr be=
schwere als beflügle, wie er denn immer grade getragen
zu werden, da er selber seiner Naturschwere das Gleichge=
wicht in sich nicht halten konnte, von seinen Genossen ver=
langte; aber — ganz abgesehen davon, daß sie mit vollem
Recht das gleiche von ihm hätte erwarten können — war
er sich doch dankbar bewußt, daß er wenigstens zuweilen
in ihr ruhen konnte und sehnte sich, wenn er sich einmal
von ihr getrennt hatte, sogleich nach ihr zurück. Sie lebten

in dem schönen Heidelberg, das gerade um diese Zeit durch
die Anwesenheit und Wirksamkeit von Arnim, Görres und
Kreuzer zu einem Mittelpunkt der Romantik wurde, und wo
er, da ihm nun auch ein Kind geboren wurde, Heimath,
Familie, einen Freundeskreis und Antrieb und Gelegenheit
zu geeigneter Thätigkeit hatte. Aber noch ehe sich das alles recht
gestaltet hatte, starben Sophie und das Kind, und er war wieder
losgerissen vom Boden, schwankend ohne Ziel und Halt im Leben.

Jetzt war der Augenblick, wo er seine Fähigkeit das
Leben zu gestalten hätte erproben können: er war wiederum
frei, ohne Beruf und Familie an den Eingang des Lebens
gestellt, älter und durch Erfahrung gereift und doch noch
nicht zu alt, um sich in veränderte Bedingungen hineinzu-
arbeiten. Es ging ihm aber, wie es wohl manchem gehen
würde, der glaubt, er würde keine Thorheit mehr begehen,
wenn er mit allen gesammelten Erfahrungen das Leben von
vorne beginnen könnte: er machte es ebenso wie zuvor, ging
als fahrender Schüler mit der Guitarre über dem Arme
auf die Wanderschaft, erwarb sich den Ruf eines schönen,
witzigen Gesellschafters und fand sich unversehens mit einer
zweiten Frau. Hätte er damit wenigstens das ihm gemäße
gethan und wäre dieser zweiten Jünglingsperiode froh geworden, so hätte man eine so naive und genußkräftige Natur
in gewissem Sinne sogar bewundern können; aber er fühlte
sich, nach außen glänzend und blendend, im Inneren zerrüttet, wie er es oft in Liedern äußert:

> Ich muß die lust'gen Triller greifen
> Und Fieber bebt durch Mark und Bein,
> Euch muß ich frohe Weisen pfeifen
> Und möchte gern begraben sein.

Besonders in Bezug auf seine Heirath mit Auguste
Busmann bewies der Erfolg, wie sinnlos er gehandelt, viel-

mehr wie schmählich er sich von den niedrigsten Reizen hatte treiben lassen. Dies Mädchen war wie er heißblütig, leicht erregbar und jedem Triebe ohne Selbstbeherrschung hingegeben, doch fehlte ihr ein starkes Gegengewicht des Geistes oder des Herzens, welches letztere er hatte. Sie fröhnten ihrer kindischen Abenteuersucht durch eine Entführung, zu der kein vernünftiger Grund vorlag, die Clemens, dem Wittwer, am wenigsten anstand, und für die er, der beinah dreißigjährige, doch schließlich am meisten verantwortlich war. Auch warnte ihn vor der Trauung sein Gewissen, das häßliche Bündniß nicht abzuschließen und er hatte auf dem Wege zur Kirche große Lust umzukehren, was er aber auszuführen doch sich scheute. Männer seiner Art pflegen Frauen, mit denen sie nur Sinnlichkeit verbindet und die ihnen weder Halt noch Ruhe gewähren können, nach kurzem Rausch zu hassen, ja, wie ungerecht das auch sein mag, zu verachten. In diese Gefühlslage gerieth Clemens seiner Frau gegenüber schon bald nach der Hochzeit, woran sie ohne Zweifel die Hauptschuld trug; selbst wenn man einräumt, daß seine gedrungene Gestalt, seine gebräunte Farbe, sein feuriger Blick, ihr vielleicht eine kräftige Männlichkeit vorgetäuscht hatten, die sein Charakter nicht war. In den tollen Scenen des Unfriedens, wenn sie auch durch alle beide herbeigeführt sein mochten, war Clemens, wozu ihm sonst wenig Gelegenheit wurde, bei weitem der Würdigere, Maßvollere. Ihre Sucht aufzufallen und in gewaltsam veranstalteten Auftritten eine rührende Rolle zu spielen macht den Eindruck des Krankhaften und bei Clemens' eigenem leicht zu erschütterndem Gleichgewicht war es wohl das beste, daß er nicht daran dachte, die Folgen des einmal Unternommenen zu tragen; er hätte sich zu Grunde gerichtet, ohne ihr wohlthun zu können.

Nach der Scheidung dieser Ehe konnte Clemens, als Katholik sich nicht wieder verheirathen. Er fühlte sein Alleinstehn, unter dem er überhaupt weit mehr litt als ein anderer Mann gethan hätte, jetzt doppelt, da seine Freunde inzwischen Familien gegründet hatten oder bald dazu schritten. Arnim und Savigny heiratheten zwei seiner Schwestern, die übrigen waren anderweitig verheirathet, ebenso seine Brüder mit Ausnahme von Christian, der ihm selbst in vieler Hinsicht ähnlich war, und mit dem er gerade deswegen nicht längere Zeit zusammenleben mochte. Ueberhaupt war seine Eigenart so, daß Niemand, auch seine besten Freunde nicht seinen Besuch auf die Dauer ertragen konnten. Jeder Besuch war sozusagen ein abgekürztes Bild seines Lebens: übertriebenes Feuer von Mittheilsamkeit, Anregung und Aufregung im Anfang, plötzlich dann Ausgeleertheit und Erschöpfung. Zum Theil weil er dies selbst fühlte, zum Theil weil ein innerer Stachel ihm keine Ruhe ließ, hielt es ihn nie lange an einem Orte und er führte wieder ein Wanderleben, im größeren Stil als früher, aber freudloser und einsamer. Er lebte abwechselnd in Prag, Wien, Berlin, nicht wie einer der genießt, sondern wie einer der etwas sucht, etwas wichtiges, wesentliches, und dessen Angst sich steigert, wie die Zeit vergeht, ohne daß er es findet. War er auch zuweilen fleißig und ausdauernd bei der Arbeit, wie er denn für sein Drama Libussa gründliche Studien machte, so gab ihm das doch keine Befriedigung, wie es vielleicht eine ganz geringe, handwerksmäßige, aber nutzbringende Thätigkeit gethan hätte. Es sei, sagt er gelegentlich, ein verdächtiges Ding um einen Dichter von Profession. „Man kann sehr leicht zu ihm sagen: Mein Herr, ein jeder Mensch hat, wie Hirn, Herz, Magen, Milz, Leber und dergleichen, auch eine Poesie im Leibe; wer aber eines seiner Glieder überfüttert, verfüttert

oder mästet und es über alle andere hinübertreibt, ja es gar zum
Erwerbszweige macht, der muß sich schämen vor seinem
ganzen übrigen Menschen. Einer, der von der Poesie lebt,
hat das Gleichgewicht verloren, und eine übergroße Gänse-
leber, sie mag noch so gut schmecken, setzt immer eine kranke
Gans voraus. Alle Menschen, welche ihr Brot nicht im
Schweiße ihres Angesichts verdienen, müssen sich einigermaaßen schämen: und das fühlt einer, der noch nicht ganz
in der Tinte war, wenn er sagen soll, er sei ein Schriftsteller."

Eine Idee, für die er sich hätte begeistern, für die er
hätte kämpfen und sich opfern können, hätte ihn glücklich
machen, ihm den Lebensgrund schaffen können, den er vermißte; doch interessirte er sich, wie er selbst klagt, nicht für
Dinge, sondern nur für einzelne Menschen. Immerhin konnte
er sich durch die Begeisterung für Deutschlands Erhebung
gegen Napoleon eine Zeit lang mit fortreißen lassen, was
er auch dankbar empfand. Für die darauf folgende politische
Bewegung, als mehr den Verstand ansprechend, hatte er kein
Verständniß. Im Gefühl, überflüssig zu sein, weder als
Mensch in seiner Entwickelung etwas erreicht, noch auf irgend einem Gebiete etwas geleistet zu haben, fällt er in der
Blüthe seines Lebens, bei vollen Kräften, das vernichtende
Urtheil über sein Leben, es sei vergeblich gewesen. Das
schreckliche Wort vergeblich sei die Ueberschrift seines Lebens,
und bei allem, was er gedacht, gethan, gelitten, habe er
denken müssen, daß es vergeblich sei.

Ein Mädchen, Luise Hensel, führte einen Umschwung
in seiner Verzweiflung herbei. Ernst und tüchtig, herbe, in
schweren Lebensprüfungen gehärtet, fest und klar einem Ziele
zugewendet, imponirte sie ihm mehr als je zuvor eine andere Frau, vollends noch dadurch, daß sie sich durch seine
Liebe nicht entzünden ließ, sondern ihn mit bescheidener

Strenge in gewissen Schranken hielt. Als sie ihn zuerst auf die katholische Kirche hinwies, der er ja angehörte und die ihm allein den Frieden geben könnte, den er bei ihr suchte, weckte sie damit keinen Widerhall in seinem Innern. Nur das Bedürfniß ihr zu gehorchen, in irgend einer Sache eins mit ihr zu sein, bewog ihn, sich überhaupt mit dem Gedanken zu befassen und Schritte zu seiner Verwirklichung zu thun. Der Umgang mit dem klugen, humanen, liebenswürdigen Bischof Sailer that das übrige dazu, Clemens den Sinn für die Kirche zu eröffnen: die Zugehörigkeit zu einer großen, starken Gemeinde, die nichts von ihm verlangte als Hingebung, ersetzte ihm bis zu einem gewissen Grade Familie, Beruf und Heimath.

Die erste Frucht seiner Sinnesänderung oder, wenn man lieber will, seiner veränderten Stellung zur Gesellschaft war eigenthümlicher Art: vierzigjährig begab er sich an das Krankenlager der stigmatisirten Nonne Katharine Emerich in Dülmen und verweilte dort sechs Jahre, nur mit ihrer Pflege und dem Aufschreiben ihrer Visionen beschäftigt. Der Aufenthalt in dem ärmlichen Dorfe, das keine Zerstreuung bot, als die Unterhaltung mit einem schwer leidenden, ungebildeten Bauernmädchen wäre manchem auch weniger verwöhnten Manne unerträglich gewesen. Brentano empfand es als ein langentbehrtes Glück, eine Aufgabe zu haben, Jemandem nützen zu können, und noch dazu einer Person, die er für heilig halten durfte, ja mußte. Kurze Zeit, ehe er sich an die Kirche anschloß, hatte er einmal, halb ernst halb scherzend, gegen Görres den Wunsch ausgesprochen, ihm bei seiner Thätigkeit am Merkur als mechanischer Hilfsarbeiter zu dienen, da nur eine solche dienende und nutzbringende Beschäftigung ihn glücklich machen könne. Zu einer derartigen freilich hätten ihm Stetigkeit, Willenskraft und manches andere gefehlt; am Bette der visionären Kranken dagegen, wo nur an sein Herz und seine Phantasie Ansprüche gestellt wurden, fühlte er sich am Platze.

Nach dem Tode der Emerich brach das ganze Elend der Beruflosigkeit und Heimathlosigkeit wieder über ihn herein. Er lebte abwechselnd an verschiedenen Orten, für die Propaganda der katholischen Kirche thätig, trotz mancher Ausbrüche seines zügellosen Temperamentes, des Teufels, den er nun einmal im Leibe hatte, im Ganzen seinem stillen, demüthigen Glauben treu und dadurch in leiblichem Frieden erhalten. Die letzten neun Jahre seines Lebens war er in München seßhaft, wo er im Freundeskreise wegen seiner Warmherzigkeit und als guter Gesellschafter, denn er konnte noch immer sprühenden Witz entfalten, wohl gelitten war. Als Schriftsteller war er längst bedeutungslos geworden: daß er auf seine früheren Werke mit Abscheu und Reue zurückblickte, war wohl nicht nur die Folge seiner veränderten Gesinnung, sondern auch die Folge davon, daß ihm die poetische Kraft mit der Jugend verblüht war. Wenn seine älteren, namentlich seine protestantischen Freunde ihn seit seinem Anschluß an die katholische Kirche aufgaben, so war das nicht unberechtigt: derselbe hatte ihm wohl Ruhe und Halt gegeben, aber gegen das Opfer seiner geistigen Kräfte. Die Ruhe war nicht nach großen geschlichteten Kämpfen eingetreten, und der Halt ihm nicht durch eine unerschütterliche Ueberzeugung gewachsen, sondern er hatte sich, ein gänzlich ermüdeter Schwimmer, auf eine Insel gerettet, die ihn in Sicherheit ernährte, um welchen Preis er aber auf das Weiterfahren verzichtete, sei es, daß es ihm an Kraft oder an Muth gebrach, sich noch einmal auf das offene Meer zu wagen.

Wollte er das Heimweh, das zuweilen bitter in ihm

aufstieg, nicht aufkommen lassen, mußte er seine Insel als
das schönste Land der Welt preisen, die ihm freilich auch
ein rettendes Delos gewesen war.

Ein Freund Brentanos sagte von ihm, er bleibe immer
Most, den man nicht täglich trinken könne; zur süßen Weingährung und Klärung ließe er sich keine Ruhe. Eine un-
bestimmte Sehnsucht ist das bestimmende dieses Lebenslaufes,
ein dunkler Drang, der es zu ruhiger Bildung und Gestaltung nicht kommen ließ. An allem alltäglichen, nahe-
liegenden, was eine gewisse Befriedigung gewähren könnte,
geht die weitausgreifende Sehnsucht vorüber und läßt den
Gehetzten schließlich wie ein Kind, das vorwärts läuft, um
den Horizont zu berühren, einsam und müde auf einem
Fleck stehen, wo er dem dunklen Ziele seines Heimwehs nicht
näher ist, als zu Beginn seiner Laufbahn.

Drei Punkte sind in diesem Lebenslauf wesentlich und
finden sich in den Lebensläufen aller Romantiker, nämlich
die Beruflosigkeit, die Familienlosigkeit und die Heimathlosigkeit. Nach einer träumerischen, von namenlosen Hoffnungen bewegten Kindheit sträubt sich der Jüngling gegen
eine geregelte, beschränkte Thätigkeit, die ihn, den durch die
Unermeßlichkeit des Phantasielebens verwöhnten, hemmt, und
Wechseln oder gänzliches Abweisen des Berufes ist die Folge
davon. Ebenfalls als Schranke wird die Familie empfunden,
in welche sich aber gerade diese Männer am leichtesten hinein-
bewegen, da sie des Anschlusses am bedürftigsten sind. Die
Heftigkeit ihrer Triebe wirft sie immer wieder den Frauen
in die Arme, meistens aber gerade denen, die am wenigsten
geeignet sind, ihre Ansprüche zu erfüllen. Brentano fand
zwar eine Luise Hensel, hatte sich aber durch seine frühere
sinnlose Ehe mit Auguste Busmann das Zusammenleben
mit ihr unmöglich gemacht. Ueberhaupt geht den roman-

tischen Naturen gerade die Eigenschaft ab, die den Mann zum Familienbegründer und Familienhaupt bestimmt, nämlich die Kraft; wir werden also manches Liebesabenteuer, aber selten ein glückliches Eheleben bei ihnen finden. Die Heimath= losigkeit ist eine selbstverständliche Folge der Sehnsucht und man kann von Clemens Brentano wohl sagen, daß es auf der ganzen Erde keine Heimath für ihn gab; schrieb doch die Mutter Goethe's dem Knaben schon in's Stammbuch: „Dein Reich ist in den Wolken und nicht von der Erde, und so oft es sich mit dieser berührt, wird es Thränen regnen."

Ein so Entwurzelter scheidet meistens früh von dieser Erde, sei es willkürlich oder durch den bewußtlosen Willen seiner Natur, oder aber er findet ein Unterkommen in ir= gend einer religiösen Gemeinschaft. Nicht wenige sind im Wahnsinn untergegangen. „Blumen der Art halten nicht über den Sommer aus" sagt der liebevolle Justinus Kerner, der viel solche Naturen kennen zu lernen Gelegenheit hatte. „Auch er ist ein Beweis" ruft er einem jungverstorbenen Freunde nach, „wie Novalis, wie Seraphine und Serpentin, daß Gemüther der Art, die die Natur so gern an ihre Brüste legt, gar bald auf immer in ihren Schooß kehren." Er plante einen Roman, betitelt die Heimathlosen, in dem Seraphine und Serpentin eine Rolle spielten, und in welchem unter andern ein Mann vorkommen sollte, der, ein ewiger Wanderer, mit immer gepacktem Koffer von einem Wirths= haus zum andern reiste.

In Hinsicht der Beruflosigkeit machte Christian Bren= tano dasselbe durch wie sein Bruder Clemens. Auch er hatte nie etwas rechtes gelernt. Heitere Geselligkeit war seine Hauptbeschäftigung, die ihn aber durchaus unbefriedigt ließ, so daß er sein glänzendes Wesen, ähnlich wie Clemens, oft als „frevelnde Lustigkeit empfand, womit er sich selbst betäubte und andere vergnügte." Als er sich der katholischen Kirche näherte, dachte er daran, Priester zu werden, in welcher Stellung er sein Talent zum Umgange mit Menschen hätte verwerthen können, den Segen einer gewissen Bestimmung genossen, und doch den Druck und die Eintönigkeit der gewöhnlichen, bürgerlichen Berufe vermieden hätte; allein sein geistlicher Berather rieth ihm davon ab. In seiner Noth richtete er an einen Heiligen folgendes charakteristische Gebet: „Heiliger Titus! um des herrlichen Berufes willen, der Dir aus der Hand der Apostel zutheil ward, rufe ich zu Dir und bete: daß Du mein elendes, berufloses Leben ansehen und für mich bei dem ewigen Geber des Guten fürbitten mögest, daß er doch auch mir einen Beruf zutheil werden lassen möge und mich mit Treue, Eifer, Fleiß und Beharrlichkeit begnadige, diesem Berufe nachzuleben. Ach ja, heiliger Bischof! einen Beruf, sei es der mindeste, aber einen festen und fruchtbaren Beruf, damit das Vergeuden meiner Leibes- und Seelenkräfte, der beständige Diebstahl an der Zeit aufhöre."

Der Heilige erhörte ihn zwar nicht, doch gewährte ihm in der Folge eine Heirath und, wie bei Clemens, die katholische Propaganda, die mangelnde Stütze.

Zacharias Werner glückte es, zum Berufe des Priesters zu gelangen. Er war eigentlich Jurist, übte seinen Beruf aber nur kurze Zeit und ohne Ernst und Eifer aus. Wie viele Romantiker schwärmte er für das Landleben, kaufte sich in seinem 24sten Lebensjahre ein Gut bei Königsberg und bewirthschaftete es mit seiner damaligen Frau. Bald aber verwünschte er die Landwirthschaft und schlug das Gut mit Verlust wieder los. Nicht so vermögend wie Brentano warb er begierig um die Großmuth irgend eines Mäcens und erbettelte sich auch wirklich ein Jahresgehalt. Begründet hatte er sein Ansinnen damit, daß er sich der Poesie, insbesondere der dramatischen widmen wolle; die Hauptsache war aber, daß seine Arbeitsscheu und Unordentlichkeit ihn ein ungebundenes Leben wünschen ließen. Er war nun, wie Brentano, nichts als Schriftsteller, doch mit dem Unterschiede, daß sein Jahresgehalt ihm die Ehrenpflicht auferlegte, in nicht allzugroßen Zwischenpausen etwas Nennenswerthes, Fertiges erscheinen zu lassen. Auch diesen Beruf gab er mit Freuden auf, als er katholisch geworden war und die Kirche ihm durch die Priesterweihe die förmliche Berechtigung ertheilte, Seelen für die Kirche zu gewinnen. Insofern als er von jeher das Propagandamachen für seine Ideen mit aufdringlichem Eifer betrieb, es als höchstes Ziel des Strebens ansah, eine Religionsgemeinschaft zu gründen und seine dramatischen Arbeiten nur als Mittel zu diesem Zweck gelten lassen wollte, erreichte er schließlich das, was ihm am meisten entsprach und wozu er sich innerlich am meisten berufen fühlte. Der Drang nach Menschen, der unruhige Trieb auf sie einzuwirken, der sich bei Werner äußerlich in seiner „gewaltigen, in Gesellschaft sich spürend nach allen Seiten hin wendenden Nase" ausdrückte, bestimmt solche warmherzige und sich selbst nicht genügende Naturen dazu, vermittelnd zwischen Menschen und Ideen zu stehen; wie sich auch Clemens gelegentlich den pontifex minimus, den geringsten Brückenbauer nennt, da er so oft Menschen zusammengeführt habe. Menschen für Ideen zu gewinnen war er freilich weniger der Mann, indem er vielmehr durch sein Gebahren den meisten Menschen den Katholicismus eher verleidete, als lieb machte.

Kleist empörte sich nicht nur gegen den Officiersberuf, dem er durch Familientradition angehörte, sondern gegen

jeden Beruf überhaupt. Er hielt es für die Bestimmung
des Menschen, sich auf Erden so viel wie möglich zu bilden,
in der Aussicht, daß man auf anderen Sternen, in anderer
Form, der Vervollkommnung entgegengeführt würde, und
verstand unter der erforderlichen Bildung zunächst die wissenschaftliche. Demgemäß widmete er sich an der Universität
dem Studium der Wissenschaften im allgemeinen, wurde
aber durch Kant's Philosophie, die ihn an dem absoluten
Werth aller unserer Erkenntniß zweifeln lehrte, in seinem
Bildungsdrange erschüttert. So wenigstens rechtfertigte er
vor sich selbst seinen beginnenden Ueberdruß an den Wissenschaften. In Wahrheit drängte ihn ein glühender Produktionstrieb, eine dämonische Sinnlichkeit in's Ungewisse vorwärts, und die Unfähigkeit dieser inneren Raserei Stand zu
halten, machte, daß er sich gegenüber den Anforderungen
an Regelmäßigkeit, Ordnung, Selbstbeherrschung, die jeder
Beruf stellt, ohnmächtig fühlte.

Die Nothwendigkeit, seinen Lebensunterhalt zu verdienen
und der Wunsch, einen eigenen Herd zu gründen, beides mußte
ihn doch eine gesicherte Lebensstellung als das Wünschenswerthe,
ja Gebotene erscheinen lassen; er quälte sich nicht wenig mit
solchen Erwägungen. Viele Dinge, die der gesunde Mensch
allmählicher, stiller Entwickelung überläßt, betrieb er mit
eigensinnigem Bewußtsein und strebte sie zu überlegter Handlung zu machen, wie er denn den Entschluß, Dichter zu
werden, an sich schon ein Unding, vom Ausfall einer einzigen schriftstellerischen Arbeit abhängig machen wollte.
Andrerseits, wo man Ueberlegung und Besinnung bestimmt
erwarten muß, wo man für unbegreiflich widerspruchsvolle
Handlungen nach Gründen sucht, gab es bei ihm keine. Als
er Wieland's Haus, wo er sich glücklicher als je gefühlt, wo
er die Bewunderung eines berühmten Mannes und die Liebe

'eines Mädchens gefunden hatte, plötzlich verließ, ohne zu wissen wohin, vermochte er auch seinen Vertrautesten nicht anzugeben, was ihn dazu bewogen hatte, offenbar weil er es selbst nicht wußte. „Ich mußte fort und kann dir nicht sagen, warum. Ich mußte fort! Ich brachte die ersten folgenden Tage in einem Wirthshaus in Weimar zu und wußte garnicht, wohin ...... Endlich entschloß ich mich, nach Leipzig zu gehen. Ich weiß wahrhaftig nicht anzugeben, warum."

Einmal nahm er sich das Wort ab, nicht eher aus dem Zimmer zu gehen, als bis er sich über einen Lebens=plan entschieden hätte, aber seine Unschlüssigkeit war so groß, daß er sich nach acht Tagen seines Versprechens ent=binden und das Zimmer verlassen mußte, ohne dem Ziele nähergekommen zu sein. Bald suchte er auf gewaltsame Weise seinem Leben eine bestimmte Richtung zu geben, bald tritt auch an ihm das Unklare, das Gelebtwerden hervor, wie er denn von sich selbst sagte: „In meinem Kopfe sieht es aus wie in einem Lotteriebeutel, wo neben einem großen Loose tausend Nieten liegen. Da ist es wohl zu verzeihen, wenn man ungewiß mit der Hand unter den Zetteln herumwühlt."

Ju diesem Triebrad von positiven und negativen Regungen, von leidenschaftlichem Drang und ängstlich planvollem Be=denken war eine Störung, so daß sie sich nicht ausglichen, sondern bald Stockungen, bald Ueberstürzungen eintraten, und ein in Explosionen krankhaft und zerstörend sich ab=spielendes Leben das Ergebniß war.

In einem Augenblick gänzlicher Abspannung und Hülf=losigkeit unterwarf er sich dem Wunsche seiner Schwester Ulrike und ließ sich als Diätar an der Domänenkammer in Königsberg anstellen, hielt aber trotz der besten Vorsätze nicht bei der trockenen Beschäftigung aus. In der Unge=

bundenheit überkam ihn indessen sogleich wieder die Sehnsucht nach regelmäßiger, womöglich mechanischer Thätigkeit, und einmal faßte er sogar den ernstlichen Plan, Tischler zu werden. Der Wunsch Bauer zu werden und ganz im Bunde mit der Natur zu leben blieb nicht aus; einer Erleuchtung gleich ging ihm plötzlich die Einsicht auf, daß die Thätigkeit des einfachen, unschuldigen Menschen ihn heilen würde. Er ging mit dem Gedanken um, ein kleines Gut zu kaufen und zu bewirthschaften und trennte sich von seiner guten, durch lange Treue erprobten Braut, weil sie und ihre Eltern nicht darauf eingehen wollten. Der Plan, dem er sie geopfert hatte, kam indessen nie zur Ausführung, da einsichtsvolle Freunde ihm abriethen und seine Lust daran auch von selbst nachließ.

Zeitlebens suchte er ein Geländer zum Anklammern. Zuletzt wurde ihm der Kampf gegen Napoleon, was Zacharias Werner und den Brentano die Propaganda für die katholische Kirche geworden war, eine Aufgabe, die ihm das Gefühl gab, sein Leben sei nicht zwecklos.

Betrachtet man Clemens Brentano's Leben, so denkt man wohl, Armuth, also ein äußerer Zwang zur Arbeit, zum Broterwerb, hätten ihn vor Zerfahrenheit und Verwilderung retten können; denkt man an Kleist, so möchte man gerade seiner Armuth die Schuld an seinem Untergange zuschreiben. So wenig bedeuten die äußeren Umstände, oder, was auf dasselbe herauskommt, so sehr hat jeder sein eignes Schicksal, dem die äußeren Verhältnisse im allgemeinen nur dienstbar sind.

Von wächserner Weichheit und voll von brennendem Ehrgeiz, höchst reizbar, mißmuthig, kränkelnd, wandelbar, ewig zwischen Flut und Ebbe schwankend, trug Hölderlin alle Züge eines Romantikers. Die Scheu vor einem festen

Berufe war bei ihm ebenso ausgeprägt wie bei den andern. Trotz seiner Liebe und Ehrfurcht gegen seine Mutter, deren Herzenswunsch es war, ihren Sohn so bald als möglich als Pfarrherrn oder sonst in einer guten bürgerlichen Stellung zu sehen, widerstrebte er in diesem Punkte beharrlich und begründete sein auffallendes, im gemeinen Sinne unverständiges Benehmen bald mit seiner Jugend, bald mit seinem sonderbaren, launenhaften Charakter. „Das Schusterleben, wo man Tag für Tag auf seinem Stuhle sitzt, treibt, was sich im Schlafe treiben läßt, das bringt den Geist vor der Zeit in's Grab." Er wollte, wie Kleist, zunächst unbeschränkt seiner allseitigen Bildung leben. Da Geld zu verdienen unumgänglich nöthig war, zog er das Hauslehrerleben einem Amte vor, weil ihm der Verkehr mit jungen Leuten und der Familie Anregung und Wechsel, überhaupt eine solche Stelle verhältnißmäßig große Freiheit versprach. Wie vorauszusehen war, fehlte es aber gerade in diesem Verhältnisse nicht an Hemmungen und Beein= trächtigungen, die es ihm vergällten und auf die Dauer ganz unerträglich machten; was vermuthlich auch dann der Fall gewesen wäre, wenn nicht der Sohn der Frau v. Kalb ein krankhaft angelegter, peinlich zu behandelnder Junge ge= wesen wäre, und wenn er sich nicht in Frau Gontard, die Mutter seiner Zöglinge in Frankfurt verliebt hätte.

Wie Kleist kam er zu der Ansicht, daß das Glück hinter dem Pfluge zu finden sei; gerade die ganz unbäuerliche Ueberreiztheit und Ueberspannung ließ die Sehnsucht nach dem kindlichen Urleben des Menschen in ihm aufsteigen, das er, der die Ruhe am wenigsten ertragen konnte, so wenig wie Zacharias Werner oder Kleist durchzuführen vermocht hätte. Mehr und mehr begriff er, daß eben dem ungesicherten Charakter eine feste Berufsthätigkeit segensreich ist. Seinem jüngeren Bruder Karl rühmte er den Werth mechanischer Arbeit: „Es ist oft wünschenswerth, blos mit der Oberfläche unseres Wesens beschäftigt zu sein, als immer seine Seele, sei es in Liebe oder in Arbeit, der zerstörenden Wirklichkeit auszusetzen." Das nämlich thun und müssen thun die schwächeren Menschen, die nicht an sich halten können und sich durch unnöthiges Preisgeben fortwährend noch schwächer und reizbarer machen. „Dein Selbstgefühl" schrieb er einem Freunde, „ruht auch noch auf andrer glücklicher Thätigkeit, und so bist du nicht vernichtet, wenn du nicht Dichter bist" Er selbst fühlte sich der Aufgabe des Berufes aber nicht gewachsen. „Jedes Amt will einen reifen Mann, und der bin ich noch nicht."

Lenau, von dem still innerlichen Schwaben sehr verschieden, doch verwandten Schicksals, wollte erst die Rechte studiren, gab das aber zu Gunsten der Philosophie auf. Davon ging er, nachdem er auch eine Periode, wo er Landwirth werden wollte, überwunden hatte, zum Studium der Medicin über, was er ebensowenig wie das andere zu Ende führte; sondern er ergab sich einem unstäten Dichter- und Wanderleben.

Der als Alterthumsforscher zu seiner Zeit berühmte Arnold Kanne war in seiner Jugend abwechselnd Schriftsteller, Theologe, Soldat in österreichischen Diensten, wieder Schriftsteller, Soldat in preußischen Diensten, dann, nachdem er in der äußersten Noth gewesen und buchstäblich zum Bettler geworden war, wurde er zwischen seinem 30. und 40. Jahre als Lehrer an einer höheren Schule in Nürnberg seßhaft. Als er sich im Jahre 1806 in Berlin aufhielt, um ein Buch, das er für sehr bedeutend hielt, drucken zu lassen, marschirten eines Tages an dem Wirthshause wo er wohnte, Soldaten unter Musik und Trommelschlag prächtig vorbei. Augenblicklich stellte es sich ihm so lebhaft vor, wie warm es den Soldaten um Kopf und Herz sei, während ihn im ungeheizten, ungemüthlichen Wirthszimmer fror, daß er sein Manuskript verbrannte und sich anwerben ließ; so ließ er sich von der Gelegenheit, von an sich unbedeutenden Zufällen treiben.

Doch war er nicht, was man unter einem Abenteurer versteht; seine Freunde schildern ihn als einen „seltsam überkräftigen Geist, der in dem äußerlichen Treiben des Lebens vergeblich nach einem Ruhepunkte suchte, der sein mächtiges Sehnen tragen konnte.“

Weder das Soldatenleben, noch die Schullehrerstelle verschafften ihm Befriedigung. Innerer Unfrieden, gänzliche Entzweiung mit sich selbst machten ihn menschenscheu, dabei fraß an seinem Herzen ein rasender Ehrgeiz „wie mit Höllenflammen.“ Wie Andere in der katholischen Kirche, begrub er seine Unruhe und seine Leidenschaften im Pietismus, ein Umschwung, der plötzlich, ich weiß nicht durch welche Umstände, in ihm herbeigeführt wurde.

Ritter hatte seine Laufbahn als Apotheker begonnen; sein späteres Leben wurde durch die überwiegende Neigung zu den Naturwissenschaften bestimmt, denen er treu blieb. Unordnung und eine verhängnißvolle Neigung zum Alkohol, wie es scheint auch andern Berauschungsmitteln, brachten Wechsel und Zerrüttung reichlich in sein Leben, das mit kläglichem Zusammenbruch seiner selbst sowie der äußeren Verhältnisse endete.

Welche Hoffnungen Passavant auf den Beruf setzte, zu dem er eigentlich keine Neigung hatte, habe ich schon erwähnt. Von den älteren Romantikern erlitt der frühverstorbene Wackenroder alle Qualen der Angst vor dem Berufe und der Unfähigkeit die Berufslosigkeit zu ertragen.

Einen ganz anderen Charakter hat der Lebenslauf E. T. A. Hoffmann's, der, gleichfalls romantischer Art, sich durch einen Ueberschuß von Willenskraft von den vorher genannten unterscheidet. Er behielt bei allem Hang zur Ungebundenheit und der Lust am Abentenerlichen, bei heftigem Abscheu gegen das Regelmäßige und Pedantische, doch die Kraft, sich in die bürgerliche Ordnung zu schicken, der er hinter dem Rücken Grimassen schnitt. Obwohl ihm die Rechtswissenschaft, sein eigentlicher Beruf, zuwider war, stand er seinen Mann darin; was so selbstverständlich erscheint und was die meisten Romantiker doch nicht konnten, brachte er fertig: das als nothwendig Erkannte zu thun.

Als er nach vielen Wanderungen und Wechseln wieder in das Justizwesen eintrat, schrieb er seinem Freunde Hippel: „Es ist in meinem Leben etwas recht Charakteristisches, daß immer das geschieht, was ich garnicht erwartete, sei es nun Böses oder Gutes, und daß ich stets das zu thun gezwungen werde, was meinem eigentlichen tieferen Princip widerstrebt." Zufälle und Unfälle aller Art beeinflußten sein Leben, aber zerstückelten es nicht; sie gaben seiner Person eher Folie, als daß sie sie überwältigten. Der Druck des Brodstudiums lähmte ihn nicht, sondern trieb sein ganzes Feuer in die Mußestunden, wo er malte, musicirte und schriftstellerte. Eine Zeit lang, als Beamter in der Provinz Posen, verlor er sich in gemeinen, sinnlichen Ausschweifungen, wußte aber doch rechtzeitig ein Ende damit zu machen. Als in Folge des napoleonischen Krieges die preußische Regierung in Posen sich auflöste und die Beamten ihrer Thätigkeit enthoben wurden, genoß er entzückt die Freiheit und das bunte, tolle Treiben, das der interimistische Zustand in Warschau mit sich brachte; unterließ aber deswegen doch nicht, sich eifrig nach neuen Einnahmequellen umzusehen, und nahm hoffnungsvoll eine Stelle als Kapellmeister in Bamberg an. Da die damaligen Theaterverhältnisse großen Schwankungen unterlagen, mußte er sich bequemen, nebenbei in Familien Unterricht zu ertheilen und litt bei krankhafter Reizbarkeit unsäglich durch Verständnißlosigkeit, Beschränktheit und Rohheit der Schüler, namentlich aber der Eltern. Trotzdem sein heftiges Temperament es ihm erschwerte, hielt er aus, nur daß er sich zuweilen beim Weine tröstete oder dadurch, daß er satirisch humoristische Betrachtungen aufschrieb. Dabei entdeckte er sein schriftstellerisches Talent, das ihm allmählig zu einer namhaften Geldquelle wurde; nichtsdestoweniger suchte er Rückhalt in einem bürgerlichen Amte, und trat, nachdem er noch einmal in Leipzig Kapellmeister gewesen war, durch Vermittlung seines Jugendfreundes Hippel wieder in die juristische Laufbahn ein. Er füllte diese ihm durchaus nicht zusagende Stelle nicht nur genügend, sondern sogar rühmlich aus, und ließ sich im Amte nie die kleinste Nachlässigkeit zu Schulden kommen. Während andere Romantiker Verschiedenes ergriffen und nichts mit gutem Erfolge tüchtig zu Ende führten, war Hoffmann auf mehreren, zum Theil ganz entgegengesetzten Gebieten beruflich thätig und in jedem tüchtig, hierin dem übrigens ganz anders gearteten Novalis ähnlich.

Hoffmann war von den genannten Romantikern auch der einzige, der in einer guten, glücklich zu nennenden Ehe lebte. Allerdings spielt, wie es bei allen Romantikern der Fall war, die schönste Rolle in seinem Leben die Freundschaft. Sein Verhältniß zu seinem Freunde Hippel, der schon, als er noch unter dem Regiment des verhaßten Oheims schmachtete, sein Tröster war, und dessen Fürsorge er zuletzt die gesicherte Lebensstellung verdankte, blieb nicht nur das ganze Leben hindurch ungetrübt und förderlich, sondern war auch in seinen Aeußerungen stets von jugendlicher Zärtlichkeit und Liebesinnigkeit.

So stehen im Kreise der Romantiker als bekannte Freundesgruppen die Gebrüder Schlegel, die Gebrüder Grimm, treuer, schlichter und reiner als jene, die Gebrüder Boisserée und Bertram, Arnim und Brentano, Tieck und Wackenroder, Kerner und Uhland; zu schweigen von dem großen Freundschaftsnetz, das alle mit einander zu einer Gemeinde verband.

Hoffmann's Beziehungen zu Frauen wurden nur zu häufig durch eine allzu hitzige Sinnlichkeit gestört und verzerrt; doch mußte er sich schließlich immer wieder herauszureißen und darüber zu erheben. Als Jüngling hatte er eine wüthende Liebe zu einer jungen verheiratheten Frau, die sich oft in krankhaft wilder Weise äußerte; als Ehemann zu einem ganz jungen Mädchen, seiner Julia, die den viel älteren Mann, ihren Musiklehrer, kindlich verehrte, sich aber von ihrer Mutter leicht bereden ließ, einen reichen, wenn auch durchaus nicht liebenswerthen jungen Mann zu heirathen. Seine brennende Eifersucht trieb ihn verschiedentlich in lächerliche, unwürdige Situationen, aus denen er sich aber doch heil wieder herausfand, um aus dem angebeteten Kinde die Muse seiner Kunst zu machen.

Zerstörender noch als für Brentano wurde die Liebe für Zacharias Werner's Leben. Als ganz junger Mensch ließ er sich durch die gemeinsten Triebe hinreißen und tauchte aus einem Strudel verächtlicher Genüsse mit einer Frau auf, die er selbst später als ein würdeloses Wesen bezeichnete. Er führte mit ihr eine Zeit lang ein zigeunerhaftes Wanderleben, mußte aber erfahren, daß sie ihn hinterging und entledigte sich ihrer durch Scheidung. Ebenso

ging eine zweite leichtsinnig geschlossene Ehe aus einander;
die zweite Frau hatte ihn, nach seiner Angabe, hauptsächlich
dadurch abgestoßen, daß sie durch Gleichgültigkeit und Fahr-
lässigkeit die Fehlgeburt eines Kindes verschuldete. Wiederum frei, verheirathete er sich mit einer armen polnischen
Schneiderstochter, die er beim ersten Sehen auf der Straße
als sein langgesuchtes Ideal erkannt zu haben behauptete.
Obwohl sie sich kaum verständigen konnten, da sie nicht
deutsch und er nicht polnisch sprach, wollte er mit dieser
Frau eine mystisch-heilige Gemeinschaft darstellen, wovon
aber nichts zur Ausführung gekommen zu sein scheint. Der
Wunsch der Scheidung ging diesmal von der Fau aus, die
sich mit einem andern zu verheirathen beabsichtigte, was niemand besser begriff als Werner selbst, der sie ausdrücklich
mit seinen schlechten Eigenschaften als Faulheit, Unreinlich-
keit, Geiz und anderen entschuldigte. Uebrigens war ihm
die wiedererlangte Freiheit nicht unwillkommen, obwohl er
gern von der Ewigkeit seiner Liebe zu der Verlorenen
sprach und den trostlos Verlassenen spielte.

Nach der dritten Scheidung hielt Werner sich für aus-
gestoßen aus dem Heiligthum der Ehe und behalf sich,
während er seine Einsamkeit bejammerte, mit zahlreichen
flüchtigen Genüssen, die er auf das Schamloseste aufsuchte,
obwohl seine Reue und der Ekel vor sich selber dabei
unaufhörlich zunahmen.

Ritter, der Physiker, den Friedrich und Dorothea
Schlegel zur engeren Kirche zählten, verdarb sein Leben
durch die Ehe mit seiner Haushälterin, einer nicht nur
ungebildeten, sondern unordentlichen und haltlosen Frau,
die den keineswegs charakterfesten Mann immer mehr her-
abzog.

Einen merkwürdigen Gegensatz zu Brentano's und

Werner's blindzufälligen Hineintaumeln in die Ehe bildet die Heirathsscheu anderer Romantiker; im Grunde freilich ist das eine wohl nur die Kehrseite des andern und ist beides auf hochgesteigerte Ueberspanntheit und Reizbarkeit der Nerven zurückzuführen. Was in Brentano bei seiner Hochzeit mit Auguste Busmann nur als Wunsch aufblitzte: nämlich vor der Kirchenthüre wieder umzukehren, das führte Kanne in Nürnberg wirklich aus. Am Abend vor dem Tage, der zu seiner Heirath mit einem lange geliebten Mädchen anberaumt war, wurde er plötzlich von Angst und Unruhe überwältigt und entfloh auf's Gerathewohl nach Würzburg, wo ihn ein wohlmeinender Freund durch ernsten Zuspruch bewog, zurückzukehren und seine Braut um Verzeihung zu bitten.

Er soll später ein guter Ehemann geworden sein.

Hölderlin führte seinen Entschluß, nie zu heirathen, auf dieselbe Charakteranlage zurück, die ihn das Amt, überhaupt jede feste Stellung fürchten ließen. Seine Launen, sein Hang zu Projekten, sein Ehrgeiz würde ihn im ruhigen Ehestande nicht glücklich werden lassen, meinte er. Wollte ihn irgend eine eingegangene Verbindung fesseln, bekam er Angst vor dem, was er kurz zuvor heftig gewünscht hatte; denn er war keineswegs kalt, vielmehr leicht entzündlich und schnell in Liebesangelegenheiten verstrickt, denen nach einiger Zeit eine ihn selbst überraschende Kälte ein Ende machte. Auch in dieser Hinsicht wechselte ewig Ebbe und Fluth in ihm, hochgehende Erregung und schwere, steinerne Kälte. Obwohl er früh angefangen hatte zu lieben und fast immer verliebt war, sagt er doch von sich: „Es ist wunderbar, ich soll wahrscheinlich nie lieben als im Traume;" so scheint er klar gefühlt zu haben, daß die Ursache in ihm lag. Seine Diotima, Frau Gontard in Frankfurt, war nun frei-

lich eine Frau, die ihn durch den Nimbus ihrer gesell-
schaftlichen Stellung, die Schönheit und Feinheit, nicht am
wenigsten durch ihre Unerreichbarkeit lange auf der Höhe
seiner Gefühle erhalten konnte. Hier konnte die Alltäglich-
keit, die er so fürchtete und haßte, niemals eintreten, allerdings aber auch niemals die Ruhe der Erfüllung, die vermuthlich die auf's Aeußerste gesteigerte Empfindung sogleich
gedämpft hätte. Sicherlich war es nicht die unglückliche Liebe,
die seinen Wahnsinn herbeiführte; im Gegentheil war dies
volle, zweifellose Gefühl wohl das letzte schöne Strahlen
seines Gemüths vor dem Erlöschen.

Am reinsten und ruhigsten war Hölderlin immer seiner
Mutter, seinem Bruder, seinen Freunden gegenüber, wie
denn auch Freundschaft und Familie bis zum Ende opfer-
bereit um den Unempfindlichen bemüht war. Jugendfreunde
nahmen ihn in ihre Mitte, als er zu kränkeln anfing, um
ihn zu erheitern, waren geschäftig, ihm gute Stellen zu ver-
mitteln, ihm mit Rath und That an die Hand zu gehen.
Als die Krankheit ausgebrochen war, nahm der junge
Sinklair die Sorge für ihn auf sich, wie es ein Sohn
nicht dringlicher und zarter hätte thun können, verschaffte
ihm eine Schein-Anstellung bei dem Landgrafen von Homburg, deren Kosten von seinem eigenen Gehalte abgingen
und erbat sich von der Mutter des Dichters das Recht, ihn
zu pflegen in einer Weise, als ob er um eine hohe Gunst
nachsuchte.

Lenau war stets verlobt, fand aber stets in sich selbst
einen Widerstand und unerklärliche Angst, wenn die Verbindung endgültig gemacht werden sollte. Etwas Aehnliches
liegt bei Grillparzer vor.

Kleist liebte nicht wie z. B. die Gebrüder Schlegel,
Schelling, Brentano, Hölderlin, Lenau, reife, verheirathete

Frauen, sondern jugendliche Mädchen, bei denen er willen-
lose Hingabe ahnte; nicht daß er herrschsüchtig gewesen
wäre, aber für ihn lag darin der üppigste Zauber der Leidenschaft. Wie der Graf von Strahl sein Käthchen von Heilbronn pflegte er seine Mädchen auf die Probe zu stellen
und stieß sie von sich, wenn sie seinen vernunftwidrigen
und zum Theil geschmacklosen Zumuthungen widerstrebten.
Von seiner ersten Braut verlangte er Einwilligung in seine
Landwirthschaftspläne; mit der zweiten brach er, weil sie
sich weigerte, die gegenseitige Liebe vor Eltern und Vor-
mündern geheimzuhalten, was bei der Lage der Dinge völlig
sinnlos gewesen wäre. Im Grunde mochten dies freilich
Vorwände sein, an die er selbst glaubte, und die wirkliche
Ursache lag wie bei den andern in dem krankhaften Auf
und Ab seiner Gefühle.

Bedeutungsvoller als irgend eine andere Frau in
Kleist's Leben war jedenfalls seine Schwester Ulrike, die
einzige, an der er mit unwandelbarer Liebe hing; wenn sie
auch zu wenig liebreizend, zu männlich war, um ihm den
Umgang mit anderen Frauen zu ersetzen. Unglückliche Liebe
allein hätte ihn aber gewiß nicht zu dem Selbstmorde bewogen, der nichts anderes als die letzte Explosion dieses
gemarterten Lebens war.

Wie berechtigt übrigens bei diesen Naturen die Angst
vor der Ehe war, zeigt das Beispiel des Malers Otto
Runge. Dieser verliebte sich stürmisch in ein ganz junges
Mädchen, das schon den Jahren nach zu unreif war, um
allem Hohen, was er in sie hineinlegte, anders als in der
Möglichkeit zu entsprechen. Voll Ungeduld sah er der
Hochzeit entgegen, denn er war überzeugt, ihr Besitz, die
ihm gewissermaßen die begeisternde Muse war, würde ihn
zu den höchsten Schöpfungen beflügeln. Anstatt dessen

fühlte er sich, sowie das Ziel erreicht war, bedrückt und beklommen. Vergeblich wartete er auf den Schaffenstrieb, der ihn früher befeuert hatte; er blieb matt und kalt bis zu seinem frühen Tode. Dies Lähmende der Ehe anstatt erwarteter Beflügelung hatte schon Tieck und auch Clemens Brentano in seiner im Ganzen doch so glücklichen Ehe erfahren, und es liegt wohl daran, daß der künstlerische Trieb bei diesen Menschen eng mit der Liebessehnsucht, der Jugend überhaupt verbunden war.

Daß die Romantiker Heimathlose waren, geht aus dem Erzählen hervor. Keiner von den Genannten hatte einen festen Wohnsitz, auch waren sie ja weder durch Familie noch Beruf gebunden. Bei mehreren, als Hoffmann, Brentano, Werner, Lenau, hatte sich schon in Folge unglücklicher, verschrobener Verhältnisse im Vaterhause das naive Anhänglichkeitsgefühl an den Boden der Kindheit nicht bilden können.

Brentano's Leben war ein beständiges Wandern, Heidelberg, der Schauplatz seiner Ehe und seiner Familienträume, der einzige Ort, für den er eine Art von Heimathsgefühl hegte. Uebrigens „schnell fertig mit jedem," stets vom Fremden angelockt, ließ er sich nie Muße, Wurzel zu schlagen. Nachdem sein Haushalt in Heidelberg aufgehoben war, machte er nur noch Stationen, hauptsächlich in Berlin, Wien, Prag, Dülmen in Westfalen, deren letzte München war.

Zacharias Werner nannte sich geradezu den Pilger. Seine Wanderungen sind besonders frappant, wenn man bedenkt, daß der Ostpreuße eine zweite, geistliche Heimath in Rom fand und schließlich ständigen Aufenthalt in Wien nahm, Punkte, die durch Klima, Natur des Landes und Volkes rechte Gegensätze zu seinem Geburtslande bilden.

Hat man bei Brentano und Werner das Gefühl, als

sei der Grund ihres beständigen Umherreisens die dunkle Sehnsucht, die sie nirgends Ruhe und Befriedigung finden ließ, so scheinen Kleist und Lenau durch innere Angst, durch einen Dämon umgetrieben. In Reisen, oft planlosen, ziellosen, explodirte gewöhnlich die auf's Höchste gediehene Spannung Kleist's. Seine innere Rastlosigkeit suchte er an der äußeren Bewegung abzustumpfen. Am merkwürdigsten ist wohl Lenau's Reise nach Amerika, die er trotz des inständigen Abrathens seiner Freunde, von einem übermächtigen, inneren Zwange gedrängt, unternahm, gleichsam die Sehnsucht über die Erde hinaus nach einem anderen Sterne durch Uebersiedelung nach einem anderen Welttheil zu stillen meinend. Gebrochen und zerrüttet kam er von dieser Reise zurück, wenn auch bis zum Ausbruch des Wahnsinns noch mehrere Jahre verliefen.

Hölderlin konnte es zwar auch nie lange an einem Orte aushalten, doch hatte er ein starkes instinktives Heimaths= gefühl. Das mag damit zusammenhängen, das Hölderlin's Eltern beide Schwaben, aus gesunden Bürgerfamilien stammend, waren, während zwischen den Eltern der übrigen oft starke Gegensätze der Abstammung oder der Veranlagung bestanden.

„Blumen der Art halten nicht über den Sommer aus", sagte Justinus Kerner und eine ähnliche Bemerkung machte Goethe einmal, als er mit Sulpiz Boisserée Zeichnungen von Runge betrachtete. Er machte den jungen Freund darauf aufmerksam, wie „das Teufelszeug" schön und toll zugleich sei, und fügte mit Hinweis auf des Malers frühen Tod hinzu: „Aber der arme Teufel hat's auch nicht aus= gehalten, er ist schon hin, es ist nicht anders möglich, wer so auf der Klippe steht, muß sterben oder verrückt werden, da ist keine Gnade."

Betrachten wir den Abschluß der Lebensläufe der Romantiker, so fällt in der That ihr frühes Welken auf: Novalis, Wackenroder, Graf Löben, der Maler Runge, der Physiker Ritter starben jung durch Krankheit, Lenau verfiel im Anfang der vierziger, Hölderlin im Anfang der dreißiger Jahre in unheilbaren Wahnsinn, Kleist, sein Leben lang mit Selbstmord und Wahnsinn ringend, erschoß sich fünfunddreißigjährig. Werner, Kanne, Brentano, Hoffmann erreichten zwar durchschnittlich das fünfzigste Jahr; aber wie war das Jahrzehnt beschaffen, das sie vor jenen voraus hatten? Man muß bedenken, daß der Anschluß an die Kirche in diesen Fällen eine Art Verzweiflungsakt war, eine Flucht aus der Welt, mit der man nicht fertig werden konnte, ein Waffenstrecken und Sichbesiegterklären. Abgehetzt, um jeden Preis Ruhe verlangend, verleugneten diese Rathlosen ihre Vergangenheit, gaben das eigene Streben und Irren auf und lieferten sich gewissermaßen dem Arzt aus, der Gemüthsruhe und Langeweile zum Behuf einer Fettkur vorschrieb. Friedrich Schlegel widerrief, nachdem er katholisch geworden war, nicht nur die Lucinde, eines der hauptsächlichsten Erzeugnisse der romantischen Blüthezeit, sondern das Wesen und Wirken seiner Jugend überhaupt; Brentano nannte seine früheren Schriften, die künstlerisch seine besten sind, dämonische Verirrungen, Werner schrieb die Weihe der Unkraft, Kanne nur noch wässerige Romane mit pietistischer Tendenz.

Etwas besonderes liegt bei Hoffmann und Tieck vor. Hoffmann's Ende hat insofern keinen kläglichen oder tragischen Charakter, als er bis zuletzt im Besitze seiner geistigen Fähigkeiten blieb und noch auf dem Kranken- und Sterbelager Novellen dichtete, die an Rundung und stiller Wärme eher gewonnen als verloren haben. Es ist aber die Frage, wie sein Leben sich gestaltet hätte, wenn er sich nicht so, wie er that, dem Trunke hingegeben hätte. Wie er jedes einzelne Mal durch den Alkohol sich Koncentration machte und seine Schaffenskraft steigerte, nicht bedenkend oder geringschätzend, daß eine desto größere Erschlaffung erfolgte, hat er dadurch vielleicht auch im Ganzen seinem Leben größere Energie und Einheit auf Kosten der Dauer gewonnen. Hätten wir also bei Hoffmann eine Erhöhung der Lebenskraft um den Preis der Lebensdauer, so scheint bei Tieck im Gegentheil eine Verlängerung des Lebens um den Preis des Lebensfeuers vorzuliegen.

Tiecks Bedeutung für die Romantik und für das Geistesleben überhaupt liegt vor seinem dreißigsten Lebensjahre. Ungefähr um diese Zeit stellte sich die Gicht bei ihm ein, dem Wesen nach eine Alterskrankheit, die seine hohe Gestalt, als er eben die Schwelle des Mannesalters überschritten hatte, krümmte. Zugleich verschwand seine Anmuth und Beweglichkeit, und er bekam äußerlich eine Würde, die ganz in Uebereinstimmung war mit seinen späteren antiromantischen, langweiligen Novellen. Der körperliche Vorgang des Alterns, durch welchen oft die allzugroße Hitze des Blutes ausgeglichen wird, das Verknöchern, ist hier bedeutend verfrüht eingetreten.

Fouqué bekam in den dreißiger Jahren einen Rückenmarkschlag, von dem man glaubte, daß er seinen Tod in kürzester Frist herbeiführen würde. Anstatt dessen lebte er beinah noch einmal so lange, aber seine Schriften, die schon vorher angefangen hatten, bedenklich schwächer zu werden, fielen mehr und mehr in's Kindische. Was er Gutes geschrieben hat, und die Undine ist ein Meisterwerk der Romantik, ist Jünglingsdichtung; auch er konnte nicht alt werden.

Vergleichen wir den Menschen mit einer Kammer, zu deren Erwärmung eine gewisse Menge von Brennmaterial vorhanden ist, so haben wir in den romantischen Naturen Menschen, die anfangs zu schnell, zu viel verbrennen; Kammern etwa mit eisernen Oefen heizbar, die schnell eine übermäßige Gluth erregen, aber keine dauernde, so daß ebenso schnelles Sinken der Temperatur folgt, worauf neues Einheizen nothwendig wird und so immer weiter. Die Folge davon ist, daß schon vor Mittag fast alles Brennmaterial verzehrt ist, und nun kommt entweder geiziges Sparen mit den Ueberbleibseln oder ängstliches Absperren der Luft oder tolles Verprassen des letzten Vorraths, wobei wohl die Flamme die Kammer selbst ergreift und in Asche legt.

„Ich habe offenbar," sagt Hölderlin, „zu frühe hinausgestrebt, zu früh nach etwas Großem getrachtet, und muß es wohl, so lange ich lebe, büßen; schwerlich wird mir etwas ganz gelingen, weil ich meine Natur nicht in Ruhe und anspruchsloser Sorgenfreiheit ausreifen ließ."

Wenig lebt ich, doch athmet kalt
Mein Abend schon. Und stille den Schatten gleich,
Bin ich schon hier, und schon gesanglos
Schlummert das schaudernde Herz im Busen.

Es ist, als ob die Schwelle zum Mannesalter ein Berg wäre, über den die Romantiker nicht hinüber konnten. Rührend klagt Hölderlin, daß er nicht Mann werden könne, daß er sich gern jünger träume, als er sei. Die Zeit des Uebergangs vom Jüngling zum Manne nennt er „die Zeit des Schweißes und des Zornes, der Schlaflosigkeit und der Bangigkeit und Gewitter, die bitterste im Leben." An diesem Punkte scheitern alle: manche suchen ihn hinauszuschieben, sie verlängern das Jünglings- oder Mädchenalter, büßen aber dabei die Zeit des Reifens ein und werden plötzlich zu Greisen; andere sterben, andere erkranken. Tieck, obschon er alt wurde, war nie eigentlich Mann, sondern bekam plötzlich, als Jüngling, die Art eines Greisen. Wilhelm Schlegel erschien im Alter abstoßend, etwa wie ein als Jüngling maskirter Greis. Hoffmann hatte im Gegentheil niemals etwas jünglinghaftes, aber ebensowenig männliches; er glich eher einem kleinen Kobold oder Hexen= meister.

Betrachten wir das Leben derjenigen Männer, die im romantischen Geiste wirkten, romantisch dachten, aber nicht romantische Naturen waren, wird der Unterschied recht deutlich werden zwischen einem Lebenslauf, der zwischen Trieb und Zufall, Sehnsucht und Schicksal schwankt, und einem, dem starke Anlagen die Richtung geben, und den ein besonnener Wille formt. Auch das Leben eines Görres, Adam Müller und anderer war reich an Wechselfällen und ungewöhnlichen Ereignissen. Görres, ein Rheinländer, arbeitete als Jüngling, angeregt durch die Ideale der fran= zösischen Revolution, für den Anschluß seiner Heimath an die französische Republik, kehrte sich, von der Wirklichkeit enttäuscht, von Frankreich ab und warf sich mit Feuer auf das Studium der Wissenschaften, in welchen er neu und zündend wirkte. Als die Befreiung Deutschlands heran= nahte, gründete er den Rheinischen Merkur, die erste deutsche politische Zeitschrift, die eine selbstständige Gesinnung ver= trat und soviel Beachtung verdiente, daß Napoleon sie als sechste Großmacht bezeichnete. Unter dem Beifall der besten Männer Deutschlands mit grenzenloser Hingebung von Görres durchgeführt, erregte das Blatt durch seinen Freimuth die Abneigung einiger Fürsten, es wurde verboten, und Görres mußte, um seine Freiheit zu wahren, aus Preußen fliehen.

Er lebte nun wiederum den Wissenschaften, erst in Straß=
burg, dann in der Schweiz, und wurde, während er erst
ein mächtiger Schirm der Freiheit und allseitiger Gerechtig=
keit gewesen war, ein Vorkämpfer des Katholicismus und
der hervorragendste deutsche Kirchengelehrte neuerer Zeit.

Aber hier sehen wir nicht einen Menschen, den zu=
fällige Umstände planlos vor sich hertreiben, sondern einen,
der die verschiedensten Umstände ergreift und sich anbildet.
Gegeben war bei Görres eine leidenschaftliche aktive Natur,
der Wirken nach außen Lebensbedingung war; Lust und
Fähigkeit die Menschen zu beeinflussen; stolzer Freiheits=
drang, den ein einsichtiger Verstand regelte, und den das
Alter, wie es natürlich ist, milderte und einschränkte; ein
poetischer Sinn, der alles bekränzte, was er trieb, sei es
Religion oder Politik oder Wissenschaft; eine erstaunliche
Fassungskraft, die ihm ermöglichte, in kürzester Zeit ganze
Bibliotheken auszufressen, Sprachen zu erlernen, Handschriften
zu entziffern; die Gabe mündlicher und schriftlicher Rede;
im Ganzen eine kräftige, stark bewegte aber doch fest in sich
ruhende Persönlichkeit. Er warf sich naturgemäß immer
dahin, wo er diese Gaben walten lassen konnte; als die
Revolution ausbrach auf Frankreich, als Deutschland sich
zum Kampfe nach außen sammelte und später als es in
seinem Innern um Einheit und Verfassung stritt, auf Deutsch=
land, als alle Hoffnungen vereitelt waren und ihn das Treiben
der Regierten sowohl wie der Regierenden anekelte, auf die
Kirche, von der er einzig noch Rettung erwartete. Jedes=
mal füllte er seine Stelle ganz aus, und wie groß die
Folgerichtigkeit in seinen Wandlungen war, beweist das am
besten, daß er selbst sie nicht als solche empfand, sondern
sich immer selbstverständlich am Platze fühlte.

Görres, Crenzer, Schelling, Baader, Savigny, die Ge=

brüder Grimm, Schubert, Carus, Ringseis, lauter Häupter
der romantischen Richtung, waren Professoren, Carus und
Ringseis dabei ausübende Aerzte. Adam Müller war
Diplomat, Eichendorff juristischer Beamter, Justinus Kerner
und Passavant waren Aerzte. Ein fest angesiedeltes Leben
war damit von selbst gegeben, und waren auch alle mehr
oder weniger reiselustig, wie denn auch mehrere oft und
weit reisten, so hat das mit dem Gefühl der Heimathlosigkeit und sehnendem Irren in's Weite nichts zu schaffen
und sie kehrten immer gern in die Schranken ihres
Wirkungskreises zurück.

Die Liebe spielt im Leben dieser Männer keine größere
Rolle, als die normale Natur es mit sich bringt. Nur in
die Jugendzeit greift wohl die Liebe erschütternd ein, aber
das Mannesalter begleitet sie höchstens noch gelinde. Creuzer
faßte, als verheiratheter Mann, eine verhängnißvolle Liebe
zu Karoline v. Günderode, die von ihr erwidert wurde
und zur Auflösung seiner Ehe zu führen schien. Bevor
sich das völlig entwickelt hatte, verfiel er in eine schwere
Krankheit, während welcher sein Sinn sich änderte, so daß
er seiner Frau versprach, im Fall, daß er genese, sie nicht
zu verlassen. Hiervon wurde die unglückliche Karoline in
Kenntniß gesetzt, und, unfähig das plötzliche Scheitern ihrer
Lebenshoffnungen zu ertragen, erdolchte sie sich am Ufer
des Rheines. Creuzer erreichte als guter, stiller Familien-
vater ein hohes Alter. Dies romantische Ereigniß führte
also ein ganz anderes Ergebniß herbei, als ähnliche im
Leben der eigentlichen Romantiker; nicht deshalb, weil es
nicht zur Lösung der Ehe kam, sondern weil die Liebe sich
dem Leben einordnen muß und nicht des Lebens Zweck
wird.

Schelling's jugendliche Leidenschaft zu Karoline Schlegel

dauerte in der Ehe als beglückende Gattenliebe bis zu ihrem Tode fort. Durch denselben in tiefste Trauer versetzt, heirathete er doch bald darauf ein junges Mädchen, die Tochter von Karolinen's Jugendfreundin Gotter, Pauline, die in der Verehrung der mütterlichen Freundin aufgewachsen war. Sie schenkte Schelling, der bis dahin kinderlos war, mehrere Kinder, und er fühlte sich dauernd beglückt in seiner Häuslichkeit.

Auch Schubert verlor eine heißgeliebte Gattin durch den Tod und glaubte die Trauer um sie nie überwinden zu können; doch nach kürzester Zeit hob ihn der Anblick eines Mädchens, einer jungen Verwandten der Verstorbenen, aus dem trostlosen Einsamkeitsgefühl mit einem Male in ein ungetrübtes Glück, und eine zweite glückliche Ehe war die Folge. So leben und handeln nur naive, gesunden Instinkten sich überlassende Naturen.

Carus heirathete eine Cousine, die mit ihm im Elternhaus auferzogen war, in der bestimmten Absicht, sich dadurch über die peinigende Seelenunruhe der Jugend zu erheben und sich ungestört wissenschaftlichen Studien widmen zu können. Ein langes Leben hindurch war er ein ausgezeichneter Gatte und Vater.

Baader sah seine Frau zuerst auf der Straße, wo er sich, ohne sie zu kennen, sofort so in sie verliebte, daß er beschloß, sie oder keine müsse seine Frau werden. Er setzte es wirklich durch, hatte viele Kinder mit ihr, und als sie nach langjähriger glücklicher Ehe starb, heirathete er, schon alternd, ein gutes, viel jüngeres Mädchen, die ihn bis zu seinem Tode treulich liebte, verehrte und pflegte.

Passavant war eigentlich romantisch veranlagt; er klagte selbst, wie schon angeführt, über Schwäche seines Gehirn-

lebens gegenüber den sinnlichen Trieben. Aber mit einem
starken sittlichen Willen, den er vor den übrigen Romantikern voraus hatte, bekämpfte er diese Gluth, die ihm, wie
er einsah, auf dem Wege zu männlicher Vollkommenheit im
Wege stand, unerbittlich wie ein strenger Christ des Mittelalters. Als Jüngling verliebte er sich heftig in eine hübsche
Salzburgerin, beschloß aber, seine Neigung zu überwinden,
damit sie ihm nicht in seinem hohen Streben störe, was
ihm auch zu großer Betrübniß des Fräuleins gelang.
Später heirathete Passavant ein Mädchen, in das er nicht
verliebt war, dem er aber, während er sie ärztlich behandelte,
theuer, ja unentbehrlich geworden war. Er lebte mit Ma-
rianne Lessing lange in einer im Ganzen glücklichen Ehe,
während welcher die beständige Kränklichkeit der Frau seine
Geduld schweren Prüfungen unterwarf. Die erste Geliebte
wurde die Frau eines anderen Arztes, des Professor Ringseis. Ringseis war immer wegen seiner Unempfindlichkeit
gegen Frauen geneckt worden; als er seine nachmalige
Gattin, Friederike, kennen lernte, war er bereits in den
30er Jahren, und auch sie befand sich jenseits der ersten
Jugend. Obwohl er sie liebte, führte er sie nicht heim,
bevor er sich von ihrer Religiosität überzeugt hatte, und sie
lebten ohne Ueberschwänglichkeit, aber in herzlicher Gemeinschaft bis in's hohe Alter.

Alle diese Frauen waren tüchtige, hübsche Frauen,
geistig nicht hervorragend, aber munter, talentvoll und
bildsam. Sie beeinflußten die geistige Entwickelung ihrer
Männer nicht unmittelbar, trugen aber zu ihrer häuslichen
Behaglichkeit und ihrem menschlichen Glücksgefühl viel bei.
Kinder fehlten diesen Ehen nicht. Die Liebe war bei den
genannten Männern hauptsächlich der familienbildende Instinkt, durch den sie sich als Glieder in die Gattung ein-

reihten. Unter den eigentlichen Romantikern war nur Tieck Vater; Hoffmann hatte ein kleines Mädchen, das früh starb Brentano's Kinder starben bald nach der Geburt.

Eine Zwischenstellung nehmen Justinus Kerner und Gotthilf Heinrich Schubert ein, die einander auch äußerlich geglichen haben sollen. Sie waren nicht ewige Jünglinge und wurden auch nicht Männer, sondern blieben ihr Leben lang Kinder. Sicher wie Nachtwandelnde gingen sie ihren Weg, selten mit Bewußtsein das richtige wählend, doch immer überzeugt, es werde sich von selbst alles zum Guten kehren. Sie fühlten sich immer von Wundern getragen, und ein wunderbarer Schimmer umgiebt auch ihr Leben: das Kerner's stellt sich mehr wie ein Märchen, das Schubert's mehr wie eine Legende dar. Das liegt aber an ihrer eigenen Auffassung: ihr romantisches Auge stand über ihrem Leben wie der Mond, der ein am Tage alltäglich bürgerliches Gärtchen bei Nacht in eine Zauberei verdämmert.

Kerner wurde anfänglich gegen seine Neigung in ein Tuchgeschäft gesteckt, wo er in unbewachten Augenblicken seine ersten Gedichte verfaßte, erlangte aber durch Ver-mittelung einiger Freunde die Erlaubniß zu studiren. Er wurde Arzt in seiner Heimath Schwaben, seine erste Liebe, das Rikele, wurde seine Frau, und er blieb sein langes Leben durch in zärtlicher Treue mit ihr ver-bunden.

Etwas bunter war Schubert's Leben: Schubert's Großmutter, eine einfache Frau aus dem Erzgebirge, die mit geklöppelten Spitzen handelte, besaß die Gabe bedeu-tungsvoller Träume und ließ ihren Sohn, Schubert's Vater, auf den Wink eines Traumes hin Theologie studiren, für die in ihr kleines Gebirgsdorf versteckten schlichten Leute ein unerhörtes Unternehmen. Dies Träumen vererbte die fromme, charaktervolle Frau auf ihren Sohn und auch auf ihren Enkel, dem Träume oft, wie er meinte, den seelischen Antrieb zu in der Folge als glücklich sich erweisenden Handlungen gaben.

Die Liebe zu den Naturwissenschaften war ihm angeboren; als kleiner Junge legte er sich zum Zweck einer Art von vergleichender Ornithologie eine Sammlung von Vogelknochen, ferner eine Sammlung von Mineralien an; er begann ein Buch über den Walfischfang zu schreiben, machte feuergefährliche Experimente und brütete mit Vorliebe über physikalisch-astronomischen Räthseln. Andererseits war er in die Frömmigkeit der guten Pfarrersfamilie — denn Vater und Großvater mütterlicherseits waren Pfarrer — so eingehegt, daß er es anfänglich zufrieden war, Theologie zu studiren, und sich darauf verließ, daß die Vorsehung die Sache der Medicin für ihn führen würde, was auch geschah. Kaum hatte er sein Studium beendet, so heirathete er, noch ein Jüngling, ein gleichalteriges Mädchen, und begann Praxis und Haushalt zugleich, obwohl beide nichts besaßen außer 100 Thaler Schulden. Sie waren so voll Zuversicht, daß sie trotz dieser bedenklichen Lage weitgehende Gastfreundschaft übten, und zur rechten Zeit stellten sich dann auch Patienten oder Verleger für seine Bücher ein.

In Dresden war Schubert einmal ohne Praxis, ohne irgend eine Aussicht auf Einnahme, aller Hilfsmittel so entblößt, daß er sich einer niedergedrückten Stimmung nicht erwehren konnte, doch tröstete ihn schließlich ein sehr kräftiges und inniges Beten. Wenige Tage nachher kam ein Brief von Schelling, der ihm die Aussicht auf eine Anstellung als Direktor einer höheren Schulanstalt in Nürnberg eröffnete.

Er ließ sich von Nürnberg nach Mecklenburg führen, wo er Erzieher eines Prinzen wurde, von Mecklenburg wieder nach Erlangen, von dort als Professor nach München, nicht wie einer, der sich dem Spiel des Zufalls überläßt, sondern wie ein vertrauensseliges, ahnungsvolles Kind, das gewiß ist, sein Ziel nicht zu verfehlen. Es war, als ob der Lärm der Sinnenwelt nie ganz in die kindliche Stille seines Innern hineindrang, so daß er den leisesten Ruf seines Genius vernehmen und ihm nachgehen konnte.

Wie anders als diese Erdenbürger, die alt, von Kindern und Enkeln umringt, nach einem tüchtigen, wirkungsvollen Leben in's Grab steigen, jene Heimathlosen, deren Blüthe ein jähes Auflodern ist, dem bald Verwelken folgt Daß sie nicht ausreifen konnten, berechtigt wohl dazu, in ihrer Anlage einen Fehler vorauszusetzen. Denn wir sollen, so müssen wir doch denken, die Vollkommenheit darin suchen, den mannigfachen Aufgaben des Lebens gerecht zu werden, wir sollen den Schönheitstraum der Jugend von uns werfen, die Verzweiflung über die Befleckung der Ideale im Kampfe überwinden und auf die edelsten Genüsse selbst verzichten, um zunächst ein leidender und ringender Mensch zu sein. Die eigentlichen Romantiker hatten den Trieb, sich vor dem Leben in ihr Inneres zurückzuziehen; das Leben rächte sich doppelt an ihnen: einmal, weil nur im Leben Entwickelung ist und sie unentwickelt blieben, dann weil sie schrecklich litten durch die Reue, ihre Aufgabe nicht erfüllt zu haben.

Damit soll aber keineswegs ein verwerfendes Urtheil über die Heimathlosen ausgesprochen sein. Erscheint doch jeder im fremden Lande zerfahren, unwirksam, kindlich hilflos, der im Vaterlande sich vielleicht klug und kräftig bethätigen könnte. Wenn wir diejenigen bewundern, die das Leben furchtlos bestanden, es ergriffen und sich hin-

durcharbeiteten, ohne ihre Seele zu verkaufen, so müssen
wir diejenigen von Herzen beklagen, denen es nie gelang,
sich hienieden einen festen Platz zu erobern und zu behaupten, weil, wie Frau Rath Goethe dem jungen Brentano
in's Stammbuch schrieb, ihr Reich in den Wolken war und
sie nicht vermochten, zwischen ihm und der Erde eine Brücke
zu bauen.

Brentano.

Die eigenthümliche Anlage, die ich den romantischen Charakter nannte, wie sie an Tieck, dem Dichter der ersten Romantiker, sich typisch zeigt, tritt in ihrer Besonderheit bis zum Aeußersten verstärkt, in den Geschwistern Brentano, namentlich Clemens und Bettine, hervor. Dies wird so allgemein empfunden, daß die Namen Brentano und Romantik im allgemeinen dieselben Vorstellungen erregen, Romantik nämlich im Sinne des Reizvollen, des Unfertigen und Selbstzerstörerischen, das zu ihrem Wesen gehört.

Als die wesentliche Eigenschaft des Brentano'schen Charakters, der die letzten Stadien der Romantik überhaupt begleitet, möchte ich Mangel an Receptivität, wie an Aufnahmefähigkeit oder Fassungskraft bezeichnen. Nicht nur als Kaufmannslehrling, wo die Abneigung gegen den Beruf ihn entschuldigen konnte, auch als Student hat Clemens niemals irgend etwas gründlich gelernt oder in sich aufgenommen.

In Jena pflegte Mittags um 12 Uhr der Marktplatz von Studenten erfüllt zu sein, die so lebhaft mit einander redeten, daß man hätte denken können, ein Auflauf oder sonst etwas besonderes sei im Werke; der Kundige wußte, daß um diese Zeit Schelling sein Colleg über Naturphilosophie las. Clemens war einer der wenigen, die es nicht besuchten, und wenn er je einmal an der Unterhaltung über einen solchen Gegenstand, der damals alle die jungen Köpfe leidenschaftlich erregte, theilnahm, war es nur, um ihn zum

Ausgangspunkt seiner Witzeleien zu benützen. Bei aller Hochschätzung der Bildung, über die er unvergleichlich schön und wahr zu sprechen wußte, blieb er sein Leben lang eigentlich ungebildet, weil er sich nicht entschließen konnte, etwas gründlich zu lernen. Bald schämte er sich dessen, bald prahlte er damit, und wo ihm nicht ein genialer, überlegener Geist entgegentrat, rächte er sich gern durch Witz und Hohn an der Gelehrsamkeit, der er sich nicht hatte bemächtigen können. Wenn er in späteren Jahren sagte, ein Tropfen Weihwasser, den ein altes Mütterchen im frommem Glauben beim Eintritt in die Kirche nehme, sei ihm lieber als die ganze Schelling'sche Philosophie, so klang darin, neben der neu errungenen katholischen Geistesdemuth, der alte gehässige Neid auf Bildung und Wissen nach. Je älter er wurde, desto klarer sah er ein, was ihm fehlte. „Ich armer Teufel" schrieb er einmal an Görres, „fühle jetzt mehr als sonst, daß ich ohne Logik und Fassung, voll Einfälle bin, die oft nicht Stich halten, aber stechen (Hund voll Flöhe)." Aber auch schon in früher Jugend, wenn er auch nicht an sich selbst arbeitete, suchte er doch die jüngere Schwester Bettine an der er mit Schrecken dieselbe Art erkannte, auf die Ge= fahren derselben aufmerksam zu machen.

Bettine, die viel mehr Selbstbewußtsein hatte als ihr Bruder, empfand vieles als Reiz und Kraft an sich, was ihm mehr zur Pein und zum Selbstvorwurf wurde. Wenn sie sagt, sie könne sich keiner gründlichen Beschäftigung hin= geben, weil es sie bald hierhin, bald dorthin locke, weil es bald vor, bald hinter ihr flüstre und Stimmen in der Luft durcheinander gingen, die sie riefen, war sie augenscheinlich stolz auf diese allerdings nur feineren Naturen eigene Reiz= barkeit. Mitunter aber brachen ihre Klagen über die inner= liche Zerstreutheit rührend hervor.

„Eben weil kein Bestand in mir ist" schrieb sie an Clemens, „weil ich von so manchem ein profundes Gefühl habe und dennoch ein Spielball der Zerstreuung bin, die ganz gehaltlos ist, das fühl' ich, das quält mich, davon möcht ich gesunden und weiß nicht wie." Namentlich vor den klaren, ruhigen Augen der Günderode, die ihr bis auf den Grund sahen, wagte sie ihre Gaukeleien seltener und gab zu: „Du hast Recht, ein muthwilliger Wind jagt meine Gedanken wie Spreu aus einander, ich werde fortgerissen von einem zum andern von meiner Zerstreutheit, dann ist's so nüchtern in mir und beschämend öde, wenn ich mich sammeln will." Wollten aber die guten, redlich meinenden Freunde ihr helfen zu gesunden, wonach sie selbst verlangte, empörte sich bald die Eitelkeit, bald die Trägheit dagegen Plötzlich von der Angst erfaßt, Bettine möchte nie „zu sich selbst kommen", verbündete sich Clemens mit der Günderode, um sie zur Besonnenheit zu bringen.

Das Mittel, das sie ihr zu diesem Zweck immer wieder anriethen, war Arbeit, den Geist sammeln und fest auf einen Gegenstand richten, wie um ihm dadurch Gelegenheit zu geben, sich zu verdichten. Von jeher hatten wohlmeinende Leute in dieser Richtung auf sie einzuwirken versucht. Ihre Großmutter, die alte Frau de la Roche, stammte aus einer Zeit, wo man dem bewußt wollenden Geiste alles zutraute und die ganze Bildung auf ihn stellte. Sie richtete auch jetzt noch ein aufmerksames Auge in die Außenwelt, verfolgte die Zeitereignisse und wirkte in ihrer Art an der Kultur- arbeit mit, indem sie zum Beispiel Musterkartoffeln züchtete, wozu ihr von allen Enden der Welt Proben geschickt wurden und über deren Ertrag genau Buch geführt wurde. Bettine hörte zwar gern zu, wenn die Großmutter von der fran- zösischen Revolution sprach, was die Phantasie angenehm

erregte, ohne den Verstand anzustrengen, als aber die alte
Dame von ihr verlangte, sie möchte Latein lernen, widersetzte
sie sich. Trotz alles Zuredens blieb sie dabei, sie könne
sich's nicht zu leid thun: „ich habe ja nicht eine Vernunft,
der ich folge, ich bin ja ein elektrischer Funke und in's
Latein kann ich nicht hineinfahren." Schiller's Aesthetik, die
ein Freund der Großmutter ihr gab, damit sie ihren Geist
bilde, schleuderte sie erschrocken von sich im Gefühl, es
möchte ihr schaden. Flehentlich beinah erhob Clemens seine
Stimme in dem Chor der Warner. „Sei fleißig" schrieb
er, „und mache, daß dir das bürgerlich Mechanische im
Leben nicht verächtlich wird, es ist die Quelle von viel
Geistigem." Die Zeit solle ihr getheilt in unschuldigem
Genuß und ernstem, seelenvollen Geschäft hingehen; sie solle
ein recht lebendiges Interesse an allen Dingen fassen und in
das, was sie lerne, tief eindringen, nicht oberflächlich sein; er
klagt bitterlich, das auf das gerührte Gefühl des Erweckt=
seins in ihr keine Arbeit, kein Streben folge: „ach lerne,
arbeite, was es auch sei!" Dergleichen Zumuthungen ver=
lachte Bettine entweder als eine „große Philosterglosse",
oder sie sprach in ein paar hübschen Bildern von ihrer
elementaren Unbändigkeit und Naturwildheit, daß Clemens
überwältigt ausrief: „ach, was brauchst du zu lernen, wenn
du so lieb bist beim Nichtlernen!" oder sie wies ihn mit
solcher Härte zurück, daß er für eine Weile verstummte. Der
Günderode gegenüber halfen ihr alle Ausflüchte nichts, denn
diese, anstatt sich blenden zu lassen, entgegnete, sie könne
nicht genug der Lügen aufbringen, um ihre phantastischen
Abweichungen zu unterstützen. Die Günderode setzte es
denn auch durch, daß Bettine Geschichtsunterricht nahm, ein
Studium, das ja für Menschen, die phantasievoll, aber zu
strenger, logischer Denkarbeit nicht geneigt sind, in der Regel

anziehend ist. Es scheint, daß der Lehrer, den Bettine so
launig und treffend zu parodiren wußte, seiner Aufgabe in
der That nicht gewachsen war; andrerseits kann man seine
Forderung, der freie aufgeweckte Mensch solle mit vollem
Interesse dabei sein, nur berechtigt finden und begreift, daß
er es mit ihr nicht aushalten konnte, die eben noch nicht
ganz aufgewacht war und es auch durchaus nicht sein wollte.
Karoline lächelte zwar darüber, daß es Bettine vorkam, wenn der
Lehrer seinen Mund aufthat, als sähe sie in einen un-
absehbaren Schlund, der die Mammuthsknochen der Vergangenheit ausspiee, aber sie ermahnte die Freundin doch
ernstlich, noch eine Weile anzuharren, ja versuchte sogar ihr
brieflich den Stoff interessanter zu machen, indem sie ihn
mit allgemeinen Anschauungen und Folgerungen belebte.
Als Bettine, um nur der Geschichte zu entgehen, sich mit
phantastischer Begeisterung auf den Contrapunkt warf, ließ
die Günderode sich durch den „enharmonischen Schwindel",
den Bettine ihr vorzauberte, keineswegs blenden, sondern
schrieb ihr: „Wenn's nur nicht bald einmal aus sein wird
mit der Musik wie mit dem Sprachstudium, und dies alles
als erstarrte Grille in dein Dasein hineinragt, wo du vor
Hochmuth nicht mehr auf ebenem Boden wirst gehen
können, ohne jeden Augenblick einen Purzelbaum wider
Willen zu machen." Man muß an diese Weissagung denken,
wenn Jahre später Clemens, nachdem er sie als Frau
v. Arnim in Berlin besucht hatte, von ihrem „heftigen
Kunsttreiben" erzählt, wie sie mit „stetem Reden, Singen, Ur-
theilen, Scherzen, Fühlen, Helfen, Bilden, Zeichnen, Model-
liren alles in Beschlag nehme und in Taschenspielerfertig=
keit sich alle und jede platte Umgebung zurecht gewaltthätige,
um das Gemeine als Modell zum Höheren in irgend einen
Akt zu stellen und das Ungemeine sich gesellig bequem zu

machen", das alles auf einem geheimen Hintergrund des Nichtgenügenden."

Später, als sie schon über zwanzig Jahre alt war, wollte Tieck sie einmal Englisch lehren, wurde dabei aber ungeduldig über ihre absurden Fragen und daß sie nie die Antwort verstehe. „Ich auch bin verwundert; denn ich hab' mit den Leuten geglaubt, ich sei sehr klug, wo nicht gar ein Genie, und nun stoße ich auf solche Untiefen, wo gar kein Grund zu erfassen ist, nämlich der Lerngrund, und ich muß erstaunt bekennen, daß ich in meinem Leben nichts gelernt habe." Man hört durchklingen, daß sie das doch eigentlich für ein Zeichen von Genialität ansieht, ganz im Gegensatz zu den älteren Romantikern, die in der Ausbildung der genialen Anlagen einen wesentlichen Theil der Künstlerschaft sahen.

Ebenso sanft, schön und klug wie die Günderode Bettine zu erziehen suchte, mahnte später Sophie Mereau Clemens: „Gebrauchen Sie die einfachsten, natürlichen Mittel, den Dämon namenloser Unruhe zu verbannen, der in Ihnen, nicht außer Ihnen wohnt. Sie haben viel Talente; aber viel Talente ohne Willenskraft gleichen einem zarten, blüthenbeladenen Zweig ohne Stütze, den seine Zierde selbst nur tiefer herabzieht. Suchen Sie durch einfache Beschäftigung, Arbeit, körperliche Anstrengung ruhiger zu werden; aber ernstlich und ausdauernd." Es handelte sich bei beiden Geschwistern aber weit weniger um Nichtwollen als Nichtkönnen. „Wenn ich nur Fassungskraft habe" ruft Bettine aus, „denn gewiß, Feuer hab ich!" Wollte doch Arnim scherzweise die ganze Familie Brentano aus der Verbindung von Feuer und Magnetismus construiren. Bettine läßt sich häufig über ihr Nichtlernenkönnen aus; den inneren Genius fragen und von ihm die Antwort erwarten, das war nach

ihrer Ansicht die einzige Art etwas Wissenswürdiges zu er=
fahren. In ein Gefäß, aus dem immerwährend etwas
herausströmt, läßt sich eben nichts hineingießen. Nicht einmal
zuhören konnten sie; wenn Savigny im Familienkreise vorlas,
konnte Bettine es nicht lassen, obwohl sie wußte, daß es
ihn ärgerte, ihre Unaufmerksamkeit nicht sowohl zu verrathen
als möglichst zur Schau zu tragen, und wenn Savigny von
Clemens sagte, er schließe seine Freunde mehr zu als daß er
sie sich öffne, beruht das auf dem Gefühl, daß sie sich des
Andrangs seiner Mittheilung beständig zu erwehren hatten,
nie aber bei ihm einen Zugang für die ihrige fanden. Infolgedessen war es schwer, ein eigentliches Gespräch mit
ihnen zu führen. „Ich kann aber nicht disputiren" sagte
Bettine, als ihr hochmüthige Ungeduld in der Unterhaltung
vorgeworfen wurde, „ich muß mich nur todtärgern, bis der
Kerl fertig ist, wo ich gleich bei der ersten hölzernen Redensart
als schon außer mir komme, ich kann auf nichts acht geben."
Ebenso sagte Clemens von sich, daß er im Gespräch eine
Neigung habe, aus Ungeduld bizarr zu werden.

Beide, wenn sie nicht glänzen und stark auf andere
wirken konnten, verstummten gänzlich, wie Bettine auf dem
Balle, wo sie nicht sogleich genügend beachtet wurde und
den sie infolgedessen von Anfang bis zu Ende verschlief.

Denken, das war die einzige Geistesarbeit, die sie gern
leisteten, im Denken fühlten sie sich recht eigentlich heimisch.
Clemens nannte es die Heimath der Seele, ein Schöpfen
aus dem Quell des Vertrauens und der Weisheit in der
Region des innersten Daseins, die einzige Vermittlung mit
dem Göttlichen. „Es stellt sich gleich einer Säulenreihe
um dich auf und ein Tempel wölbt sich über dir und dein
Gedanke durchduftet ihn." Worauf Bettine ebenso schön
antwortet: „Denken beseelt, alle Wesen färben sich im

Gedankenlichte. Und wäre Denken nicht, so würde kein Wesen mehr beseelt sein, und die Schöpfung würde stumm in sich versinken."

Aber handelte es sich bei ihnen um eigentliches Denken? Da doch eine Verwandte Bettinen's Narrheit mit ihrem gänzlichen Mangel an historischem Sinn und an Logik beweisen wollte! Im Denken ist der Geist thätig, aber was jene beiden Denken nannten, war etwas leidendes: sie ließen eine Reihe von Vorstellungsbildern, die rastlos wie in einer Laterna magica einander folgten, an ihrem inneren Auge vorüberziehen und sich davon überwältigen. Das war so sehr der Fall, daß Bettine traurig wurde, als ihr Musiklehrer Hoffmann ihr sagte, sie werde des Komponirens schon Meister werden: ich mag nicht Meister werden, klagte sie, ich will mich bemeistern lassen von diesen Musikfluthen. „Du kommst mir immer vor", schrieb ihr die Günderode, „als entlüden sich elektrische Wolken über deinem verschlafenen Haupt in die träge Luft, der Blitz fährt dir in die gesunkene Wimper, erhellt deinen eigenen Traum, durchkreuzt ihn mit Begeisterung, die du laut aussprichst, ohne zu wissen, was du sagst, und schläfst wetter. Ja, so ist's. Denn deine Neugierde müßte auf's höchste gespannt sein auf alles, was dir dein Genius sagt, trotzdem daß du ihn oft nicht zu verstehen wagst. Denn du bist feige — seine Eingebungen fordern dich auf zum Denken; das willst du nicht, du willst nicht geweckt sein, du willst schlafen."

Clemens gestand in späteren Jahren selbst ein, daß er sein Leben lang beständig reflektirt habe, aber der Gegenstand seiner Reflexion sei immer nur er selbst gewesen.

Was als Denkschärfe bei ihnen erscheint, war mehr eine innerliche Sehschärfe; eine außerordentliche Stärke und

Helligkeit des Bewußtseins. Bettine, die eine so feine Ueberseßerin der Natur in Geist war, von ihren zartesten Fühlfäden berührt wurde und die Berührung in menschlicher Sprache wiedergeben konnte, sagte, daß alle Menschen die Natur ebenso empfänden wie sie, der Unterschied sei nur, daß die andern es nicht wüßten, während sie bewußt sei. Ein andermal verglich sie ihr Bewußtsein einem Gesange ihrer Seele, dem sie mit Vergnügen lausche oder sie faßte es als den Genius, mit dem sie Zwiesprache hielt. Das „Denken" strömt und drängt desto ungeberdiger heraus, wenn etwas ihm entgegen, hinein strebt. Man kann das Buch oder die Rede des andern nicht in sich aufnehmen, weil das erste Wort schon eine Menge von Einfällen erregt, die ihrerseits ausgesprochen und aufgenommen werden wollen.

Wir haben also überwiegenden Produktionstrieb, wie Schelling das ausdrückt, und welchen er mit einem Strome verglich, der, wenn ein Produkt entstehen solle, gehemmt werden müsse. Nur wer beides, produktiv und receptiv ist, kann ein schaffender Künstler sein. Bereits die ersten Romantiker klagten, wovon ich viele Beispiele gegeben habe, über das rastlose Strömen und Treiben in ihrem Innern. Mit dem klaren Bewußtsein ihrer inneren Zustände, das alle ihre Aeußerungen psychologisch so interessant macht, sah Bettine als ganz junges Mädchen ein, daß die Melancholie, an der sie oft litt, aus der Quelle des inneren Lebensdranges fließe, der sich nirgends ergießen könne.

Clemens braucht gelegentlich in einem Novellenfragment das Bild des Strahls, der keine Ruhe findet, bis er dem Spiegel begegnet, der ihn aufnimmt und zurückwirft, gewissermaßen zum Bewußtsein bringt.

„O du lieber Freund, wie sehr vermissest du ein Weib.

das, gleich einem reinen Spiegel, dein herrliches Leben auffängt und dir wiedergiebt. Auch mir war es oft, ehe ich
meine gute Hausfrau kannte, als wäre ich ganz vergebens
da; ich floß gleichsam wie ein unendlicher Strahl, den nichts
umarmt, ohne allen Widerstand in das weite Leben hinein,
und wußte nichts von mir noch von der Welt. Nur ein
undeutliches geheimes Sehnen regte sich in meiner Brust
und setzte mich in die Empfindung eines Flüchtigen von
Haus und Hof der Schöpfung, der nirgends einen Ruhe-
punkt findet. Als sie aber mit ihrem hellen Auge mich
anblickte, da hatte sich der liebende Strahl in dem schönsten
Spiegel des Lebens gebrochen und sank mit den buntesten,
freundlichsten Farben der Natur in sich selbst zurück. Ich
fühlte mich und wußte, daß ich lebte; ich konnte mich und
die Welt erkennen, und es war aus mir ein schöner Stern
hervorgestiegen, der ruhig, vom weiten blauen Himmel der
Liebe herab, das Getümmel der Welt anblickte." Daß die
Liebe und nur die Liebe die im eigenen Organismus fehlende
Sammlung ersetzen könne, wird als selbstverständlich gefühlt,
wie auch die älteren Romantiker als den Zielpunkt aller
aus dieser Quelle fließenden Leiden den Besitz eines Weibes
hingestellt hatten, sei es in guten Treuen oder mit bitterer
Ironie. Clemens und Bettine waren ihr Leben lang auf der
Suche nach Ruhegebern und Beschwichtigern, wie verirrte
Quellen rieselten sie drangvoll über Stock und Stein, einen
See oder ein Meer zu finden, das sie aufnähme und in
sich faßte.

Zuerst wendeten sie sich hilfesuchend gegen einander und
gossen sich in Briefen einer gegen den andern aus, aber sie
konnten sich wahre Befriedigung nur geben, solange sie
mühsam eine willkürliche Täuschung über einander aufrecht
hielten. Viel geeigneter fand Bettine ihre um einige Jahre

ältere Freundin Karoline v. Günderode, die „mit der sanften
Würde ihres dichterischen Standpunkts" ruhig gesammelt und
freundlich gerecht auf alle Dinge um sich her sah und auch
auf die junge Seele, die vor ihren Augen schimmernde
Pfauenräder schlug, gern aufmerkte und sie bewunderte.
Das vornehm zurückhaltende, zaghafte Mädchen mit der
fließenden Gestalt und dem sanften, girrenden Lachen war
der vollkommenste Gegensatz zu der kecken, knabenhaften,
dunkeläugigen Bettine, die sich suchend und zuversichtlich
den Menschen entgegendrängte. Harmonischer und der Er-
gänzung von außen weniger bedürfend, gab sie sich willig
dazu her, Bettinen als Spiegel zu dienen; „ich bin zufrieden", schrieb sie ihr, „daß du mich zum Kerbholz deiner
heimlichen Seligkeiten machst; ich möchte dir immer stillhalten, so anmuthig fühle ich mich bemalt und beschrieben
von deinen Erlebnissen." Ihre eigenen Briefe hielt sie meist
kurz, im Gefühl jedenfalls, daß ihre Aufgabe im Zuhören
bestand; sie sind einem freundlichen Kopfnicken zu vergleichen,
das anzeigt, man habe verstanden, und ermuntert fort-
zufahren.

Nach dem Tode der unglücklichen Günderode fand
Bettine Ersatz in Goethe's Mutter, die sich schon durch ihr
Alter vorzüglich zur Freundin für sie eignete.

Goethe's Mutter, eine geniale Frau, die von jeher ein
zur Anschauung der Welt offenes Auge gehabt, dazu
im Alter noch Feuer hatte, war das Ideal einer Freundin
der mittheilsamen Jugend; sie ihrerseits war gerührt, daß
die junge Bettine den Umgang mit einer alten Dame jedem
andern vorzog, denn sie ahnte wohl kaum, daß ein williges
und verständnißvolles Auffassen dessen, was nicht in unmittelbarer Beziehung zu einem selbst steht, so selten, eigentlich
nur bei harmonischen oder genial veranlagten Personen oder

bei Gretsen sich findet. Hieraus erklärt sich, warum Clemens
und Bettine die Größten mit seinem Spürsinn herausfanden
und für sich in Anspruch nahmen, andererseits aber auch
mit den einfachsten und niedrigsten Menschen vorlieb nahmen,
wenn diese durch Alter, Wesensbeschaffenschaft, oder Lebens=
stellung, die ein Selbsthervortreten verbot, sich zum Publikum
eigneten; warum sie gegen den Durchschnittsmenschen von
äußerster Unduldsamkeit waren, von ähnlich gearteten aber
sich mit instinktivem Widerwillen abwandten. „Die stillen
Leute sind doch die größten“, sagte Clemens: „Das Große
ist still und fest, es schallt nicht in jedem Winde, es klingt
wenn man anschlägt.“

Für Bettine war Frau Rath die Vorstufe zu dem
Allergrößten, nach dem sie schon seit geraumer Zeit ahnungsvoll hintappte: willig knüpfte die Greisin eine Berührung
an zwischen ihrem Sohne und dem interessanten jungen
Wildfang, der sich so stürmisch hingab und als Kind einer
Jugendbekannten ein gewisses Anrecht auf Theilnahme hatte.
Jetzt glaubte die kleine Quelle das Meer, das wirkliche
große Weltmeer, die Endstation ihrer Wanderungen gefunden zu haben und stürzte sich mit voller Wucht und
jubelndem Entzücken hinein. Es ist begreiflich, daß Goethe,
das Meer, von dieser für Bettine außerordentlichen Kraft-
anstrengung nur mäßig erschüttert wurde, wenn er auch,
wie jeder andere, seinen Umfang gern erweitert sah, sei es
auch nur um wenige Tropfen. Ließ er sich auch bei persönlicher Begegnung gern von ihrer jugendlichen Gluth um=
schmeicheln, im Grunde war ihm die „wunderliche Heilige“
doch viel zu unharmonisch und ungeordnet; seine Antworten
auf ihre unaufhaltsamen, nicht enden wollenden Ergüsse
haben eine charakteristische Aehnlichkeit mit denen der Günderode, insofern er sich auch auf Stillhalten und hie und da

ein beifälliges Kopfnicken beschränkte, nur daß es naturgemäß steifer und erhabener ausfiel als das der jungen
Freundin. Zuweilen, wenn das anbrandende Wellchen all-
zukühn wurde, wies er es auch wohl mit einer olympischen
Geberde in seine Schranken zurück; ihre grenzenlose Demuth
und Unterwürfigkeit wechselte nämlich oft mit Uebermuth
und anmaßendem Siegesbewußtsein, das in einem so jungen
Mädchen dem berühmten Goethe gegenüber lächerlich oder
abstoßend erscheinen müßte, wenn man es nicht als Folge
eines einseitig angelegten Wesens erkennte, in dem die
reißende Fluth des Begehrens keinen regelnden Damm findet.
Auch Clemens schwankte beständig zwischen maßloser Selbst=
erniederung und rasender Selbstüberhebung, je nachdem der
innere Strom im Fluthen oder Ebben war und dadurch das Gefühl überschwänglicher Kraft oder hilfloser Ohnmacht erregte.

Für Clemens war es nicht so leicht wie für Bettine
ein Meer zu finden, in das er sich ergießen konnte; denn
einen weiblichen Goethe gab es nicht. Hätte es aber auch
einen gegeben, so würden männliche Eitelkeit und Sinnlich=
keit ein solches Verhältniß, wie zwischen Bettine und ihrem
Halbgott bestand, doch nicht haben aufkommen lassen.
Immerhin brachte ihm in seinen jüngeren Jahren die
Freundschaft Glück, und zwar verdientes, insofern er sicheren
Takt in der Auswahl seiner Freunde besaß und von unbe-
grenzter Anhänglichkeit war, wo er einmal überlegenen
Charakter, verbunden mit Wohlwollen für sich selbst gefunden
hatte. Savigny, der später berühmte Jurist, imponirte ihm
und ärgerte ihn zugleich durch seine unerschütterliche Ruhe
und seinen zielbewußten Fleiß. „Ich dachte, hier“ schrieb
er an Bettine, als er mit ihm zusammen auf einer Rheinreise war, „wo seine Studirmaschine nicht fortwährend im
Gange ist, würde endlich einmal sein Inneres zu Worte

kommen; doch stumm wie immer, marschirt er neben mir
die Natur auf und ab, und das verdirbt mir alles Genießen."

Die Freundschaft mit Görres, den Clemens in Heidelberg als verheiratheten Mann kennen lernte, dauerte bis
an's Ende; beide waren Katholiken, beide Rheinländer, und
dadurch natürlich verbunden. Aber auch Görres betrachtete
Clemens nicht wie einen andern Mann, sondern wie ein
liebes, oft unartiges Kind, nicht einmal sein fanatisches
Religionstreiben nahm er ernst. Immerhin waren die Beziehungen zu dem harmonischen, heitern, selbstsichern Manne
die reinsten und beglückendsten, die Clemens hatte.

Eine gewisse Starrheit und Abgeschlossenheit gehörte
dazu, um die Probe der Freundschaft mit Clemens zu bestehen; spürte er, daß irgendwo der Widerstand nachließ,
das Gestein seinem geschäftigen Anschäumen und Nagen
nachgab und bröckelte, drängte er sich übermüthig, zerstörungs-
lustig ein und schätzte nicht nur das Ueberwundene nicht mehr,
sondern goß wohl auch nachsichtslosen Hohn darüber aus.
Auch von Armin wußte er, daß er nicht mit sich spielen
ließ; doch war dieser von Natur zugänglicher und heiterer
als Savigny und dadurch, daß seine Hauptinteressen im
Bereiche der Poesie lagen, stand er Clemens näher, der
denn in der Verherrlichung, ja Vergötterung eines solchen
Freundes keine Grenzen kannte. Beide, Savigny und Arnim,
waren durch und durch norddeutsch: ernste, willensstarke,
in sich gefestigte Männer; es ist merkwürdig, daß sie, die
auf Clemens, indem und trotzdem sie ihn lieb hatten, nicht
ohne ein gewisses wohlwollend mitleidiges Lächeln herab-
sahen, und im späteren Leben auch nur äußerlich mit ihm
verbunden blieben, Schwestern von ihm, und keineswegs
von ihm sehr verschieden geartete, geheirathet haben. Eben

das, was die Liebe am schnellsten und stärksten hervorruft, durchgehende Entgegengesetztheit der Naturen, erschwert das Zustandekommen und Bestehen der Freundschaft.

Die Freundschaft ließ nun doch bei Clemens einen Rest immer unbefriedigt und es gingen unzählige Liebeleien nebenher, die ihm aber wenig wahres Glück eintrugen. Durch sein empfindliches, beständig Beachtung und Nachsicht heischendes Wesen auf den Verkehr mit Frauen hingewiesen, mußte er sich doch fast nie in ein gutes, würdiges Verhältniß mit ihnen zu setzen. „Ich bin in meinem Leben", schrieb er in späteren Jahren, „nur drei Frauen begegnet, in deren Nähe die Furien ihren Gepeinigten verließen." Die eine von diesen war jedenfalls die Frau seines ältesten Bruders, Antonie, die durch ihre fast mütterliche Stellung zu ihm wie durch ihr edel harmonisches Wesen jede Einmischung der Sinnlichkeit verbot; als zweite mag er an seine eigene Frau, Sophie Mereau, gedacht haben und schließlich an Louise Hensel, die, sei es nach gemachten Erfahrungen, sei es durch natürliche Anlage, jede andere als rein freundschaftliche Annäherung von Männern zurückwies. Wehe aber solchen Frauen, die durch Schwäche die Triebe seiner hitzigen Natur freiwerden ließen. Mit der Sinnlichkeit wuchsen in ihm Grausamkeit, Zerstörungslust und jede feindselige Gewalt, und kam noch gekränkte Eitelkeit hinzu, konnte er sich dann so bösartig benehmen, wie jenem armen Mädchen gegenüber, das ihn, um einen begüterten Mann zu heirathen, verlassen und in der Ehe kein Glück gefunden hatte; obgleich er sie zu einer Zeit wiedersah, wo er selbst das schönste Liebesglück seines Lebens genoß, ruhte er nicht, bis er ihr die Größe ihres Elends recht zum Bewußtsein gebracht hatte und sie in Thränen ausbrach, worauf er sich zufrieden und so recht im Innern vergnügt zurückzog.

Andere dagegen, die immer in überlegener Zurückhaltung blieben, konnten, sogar wenn er ihnen vergebliche Huldigungen dargebracht hatte, gute Beziehungen zu ihm erhalten, so die Günderode; sie fühlte sich durch den schwülen Gifthauch seiner kranken Seele peinlich berührt und hielt ihn, bei aller Gerechtigkeit, die sie ihm milde widerfahren ließ, in heilsamer Entfernung. Den Lebensbalsam, den er für andere habe, verglich sie einem feinen, geistigen Oel in einem verschlossenen Gefäße: nur wenig verbreitet erquicke und belebe es, ganz geöffnet sei es tödlich und verzehre sich selbst.

Auch Bettine hatte neben ihren Göttern noch allerlei Fetische und Puppen; denn jene waren meist entfernt und ihre hohe Unzugänglichkeit ließ geringeren Geistern in mancher Abstufung Raum. Zu den höheren gehörten zum Beispiel Tieck und Jakobi, die vorübergehend eine Art Stellvertreterschaft Goethe's übernehmen mußten und bekränzt und angebetet wurden, allerdings auch nach Belieben wieder abgesetzt und ausgelacht, wie es ihrer Götzenrolle entsprach. Während sie aber für die Hauptschwärmereien so hoch wie möglich griff, war ihr zum Tändeln jeder recht: der Gärtnerbursche, der Bischof, der Tischnachbar in Gesellschaft, die Studentenschaar, die an ihrem Fenster zufällig vorüberzog, kurz alle, diejenigen ausgenommen, die für ihre Eigenart ganz unempfänglich waren oder sich davon abgestoßen fühlten. Diese suchte sie durch paradoxe Behauptungen und ungewöhnliches Betragen in Staunen, Schrecken oder Unwillen zu setzen, wie den Naturforscher Ebel, der bei einem Gewitter aus dem Wagen sprang, um nicht in ihrer elektrischen Nähe zu bleiben; denn einfach zu sein oder sich unauffällig im Hintergrunde zu halten war ihr unmöglich. Clemens ermahnte sie häufig, nichts zu affektiren; namentlich wenn ihn die Verwandten auf ihre Wunderlichkeiten aufmerksam machten, ihm wohl auch vorwarfen, daß er sie in diesem Wesen bestärke, gingen ihm plötzlich die Augen auf, und da er selbst, wie alle zerrissenen Männer, an den Frauen nichts mehr verabscheute als Ueberspanntheit und nichts mehr liebte als ruhige, schlichte Liebenswürdigkeit, wurde ihm bange um die Schwester, die er, um sein eigenes Ideal aus ihr zu bilden, wie die Günderode sagte, in einer Richtung bestärkt hatte, die sie den guten und vernünftigen Menschen nur entfremden konnte. „Noch eins," schrieb er dann weise ermahnend, was Bettine allerdings gerade von ihm lächerlich und anmaßend vorkommen mochte, „hüte dich sehr, aufzufallen, sei oder scheine stets in der Gesellschaft lieber dumm als vorlaut und mit den Händeklatschen der Thoren belohnt, es verführt zu einer miserablen Selbst-gefälligkeit, die alle Fortschritte auch bei dem besten Willen tödtet, und kannst du es nicht bis dahin bringen, so ver-meide lieber die Menschen, denn es ist entsetzlicher, von gemeinen Menschen für genialisch als für einen Narren gehalten zu werden, am besten aber für einen guten ruhigen Menschen." Beide, wenn sie sich auch wie Verliebte gegen einander geberdeten, bezweifelten im Grunde doch, ob sie Liebe erwecken und einen Mann, beziehungsweise eine Frau würden wahrhaft beglücken können. „Ich würde zagen," schreibt Bettine an Clemens, als er sich verlobt hatte. „wenn ein wonneträumender Trunkener vor mir stände und wollte mich fragen: willst du mich glücklich machen?" und Clemens zweifelt, ob es möglich sein werde „auf einem solchen Parterre des Witzes und des Extraordinairen (wie sich bei Bettinen findet) einen freundlich häuslichen Garten anzulegen, wo jeder gern sein möchte". Trotzdem waren sie eifersüchtig auf einander, und nahmen ein Aergerniß an den kleinen Liebeleien, die sie anzettelten, was freilich auch

darauf beruht, daß sie sich zu gut kannten, um nicht über
einander zu erröthen, wenn sie sich auf dieser Schwäche
ihrer Natur ertappten. Mit Clemens Verheirathung hatte
das geschwisterliche Verhältniß in seiner oft nur zu absicht-
lichen Innigkeit ein Ende: er hatte einen andern Spiegel
gefunden, einen weit stilleren, klareren und liebevolleren,
und bekränzte jetzt dankbar diesen mit allem Zierrat seiner
Phantasie, und sie beschaute sich nicht gern mehr in Augen,
die zum größten Theil von einem andern Bilde ausgefüllt
waren. Im Grunde hatten sie, einander zu wesensähnlich,
sich niemals viel sein können; mit Clemens, schreibt Bettine
an die Günderode, könne sie sich nicht geben wie sie wirklich
sei: „er kann nicht vertragen, daß ich mich ausströme“.
Die elementare Gewalt, mit der sie sich wie zwei gleichartige Pole abstießen, verrieth sich beständig. Tadelte eins
das andere, brauste namentlich Bettine in leidenschaftlicher
Entrüstung auf, und die Sprache, die sie dann gegen den
Bruder führte, scheint mehr vom Haß als von der Liebe
eingegeben zu sein.

Da die Receptivität das wesentlich Weibliche im Menschen
ist, wird eine Frau, der diese Eigenschaft mangelt, immer
den Eindruck des Unweiblichen machen. So wollte man
auch Bettine „nicht für ein ächtes Mädchen gelten lassen,“
und alles Interesse, daß sie bei Männern erregte, alle die
Liebeleien, hatten nie den Charakter der Liebe, wie der
Mann sie für die Frau empfindet.

Das Wesen des Mannes, der ja der eigentliche Mensch
sein will, wird nun aber durch das Fehlen oder die mindere
Ausbildung der receptiven Seite ebenso gestört wie das der
Frau, wenigstens nach germanischer Anschauungsweise. Eben
wegen der überwiegenden Produktivität erscheint uns der
Südländer, Italiener oder Franzose, bald kindlich, bald

dämonisch. „Du bist ein Dämon! Du bist wunderlich, du bist ein Geist, kein Mensch!" sagte Sophie einmal zu Clemens. Ebensoviel an Bettine das Wunderliche, Dämonische, Geisthafte auf; man wird an Kobolde, an die neckischen Wesen mit dem Fischschwanz erinnert.

Diese Dämonen haben der Sage nach keine unsterbliche Seele. Das Fehlen eines Mittelpunktes, einer Sammelstelle ist eigentlich nur ein anderer Ausdruck für das vorher Gesagte. Seele entsteht erst mit der Besonnenheit. Die Zerstreutheit, über die Bettine so viel klagte, ist, wie auch das Wort sagt, nichts anderes als das Fehlen eines be=herrschenden Mittelpunktes. „Ich will alles thun, dich wieder zu dir selbst zu bringen" schrieb Franz Brentano an Clemens und dieser seinerseits war, wie wir gesehen haben, besorgt, Bettine möchte „nie zu sich selbst kommen". Die Günde=rode sagte von Bettine, es lasse sich nicht thun, ihren brausenden Geist „wie Most zu keltern und auf Krüge zu füllen, daß es klarer, trinkbarer Wein werde," und der spätere Cardinal Melchior Diepenbrock verglich Clemens mit Most, den man nicht täglich trinken könne; zu seiner Weingährung und Klärung ließe er es aber nicht kommen. Sein Inneres war ein wogender, sich ewig drehender Seelennebel, aus dem das Ich, der feste Kern, der den ganzen Menschen regiert hätte, sich noch nicht herausgebildet hatte. Die Günderode sprach deshalb mit Recht von den vielen Seelen, die Clemens hätte, und Bettine nannte diese Seelen Kobolde, die ihm oft selber einen Streich spielten. Keiner erkannte das besser als Clemens selbst: sein Kopf, sagte er einmal, sei eine Summe von vielerlei Naturen, wo er oft ein sehr gemischtes Publikum ertappe.

Oft wenn er im Gespräch mit einer koketten Weltdame, vor der er glänzen möchte, bizarre, witzige Aeußerungen

thut: „ich sage, ich schaute oft, ja schaue immer, durch
solche Rede, die der Zweite einstweilen in mir hält, quer
durch in eine Wüste, wo ich auf die Kniee niedersinke und
laß eine arme, elende, sündige Kreatur Jesum um Erbarmen
anflehe". Oder er überläßt seine Worte „ihrer inneren
lebendigen Selbständigkeit, und die Rede wirthschaftet dann
auf ihre eigene Hand, munter drauf los, während meine
Seele in der Angst, Trauer und Sehnsucht liegt". Mäuse,
Raubthiere, Diebe, Buhler, Flüchtende nennt er einmal die
Worte, die ihm mit seinen Empfindungen aus dem Maule
laufen. Es ist wunderbar, wie übereinstimmend die Freunde
von Clemens, wenn sie sein Wesen charakterisiren wollen,
es als Besessenheit bezeichnen. Nicht nur Dorothea Schlegel,
die ihn nicht sonderlich liebte, sagte, er sei von einem bösen
Geiste besessen, der alle seine schönen Gaben oft mit einer
plötzlichen Grimasse vernichte, auch Arnim schrieb hin: „das
kam von deinem Dämon, der dich damals besetzt hielt!"
und Görres sprach von dem bösen Feind, den er im Leibe
habe, und der von Zeit zu Zeit den Herrn im Hause spiele.
Bettine zwar prahlte gern mit ihrem Selbst, das sich keiner
fremden Leitung hingeben wolle, ja verstieg sich bis zu dem
Ausspruch, Freundschaft sei Brudermord, eine die höchsten
Seelenkräfte verzehrende Schmarotzerpflanze, Heldsein sei
nicht Befreundetsein, alle Gefühle, auch Großmuth und
Mitleid, seien Vampyre, die das Selbstsein des freien Willen
aussögen; aber eben die Angst vor fremdem Einfluß, die
Heftigkeit, mit der sie die Nothwendigkeit, sein Ich durchzu-
reißen, sein Ich zu bleiben betont, beweist, das ein gesichertes,
unumstößliches Ichgefühl noch nicht vorhanden war. Auch
sie sagt von sich: „Kann ich denn wissen, ob ich nicht vielleicht von einem Geist besessen bin? Und ist Besessensein
nicht vielleicht ein Aufgeben der Individualität?" Nur ist

bei ihr weniger von einem bösen Dämon als von einem
Genius die Rede.

„Eines fehlt uns, liebe Bettine," schrieb Clemens,
„und mir mehr als dir; es ist die Kunst, mit sich selbst
genug zu haben, die müssen wir erlernen". Was er in sich
nicht fand, einen festen Mittelpunkt, der ihm Halt gäbe.
suchte er in anderen; weil er in sich nichts Ruhendes,
Bleibendes hatte, auf das er die wechselnden Erscheinungen
hätte beziehen können. mußte ihm ein anderer sein Ich
leihen, damit er überhaupt wahrnehmen und genießen könne
„Ich kann mich mehr für deinen Eifer für die Dinge als
für die Dinge selbst interessiren", schreibt er an Ringseis;
„es würde mir leid thun, z. B. wenn du dein Vaterland,
weniger liebtest, als wenn Bayern zu Grunde ginge.
Warum in allen Stücken so?" Und ein andermal: „Gott
weiß, ich sehe nur alles im Auge, im Genuß derer, die ich
liebe, und ohne sie ist die Welt mir eine ausgebrannte
Kohle".

Er hänge sich zu sehr an die Menschen. warnte der
ältere Bruder Franz schon den Knaben; und in der That
grenzte seine Art, sich den Menschen, die er liebte, hinzu-
werfen oft an Würdelosigkeit. „Ich weiß nicht, was es ist",
sagte er selbst. „daß ich immer so heftig liebe und so auf
Gnade und Ungnade mich hingeben muß, ob ich gleich ewig
mißtraue." Nicht ohne eine peinliche Empfindung kann
man lesen, was er i. J. 1811 an seinen Schwager Arnim
und seine Schwester schrieb: „Lieber bester Bruder, nimm
dich doch mit deiner Frau meiner ein wenig an. Ich will
mich Eurem Willen ganz unterziehen, ich will Euch nicht
stören, ich will Euch Freude machen auf alle Weise, alles
was Euch Unrecht scheint, will ich vermeiden. Ich will
fleißig sein und Euch meine Arbeit wie ein Pensum mit-

theilen. Nur laßt mich bei Euch bleiben, damit ich mich wieder sammle und auf den Boden des Rechten komme."

Der Mangel des zügelnden Ich führte, sowie nicht ein überlegener Freund da war, bei beiden, sowohl bei Bettine wie bei Clemens, Zuchtlosigkeit hervor, vor der es Clemens von Zeit zu Zeit graute, während Bettine stolz darauf war. Dieser Unterschied hängt auch mit ihrem Geschlecht und den verschiedenen Anforderungen, die man an Mann und Frau stellt, zusammen. Die Erfüllung der täglichen Pflichten, wozu sie von allen Seiten ermahnt wurde, verschmähte sie; reinlich, fleißig oder häuslich sein, wie Franz verlangte, schien ihr etwas armselig Geringes, verglichen mit den gewaltigen Kraftanstrengungen, zu denen sie sich fähig glaubte. „Sehe ich mich um nach meiner Pflicht", antwortete sie Clemens auf sein diesbezügliches Zureden, „so freut mich's recht sehr, daß sie sich aus dem Staub macht vor mir, denn erwischte ich sie, ich würde ihr den Hals herum= drehen".

Die Art, die Clemens an sämmtlichen Gliedern seiner Familie beobachtete und tadelte, leicht von schönen Auf= wallungen hingerissen zu werden, denen kein entsprechendes Thun dauernd folgte, ist durchaus italienisch. Dort för= dert das heiße Blut heroische Thaten, während die Kraft zu täglicher Erfüllung der kleinen, oft mühseligen Pflichten seltener ist. Man muß die italienische Abkunft bedenken, wenn man diesen Heimathlosen gerecht werden will. „Sie ist das wunderlichste Wesen von der Welt" urtheilte Goethe von Bettine, „unglücklich zwischen dem Italienischen und Deutschen hin und her schwebend, ohne Boden fassen zu können."

Auch die Neigung zum Uebertreiben und Lügen ist ein südliches Element. Neben den wahren Propheten tauchen

immer die Lügenpropheten auf, und im Propheten selber
wechseln die echten Offenbarungen mit den erkünstelten.
Wie nah unter sich verwandt Erfinden, Dichten und Lügen
ist, kann man am Kinde am besten beobachten, und auch im
Erwachsenen bleiben diese Geistesvorgänge leicht ungesondert
wo, wie bei den Brentano's kein waches, ordnendes Ich
vorhanden ist, daß jedem seinen Namen gäbe und seinen
Platz anwiese. „Wenn's nur auch wahr ist", antwortete
Frau Rath Goethe auf Bettinen's Schilderung einiger
Kunstwerke, die sie auf einer Rheinreise gesehen hatte, „denn
in solchen Stücken kann man dir nicht wenig genug trauen.
Du hast mir ja schon manchmal hier auf deinen Schemel
die Unmöglichkeiten vorerzählt, denn wenn du, mit Ehren
zu melden, in's Erfinden geräthst, dann hält dich kein Gebiß
und kein Zaun". Und wie hätte man Clemens für das,
was er sagte, verantwortlich machen können, dem die Worte
wie selbständige Wesen ohne sein Zuthun aus dem Munde
liefen! In verträumten Naturen, wo keine deutliche Grenze
zwischen Phantasie und Wirklichkeit wahrnehmbar ist, nistet
sich Lüge leicht hinein, die noch dazu durch das häufige
Nachdenken über sich selbst, das solche nach Innen lebende
Menschen pflegen, befördert wird. Als Clemens und Bettine
anfingen Briefe miteinander zu wechseln, forderte er die
Schwester zwar selbst auf, alle ihr auffallenden Gedanken
zu Papier zu bringen und empfahl ihr das Briefschreiben
deshalb als wichtig, weil man, indem man zugleich an sich
selber schreibe, mit sich bekannt würde und sich gleichsam
in einen Spiegel schaute; aber er fügte doch warnend hinzu,
es thue eben deshalb die tiefste Wahrheit noth, damit man
nicht über sich selber in Irrthum gerathe. Und nun ist es
peinlich zu sehen, wie sie sich gegenseitig bewachten: „Ach
Clemens, wir wollen recht vertrauend einander schreiben

und nichts weißmachen einander!" oder seine ängstlich
Frage: „Deine Briefe sind ja doch keine Kunstarbeit?
Oder kannst Du sie nur in gewissen Stimmungen hervor=
bringen?"

Wie leicht kann es bei solchem Ineinanderschwimmen
von Phantasie und Wirklichkeit geschehen, daß man erträumte
Thaten sich für gethane anrechnet und stolz ist auf das, was
man sein oder thun möchte, als wäre man es schon oder
hätte es schon gethan. Es kann schließlich, wo ein feuriges
Blut heroische Aufwallungen leicht erzeugt, entsprechende
Leistungen aber nicht folgen, der Mensch dahin gerathen, sich
selbst, sein ganzes Wesen als eine große Lüge zu verab=
scheuen und entweder verlogen werden, um es sich selbst,
oder zur Verstellung geneigt, um es andern zu verbergen,
wenn er nicht eine cynische, verzweifelte Selbstverachtung
zur Schau trägt. Die heroischen Aufwallungen waren bei
Bettine an der Tagesordnung; sie hatte das Gefühl, als
müsse sie die Welt umwenden, so stark, daß sie sich in
Träumen, wie sie erzählt, zuweilen nach dem Scepter umsah,
das Gott für sie hingelegt habe. „In dich hinein", schrieb
ihr die aufrichtige Günderode „bist du nicht selbstthätig,
vielmehr ganz hingegeben bewußtlos, aus dir heraus zer=
fließt alle Wirklichkeit wie Nebel — und doch bist du
immer bereit, unbekümmert alles zu beherrschen". Aber es
kamen doch Augenblicke, wo auch sie es als einen Wider=
spruch empfand, daß sie sich von jugendlichen Verehrern als
Jeanne d'Arc bewundern ließ, daß sie ein Revolutions=
tagebuch führte und mit den darin niedergelegten Um=
wälzungsideen die Großmutter erschreckte, während ihre
wirklich geleisteten Heldenthaten sich auf waghalsiges Klettern,
herausforderndes Benehmen in Gesellschaft und auf der
Straße und Umgang mit mehr oder weniger verpönten

Menschen wie armen Juden, Bettlern, Handwerksleuten beschränkte. „Ich thue meine großen Thaten alle im Traum,“
klagte sie. „Und dies ist, was mich oft erschreckt, daß ich
im Lande der Phantasie mir eine große Rolle auserwählt
habe, die ich zwar ohne Gefahr spiele, die aber nicht die
Wirklichkeit berührt.“

Selbstverständlich liegt in diesem schnellen Funktioniren
des Herzens auch etwas schönes und etwas liebenswerthes,
und das Walten von Dämonen im Menschen verräth sich
nicht allein durch Grimassen, sondern ebenso oft durch
wundervolle Eingebungen. Nicht nur Kranke, sondern
Propheten, Heilige und Pythien sind besessen, und von
jeher hat das Volk in denjenigen ein göttliches Wirken ver-
ehrt, aus denen eine Stimme redete, deren sie selbst nicht
mächtig waren, ja selbst, wenn an Stelle des Weissagens
Wahnsinn oder Raserei trat, noch eine halb ehrfürchtige
Scheu vor dieser fremden, dunkeln Macht bewahrt.

Clemens und Bettine liebten es, schwerfälligere Naturen
durch das Feuerwerk ihres Geistes zu verblüffen; aber auch
der streng Prüfende wird gestehen, daß ihre Einfälle nicht
selten ein offenbarungsvolles Licht auf die Dinge werfen.
Eben das Unsystematische, Sprunghafte ihres Denkens, dem
die Mittelglieder fehlen, so daß es lauter Drucker und
Glanzlichter giebt, machte ihre Aeußerungen im geselligen
Kreise oder in Briefen so reizvoll und anregend. Diese
beiden Menschen, die infolge einer abnormen Anlage im
Leben überall anstießen, ziehen durch ihre Schriften, die sie
hinterlassen haben, unwiderstehlich an. Auch darin ist
Mangel an Sammlung und Concentration, aber über-
schwänglicher Reichthum an Witz und Poesie, Wärme und
ein fein sehendes, ergründendes Auge. „Wer liebt den
Clemens nicht? so wie er einem entgegentritt, wer durch-

schaut alle Menschen, wer geht so tief in dem Auffinden
der Innerlichkeit, und was könnte man ihm sagen, was er
nicht schärfer und wahrer aufgefaßt hätte! Alle Menschen
berührt kaum sein Hauch und sie athmen, als wenn sie auf=
blühen wollten in edlere Begriffe und schönere Handlungen".
So urtheilte die Günderode, die klar wie kein anderer in
sein Wesen hineinsah. Und wer hätte den Unglücklichen
nicht bemitleiden sollen, der der Menschen so sehr bedurfte,
sich ihnen ganz hingab und doch alle Herzen, die sich ihm
freundlich zuneigten, tödtlich kränkte und verwundete, wider
seinen Willen, aber mit Bewußtsein, wirklich wie von einem
bösen Dämon gezwungen. Wen hätte die Innigkeit seiner
Reue, überhaupt seine Warmherzigkeit nicht rühren und ge=
winnen sollen? Kehrte er das Teuflische noch so sehr her=
aus, merkte man doch bald, daß er im Grunde ein sehr
„gutartiger Mephistopheles" war. Auch Bettine war gut=
herzig und nahm sich von frühester Jugend der Unterdrückten
eifrig an; doch urtheilte die Günderode, es sei ihr Thätig=
keitstrieb, der sie bewege, andern zu helfen, eigentlich mit=
leidvoll sei sie nicht. Clemens dagegen, der seine Wohl=
thaten ganz in der Stille wirkte, litt in Wahrheit mit den
Leidenden, ein Unglücklicher erweckte seine Liebe, sei es auch
zum Theil, weil er sich selbst unglücklich und hilflos fühlte.
Er war recht eigentlich ein religiöses Gemüth, durch sein
reizbares Gewissen sowohl wie durch sein Sichabhängig=
fühlen von etwas Höherem. „Ich glaube, daß ihr alle aus
Ostindien stammt," schrieb der junge Arnim an Clemens,
„aus der Brahmanenkaste; denn ihr habt doch alle etwas
Heiliges an euch". Aber die kindliche Frömmigkeit, die
nach Gott dem Vater verlangt, sich in der Welt verirrt
fühlt und voll Inbrunst nach der allgütigen Hand ausblickt,
die ihn in die Lichtung führen soll, hatte keiner wie Clemens.

Hier wurzelte auch alles, was an ihm liebenswerth war und mit seinen Schwächen, Härten und Widersprüchen versöhnte. Wer ihn recht anzufassen wußte, fand in ihm bis zuletzt noch das sehnsüchtige, weiche Kind, dem Frau Rath in's Stammbuch geschrieben hatte:

„Wo dein Himmel ist dein Vaduz,
Ein Land auf Erden ist dir nichts nutz.

Dein Reich ist in den Wolken und nicht von dieser Erde, und so oft es sich mit dieser berührt, wird es Thränen regnen."

Wer weiß, wie viele seiner Tücken und Gehässigkeiten in dem Bemühen entstanden, diese Thränen vor den Menschen zu verbergen, die weichen kindlichen Züge in's Mannhafte zu verstellen. „Darum," sagte er, „sehe ich immer in mich hinein und spreche mir allerlei Wiegenlieder vor, damit das weinende Kind in meinem Herzen endlich schweigt".

Ebenso verhängnißvoll wie für Clemens, daß er immer ein Kind blieb, war es für Bettine, daß sie immer eins bleiben wollte. In dem Gefühl, auf Erden nicht heimisch zu sein, nirgendshin ganz zu passen, rechnete sie sich stolz zu einem andern Kreise von Wesen, in den sie faßte: Kinder, Helden, Greise, Frühlingsgestalten, Liebende, Geister.

Wieder kommen wir auf das Geisterhafte, Nicht-menschliche. Bettine, die lange körperlich unentwickelt blieb und mit 23 Jahren für 13jährig angesehen werden konnte, stellt sich, solange sie jung war, unserer Phantasie als etwas bald kobold-, bald elfenartiges vor. Diese Geschöpfe altern nicht; den Boden des Irdischen nicht berührend, ohne Saft und Kraft zu voller Entwickelung zu haben, überschlagen sie gewissermaßen die Zeit des Reifwerdens und schrumpfen aus übermäßig lang ausgedehnter Jugend plötzlich in's welke Alter zusammen. Peinlich und unheimlich berührt der

Kinderton in dem Briefwechsel Ilius Pamphilius, den
Bettine als alternde Frau mit einem jungen Manne führte.
Sie hatte viele Kinder bekommen und war innerlich doch
nicht Mutter geworden. Die Unfähigkeit des schönen Alt-
werdens ist ein wesentlicher Zug der romantischen Naturen.

„Viele schöne, heitere und rührende Erfahrungen
könnten mir an deiner Seite nicht fehlen," schrieb Clemens
an seinen Bruder Christian, eine Einladung desselben, mit
ihm in Rom zu leben, ablehnend. „Wie bald aber enden
die Feste zwischen Naturen wie wir, die alles auf einmal
geben, auf einmal verschlingen, sich leicht erschöpfen und
ausleeren für einander!" Wie bald auch endet für sie das
Fest des Lebens überhaupt. Bettine schloß daraus, daß ihr
Geist nicht Honig machen wolle, sondern alles gleich selbst
verzehre, daß sie in ein Land des ewigen Frühlings gehöre
Ist dies das Land der Poesie, so haben sich darin allerdings die Heimathlosen Heimathrecht erworben.

G. T. A. Hoffmann.

Heimathlose könnte man die romantischen Menschen auch in Bezug auf ihren Körper nennen, in dem sie sich nicht zu Hause fühlten; die unmittelbare Heimath des Menschen ist ja sein Körper, und ob er sich in dieser Umgebung wohl oder elend fühlt, das entscheidet über sein Heimathsgefühl anf der Erde. Hoffmann konnte mit seinem kleinen, mehr possirlichen als häßlichen Körper nicht zufrieden sein, dem reizbaren, dem das heiße Blut zu einer brennenden Hölle machte, von dem er schon als Jüngling glaubte, er würde ihn nicht lange mehr brauchen können, sondern sich empfehlen, ohne ihn mitzunehmen. Bis aber der Tod ihm den Auszug ermöglichte, half ihm die Kunst wenigstens zeitweilig die unbequeme, drückende Wohnung zu verlassen. Daß er ein großer Künstler nicht war und Meisterwerke nicht schaffen konnte, sah sein scharfer, königsbergischer Verstand wohl ein; denn die Natur, sagte er, habe bei seiner Organisation ein neues Recept versucht, welches aber mißlungen sei, indem dem überreizbaren Gemüth, der bis zur zerstörenden Flamme aufglühenden Phantasie zu wenig Phlegma beigemischt und so das Gleichgewicht zerstört worden sei, dessen der Künstler durchaus bedürfe. Besonnenheit, Ruhe und Heiterkeit, die nach seiner eigenen Aussage vom wahren Genie unzertrennlich sind, fehlten ihm; sein Wesen und seine Kunst beruhten auf einem in ihm selbst begründeten Mißverhältniß, auf der Disharmonie. Der harmonische, objektive Dichter kann zwar gerade die interessanten Charaktere in unerreichbarer Reinheit und Anschaulichkeit hinstellen, wie Goethe's Werther, Faust, Tasso und Meister beweisen; aber etwas verlieren sie doch, indem sie sich in dem Auge des Besonnenen spiegeln und dort eine Ganzheit gewinnen, die ihnen in Wahrheit abgeht. Er hat die Sehnsucht, die Pein, das Unbehagen, alles was den unharmonischen Dichter martert, nicht selbst empfunden, und einzig darin liegt das, was dieser vor jenem voraus hat. Das Schöne, das Seiende zu schaffen ist ihm versagt, aber wie er selbst etwas Interessantes, d. h. etwas Werdendes ist, können es auch seine Werke sein, seine Subjektivität macht seine Größe aus, und je mehr wir ihn selbst in seinen Werken antreffen mit allen seinen Unvollkommenheiten, desto reizvoller sind sie.

Die Sehnsucht also war seine Muse, Sehnsucht nach einem Geisterlande, wo es eine so quälende Körperlichkeit wie die seinige nicht gäbe; ihr zur Seite standen ein klarer, scharfer Verstand und eine bewundernswerthe Geisteskraft, was alles zusammengenommen erst seine Eigenart ausmacht und ihn wesentlich von den meisten andern romantischen Schriftstellern unterscheidet. Der innere Zwiespalt, die Einsicht in sein Wesen, die Sehnsucht, sich über ihn zu erheben, die Kraft es zu thun, daraus ging sein Humor hervor, der seinen Werken, die sonst höchstens ein jugendliches Alter durch starke Mittel und Seltsamkeiten eine Weile spannen könnten, die Weihe giebt.

Häufig tritt in seinen Erzählungen eine Person auf, die durch groteske Eigenthümlichkeit der äußeren Erscheinung und des Betragens beinah widerwärtig auffällt. Ein skurriles Lächeln, eine kreischende Stimme, ein stechendes Auge, ein Gehen in seltsamen Bocksprüngen sind ihre unerfreulichen Kennzeichen. So der wahnsinnige, diabolisch höhnende Rath Krespel, der kleine Obergerichtsrath Drosselmeier, der statt

des rechten Auges ein großes schwarzes Pflaster und statt
der Haare eine schöne reine Glasperrücke trug, der Professor
in der Automate mit der unangenehm dissonirenden hohen
Stimme, der Spieluhren und musikalisch-mechanische Figuren
verfertigt, der hagere Archivarius Lindhorst mit den großen
starren Augen, die „aus den knöchernen Höhlen des mageren,
runzlichten Gesichtes wie aus einem Gehäuse hervorstrahlten",
den die Schöße des Ueberrocks, wenn der Wind hineinfährt,
wie ein Paar große Flügel umflattern.

Plötzlich, zuweilen, verändert sich die bizarre Erscheinung,
die Verzerrung glättet sich in sanfte Erhabenheit und durch
die komisch häßliche Maske scheinen ehrfurchtgebietende Mienen.
Dann verwandelt sich der weite damastene Schlafrock des
Archivarius in einen Königsmantel, ein goldnes Diadem
schlingt sich durch seine weißen Locken und von seinen an-
muthigen Lippen strömt anstatt der kuriosen, unverständlichen
Redensart gemüthvolle Weisheit. Dann tritt auf das Antlitz
des Professors statt des abschreckenden sarkastischen Lächelns
ein tiefer melancholischer Ernst, die grauen stechenden Augen
blicken in seliger Verklärung himmelwärts und während ihn
sonst das geistlose taktmäßige Geklingel seiner Maschinen
umgab, strömt jetzt wunderbare Musik aus Büschen und
Bäumen und erfüllt die Seele mit himmlischen Ahnungen.
Daß der Obergerichtsrath Drosselmeyer eigentlich ein guter
Wundermann ist, der alles weiß, fühlen die Kinder, und
auch den Rath Krespel schauen die Kinder freundlich und ehrfürchtig zugleich an. In diesen Männern malte sich Hoffmann
selbst ab, der mit seiner kleinen behenden Gestalt, den feinen,
zusammengepreßten Lippen, um die ein ironisches Lächeln
schwebte, den großen spähenden Augen unter mephistophelischen
Brauen und dem grotesken Ziegenbocksprofil wie ein Hexen-
meister oder Zaubermännchen erschien und auf Fremde zu-

zunächst abstoßend wirkte; der aber, wenn er in seinen
Träumen von der Außenwelt Abstand nahm, sich anders
fühlte und schaute, gut, sanft und weise, wie er gewesen
sein mochte, als er, ein kleines Kind, seiner selbst noch nicht
mächtig, auf dem Schoße der jungen Tante Füßchen saß
und ihrem süßen Gesange zuhörte oder wenn ihn in der
Neujahrsnacht die sanfte Musik von Clarinetten und Hörnern
auf dem Schloßthurme weckte und er glaubte „silberne Engel
trügen jetzt das neue Jahr einem Sterne gleich am blauen
Himmel vorbei," aber den Muth nicht hatte aufzustehn und
zu sehen. Es gab für ihn, der sich nicht eins in sich fühlte,
in Wirklichkeit zwei Welten, und diese Doppelgängerei, diese
Bürgerschaft in zwei ganz verschiedenen Reichen, bildet den
poetisch-philosophischen Grundgedanken der meisten seiner
Schriften.

Am vollkommensten ist Hoffmann die Darstellung dieser
Doppelwelt im Märchen vom goldenen Topfe gelungen. Der
Archivarius Lindhorst ist ein wunderlicher Mann, der zu
seinem Vergnügen chemische Experimente macht und alte
Bücher liest, viel seltene Manuskripte in fremden Sprachen
besitzt, dazu drei Töchter, mit denen er in einem abgelegenen
Hause vor den Thoren Dresdens wohnt. Aber für den
Eingeweihten ist er der Salamanderfürst, entsprungen aus
der Verbindung der Feuerlilie mit dem Jüngling Phosphorus,
seine Töchter gleiten als goldgrüne Schlänglein am Stamme
des Hollunderbaumes, in der Abendsonne blitzend auf und
nieder, und die jüngste entzündet das Herz des Studenten
Anselmus, der darunter liegt und träumt, zu unendlicher
Liebe. In dem kleinen Garten vor dem Thore blühen
Kaktus und flammende Lilien, rieseln krystallene Fontänen
in Marmorbecken und plaudern fremde, wundervolle Vögel
und die Decke des Zimmers, in dem Anselmus Manuskripte

abschreibt, ist ein azurblauer Himmel, den grüne Palmen=
säulen tragen. Aber nur Anselmus sieht dies alles; nur
er weiß, daß die alte Liese, das Apfelweib, die Abends
heimlich verbotene Wahrsagerei treibt, der Abkömmling des
Flederwisches und der Runkelrübe ist, ein teuflisches Princip,
das dem Salamanderfürsten nachstellt, weshalb sie sich auch
in den bronzenen Thürklopfer an seiner Hausthür verwandelt
und als der Student ihn anfassen will, ihn ekelhaft angrinst
und mit entsetzlichen Worten anschnarrt, daß er augenblicklich
in Ohnmacht fällt und sein beabsichtigter Besuch unterbleibt.
Als er dann des Archivarius Tochter Serpentina geheirathet
hat, weiß nur er, daß das Rittergut, welches nach der
Meinung der Leute sein Schwiegervater dem jungen Paare
geschenkt hat, in Wahrheit das Wunderland Atlantis ist,
die Heimath des Salamanders und der Feuerlilie, wo der
Einklang aller Wesen verwirklicht ist.

Die Komik und der Humor entstehen nun aus dem
Zusammenstoß dieser Welt mit der der reinen Prosa, die
vertreten ist durch den Conrector Paulmann mit seiner
Tochter Veronika und den Registrator Heerbrand, der um sich
einen Schein höherer Bildung zu geben, Verständniß, ja
eine gewisse Neigung für das Wunderbare und Poetische
trägt, was ihm aber in der That womöglich noch ferner
liegt als jenem. Veronika dagegen, ganz jung und unreif,
doppelt bildsam durch ihre Verliebtheit in Anselmus, schwankt
eine Weile zwischen den beiden Welten, bis eitle Sinnlichkeit
den Sieg über sie davonträgt, so daß sie sich begnügt Hof=
räthin Heerbrand zu werden.

Bewunderungswürdig durchgeführt ist der Uebergang
aus einer Welt in die andere, so nämlich, daß wir ihn sich
vollziehen sehen durch die Augen des Studenten Anselmus
und es uns freisteht wie der Conrector Paulmann zu glauben,

derselbe sei betrunken oder wahnsinnig, oder dies sei die Art eines poetischen Gemüthes die Dinge aufzufassen. Die letztere Deutung flicht Hoffmann selbst mit überflüssiger Deutlichkeit in die Geschichte ein, die man aber nur im Lichte seiner, der romantischen Weltanschauung, recht versteht: daß der Bildersprache des Dichters, des Kindes und des ursprünglichen Menschen eine Wirklichkeit entspricht, die durch die Entwickelung des Unbewußten zum Bewußtsein in Zeit und Raum verloren, aber ewig wahr und da sei und auch für den Menschen wiedergewonnen werden müsse.

Dieselbe Idee wird in derselben Art in mehreren andern Erzählungen ausgeführt. Im Klein Zaches ist das Fräulein von Rosenschön für den Wissenden die Fee Rosabelverde, die vor dem Aufklärungsedikt des Fürsten Paphnutius in einem Fräuleinstift Zuflucht suchen mußte, und der Doktor Prosper Albanus ein Zauberer, der bei Zoroaster die Weisheit erlernt hat. Aber nur Balthasar sieht die weißen Einhörner, die seinen Muschelwagen ziehen und den Silberfasan, der ihn lenkt, nur er vernimmt die Himmelsmusik, die in herrlichen Akkorden durch seinen Garten wogt; der Pöbel sieht nur ein wunderlich aufgeputztes Cabriolet und hört die Klänge einer geschickt angebrachten Aeolsharfe. Klein Zaches ist das mißgestaltete Kind eines armen Bauernweibes, dem die Fee aus Mitleid die Gabe verliehen hat, alle Bewunderung die andere verdienen auf sich zu lenken. Aber die Kraft, die nicht aus seinem Selbst hervorgeht und ihm nur äußerlich angeklebt ist wie ein paar Flügel, die dem Menschen doch nicht zum Fluge helfen, kann nicht dauern: Klein Zaches geht elend zu Grunde, aber nach seinem Tode fängt der Liebeszauber der guten Fee wieder zu wirken an, daß er allen erscheint was er niemals war: als ein vollendeter Mensch. Auch über diesem Stiefkinde der Natur, deſſen äußere Häßlichkeit ſeine innere ausdrückt, waltet die erbarmende göttliche Liebe und birgt es tröſtend in ihren geheimnißvollen Schatten. In wenig anderen Erzählungen zeigt ſich Hoffmann ſo ſchön als der Humoriſt, der im Urdarbrunnen, deſſen Geſchichte er dem tollen Märchen von der Prinzeſſin Brambilla zu Grunde gelegt hat, ſich und die Welt geſchaut und erkannt hat. Nach ſeiner eigenen Ausdrucksweiſe bedeutet die Urdarquelle nichts anders als „die wunderbare, aus der tiefſten Anſchauung der Natur geborene Kraft des Gedankens, ſeinen eigenen ironiſchen Doppelgänger zu machen, an deſſen ſeltſamlichen Faxen er die ſeinigen und — ich will das freche Wort beibehalten — die Faxen des ganzen Seins hienieden erkennt und ſich daran ergötzt.“ Denn wer ſich ſelbſt im Bilde, ſich ſelbſt als Erſcheinung ſehen kann, hat ſich eben dadurch von der Scheinwelt gelöſt und ſchwebt unberührt von ihrem Jammer als freies ſeliges Bewußtſein über ihr.

Im Märchen „das fremde Kind“ iſt der Magiſter Tinte zugleich der Gnomenkönig Pepſer und eigentlich eine Fliege. Den Eltern ſeiner Zöglinge iſt im Laufe des Lebens der innere Sinn ſchon etwas ſtumpf geworden und ſie ſuchen ihren Kindern ernſtlich einzureden, daß ſie einen würdigen, menſchlichen Erzieher haben; als er aber eines Tages ſeine Natur verräth, indem er ſich ſummend und brummend über einen Milchnapf ſtürzt, ihn mit „widrigem Rauſchen“ ausſchlürft, dann die naſſen Rockſchöße ſchüttelt und mit den dünnen Beinchen raſch darüber hinfährt um ſie glatt zu ſtreichen, werden auch ſie an ihm irre und zweifeln, ob ſie den Magiſter Tinte oder eine Fliege vor ſich haben.

Im Meiſter Floh iſt Peregrinus Tyß der kindliche Träumer, für den, weil er den zauberkräftigen Karfunkel im Herzen trägt, die Welt durchſichtig iſt und das Leben

sich in ein schönes bedeutungsvolles Märchen verwandelt.
Wenn das Volk sich zu dem Flohbändiger und Taschenspieler
Leuwenhöck drängt, bei dessen Vorstellungen als stärkste Anziehungskraft ein reizendes kokettes Frauenzimmer, Dörtje
Elverdink, wirkt, zu deren ernstesten und hitzigsten Verehrern
der Student George Pepusch zählt, erlebt Peregrinus in
diesem alltäglichen, zum Theil gemeinen Vorkommniß wundervolle Begebenheiten; denn Dörtje Elverdink ist eigentlich die
Prinzessin Gamaheh aus Famagusta, die der häßliche Egel-
prinz todtküßte und der plumpe Genius Thetel entführte,
wodurch sie in die Nachbarschaft der Distel Zeherit gerieth,
nämlich des Studenten Pepusch, der sich auf ewig in sie
verliebte. Zwei Magier entdecken die nicht gestorbene, nur
verwandelte Gamaheh im Blumenstande einer Tulpe und
rufen sie ins Leben zurück, aber „die wahnsinnigen Detail-
händler der Natur, die die Natur zu erforschen trachteten,
ohne die Bedeutung ihres innersten Wesens zu ahnen",
nützen die Entdeckung der Schönen nur aus, um sich ihren
Besitz streitig zu machen. Sie, die der Welt in früheren
Zeiten als die berühmten Naturforscher Leuwenhöck und
Swammerdam bekannt waren, fristen ihr Dasein jetzt als
unrühmliche Taschenspieler und setzen ihren Kampf um die
Prinzessin fort, bis er durch die Dazwischenkunft des Peregrinus zu beider Ungunsten entschieden wird. Den komischen
Höhepunkt der Geschichte bildet das optische Duell der beiden
alten Naturforscher, die jeder ein Fernglas aus der Tasche
ziehen, es in's Auge setzen und grimmig gegeneinander aus-
fallen, wobei sie die Waffen durch Ein- und Ausziehen bald
verkürzen, bald verlängern.

Eine verwandte Scene ist im Klein Zaches, wo Prosper
Albanus und die Fee Rosabelverde, die ihre Geisterart gegenseitig durchschauen, sich zu überzaubern suchen, und in der

Brautwahl, wo von den beiden Unheimlichen der eine schön ausgeprägte flimmernde Goldstücke aus den Rettigscheiben schlägt, die der andere jedesmal, indem er sie auffängt, in knisternde Funken zerstieben läßt.

Was nun Anselmus, Balthasar und andere Hoffmann'sche Lieblinge befähigt, die Wunderwelt jenseits der Sinnenwelt zu sehen, ist der innere Sinn, von dem so überaus viel in seinen Werken die Rede ist; er vergleicht ihn einmal mit dem sogenannten sechsten Sinne, den der Anatom Spalanzani an der Fledermaus entdeckt haben wollte, der nicht nur ein Stellvertreter der übrigen sei, sondern mehr leiste als sie alle zusammen. Das wäre also dasselbe was die Beobachter somnambuler Zustände damals das Gemeingefühl nannten, vermöge dessen die Schlafwachen und Hellseher die Funktionen ihrer entschlafenen Sinne und zwar im erhöhten Grade aus= übten. Mit dem Fledermaussinn vergleicht Hoffmann die Sehergabe derjenigen, die in jeder Erscheinung, wie er sich ausdrückt, dasjenige Excentrische schauen, zu dem wir im gewöhnlichen Leben keine Gleichung finden und das wir daher wunderbar nennen, woraus denn wieder das Wunder- liche hervorgeht. Nicht ohne Wehmuth nannte er sich selbst die Spalanzanische Fledermaus und allerdings starren aus seinem Selbstbilde die großen, weitoffenen Augen hervor, als ob sie ganz andere und weit seltsamere Dinge wahrnähmen, als die handgreifliche Alltagswelt aufgestellt hat.

Der Sinn für das Wunderbare war so stark ausge= prägt in Hoffmann und so in seinem Wesen begründet, daß er sich seiner Umgebung mittheilte und er selbst den andern als höchst wunderbar und wunderlich erschien und der ge- ringste Vorfall, in dem er eine Rolle spielte, einen, wie Hoffmann gesagt haben würde, exotischen Charakter erhielt. Wenn er und sein Verleger Kunz auf einem Burgunderfaß im Keller rettend einander gegenüber saßen und tranken, währenddessen ein Gewitter aufzog, ein plötzlicher Donner=schlag krachte und der Blitz, das dunkle Gewölbe erhellend, ihnen, die gerade mit den gefüllten Gläsern anklingen wollten, ihre entsetzten Gesichter zeigte, das muthet gerade so an, wie eine groteske Scene aus einer Hoffmann'schen Novelle.

Der exotischen Stimmung, in der die Sehergabe er=wachte, war Hoffmann nicht in jedem Augenblick mächtig, sie hervorzurufen oder zu steigern diente ihm der Wein=genuß. In je bunteren, leuchtenderen Farben, in je drolligeren Verzerrungen ihm dann die Welt aufging, desto grauer und kälter erschienen ihm die Stunden der Ermattung, woraus sich der Drang erklärt, die exotische Laune immer häufiger und in erhöhtem Maaße herbeizuführen. Blieben auch die körperlichen Beschwerden hernach nicht aus, so entschädigten ihn die Kobolde und Gespenster, der tolle Reigen, den die ganze Welt vor seinen jubelnden Augen aufführte, reichlich dafür. In fast allen seinen Erzählungen spielt der Wein eine Rolle, besonders über die Scene der Punschbereitung wußte er den Zauber der romantischen Behaglichkeit auszu=breiten, die er selbst so oft dabei empfunden hatte. Sogleich setzte sich das Rad seiner Phantasie sanft schnurrend in Bewegung, die Fledermaus begann ihren lautlosen Flug und der irdische Vorgang des Punschbrauens wandelte sich ihm in ein sichtbares Kampfspiel der Elementargeister um. Punsch empfahl er den Musikern, wenn sie sich zu roman=tischen Compositionen wie seine Lieblingsoper Don Juan stimmen wollten, alten Rheinwein für Kirchenmusik, für ernste Opern Burgunder, für komische Champagner und für Lieder die feurigen Weine Italiens.

Hoffmann's Verstand beurtheilte übrigens die Ursachen und Folgen seiner Neigung zum Alkohol mit strengster

Einsicht. Geistiges Getränk, sagte er, befördere den regeren Umschwung der Ideen, die Phantasie sei wie ein Mühlrad, das der Strom stärker und schneller drehe, wenn man Wein aufgieße. „Doch überlasse ich jedem seine individuelle Meinung und finde nur nöthig für mich selbst im Stillen zu bemerken, daß der Geist, der von Licht und unterirdischem Feuer geboren, so keck den Menschen beherrscht, gar gefährlich ist, und man seiner Freundlichkeit nicht trauen darf, da er schnell die Miene ändert und statt des wohlthuenden, be= haglichen Freundes zum furchtbaren Tyrannen wird." Hoffmann erzwang sich mittels des Weines ein intensiveres, wenn auch kürzeres Leben; aus der Disharmonie seines Wesens, die er gewaltsam von außen her zu heben suchte, ging der verhängnißvolle Trieb hervor.

Merkwürdig ist es, seine exotischen Erzählungen mit seinen nüchternen zu vergleichen. Zu den letzteren gehören z. B. das Fräulein von Scudery und „Meister Martin", die in der Literaturgeschichte als seine besten und an sich vorzüglich gepriesen werden. Daß sie ohne starken alko= holischen Einfluß geschrieben wurden, beweist unter anderem ihre Verwandtschaft mit denjenigen Geschichten, die Hoffmann auf seinem Kranken- und Todtenbette schrieb — Johannes Wacht, der Feind, des Vetters Eckfenster — wo ihm der Genuß des Weins gänzlich versagt war. Muß nun auch jeder sehen, daß sie an Einheit, Straffheit und Faßlichkeit den anderen überlegen sind, so wird der Liebhaber der Poesie doch immer, wie Hoffmann selbst, die vorziehen, die der stärkste Extrakt seines Wesens würzt, mögen sie sich auch noch so zersetzt und wirbelnd darstellen. Die Sehergabe, die er in „des Vetters Eckfenster" so anschaulich und geistreich schildert, ist nur die feine Beobachtung und rasche Verknüpfung eines guten, phantasiebegabten Kopfes, nicht der hellseherische

sechste Sinn, der den fünfsinnigen Durchschnittsmenschen zeigt
was jenseits ihrer Welt liegt. Ob er bei besserer Ver-
wendung seiner Kräfte den sechsten Sinn mit den übrigen
fünfen harmonisch hätte verschmelzen können, welche Einheit
dann seinen Werken zu gute gekommen wäre? Einige Züge
in seinen letzten Schriften lassen die Möglichkeit ahnen —
aber ob sich nicht da schon die nahe Auflösung geltend
machte, ähnlich der Verklärung, womit der Feenzauber den
armen Klein Zaches nach seinem Tode schmückte? Er durfte
ja endlich sich selber entfliehen, wozu ihm seine Phantasie,
während er lebte, hatte dienen müssen; damit es die un-
mögliche Aufgabe erfülle, hatte er das edle Flügelpferd über
Vermögen angestrengt und immer wieder aufgepeitscht, bis
es verendend mit ihm zusammenbrach.

Auf die Mitwirkung des „inneren Sinnes“ gründete
er jedenfalls sein Kunstprincip. Was nicht im Inneren
des Verfassers aufgegangen und angeschaut war, zählte er
nicht zur Kunst. Aber keineswegs sollte diese Innenwelt
ohne Zusammenhang mit der Sinnenwelt schweben, vielmehr
sollten es gerade die alltäglichen Figuren des Lebens sein,
die der Künstler eintauchen ließ in seinen Jungbrunnen, daß
sie vergoldet und phantastisch geschmückt, als reizende oder
groteske Gestalten, je nachdem der Geisterputz ihnen anstand,
daraus hervorgingen. Das rühmte er an den Märchen
aus Tausendundeiner Nacht, daß eben das gemeinste tägliche
Leben sich dort in einer tollen Märchenwelt durcheinander=
bewegte, und deswegen bewunderte er den Maler Jacques
Callot so sehr, weil er alles — seien es Bauerntänze,
Schlachten, Aufzüge — in „den Schimmer einer gewissen
romantischen Originalität“ zu kleiden wußte und dabei in
seinen abenteuerlich aus Mensch und Thier zusammengesetzten
Gestalten die tiefsinnige Ironie zeigte, die des Menschen

Bestimmung mit des Menschen Thun halb wehmüthig halb
ausgelassen scherzend vergleicht. Aus diesem Grunde, weil
Hoffmann sich auf den Boden der Wirklichkeit stellte, sagte
schon Heine, er sei ein größerer Dichter als der poetischere
Novalis. Er wußte seine „hohen Phantasieen“ bis zu einem
gewissen Grade wenigstens „als einen festen Einschlag kühn
und stark in das irdische Leben einzuweben.“ Auch er sah
Kunst und Leben, Ideal und Leben in ewigem Gegensatz,
aber während der junge Wackenroder an dem unversöhnlichen
Zwiespalt zu Grunde ging, verstand er es, beide in lebendige Verbindung zu sehen.

Tieck hatte mit seinem Sternbald einen Weg eingeschlagen, der über Mörickes Maler Nolten zu Gottfried
Kellers Grünem Heinrich führte. Der Held leidet an der
Wirklichkeit wie der Dichter und sucht sie sich durch Kunst
und Liebe poetisch zu machen; je unkräftiger Held und
Dichter sind, desto mehr kommt die Wirklichkeit zu kurz und
desto weniger gelingt es, ihn mit ihr auszusöhnen. Sternbald
hängt in der Luft, Maler Nolten setzt den Fuß schon fester
auf die Erde, den Grünen Heinrich sehen wir leibhaftig aus
dem Boden wachsen und seiner Krone Raum im Leben schaffen.
Gestaltlos ist Sternbald, schattenhaft noch Maler Nolten, und
doch sind diese, ja selbst die verschwommenen Werke Eichendorff's, Pflanzen, die aus dem Leben hervorgehen und Früchte
hervorbringen können, die speisen, nähren und Samen tragen.
Die Novellen und Romane von Brentano und Arnim sind
im gläsernen Warmhause getrieben, ihre erzwungenen Blüthen
vertragen die freie Luft nicht, sie sind zu schnellem Welken
n unnatürlicher Atmosphäre bestimmt. Ist auch die gerühmte
Geschichte vom braven Kasperl und schönen Annerl gut im
Ton und von einer Geschlossenheit, die man an Brentano
bewundern muß, so hat sie unserer Seele doch nicht viel

zu sagen, und nur die Liebhaber der Literaturgeschichte lesen sie noch. Arnim, den Heine so überschwänglich lobt, indem er ihm gleichzeitig das Leben abspricht, hat eben aus diesem Grunde zu keiner Zeit Leser gefunden.

Golderz, aber voll Schlacken, das im Leben keinen Kurs hat, so urtheilte Varnhagen über Arnim; Goethe nannte seine Dichtungen „unklar, ungesellig und zum Traume geneigt" und verglich ihn mit einem Faß „wo der Böttcher vergessen hat, die Reifen fest zu schlagen, da läuft's denn auf allen Seiten heraus." Görres gab ihm den Beinamen der geschwätzige, und die Brüder Grimm verwunderten sich gelegentlich über seine unerhörte Produktivität. Freilich konnte er viel auf den Markt bringen, da er keine künstlerische Arbeit leistete; er lieferte nicht Kunstwerke, sondern den Rohstoff, woraus etwa der Leser selbst sich welche machen kann.

Arnim's Theorie betreffend kann man aus einigen Brentano gegenüber geäußerten Bemerkungen: Alles geschieht in der Welt der Poesie wegen — die Poeten arbeiten für die Menschheit, daß diese nach der Arbeit einen poetischen Genuß findet — der Poet ist ein Märtyrer und Eremit — dies freiwillige Cölibat, diese Entfernung von Himmelreich erfordert die Aufopferung des Regulus — aus solchen Bemerkungen kann man schließen, daß er Leben und Dichtung für zwei durchaus geschiedene Welten ansah und zwar die des Dichters als die erhabenere, eine Art Einsiedelei, aus welcher er dem handelnden und leidenden Menschen von Zeit zu Zeit eine Erquickung zukommen lassen kann. Die Blume des Lebens blüht denn auch nicht in Arnim's Schriften. Er konnte die Kulissen des Mittelalters oder sonst einer farbig gedachten Ferne zu schönen, mitunter packenden Bildern zusammenfügen und damit wohl eine Erholung nach durchhetztem Arbeitstage bieten; weiser und reicher, muthiger das Leben durchzukämpfen und sich darüber zu erheben, geht der Leser nicht von ihm.

Immerhin besaß Arnim mehr Wirklichkeitssinn als Fouqué oder gar Graf Löben. Anmuthig, einem das Sonnenlicht brechenden Thautropfen vergleichbar, ist Fouqué's symbolisches Märchen Undine; aber völlig versagte ihm die Kraft, wo es galt ein Stück Wirklichkeit mit handelnden Menschen zu schaffen. Seine seichten und sentimentalen Geschichten wirken um so lächerlicher, weil sie mit dem Kostüm einer fabelhaften Heldenzeit ausstaffirt sind. Vollends was Isidorus Orientalis, Graf Löben, als Menschen und Leben ausgab, ist nichts als die Verlogenheit der Schwäche. Man kehrt von solchem Dunst, der in den meisten Fällen nicht einmal das schöne Farbenspiel der Seifenblase hat, desto lieber zu Hoffmann zurück. Während jene sich der Häßlichkeit und Schwere des Lebens zu entziehen suchen, indem sie sich vom Leben entfernen, sucht er sie zu überwinden, indem er tiefer in das Leben hineindringt. Wie er im Leben mit gesunder Kraft sich in allen Wirren und Schwankungen behauptete, so führte ihn in der Kunst ein gesunder Instinkt immer wieder zur Wirklichkeit. Er war der einzige unter den Romantikern, der das Alltagsleben liebte, das unter seinem Fenster auf dem Markte wimmelte, dessen starkes Auge gerade da Wunder und Räthsel wahrnimmt, wo ein oberflächlicher poetischer Sinn nur uninteressante Prosa vermuthet.

Das Interesse für das Naheliegende, Gegenwärtige, Wirkliche bringt es mit sich, daß Hoffmann's Werke nicht wie die der anderen an der Unermeßlichkeit des Planes zerrinnen. Nichts ist vielleicht für die romantische Dichtung so charakteristisch wie der Zug ein Ganzes zu geben, nicht Bruchstücke aus dem Leben oder der Natur, sondern den

Widerschein der Welt. Der Roman ist deshalb die eigent=
liche Form der romantischen Richtung, das romantische Buch,
wie Friedrich Schlegel es nannte, das alle Gattungen in sich
schließt. Weder Lyrik, noch Novelle, noch Drama, die immer
nur einen Höhepunkt, einen Akt geben, können der Anforderung
an ein Weltbild genügen, sie sind dem Strom, Bach, Wasser=
fall oder Teich vergleichbar, die entweder einem Ziele zu=
streben oder einen Ausschnitt der Natur widerspiegeln. Der
Roman allein ist das Meer, das ruht, auch stürmisch auf=
gewühlt nicht vorwärts eilt, gelassen alles in sich aufnimmt,
oft regungslos daliegt, aber doch immer die Unermeßlichkeit
des Himmels über sich hat und Leben im Schooße hegt.
Die Romantik hat die Kraft und den Weg nicht gefunden,
einen in dieser Weise vollendeten Roman hervorzubringen.
Ueber Arnim's auseinandergelaufene Werke sich auslassend,
schrieb Wilhelm Grimm einmal an Görres: „Daß dazu
eine Nothwendigkeit und Bedürfniß im Dichter liege, glaube
ich wohl, denn es ist ja auch in der Wissenschaft der Ge=
danke lebendig geworden, daß alles in einem großen Zu=
sammenhang stehe, und das Geringe und Kleine erst durch
seine Stelle darin Bedeutung und Werth erhalte, allein
dieser Uebergang ist in der Poesie noch schwerer als in der
Wissenschaft, und ich meine, jene habe mit dem Bewußtsein
genug, daß über allem eine Sonne leuchte, und weil sie
eine gewisse Vollendung verlangt, die der menschlichen Kraft
nur in der Begrenzung gelingt, dürfe sie einen Strom,
an dessen Ufern wir hingehen, nicht zu einem Weltmeer
werden lassen, dem wir nicht folgen können."

Hoffmann hatte keinen weltumfassenden Blick, und das
sicherte ihm eben eine bedeutende Wirkung innerhalb gewisser
Grenzen. Wer möchte ihn einen großen Dichter nennen?
Er durchmaß den Strom des Lebens nicht in seiner ganzen Tiefe

und Breite, so daß er seine Gewalt und Erhabenheit, seinen
Glanz, sein Rauschen, seine Geheimnisse hätte offenbaren
können; aber er verschmähte doch thörichte und heuchlerische
Dekorationen, schöpfte vielmehr das Wunderbare aus der
Seele des Menschen, indem er tiefer, bis zu ihrer Nacht=
seite, hineinschaute. Daß er mit einem Blick die Erscheinung
und ihr Mysterium erfassen konnte, macht ihn bedeutend.
Die Wirklichkeit sehen, aber mit dem sechsten Sinn, dem ihre
tiefsten nächtlichen Wunder sich enthüllen, das hielt er für
die Aufgabe des Dichters; für die des Malers, daß er die
Natur male, aber so, daß ihre innere mystische Bedeutung
dem Zuschauer klar werde.

Einen wesentlichen Unterschied zwischen den Künsten er=
kannte Hoffmann als ächter Romantiker nicht an: wie er
von dem Dichter verlangte, er müsse innerer Musiker sein,
so vom Maler, daß er vor allen Dingen Dichter sei. Daß
Callot Fehler in der Vertheilung des Lichts und in der
Gruppirung machte, hielt er für unwesentlich dem gegen=
über, daß seine Bilder Reflexe seien „aller der phantastischen
wunderlichen Erscheinungen, die der Zauber seiner überregen
Phantasie hervorrief." „Auffassung der Natur in der tiefsten
Bedeutung des höheren Sinns, der alle Wesen zum höheren
Leben entzündet, das ist der heilige Zweck aller Kunst." Das
bloße Abmalen der Natur kann demnach nicht Kunst sein,
wie man auch kein Gedicht in einer fremden Sprache, die
man nicht versteht, gut würde vortragen können. Zwar soll
man die Natur auch im Mechanischen studiren, um „die
Praktik der Darstellung" zu erlangen, nur verwechsele man
die Meisterschaft in der Technik nicht mit der Kunst. Wer
eingeweiht ist, wer den sechsten Sinn hat, um in die Natur
hineinzusehen, für den werden die Zeichen, in denen sie
schreibt, dem Unkundigen nur todte Schnörkel, zu lebendigen,

bedeutungsvollen Hieroglyphen, die sich klingend und flammend von selbst zu wundervollen Landschaften zusammenfügen.

Die Landschaftsmalerei stellte er am höchsten und als die Meister derselben verehrte er Salvator Rosa und Claude Lorrain. Er selbst, abgesehen davon, daß er ein geschickter Dekorationsmaler gewesen sein soll, hatte natürliche Begabung nur für die Karrikatur, und wenn er sich ernstlich auf die Malerei verlegt hätte, wäre es ihm wohl so ergangen wie seinem Berthold in der „Jesuitenkirche", dem zwar in inneren Traumgesichten das heimliche Wesen der Natur herrlich aufgeht, dem aber die Schöpferkraft sie so darzustellen, gebricht. Denn auch in seinen Dichterwerken treffen wir ebensowenig jemals die reine schöne Natur wie die Liebe. Liebe hatte er lebenslang ersehnt, aber niemals schön in sich selbst erlebt und auch nicht dargestellt. An Heißblütigkeit glich er einem Italiener, wie er auch äußerlich, wenn er seine Dienstuniform trug, einem italienischen oder französischen General ähnlich gewesen sein soll. Er selbst klagt, daß die Heftigkeit, vielmehr Raserei seiner Empfindung, stets sein Glück zerstört habe. Man weiß aber, daß, je sinnlicher ein Volk, desto niedriger die Stellung seiner Frauen und sein Begriff von Liebe ist, und wenn nun auch Hoffmann's, als eines so aufmerksamen und idealistischen Mannes, Begriff der Liebe außerordentlich hoch war, so war er doch nicht im Stande ihn auf der Erde unter wirklichen Menschen unterzubringen. Eine Frau anders als vom geschlechtlichen Standpunkte anzusehen war ihm unmöglich; handelte es sich auch nur um ein flüchtiges Gespräch oder um einen Tanz, so mußte er selbst für diese kurze Dauer wenigstens die Möglichkeit sich zu verlieben sehen, wenn er sich unterhalten sollte. Er gab zwar zu, daß eine ältere Frau, wenn sie Geist besitze, das jüngste Mädchen an

Anmuth und Reiz übertreffen könne, aber sein Temperament
zog ihn doch immer unwiderstehlich zu diesen jüngsten Mädchen
hin, die er hernach verspottete. Für seine Freunde war es
ein Aergerniß mitanzusehen, wenn er, als reifer Mann, sich
für irgend ein sechzehnjähriges Mädchen auf's Aeußerste er-
hitzte, was um so peinlicher war, als er sich selbst dabei
lächerlich vorkam und der innere Zwiespalt ihn häßlich verzerrte. Auch in seinen Liebesgeschichten ist die Heldin ein
„liebes Engelskind" oder „holdes Himmelsbild" von sechzehn
Jahren, deren Erscheinung aber in den meisten Fällen eine
leise Ironie begleitet, so daß man spürt, die thörichte Verherrlichung gehe eigentlich nicht vom Dichter, sondern von
seinem verblendeten Liebhaber aus, den er sogar zuweilen
noch zu retten für gut findet. So schließt die Brautwahl
damit, daß der Maler Edmund seine Braut Albertine, um
deren Besitz sich die ganze Erzählung gedreht hat, verläßt,
um eine Kunstreise nach Italien zu machen, und der Leser
wird mit der frohen Ueberzeugung entlassen, daß er sich
ganz von ihr losmachen und nur der Malerei leben wird.
In der „Jesuitenkirche" wird ein verwandter Gegenstand
behandelt, daß nämlich ein von hoher Liebe Begeisterter,
namentlich ein Künstler, niemals sein Ideal als Frau heim-
führen und dadurch in den Kreis des Alltäglichen herabziehen dürfe. Berthold heirathet die herrliche Geliebte, die
ihn eigentlich zum Künstler gemacht hat, indem er sein
Genie in der Bemühung, ihr Ebenbild wiederzugeben entdeckte, und von dem Augenblick an erlahmt seine Kraft, er
sieht den überirdischen Schimmer nicht mehr, der sie früher
umgab, der Aufschwung, den seine Liebe ihm sonst verlieh
und der ihn zu großen Leistungen befähigte, stellt sich nicht
mehr ein, er fängt an als hemmend zu empfinden, was ihn
sonst beflügelt und seine Frau, trotzdem er sie innigst be-

mitleidet, zu hassen, bis er sie schließlich in der Raserei
der folternden Qualen ermordet. Die erschütternde Tragik,
die in dieser Verwickelung liegt, hat Hoffmann allerdings
nicht gestalten können. Seine Kraft liegt im ironischen
Humor, den er im Artushof so allerliebst spielen läßt: dort
rettet er den kunstbegabten Treugott erst vor der häuslichen,
ganz prosaischen Christine und dann vor deren Gegenstück,
der geheimnißvollen Felicitas, die er eigentlich nur als Bild
kennen und lieben lernt. Denn als er hört, daß das hohe
Ideal, daß er nie zu gewinnen dachte, aber auch nie ver=
lieren zu können glaubte, Kammerräthin Mathesius in
Marienwerder geworden ist, erlöscht die Schwärmerei in
seiner Brust, und wenn Hoffmann ihn doch noch in eine
in der Zukunft liegende Verlobung einmünden läßt, so ist das
wohl mehr ein Zugeständniß an das Publikum oder der Wunsch,
die Geschichte mit einer hübsch beleuchteten Gruppe zu schließen.

Im „Klein Zaches“ ist man jeden Augenblick darauf
gefaßt, daß Hoffmann seinen dichterischen Balthasar noch, eh’
es zur Hochzeit kommt, der holden Candida im Triumphe
entführt; wenn er ihr diesmal sein Wohlwollen nicht ent=
zieht, ist es jedenfalls, weil er sie von Anfang an als ein
lustiges, unbefangenes Mädchen hingestellt hat, das Schiller,
Goethe und Fouqué zwar gelesen, aber auch gründlich wieder
vergessen hat, reichlich Kuchen zum Thee ißt und weder
empfindsam noch sonst gebildet ist und sein will. Den ver=
nichtendsten Spott hat er im „Sandmann“ über die Frauen
und zugleich über die Gesellschaft ausgegossen, wo es dem
Professor Spallanzani gelingt, eine Wachspuppe in die
ästhetischen Kreise einzuführen. In höchst vernünftigen Thee=
zirkeln hat sie Glück gehabt, nur einige kluge Studenten
haben bemerkt, daß es eine eigene Bewandtniß mit ihr
hatte. Seitdem „schlich sich ein abscheuliches Mißtrauen

gegen menschliche Figuren ein", und mehrere Liebhaber ver=
langten von ihren Damen, daß sie nicht nur zuhörten,
sondern auch manchmal so sprächen, „daß dies Sprechen
wirklich ein Denken und Empfinden voraussetze." Es ist
anzuerkennen, daß Hoffmann hinzusetzt, es wären manche
Liebesbündnisse dadurch viel fester und anmuthiger geworden.

Aehnlich wie mit der Liebe ging es Hoffmann mit der
Natur. Wie er am schönsten die traumhafte Liebe zu den
Zauberwesen Serpentina schildert, so malt er auch am
liebsten und am reizendsten Atlantis, das Dschinnistan seiner
Sehnsucht, das sich zur Natur etwa so verhält wie eine
durch farbige Gläser geschaute Landschaft zu einer mit dem
bloßen Auge gesehenen. In seinen Gärten blühen Tulpen,
Kaktus und Feuerlilien, exotische Vögel mit glitzerndem Ge=
fieder schwirren kreischend darin umher. So viel er auch
den Frieden des Waldes der Stadt gegenüber hervorhebt
und gewiß empfunden hat, athmet uns doch nie die Natur
selbst aus seinen Werken an, die, als etwas einmüthiges,
nie komisch wirkt, wenigstens erst, wo sie sich im Thierleben
darstellt. Bei dieser Veranlagung hat die späte Leidenschaft,
die der sterbende Dichter für die Natur empfand, etwas
Rührendes und Merkwürdiges. Auf seinem Krankenlager
ergriff ihn eine solche Sehnsucht nach dem Grün der Bäume,
daß er willig die Schmerzen ertrug, die mit einer Ausfahrt
verbunden waren, um nur den Anblick des Waldes zu ge=
nießen, und er pflegte von einem solchen Ausfluge, der für
die begleitenden Freunde um seinetwillen etwas Jammervolles
hatte, entzückt heimzukehren. Dieses Erlebniß spiegelt sich in
der fragmentarischen Novelle „die Genesung", die man nicht
das beste seiner Werke nennen kann, aber das seelenvollste.

Einem alten Manne entsteht infolge einer Nervenkrank=
heit die wahnsinnige Einbildung, die Natur habe den Menschen

aus Zorn über ihre Abtrünnigkeit das Grün entzogen und damit alle Hoffnung und Seligkeit des Lebens; kein Augenschein kann ihn von diesem Wahne zurückbringen. Niemand wird ohne Rührung die Scene lesen können, wie der Alte nach dem Rath eines jungen Arztes in magnetischen Schlaf versetzt und so in einen frühlingsgrünen Wald gebracht wird, wo der unerwartete Anblick des belaubten Zeltes über ihm den Erwachenden heilt.

„Da ließ es die ewige Macht des Himmels geschehen, daß eine besonders anmuthige Gunst des Schicksals die Liebe des Fräuleins lohnte und die Bemühungen des guten Doktors unterstützte. In dem Augenblick, als der Onkel das Wort „Grün“ lallte, fuhr nämlich ein Vogel tirilirend durch die Aeste des Baums, und von dem Flattern seines Gefieders brach ein blühender Zweig und fiel dem Alten auf die Brust.“

Aber erst nachdem ein jähes Entzücken mit quälendem Zweifel in ihm gewechselt hat, wird er ruhiger und während ein Strom von Thränen aus seinen Augen bricht, ruft er anbetend aus: „O Kinder, Kinder, welche Zunge singt das Lob, den Preis der Mutter würdig genug! O Grün! Grün! mein mütterliches Grün! Nein, ich allein war es, der trostlos vor dem Throne des Höchsten lag — nie hast du der Menschheit gezürnt! Nimm mich auf in deine Arme!“

Das mag in ihm selber vorgegangen sein, als der arme Körper, in dem er sich nie heimisch gefühlt hatte, sich aufzulösen begann, als das hitzige Blut, das ihn so sehr gepeinigt hatte, schwächer rollte, und der Geist, nun ihn die Furien verließen, aufathmend um sich schaute. Wie die drohenden Stimmen und die verfolgenden Schritte verhallten, zog Frieden in seine erschöpfte Seele ein. Er sehnte sich nicht mehr nach dem entfernten Zauberlande, da er die

schönste Natur, eine versöhnte Mutter, um sich hier blühen
sah. Wie er im Leben das Kind geschiedener, durch un-
vereinbaren Zwiespalt entfremdeter Eltern war, so hatte er
auch in einem weiteren Kreise sich niemals des gemeinsamen
liebenden Schutzes von Geist und Natur erfreuen können.
Mit bewundernswerther Kraft hatte er gegen diesen Fluch
des Schicksals gekämpft und wohl verdient, als ein Ge-
nesener in das Geisterreich des Jenseits hinüberzugehen.

Die Nachtseiten in der Literatur.

Das Wunderbare kann durch abenteuerliche Handlung in die Dichtung gebracht werden; ein anderer Weg, der romantische, geht nach innen und läßt aus der Nachtseite der Seele und der Natur ein magisches Licht auf das bewußte, dem Verstande zugängliche Leben fallen. Traum und Wahnsinn, zwingende Neigung und dämonischer Haß, der verwandte und doch ewig verhüllte Geist, der aus der Natur beschwichtigend, bethörend, warnend zu uns zu sprechen scheint, alle Erscheinungen, die den Menschen, schwankend und sich selbst unbekannt, in Verbindung mit gewaltigen Weltkräften zeigen, gebraucht der Romantiker als Mittel, um seine Kunst ebenso schauerlich schön, räthselhaft bedeutend zu machen, wie die Welt und das Leben ist.

Die Neigung zur Nachtwelt und ihren Geheimnissen ist jedem romantischen Dichter, eigentlich jedem Dichter überhaupt, bis zu einem gewissen Grade wesentlich. Tieck hatte in Erzählungen und Märchen die unheimliche Stimmung und das Grausige mit großem dichterischen Vermögen gepflegt und im Runenberg die verhängnißvolle Anziehung edler Steine und Metalle, namentlich des Goldes, dargestellt, noch ehe Campetti bekannt wurde und die Lockung des Goldes als eine Art Magnetismus oder Besessenheit des Menschen durch den Goldgeist aufgefaßt werden konnte. Er hatte die in Märchen und Sagen gegebenen Keime ausgesponnen oder denn sich von einem Gefühle für den in Natur verhüllten Geist leiten lassen, um die Wissenschaft unbekümmert, was ihm vielleicht wirklich erleichterte, den poetischen Ton nicht zu verlieren. Die späteren Romantiker blieben dabei nicht stehen, sondern zogen die Wunder der Nacht in's helle Tageslicht, den Entdeckungen der Wissenschaft entsprechend.

E. T. A. Hoffmann, dessen Werke sich zum größeren Theil auf der Nachtseite der Natur bewegen, fühlte sich zwiefach, sowohl durch das Bewußtsein, sowie durch Sympathie zu derselben hingezogen. Jener „unbegreiflich geheimnißvolle Zustand," den er selbst das Grauen oder die Gespensterfurcht nannte, lag in seiner Natur; er ließ es aber dabei nicht bewenden, sondern suchte sich mit dem Verstande darüber klar zu werden. Ueberzeugt, daß die Natur „gerade beim Abnormen Blicke vergönne in ihre schauerliche Tiefe" studirte er mit Vorliebe die verschiedenen Schlafzustände des Menschen; den Traum, der „mit einem süßen Kuß das innere Auge weckt, daß er vermag die anmuthigsten Bilder eines höheren Lebens voll Glanz und Herrlichkeit zu erschauen," den Wahnsinn und den animalischen Magnetismus. Er kannte die Werke von Pinel und Reil über den Wahnsinn, liebte Schubert's Ansichten von der Nachtseite der Naturwissenschaft und suchte andererseits Material in alten Büchern, wo räthselhafte Thatsachen von naiv-gläubigem oder mystischem Standpunkt aus gesammelt waren.

Im allgemeinen ist das Schaurige bei Hoffmann auf zwei Phänomene zurückzuführen: auf das Hineinspielen der inneren Welt in die äußere, wodurch auch komische Wirkungen erzielt werden, und auf die Einwirkungen eines „psychischen Princips" auf den Menschen. Das „Serapiontische" selbst, woran seine Werke gemessen werden sollten, beruht auf der Annahme einer inneren Welt, in welcher die Dichtung leben und angeschaut sein müsse; sie entspricht durchaus der „siderischen Region," wo, nach Ringseis, die Bilder der Sinne und der Phantasie ein immaterielles aber reales Leben haben. Hoffmann erklärt den Wahnsinn des Serapion dadurch, daß der „die Erkenntniß der Duplicität" verloren habe, „von der eigentlich allein unser irdisches Dasein bedingt ist," nämlich die Erkenntniß, daß wir zugleich in einer äußeren und einer inneren Region leben, und das es die äußere ist, „in der wir eingeschaltet sind," welche die Kraft die innere zu schauen in Bewegung setzt.

„Aber du, o mein Einsiedler, statuirtest keine Außen= welt, du sahst den versteckten Hebel nicht, die auf dein Inneres einwirkende Kraft; und wenn du mit grauenhaftem Scharfsinn behauptetest, daß es nur der Geist sei, der sehe, höre, fühle, der That und Begebenheit fasse, und daß also auch sich wirklich das begeben, was er dafür anerkenne, so vergaßest du, daß die Außenwelt den in den Körper ge= bannten Geist zu jenen Funktionen der Wahrnehmung zwingt nach Willkür. Dein Leben, lieber Anachoret, war ein steter Traum, aus dem du in dem Jenseits gewiß nicht schmerzlich erwachtest".

Im Sandmann wird mit großer Feinheit geschildert, wie wirkliche Vorgänge in der Außenwelt ein gewisses inneres Leben in dem von Natur träumerischem Kinde in Bewegung setzen, wie die innere Welt immer an Deutlichkeit zunimmt, mit der äußeren in Zwiespalt geräth und schließlich ihren Kreis, in dem wir leben, durchbricht, womit denn der entschiedene Wahnsinn eingetreten ist. Es ist also der Zu= stand eingetreten, wo, nach Ringseis' Darstellung, die Bilder der Sinne und der Phantasie ein selbständig=unabhängiges Leben zu führen beginnen und sich durch assimilirende Kraft einen abnormen immateriellen Leib im Seelischen bilden. Schauer= lich versinnbildlicht Hoffmann die Einsamkeit des Kranken, inmitten seiner empörten Visionen in der Leidenschaft Nathanael's für die Wachsfigur, die der Professor Spallanzoni, ihr Urheber, für seine Tochter Olympia ausgiebt.

Wie er ihren steifen, abgemessenen Gang bewundert, entzückt lauscht, wenn sie mit ihrer schneidenden Glasglockenstimme singt, von grausigem Todesfrost durchbebt wird, wenn er die Eiskälte ihrer Hand spürt, aber bald zu fühlen glaubt, daß sie in der seinigen warm wird, wie er mit ihr tanzt, ohne die rhythmische Festigkeit, mit der sie sich dreht, und die alle andern als etwas Unheimliches empfinden, zu bemerken, wie er die höchsten Schwärmereien und die Liebe seines Herzens vor ihrer wächsernen Unbeweglichkeit ergießt und dabei nicht gewahr wird, daß der Ballsaal sich leert, die Kerzen erlöschen und die letzten Töne der Musik verhallen, das gehört zu den schaurigsten Bildern aus der Hoffmann'schen Zauberlaterne, gerade darum entsetzlich, weil es zugleich komisch ist.

Auf das Unheimliche der Automaten, das wohl jeder mitempfinden kann, der einmal ein Wachsfigurenkabinet besucht und vielleicht eine Figur im ersten Augenblick für lebend gehalten hat, kam Hoffmann oft zurück. Es liegt wohl darin, daß die getreue Nachäffung des Lebens, das doch kein Leben ist, was auch den Anblick einer Leiche oder unseres Spiegelbildes, wenn es uns unerwartet entgegentritt, so schreckhaft machen kann, uns eine Anschauung unserer Doppelnatur gewährt. Wir gewahren ein Ich, sei es nun unser eigenes oder ein fremdes, das uns gleich und doch nur ein Trugbild ist und zu fragen scheint: wer bist du? glaubst du mehr zu sein als ich? oder: siehst du nun, in welchem Irrwahn du dahingelebt oder wie du immer das Todte für das Lebendige genommen hast?

Dergleichen undeutliche, erschütternde Vorstellungen sind

am meisten mit der Erscheinung des sogenannten Doppel-
gängers verknüpft, der bei Hoffmann denn auch öfters auftritt. In den „Elixiren des Teufels" und im „Doppelgänger" erklärt sich allerdings das Wunder aus naher Verwandtschaft von zwei jungen Männern, die gegenseitig von
ihrem Dasein keine Kenntniß haben, dennoch führt die Verwickelung zu einigen grausigen Scenen, wo z. B. dem
fliehenden Medardus Nachts im Walde der wahnsinnige
Doppelgänger, heulend und lachend, auf den Rücken springt
und sich nicht abschütteln läßt, wenn auch Medardus in
seiner Verzweiflung gegen Bäume und Felsen mit ihm rast.
Aber noch eigenthümlicher erregt es uns, wenn wir hören,
daß Hoffmann auf einem Balle den Einfall hatte, sich sein
Ich durch ein Vervielfältigungsglas zu denken und alle
Gestalten, die sich um ihn herum bewegten, als seine Ichs
zu sehen, über deren Thun und Lassen er sich wie über sein
eigenes ärgerte.

Die Einsicht, „daß unser Nervensystem nicht ausschließlich unser Eigenthum, sondern ein Gemeinbesitz von
noch andern Wesen sein kann, die sich nicht nur in den
Besitz und Gebrauch desselben theilen, sondern uns bisweilen
ganz daraus verdrängen," oder mit andern Worten Baader's,
„daß der Mensch denkend doch nicht allein ist und die
meisten seiner Einfälle nichts weniger als seine Selbst-
gemächte sind," führte das Gespensterwesen in die Literatur
ein oder doch die Erscheinungen des animalischen Magnetismus, die unmittelbare Einwirkung eines psychischen
Princips auf den Menschen.

Als Träger der magnetischen Kraft läßt Hoffmann
gern einen diabolischen Menschen von überlegener Kraft auftreten mit pechschwarzen brennenden Augen und einer Habichts-
nase, der einen unwiderstehlichen Zauber auf unschuldige

strebsame Jünglinge und namentlich auf junge Mädchen ausübt. Alban und der dänische Major im Magnetiseur, der irische Major O'Malley im Elementargeist, der Graf im unheimlichen Gast sind alle Vertreter der schwarzen Magie, d. h. sie sind nicht beseelt vom guten Willen zu heilen, sondern vom bösen zu schaden. Diese Männer sind als groß, stattlich und kräftig, Alban und der Graf als schön geschildert, nur daß sie ihre Züge oft durch spöttisch-teuflischen Ausdruck entstellen. Ebenso mißbraucht Alban seinen hohen Geist, um sich selbst auf anderer Menschen Kosten zu erhöhen und wird so anstatt zum Engel zum Satan.

Gott ist, nach seiner Lehre, der Brennpunkt aller psychischen Strahlen; je mehr Seelen es also einem gelingt in sich zu sammeln, desto näher steht man Gott. Infolgedessen trachtet er danach, so viel Menschen als möglich unter seine geistige Herrschaft zu bringen und gewissermaßen auszusaugen, um sein eigenes Ich dadurch anzuschwellen. Maria, die einem abwesenden Verlobten in treuer Liebe ergeben ist, kann sich doch dem übermächtigen Einfluß nicht entziehen und geht unter in dem Kampfe, den ihr schwaches Selbst mit dem Eindringling in ihrem Innern kämpft.

Die Mädchen sind aus eigener Kraft nicht im Stande dem männlichen Willen obzusiegen. Im „öden Hause" wird der magnetische Zauber von einem Weibe gegen einen Mann ausgeübt, der der fremden Gewalt seinen Willen und seine Kenntnisse entgegensetzt, dabei aber freilich an den Rand des Wahnsinns geräth.

So eigenartig und reizvoll Hoffmann's Erzählungen auch sind, gerieth er doch fast immer in die Gespenstergeschichte und verdarb dadurch ihren künstlerischen Werth. Er verstieß gegen das Gesetz, daß die Welt des Unbewußten

steigt in dem Maße als die des Bewußtseins versinkt: nur
diejenigen Gespenster haben poetische Kraft, die aus der
tiefsten Nacht des Unbewußten aufsteigen, bei Hoffmann aber
geht das Unheimliche weit weniger aus dem großen „Zu=
sammenhang der Dinge,“ aus dem Hereinragen der Natur=
und Geisterwelt in die Menschenseele hervor, als aus be=
wußten Kombinationen. Ferner ist zu bedenken, daß nach
altem Volksglauben den Gespenstern oder überhaupt dem
Unheimlichen nur die Mitternachtsstunde gehört; es läßt sich
also leicht berechnen, wie wenig Raum sie im Verhältniß zu
den Wesen von Fleisch und Blut einnehmen dürfen. Bei
Hoffmann scheint es weit länger Nacht als Tag auf der
Erde und die Erde mehr von Dämonen als von Menschen
bevölkert zu sein.

Mit mehr poetischem Sinn hat Kleist den Sonnam=
bulismus in die Literatur eingeführt: der Prinz von
Homburg und das Käthchen von Heilbronn sind Figuren,
deren poetischer Zauer durch das mystische Princip, das in
ihnen waltet, nicht beeinträchtigt, sondern vollendet wird.
Beider Nachtleben scheint nur ein Ausdruck für die Liebe
der Natur zu diesen ihren Geschöpfen, Seelen ohne Arg
und Falsch, zu sein, denen sie mit ihren innigsten Kräften
nah sein will. Dabei ist mit bescheidenem Takt vom Wunder=
baren Gebrauch gemacht, so daß es nur wie ein Leuchten
aus fernen Tiefen in die Wirklichkeit hineinfällt, und die
Atmosphäre des Stückes widerspricht diesen Blitzen nicht.
Durchaus angemessen ist Käthchen als gesundes, einfaches,
jungfräuliches Kind geschildert, die sich obendrein infolge
ihrer Liebe noch in eine Art von natürlichem Magnetismus
kleidet; bei dem Grafen von Strahl ist sein auf Doppel=
gängerei oder Fernwirkung beruhender Besuch beim Käthchen
durch Krankheit glaubwürdig gemacht. Weit schwieriger

war es, den nachtwandlerischen Prinzen in das preußische Lager zu stellen, doch ist das Wagniß vollkommen geglückt; nicht macht das Lager den Träumer lächerlich, sondern von ihm fällt ein poetischer Schimmer auf jenes.

Wenn sich in einem Menschen eine Leidenschaft erhebt, ihn selbst überraschend und überwältigend, und er machtlos zusieht, wie sie anschwillt und ihn und alles was er liebt zerstört, etwa wie im Othello, so liegt auch darin etwas Dämonisches. Solange aber die vom Willen unabhängige Macht aus der eigenen Natur des Menschen auftaucht und rechtmäßig ihm unterworfen sein sollte, wird in dem Zuschauer Furcht, Schrecken und etwa Mitleid erregt, nicht aber das Grauen, welches nur dann entsteht, wenn die feindliche Macht in einem dem Ich außerweltlichen Boden wurzelt. Das Hereinregieren fremder Gewalten in das Schicksal des Menschen ist die Grundlage der Schicksals-tragödie. Denken wir uns den Lebenslauf des Menschen aus zwei Kräften gebildet: Selbstbestimmung und Schicksal, so ist das Schicksal der südliche Pol, das für sich allein betrachtet wieder einen südlichen Pol hat, nämlich den Zufall. Es versteht sich, daß die Romantiker, nach Süden blickend, dem Schicksal einen bedeutenden Platz einräumen mußten; entspricht doch das Schicksal der Allgemeinheit gegenüber dem Einzelnen, der Natur gegenüber dem Geiste. Aber erst, als die romantische Bewegung selbst zum großen Theil von Menschen getragen wurde, die mehr gelebt wurden als lebten, die den allgemeinen Lebensströmen stets weniger Einzelwillen entgegensetzten, entstand die eigentliche Schicksalstragödie, in welcher nicht lebendige Wechselwirkung zwischen Mensch und Schicksal dargestellt ist, sondern der rathlose Mensch einem tückischen, unbegreiflichen Schicksal gegenübersteht.

In der antiken Schicksalstragödie vertritt das Schicksal wirklich die Allgemeinheit gegenüber dem Wollen des Einzelnen: wir empfinden hier eine geheimnißvolle Zusammengehörigkeit des menschlichen Geschlechtes, die stärker und wichtiger ist als der Anspruch des Einzelnen, und gerade weil garnicht für nöthig gehalten wird demjenigen, den das Schicksal zermalmt, eine entsprechende Schuld aufzubürden, um es zu rechtfertigen, das in seiner göttlichen Nothwendigkeit gar keiner Rechtfertigung bedarf, und weil der Mensch schlechtweg handelnd sein Leben lebt unbekümmert um das Schicksal, wie es unbekümmert um ihn ist, entstehen die grausigen Berührungen und vernichtenden Zusammenstöße, die uns erschüttern.

Zacharias Werner, der mit seinem 24. Februar die Schicksalstragödie begründete, schuf Menschen, die nicht mit starken Instinkten und großem Wollen leben, sondern die sich von wechselnden Trieben vorwärts stoßen lassen, dabei in abergläubischer Furcht nach dem Schicksal schielend, das ihnen auflauert; denn seinen Menschen entspricht sein Schicksal: er schuf kein großes, treibendes Schicksalsrad, das den Strom theilt und, indem es zahllose Tropfen aufrauschen und zerstäuben läßt, gewaltig regelt. Werner war selbst ein Mensch, der sich beständig Orakel machte und von dem Umstande, ob es heute regnete oder nicht, es abhängig sein lassen wollte, ob er die ewige Seligkeit gewänne. Bei ihm selbst haben wir den Eindruck, er könnte, je nachdem was für Wetter oder was für ein Datum ist, etwas Verbrecherisches oder etwas Gutes thun. So bringt Kunz Kuruth seinen Sohn um, nicht etwa, weil dessen Anblick und Art dunkle Erinnerungen und Leidenschaften in ihm weckt oder weil eine Verkettung von Umständen ihn dazu zwingt; sondern weil der 24. Februar ist, weil die grausige Nachtstimmung es ihm suggerirt, weil zufällig diese Anwandlung unter hundert andern die Oberhand behält. In der Goethe'schen Iphigenie drängt Elektra dem Bruder, der den Muttermord im Herzen wägt, den alten Dolch auf, mit dem die Bluttthaten des verfluchten Hauses begangen wurden; aber er bleibt immer nur das Werkzeug, dessen Orestes sich bedient, die Schuld nimmt er allein auf sich. In der Ahnfrau von Grillparzer hingegen wird ein bedeutender Antheil am Vatermorde auf den Dolch abgewälzt. Ein geheimnißvolles Licht geht von ihm aus, das in Jaromir's Seele zündet.

> Lockend seh ich her dich blinken,
> Und mein Schicksal scheint zu winken.

Hier ist der Fehler gemacht, daß das Unbewußte bewußt gemacht wird: bei Shakespeare heult wohl der Sturm bedeutungsvoll in den Schicksalsnächten, weil der große Zusammenhang des Weltganzen es so mit sich bringt; in den Schicksalstragödien ist das Wetter die Hauptsache und stimmt die Menschen zu ihrem Thun und Lassen.

Seit dem 24. Februar begannen die Schicksalstragödien mit Vorliebe damit, daß bei sehr schlechtem Wetter in öder Gegend jemand ängstlich erwartet wird. Zwar erscheint der Betreffende diesmal noch in dem Augenblick, wo die Aufregung unerträglich wurde, aber man fühlt, daß es nur ein Hinhalten ist, und die schreckhafte Stimmung läßt während des ganzen Stückes nicht nach. Wenn eine Thür geht, wenn ein Gegenstand fällt, eine Uhr schlägt, überläuft jedermann ein Zittern; man merkt, daß das Schicksal, anstatt seinen großen Gang zu gehen, wobei es den Einzelnen zermalmt, gerade weil es seiner nicht achtet, schadenfroh durch die Thürritze sieht und zuweilen anklopft, um zu sehen, wie seine Opfer sich winden.

Auf das rechte Maaß zurückgeführt, wäre das bange Gefühl, daß neben unsern eignen andere, unsichtbare Hände am Teppich unseres Lebens mitweben und unser Muster verändern und zerreißen, im schönsten Sinne romantisch. Die Verschiebung des Schwerpunktes nach Süden zerstört die Wirkung: der Mensch ist nur mehr die Somnambule, die das Schicksal magnetisirt hat. Dementsprechend haben die Personen beständig Träume, Visionen und Ahnungen.

> Walter, mir wird bang zu Muth.
> Hm, mir auch und ohne Grund.

In dieser Lage befindet sich meistens auch der Leser oder Zuschauer der Schicksalstragödie. Im Grunde ist es die Bangigkeit eines Kindes oder ungebildeten Menschen, der überall Gespenster und böse Geister wittert und sich seiner Ohnmacht ihnen gegenüber bewußt ist.

E. T. A. Hoffmann ahnte stets Schreckniffe, die unver= sehens in sein Leben treten würden, und die Freude am Guten wurde ihm beeinträchtigt durch die abergläubische Ueberzeugung, daß der Teufel, wie er zu sagen pflegte, auf alles seinen Schwanz lege.

> Wo er eine Blöße finde,
> Späht der Teufel sonder Rast;

heißt es bei Müllner, und ein andermal bei demselben:

> Die Hölle ist offen,
> Und ihr falber Widerschein
> Leuchtet in die Nacht hinein,
> Daß die Wege sichtbar werden,
> Die der Teufel geht auf Erden.

In der That, ein Teufel ist das Schicksal, dessen Tücke man fürchtet, nicht eine Gottheit, die man scheut oder mit der man in titanischer Ueberhebung den Kampf auf= nimmt. Der schleichende Teufel der Schicksalstragödie sucht sich wehrlose Opfer; man könnte auch umgekehrt sagen, daß die passive Furchtsamkeit der Helden die Mordlust im Schicksal reizt, wie das den Gesetzen der Seelenkunde entspricht. Diese Leute sind von vornherein überzeugt, daß es auf ihr Wollen im Leben garnicht ankommt.

> O der Hölle Macht ist groß,
> Und an einer Fiber Bebung
> Hängt die Wonne und der Graus.

Sie hängen nicht organisch mit ihren Thaten zusammen, glauben nicht an sie, stehen nicht für sie ein.

Die Fabel von Grillparzers Ahnfrau hat den Vorzug, daß das Schicksal von einer verbrecherischen Aeltermutter ausgeht, die ihre verhängnißvollen Leidenschaften oder doch ihre Art und Wesen auf Kinder und Kindeskinder vererben könnte, wodurch denn der Zusammenhang mit ihr und die Theilhaberschaft an ihrem Frevel veranschaulicht wäre. So hat Goethe die Sage von Tantalus bearbeitet, dessen Geschlecht den Fluch der Götter, der ihn traf, mit übernimmt, zugleich aber seine Leidenschaft und Ueberhebung ererbt und sich ausdrücklich mit ihm eins fühlt. Grillparzer hat die Ahnfrau der Familie, die er uns vorführt, willkürlich angeflickt, wir empfinden die Zusammengehörigkeit so wenig wie die Nachkommen selbst. Des Dichters Versuch, Jaromir und Bertha durch die Heftigkeit ihrer Liebe an der Schuld der Ahnfrau theilnehmen zu lassen, ist schwächlich ausgefallen; seine Personen leben in dem Bewußtsein, Menschen zu sein, „die das Schicksal hat gezeichnet," ein „mächtiger Finger" bemüht sich, sie zu Falle zu bringen, und wer die That thut, ist doch nicht für sie verantwortlich.

> Tiefverhüllte, finstre Mächte,
> Lenkten seine schwache Rechte.

Nicht der fromme Glaube an eine regierende Weisheit läßt sie den Ausgang der Dinge in Gottes Willen befehlen, nicht die Ahnung geheimer Kräfte, die in unser Dasein eingreifen, macht sie in entscheidenden Stunden zögern und erschauern, sondern, überzeugt daß Zufall und Schicksalstücke walten, lassen sie sich gehen und verschleudern kläglich ihr edelstes Menschenthum.

> Wo ist der, der sagen dürte,
> So will ich's, so sei's gemacht!
> Unsere Thaten sind nur Würfe
> In des Zufalls blinde Nacht.

Geschmackloser drückt Müllner denselben Gedanken aus:

> Thun? Der Mensch thut nichts. Es waltet
> Ueber ihm verborgener Rath,
> Und er muß, wie dieser schaltet.
> Thun? Das nennst du eine That?
> O ich bitt' dich, laß das ruhn!
> Alles, alles hängt zuletzt
> Am Real, den meine Mutter
> Einer Bettlerin verweigert!

Und, was mehr bedeutet, als daß die Personen so reden, es ist in der Schicksalstragödie so. Die Greuelthaten in Müllners Schuld sind wirklich nur der Prophezeiung der Zigeunerin zuliebe geschehen; das Orakel in der Braut von Messina dagegen und vollends die Wahrsagung der Hexen im Makbeth bildet eigentlich gar kein Glied im Kausalzusammenhange der Handlungen, sondern ist der poetischen Wirkung wegen da, gleichsam ein präludirender Akkord aus verbundenen Schicksals- und Seelentönen.

Feiner hat Mörike im Maler Nolten das Verhältniß zwischen Mensch und Schicksal abgewogen. Das Zigeunermädchen, ohne daß er es ahnt des Helden nahe Blutsverwandte, erscheint als Sinnbild der dunklen Unterströme seines Wesens, die ihn von dem Wege, den sein Bewußtsein

ihm vorschreibt, weglocken in Verwirrung und Untergang.
Ihr unglückbringendes Auftreten deutet auf verborgene Be-
züge, auf das Hereinragen fremder Daseinswellen in seine
Seele, die aber den Charakter des Unterirdischen, Unbe-
wußten bewahren. Gerade weil das Bewußtsein der
Menschen ganz in der Tageswelt lebt, ergreift es uns —
ohne daß Gespensterfurcht erregt wird — sie nächtlichen
Einflüssen preisgegeben zu sehen.

Familienbeziehungen, die auf einer vielleicht nie ganz
zu ergründenden Gemeinsamkeit des Blutes, auf Begegnungen
und Verschlingungen der Seelen beruhen, bilden häufig die
Unterlage geheimnißvoller und grausiger Vorgänge, wie sie
die Romantik liebt; in den Elixiren des Teufels, in der
Ahnfrau, der Schuld und vielen anderen Dichtungen.

Die Wechselmorde in Kleist's Familie Schroffenstein
hängen ganz ausdrücklich von einem Zufall ab, nämlich von
dem kleinen Finger, den die Waldfrau dem ertrunkenen
Kinde abgeschnitten hat. Hier war indessen keine Schicksalstragödie beabsichtigt, sondern wirklich sollte die schaurigste
Wirkung durch die Eröffnung erzielt werden, daß ungeheure
Dinge, das Verderben zweier Familien, aus einem albernen
Versehen hervorgegangen sind. Aber instinktiv hat Kleist,
weil er ein viel größerer Dichter war als Werner und
vollends Müllner, seine Personen so gemacht, daß sie keineswegs wie hilflose Opfer eines Zufalls erscheinen, und man
könnte füglich von dem Schluß, der jene Eröffnung enthält,
ganz absehen, ohne dem Stück etwas Wesentliches zu nehmen.

In der neuesten Literatur haben die kleinen Stücke
von Maeterlinck den Beweis geliefert, wie schwer es ist,
uns den Hauch des Schicksals spüren zu lassen, ohne uns
zugleich in Angstgefühlen zu ersticken. Mit einer Technik,
die bewundernswerth ist, verglichen mit der Romantik im

Anfange dieses Jahrhunderts, werden wir in eine beklommene Stimmung versetzt, die sich bis zum Alpdruck steigert; die Menschen sind hilflos und traurig wie der kleine Tintigeles und das Schicksal sitzt allmächtig und grausam hinter eisernen Thüren. Unvergleichlich künstliche Mittel erzielen am Ende doch nur die Wirkung von Gespenstergeschichten. Die klare, freie Welt des Bewußtseins ist ausgelöscht, und wir befinden uns ganz auf der Nachtseite.

Romantischer Katholicismus.

Man könnte den Katholicismus die Nachtseite des christ=
lichen Glaubens nennen. Wir haben entsprechend den zwei
Gruppen, in welche ich die Romantiker eingetheilt habe, zwei
Arten von Katholicismus zu unterscheiden: die romantischen
Naturen neigten zu ihm als zum südlichen Pole der christ=
lchen Religion, die romantischen Denker feierten ihn als
„über den Polen" stehend. Oder: jene meinten den alten,
im Gegensatz zu den Protestantismus bestehenden Katholi=
cismus, das christliche Heidenthum, diese eine neue Religion
ohne Gegensatz, Protestantismus und Katholicismus, Heiden=
thum und Christenthum umfassend. Sie legten in den
Katholicismus alles, was die modernen Menschen seit Friedrich
Schlegel und Schleiermacher von der Religion verlangt hatten,
und bezogen sich dabei nicht auf die Kirche, wie sie in Wirk=
lichkeit ist, sondern auf ihre Idee, besonders wie einige
mittelalterliche Kirchenlehrer sie auffaßten, und auf die Möglichkeiten ihrer Entwickelung. In den Mythologien ist die
Nacht einmal die Mutter aller Dinge, zu der auch alle
Dinge wiederkehren, daneben aber erscheint sie auch als
Schwester des Tages; so ist der Katholicismus sowohl die
christliche Ur=Religion, aus der der Protestantismus hervor=
ging und mit der er sich wieder vereinigen wird, wie auch
der Gegensatz des Protestantismus, der Einzel=Religion.
Als jene All=Religion über den Polen faßten ihn Baader,
Görres, Schelling, Daumer, Passavant — als Gegensatz
zum Protestantismus Brentano, Werner, Jonas und Philipp

Veit und die Mehrzahl der romantischen Convertiten. Schelling
unterschied die petrinische (katholische), paulinische (protestan=
tische) und die johanneische, die Kirche der Zukunft, in
welcher die ersten beiden sich ausgleichen. Man könnte
ebensogut sagen die unbewußte und die bewußte, die natür=
liche und die geistige, die männliche und die weibliche, und
die dritte, welche die getrennten Pole zusammenfaßt.

Sehr lehrreich ist die Geschichte von Daumer's Uebertritt
zur katholischen Kirche. Daumer wird geschildert als ein zarter,
inniger, menschenscheuer Einsiedler, ein dichterischer Philosoph
und philosophischer Dichter, dem das Bedürfniß nach ab-
gerundeter Weltanschauung zur Leidenschaft wurde, die sein
Leben erfüllte. Durch seine Reizbarkeit fühlte er sich oft
von den Menschen abgestoßen, liebte aber schwärmerisch die
Thiere, das Unbewußte in der Natur. Ebenso hielt er es
im weiteren Kreise zwischen Geist und Natur: wie ein Kind,
das sich vor dem strengen Vater zur Mutter flüchtet, die
sein Gefühl versteht, klammerte er sich, von Gott dem Geiste
abgewandt oder eigentlich ihn leugnend, an die mütterliche
Natur. Das Christenthum erschien ihm nur in der spiri-
tualistischen Form, in der es im Mittelalter sich vorzüglich
darstellte, als das Fleisch asketisch bekämpfend, die Natur
dem Teufel zuweisend, und als solches verfolgte und be-
schimpfte er es. Nichts ließ er von der Kirche gelten als
den Marienkultus: das Weib, die Vertreterin der Mutter-
und Menschenliebe, die große Fürbitterin, die zugleich Dienende
und Herrschende, war ihm ein Symbol der Natur, das sich
unbegreiflicherweise in die Molochs-Religion hineinverirrt
hätte. Den Marienkultus wollte er zum Mittelpunkt der
neuen Religion machen, die sich, wie er meinte, aus den
übereinstimmenden Ideen der größten Geister unter den
Menschen herausbilden müsse.

Die überwiegende Liebe zur Natur findet sich vielfach bei den Romantikern, bald als kindlich zärtliches Sichanschmiegen wie bei Justinus Kerner und Schubert, bald als kindliche Zuversicht des naiven Sinnenmenschen, dem es thöricht vorkommt, daß es außer ihr, der den Sinnen sich offenbarenden, noch ein Princip, den Sinnen nicht zugänglich, geben sollte. Auf diesem Standpunkt stand Schelling im Beginne seiner Laufbahn; es war kein materialistischer, aber ein pantheistischer, der Gott nicht anders als in der Natur begreift. Wenn ein Umschwung erfolgt, so hängt das hauptsächlich mit der zunehmenden geistigen Entwickelung des Menschen zusammen. Bei Daumer soll der Anlaß seiner Sinnesänderung die Stelle in einem Werke von Charles Nodier gewesen sein, wo dieser sich in Träumereien über die wahrscheinliche Entwickelung der organischen Schöpfungsreihe über den Menschen hinaus ergeht. Die Idee eines „Zukunftsmenschen" eröffnete ihm neue Aussichten, er begeisterte sich und fand, daß sich ihre Möglichkeit nicht nur durch die Naturwissenschaft, sondern auch durch die christliche Religion erweisen ließe. Es ging ihm auf, daß die Lehre von der Wiedergeburt auf die ganze Menschheit, und zwar nicht sinnbildlich, sondern wirklich anzuwenden sei, daß Christus, bedeutungsvoll „des Menschen Sohn" genannt, als der Erstling der umgewandelten Menschen aufgefaßt werden müsse, daß die Begriffe vom jüngsten Tage, vom Gericht, vom neuen Himmel und der neuen Erde, vom zweiten Adam in diesem Sinne ihre richtige Erklärung fänden. Die Worte des Apostel Paulus „In Christo gilt nichts als eine neue Kreatur" schienen ihm, wie er sie jetzt verstand, einen hohen, auf erreichbare irdische Zukunft deutenden Optimismus auszudrücken.

Nachdem er diesen Standpunkt einmal gewonnen hatte,

sah er den mittelalterlichen Spiritualismus nur mehr für eine Richtung an, die nicht nothwendig zur katholischen Kirche gehöre. Neben dem Marienkultus bewies ihm die Liebe vieler Heiligen zu den Thieren und die Lehre von der Auferstehung des Fleisches, daß die Natur keineswegs dem Geiste geopfert werden sollte. „Der Katholicismus", so äußert er sich nun, „ist ein Kuß, den der Himmel der Erde und die Erde dem Himmel giebt. Er ist die große heilige, sinnlich-geistige und geistig-sinnliche Verbindung und Wiedervereinigung zweier im Zwiespalt aus einander ge= tretener, doch nie völlig zu trennender und nur in ihrer innigsten Verschmelzung das Wahre, Vollkommene, Genügende darstellender Sphären der Existenz, des Bewußtseins und der allgemeinen Lebensentwickelung."

Dasselbe hatte von jeher Baader sich bemüht begreiflich zu machen, daß Gott keineswegs naturlos, sondern naturfrei zu denken, daß er die Union von Geist und Natur sei. Auch für Baader waren Christus und Maria Zukunftsideale, an= drogyne Wesen, wie Adam vor der Erschaffung der Eva war und wie er dereinst wieder werden sollte. Der ein= flußreiche Bischof Sailer stand auf demselben Standpunkt. „Aus der Menschwerdung Gottes folgt ja von selbst" sagt sein Schüler Diepenbrock, „daß das Christenthum allen in der menschlichen Natur liegenden Kräften und Anlagen ihr Recht will widerfahren lassen."

Ferner fand Daumer mit Genugthuung in der katholischen Kirche den Trieb, das Geglaubte auch vernunftgemäß zu begreifen. Gehörten doch die Kirchenväter zu den hervor= ragendsten Philosophen ihrer Zeit, und hatte ihrer einer doch den Ausspruch gethan: Credo sed intelligere desidero, ich glaube, aber ich möchte wissen. Daumer, Baader, Görres, Passavant betrachten die Vereinigung von Glauben und

Wissen — was im Grunde dasselbe bedeutet wie Vereinigung von Katholicismus und Protestantismus — als eine hauptsächliche Aufgabe ihres Strebens und ließen dem Protestantismus durchaus Gerechtigkeit widerfahren. Daumer hielt es für wünschenswerth, daß die Ergebnisse protestantischen Denkens und Dichtens in den Katholicismus hereingezogen würden. Görres sprach mit Achtung von der Reformation, die „zu Recht gesessen, um den Verfall der alten Zucht in und außer der Kirche, die Erstarrung des höheren geistigen Lebens zu züchtigen." Der Gegensatz von Katholicismus und Protestantismus sei derselbe wie auf politischem Gebiete der des Historischen und Radikalen und in seinem innersten Grunde „in seiner höheren Einheit leicht erkennbar." Jetzt müsse sich die katholische Kirche näher als je an ihre Einheit schließen, die protestantische dagegen die Reformation in der begonnenen Richtung fortführen, bis überall die Gewalt bei der Gemeinde sei. Es wäre dann auf dem Wege der Allheit dasselbe Verhältniß hergestellt, das der Katholicismus auf dem Wege der Einheit suche. „Es ist eine Irrlehre, daß nur der Glaube im höheren Licht wandle, die Vernunft aber, ein durch Hochmuth gefallener Geist, in der Finsterniß regiere; Hochmuth ist nur ein zeitliches Verderben; da er in der Kirche eingerissen, ist die Kirche in der Rückwirkung erstarrt; die Vernunft aber, wenn sie seiner sich entschlagend, in lauterem Streben und reingeistig dem angeborenen Freiheitstriebe bis zum Ende folgt, wird am Ziele sich an der Stätte wiederfinden, wo sie ausgegangen, und Glauben und Wissen wird in der rechten Ueberzeugung sich als eins bewähren."

Das Verlangen nach einer allumfassenden, einer Einheitskirche, entsprach überhaupt durchaus der auf die Einheit gerichteten Anschauungsweise der Romantiker. Ein Monument von erhabener Pracht hat Görres in seiner christlichen Mystik der Kirche errichtet.

Zwei Urlehren der Menschheit legt er uns dar, den Monismus und den Dualismus, beide groß gedacht und von hinreißender Folgerichtigkeit. Nach der einen ist Gott der allein wahrhaft Seiende und Ewige, das Böse ist ein Geschaffenes, zu erklären aus Mißbrauch der Freiheit. Es hat nicht eigene Daseinskraft, um sich zu tragen, da es die Schwere selbst, eigentlich das Nichts, das Unlebendige ist; das Gute, Leichte, Lichte muß es überwinden. Nach der dualistischen Lehre ist das Böse von Ewigkeit, ein selbstständiges Sein wie das Gute. Der Teufel steht Gott als seinesgleichen gegenüber, allmächtiger Herrscher im Reiche der Sinnlichkeit wie Gott im Reiche des Geistes.

Aus dieser Lehre, die in der ersten christlichen Zeit als Manichäerthum, später als Lehre der Albigenser von neuem auftauchte, ist, nach Görres, jede Ketzerei abgeleitet. Ihre Bekenner zeichnen sich oft durch mönchische Strenge aus und werfen der Kirche allzu weitgehende Nachsicht mit Sündern vor; dennoch ist es eine Irrlehre von höchster Gefährlichkeit. Die Trennung des Sinnenreiches vom Geisterreiche entreißt der Kirche die bildsamste Menschlichkeit und überweist sie dem Teufel. Mit entsetzlichem Sophismus kann der heuchlerische Sünder sein Fleisch und seine Sinne, als das, woran Gott doch keinen Theil hat, unbeherrscht ihren Trieben überlassen. Die Kirche dagegen will den Menschen ganz, will seine Sinne nicht tödten, sondern sie verklären. Auch Adam Müller sagt gelegentlich, die absolute Trennung der Sinnenwelt vom Geisterreiche sei höchste Sünde, und eben deshalb bestehe die Kirche so unbeugsam auf der Transsubstantiation.

Den Wunderbau dieser Altkirche erhebt Görres in seiner

Mystik. Aus den Elementen des Guten und Bösen thürmt er ihn zusammen, und ein ungeheures Weltendrama führen Licht und Finsterniß an seinem Gerüste auf. Der Geist rüstet sich zum Kampfe mit der Schwere, treibt mit göttlichem Hauch die Riesenpfeiler und bläht die Gewölbe. Auf Gesimsen und Bögen stehen in Reihen die Seligen und Heiligen, die, welche überwunden haben und die, welche noch ringen, überirdisch schlank, leidend, anbetend, todtverachtend. Dazwischen hervor grinsen Thierfratzen und verzerrte Menschengesichter, springen Drachen, Kobolde und drohende Teufel. Phantastische Blätter und Gestalten, Gluth der Farben, reizende Verwirrung der Linie, jeder Zauber und Schrecken der Natur breitet sich über das Münster und dient seiner Herrlichkeit. Am Ende aber löst sich der Streit, und auf der Spitze des durchbrochenen Thurmes ist der Stein in eine geöffnete Blume verwandelt.

So wirkt das merkwürdige Buch, das die Geschichte der Menschheit in ihrem Kampfe mit Dämonen und ihrer Sehnsucht nach den Himmeln, verschworen mit dem Bösen und bestimmt für das Göttliche vor uns entrollt.

Passavant, von französischen Hugenotten abstammend, trat niemals zur katholischen Kirche über, obwohl er ihr sehr zugeneigt war, und obwohl er die innigste Verehrung für Sailer hatte und zeitlebens warm befreundet mit Diepenbrock blieb. Da seiner Meinung nach zur wahren Kirche der Protestantismus so gut gehörte wie der Katholicismus, wäre ein Religionswechsel für ihn sinnlos gewesen. Indessen arbeitete er ernstlich an einer Union, für welche er die Zeit gekommen hielt, da man schon so vielfach anfing, die beiden Richtungen als Polaritäten anzusehen, als einen Gegensatz also zwischen zweien, die sich wechselseitig voraussetzen und in einem Dritten eine innere Einheit haben. „Wie bei der beginnenden Trennung früherer Jahrhunderte die Gegensätze immer schärfer auseinander gingen und sich zum Widerspruch steigerten, so würden bei der beginnenden Versöhnung die Widersprüche sich wieder zu Gegensätzen umgestalten und diese als complementäre Farben zum Lichte einer höheren Wahrheit verwandelt werden."

Sailer stand solchen Plänen sehr nahe, und Diepenbrock ermunterte Passavant lebhaft, durch gründliche wissenschaftliche Beleuchtung der streitigen Punkte einer gegenseitigen Annäherung den Weg vorzubereiten. Passavant behandelte denn auch eine Reihe von Dogmen, die er für besonders schwierig hielt, nämlich die Lehre von der Erbsünde, der Erlösung, der stellvertretenden Genugthuung und einige andere in feinster Weise und von einem hohen und freien Standpunkte, so daß viele von den Gebildeten beider Kirchen die gemeinsame Grundlage gewiß herausgefunden hätten. Wie anders es im praktischen Leben aussah, mußte Diepenbrock selbst erfahren, als er i. J. 1845 als Fürstbischof nach Breslau kam, wo die Stimmung zwischen den Confessionen so gehässig war, daß er selbst auf offener Straße verfolgt und verhöhnt wurde.

Für die andere Gruppe von Romantikern, deren Typus Tieck oder Brentano anzeigt, war keine Idee zum Anschluß an die Kirche maßgebend, sondern ihre natürliche Anlage: Sinnlichkeit, Reizbarkeit, Schwäche. Wo jeder Reiz das entsprechende Gefühl schnell auf einen solchen Hitzegrad treibt, daß es in's Bewußtsein übertritt, ist auch ein empfindliches Gewissen vorhanden, das Wahrzeichen des religiösen Gemüthes. Sowohl Werner wie Brentano waren beständig von einem wahren Verbrecherbewußtsein erfüllt, zerknirscht wie arme Sünder, der Erlösung sich bedürftig fühlend. Während der Selbstbewußte und Willensstarke auf eigenen Wegen die Wahrheit suchen will, also der geborene Protestant ist, verlangt derjenige, der von heißen Trieben hin- und hergerissen wird und ihnen keine Widerstandskraft entgegensetzen kann, eine Hand von oben, einen außer ihm befindlichen Retter und eine Autorität, die ihm Halt giebt. Der Protestantismus, der den Einzelnen auf sich stellt, ist keine Religion im eigentlichen Sinne, als welche ein Band zwischen den Menschen und dem All sein soll, jedenfalls keine, die dem Schwachen, in dem sich noch kaum ein festes Mittelpunkts-Ich entwickelt hat, genügen kann.

Vom Gedanken aus fand Brentano nie eine Brücke zum Katholicismus; als ihn Luise Hensel zuerst darauf hinwies und er sein Wesen mit der Einsicht zu erfassen suchte, erschien er ihm „leer, todt und grau, theilweise wie eine politische Organisation, theilweise eine gräßliche, scheußliche Magie." Kaum hatte der edle Sailer Macht über ihn gewonnen, als gegenüber der persönlichen Befriedigung, die ihm wurde, jeder Zweifel, ja überhaupt jedes Bedürfniß nach Ergreifen und Billigen der Lehre schwand. Das gänzliche Unterwerfen unter einen geistlichen Oberen entspräche seiner Natur allein, hatte er gesagt; und einen solchen, einen milden, überlegenen, durch religiöse Weihe verklärten Menschen fand er nun in Sailer. Die Aussicht zu beichten, die Last des eigenen Seins auf einen alles begreifenden und verzeihenden Menschen, einen Stellvertreter Gottes, abwerfen zu können, lockte ihn in den Schooß der Kirche. Die Beichte hat bei den meisten Convertiten romantischer Art nach ihrem eigenen Geständniß die größte Rolle gespielt. Wir haben bei Clemens und Bettine gesehen, wie mächtig das Bedürfniß dieser Naturen war sich auszuströmen. Ihre Briefe waren nichts anderes als Beichte, die man in der Jugend wohl ohne Besinnen irgend einem hochverehrten älteren Haupte, ja wohl einem ruhigen Freunde, einer Freundin oder Geliebten ablegt. Ein rechter Beichtvater für Freunde war Justinus Kerner. Lenau, der wie Brentano schwer an sich selbst zu tragen hatte, sagte ihm einmal nach erfolgter Aussprache: „Die Beichte war mir nothwendig. Du trägst jetzt mit mir.“ Nicht jeder aber hatte die Gabe selbstlosen Aufnehmens anderer, und auf der anderen Seite hielt auch wohl den ältergewordenen Eitelkeit und Scham zurück, sich einem ganz in Demuth hinzugeben, der nur ein Mensch wie er selbst war. Wer würde sich nicht gerne von Gott selbst erkennen und durchschauen lassen? Es war bedeutungsvoll für die katholische Kirche, daß es einige Priester gab, Sailer in Deutschland, Ostini in Rom, die ein liebevolles Verständniß für die hülfesuchenden Verirrten bei eigener, vorwurfsfreier Haltung, die nichts erzwungenes hatte, sondern aus harmonischem Wesen natürlich hervorging, zu Vertretern göttlicher Güte und Weisheit geeignet machte.

Zu einer Zeit, als sein Umschwung nach der Kirche hin noch fern lag, erzählte Clemens seinem Freunde Arnim: „Als ich noch klein und fromm war und zur Beichte ging, empfand ich immer tiefe, freudige Bangigkeit, eh' ich in den Beichtstuhl trat. Da die Zeit mir den Glauben genommen hatte, so konnte sie mir doch nie das Bedürfniß dazu nehmen. Meine Liebe, meine Hinneigung zu anderen waren die Sakramente, von welchen ich oft allen himmlischen Trost begehrte.“

Von der Wohlthat der Erleichterung des Gewissens durch die Beichte, spricht auch Schütz, ein Freund Tieck's, dessen Erstlingswerk Lacrimas Wilhelm Schlegel in den hoffnungsvollen Zeiten der Romantik herausgegeben hatte. „Niemals werde ich die geistige Wonne vergessen, die der Herr mir schenkte, nachdem ich zum ersten Male meine Sünden gebeichtet, die Absolution erhalten und das Abendmahl genommen hatte." Liest man Christian Brentano's Schilderung von dem Zustand, in dem er sich befand, bevor er seine erste Beichte ablegte, wie er auf dem Wege zu dem betreffenden Priester von Angst und Sehnsucht wechselweise gemartert und zum Himmel erhoben wurde, als ginge es zur Begegnung mit einer Heißgeliebten, so hat man den Eindruck, daß es sich hier um ein zwingendes Bedürfniß der Seele handelte, ihre Last von sich zu werfen.

War nun das geschehen und die Seele fühlte sich frei und leicht, so trat bei den meisten Convertiten an die Stelle früherer Unruhe und Verwirrung eine kindliche Heiterkeit, die wohl hie und da an das kindische streift. Schon Dorothea Schlegel erzählt, wie fröhlich der Tag verläuft, wenn man frühmorgens die Messe gehört hat, wie gut hernach, im Winter wenn es kalt ist, der warme Kaffee schmeckt, wie man überhaupt die guten Gaben des Lebens so harmlos genießt. Auf diese Heiterkeit war man stolz, fühlte sich an ihr so recht als Kind Gottes. Die Verantwortung für alles Thun und Treiben war abgeworfen: manchen mag ähnlich zu Muthe gewesen sein wie einer jungen Frau, die einen guten Mann bekommen hat, der für sie denkt und sorgt und sie auf sicheren Händen trägt, ohne von ihr etwas anderes zu verlangen als Liebe und Hingabe, bei deren Eintreibung noch dazu sehr nachsichtig vorgegangen wird.

Bei den Brüdern Brentano kam noch das hinzu, daß sie durch die Propaganda für die Kirche eine Art von Beruf bekommen hatten, ferner, daß ihnen ein gewisser Freundes= kreis gegeben war, an dem sie keine Kritik üben und in dem sie ihren Witz nicht ohne eine gewisse Vorsicht und Be= scheidenheit glänzen lassen durften. Für Clemens, der so große Angst vor dem Alleinsein hatte, aber stets seine besten Freunde, getrieben durch den Teufel, den er im Leibe hatte,

mit irgend einer Grimaſſe von ſich ſtieß, war es eine Wohl=
that, daß gegenüber Glaubensgenoſſen, ſofern ſie eifrig in
der Religion waren, Kritik ausgeſchloſſen war. Er ſtand
nun mitten in einer Schaar, deren Zuneigung er gewiß
ſein konnte, weil ſie weniger ſeiner Perſon als ſeinem Be=
kenntniß galt. Allerdings mußte manches geopfert werden:
die Eitelkeit, die Spottluſt, der kecke Witz, dem nichts heilig
iſt, und das mochte Clemens zuweilen ſchwer werden.
Wilhelm Grimm ſchrieb einmal an Görres über ihn, während
er am Krankenlager der ſtigmatiſirten Nonne Emmerich war:
„Ich glaube, es quält ihn ſelbſt am meiſten, daß es Stunden
giebt, in welchen er nicht weiß, was wahr in ſeiner Ge=
ſinnung iſt und um was es ihm wirklich zu thun iſt.“ Und
Görres antwortete: „Ob er gleich den böſen Feind, den er
im Leibe hat, mit frommen Betrachtungen in Abſtinenz hält,
iſt deſſen feſtes Temperament doch nicht ſo abgeſchwächt, daß
er nicht von Zeit zu Zeit ſich wieder aufrichtet und den
Herrn im Hauſe ſpielen will.“

Es iſt eigen, wie trotz aller Heiterkeit, die die Con=
vertiten zur Schau trugen und wohl auch zu beſitzen glaubten,
zeweilen durchblickt, daß ihr Anſchluß an die Kirche im
Grunde doch eine Verzweiflungsthat war, ein letzter Rettungs=
verſuch oder doch etwas Erzwungenes. Overbeck trat als
junger Mann über, nicht wie Werner entnervt und ent=
kräftet, augenſcheinlich weil er der Ueberzeugung war, ein
vorgeſchriebener Glaube mit beſtimmten Symbolen ſei dem
religiöſen Maler der er nun einmal ſein wollte, nothwendig,
ſodann, weil er ſich nach einer Autorität im Denken ſehnte.
Brentano war dankbar, überhaupt eine Meinung zu be=
kommen — denn eigentlich hatte er nie eine ernſtliche über
ernſte Dinge — Overbeck wollte unter verſchiedenen, zwiſchen
denen er ſchwankte, eine beſtimmte angewieſen bekommen.

Oſtini's Hinweis, es könne doch nur eine Wahrheit geben, und die sei in der Kirche, wo die Tradition sei, überzeugte ihn. Seitdem befriedigte ihn der Gedanke, daß er nicht mehr ſchwankenden Anſichten preisgegeben, ſondern auf den Felsgrund der Kirche geſtellt ſei. Er und ſeine Genoſſen waren im Grunde der Meinung, wenn ſie nur denſelben naiven Glauben hätten wie Fieſole und Boticelli und Rafael, könnten ſie auch ebenſo ſchön malen; auch kam es wohl vor, daß ſie ſich vor der Kritik hinter der Heiligkeit ihrer Abſicht verſteckten. Wie es mit der Gläubigkeit Overbecks im Innerſten beſtellt war, und ob er Frieden aus ihr ſchöpfte, wer möchte das entſcheiden? Von der Reinheit ſeines Wandels, von ſeiner himmliſchen Sanftmuth und von der Demuth, mit der er ſich Gottes Willen unterwarf, berichten ſeine Freunde und Zeitgenoſſen. Ueberaus merkwürdig ſticht davon der Bericht eines jungen frühverſtorbenen Hamburger Malers ab, Erwin Speckter's, der als Overbeck's Jünger, von ſeinen Bildern begeiſtert, ungeduldig ihn zu ſehen, nach Rom kam. Ihn empfing ein langer magerer Mann mit wenig kurzem, geſchettelten blonden Haar, deſſen Augen trüb und unendlich leidend blickten. Ein gezwungenes ſüßes Lächeln begleitete jedes Wort, das er ſprach. Er trug eine Beſcheidenheit, ja Demuth zur Schau, die etwas Lächerliches hatte, und im Verein mit ſeiner übertriebenen Freundlichkeit nicht wohlthuend, ſondern unheimlich wirkte. Er kam dem jungen Speckter wie ein ſchüchterner Gefangener vor, der in jeder Ecke einen Späher fürchtet; das Weſen, glaubte er, müſſe angenommen ſein. Bei näherer Bekanntſchaft nahm Speckter ſein Urtheil im Ganzen nicht zurück.

Man kann nicht wiſſen, ob Erwin Speckter, wenn er länger gelebt hätte, nicht auch katholiſch geworden wäre. Er war ein irrender Pilger wie irgend ein Romantiker, sauste durch Höhen und Tiefen, fühlte sich wie auf ein ewig bewegtes Rad gebunden. Bald hob es ihn schwindelnd empor, und sein geblendetes Auge sah herrliche Luftschlösser; aber sowie er darnach greifen wollte, hatte sich das Rad schon wieder kopfunter in den Abgrund gedreht, um ebenso unaufhaltsam wieder nach oben zu schwingen. Er schwärmte für das ungebändigte Genießen des antiken Lebens, und wiederum lockte ihn jedes Kloster, das er sah, zum Bleiben.

Das Leben unter einer Regel, in einer bestimmten Gemeinschaft zog Naturen an, die entweder so schwach waren, daß sie sich vor dem Leben fürchteten, oder so schwach, daß sie eine innerliche ausschweifende Regellosigkeit, unter der sie litten, von sich aus nicht bemeistern konnten. Von der ersten Art waren die meisten der jungen Künstler in Rom, die man Nazarener nannte: der junge Schadow, ein „seraphischer, dem oberen Vaterlande eigentlich angehöriger" Mensch, der „jungfräuliche" Schlosser, der kindlich reine Philipp Veit, der himmlisch sanfte Overbeck, ihnen allen fehlte im Grunde die Kraft des Schaffens, weswegen sie sich instinktiv aneinanderschlossen und die Religion zu dem Quell machten, aus dem das wunderbare Vermögen in sie überströmen sollte.

Es ist eigenthümlich, daß auf die Bekehrung dieser gutartigen und unschuldigen Jünglinge ein gemeiner Mensch wie Zacharias Werner, den der Ekel und die Zerknirschung, mit der er sich im Schlamme wälzte (ein Schwein mit Gewissen), nur um so widerlicher macht, einen gewissen Einfluß haben konnte. Der sonderbare, schon durch seine Erscheinung abstoßende Mann durfte sich trotzdem großer Macht über die Menschen rühmen, besonders, wie er selbst sagt, über die vornehmen Klassen und innerhalb derselben über Frauen und körperlich kräftige Männer, zum Beispiel Militairs. Aber sogar Goethe, der ihn eigentlich hätte verabscheuen müssen, kam dazu, ihn einen „sehr genialischen" Menschen zu nennen, der einem Neigung abgewänne, wodurch man in seine Pro- ductionen, die einem erst „einigermaßen widerstehen" nach und nach eingeleitet werde. Sein Feuer, seine Offenheit, vor allem seine höchst originelle Persönlichkeit müssen den Gegenwärtigen bezaubert haben. Wer ihn liebgewinnen oder sich mit ihm versöhnen will, braucht nur bei E. T. A. Hoffmann zu lesen, wie die Serapionsbrüder, einmüthig, den unkräftigen, halbverrückten Dichter zu belachen und zu verdammen, plötzlich aber anderes Sinnes werden, als Theodor sein Bild auf den Tisch stellt. „Ist es möglich? Ja, unter diesen buschigten Augenbrauen glimmt aus den dunklen Augen das unheim- liche Feuer jener unseligen Mystik hervor, die den Dichter in's Verderben reißt! Aber diese Gemüthlichkeit, die aus allen übrigen Zügen spricht, ja dieses schalkische Lächeln des wahren Humors, das um die Lippen spielt, und sich ver- gebens zu verbergen strebt im lang gezogenen Kinn, das die Hand behaglich streicht. Wahrhaftig, ich fühle mich seltsam hingezogen zu dem Mystiker, der, je mehr ich ihn anschaue, desto menschlicher wird. — — Seht, er blinkt mit den Augen, er lächelt — gleich wird er etwas sprechen, das uns erfreut — ein göttlicher Spaß — ein fulminantes Witzwort schwebt auf den Lippen — nur zu — nur zu, werther Zacharias — genire dich nicht, wir lieben dich, verschlossener Ironiker!" Die Freundschaft blieb dem Sonder- ling treu; auch diejenigen, die seit seinem Uebertritt seine Gesinnungen nicht mehr theilen konnten, bewahrten Verständ- niß und Mitleid für den unglücklichen Mann, dem ein Giftkeim mit eingeboren war, der mit ihm wuchs, und für den, wie E. T. A. Hoffmann sagt, sein heißes Blut ein nur zu üppiger Dünger war.

Durch Schwäche und Sinnlichkeit war Werner von

vornherein für den Katholicismus bestimmt. Auch Frau von Staël, seine Freundin, urtheilt so; „er bedurfte der Stützen von allen Seiten." Während er unaufhörlich nach Anschluß suchte, an Freunde oder noch lieber an Gemeinschaften, schüttelte er ab, was sich an ihn zu lehnen suchte. Er entledigte sich dreier Frauen, denn er wollte nicht tragen, sondern getragen werden, und auf einen Brief Chamisso's, worin dieser nach seiner Freundschaft verlangte, antwortete er ablehnend: „Sie wollen mich als einen Freund, einen Retter, eine stützende feste Säule umarmen. Auch ich kenne diese Lage   Wir sind beide füglich unbehülflich und hülfsbedürftig; aber wir haben ja Gott." Seine ausschweifende Lebensführung schwächte ihn immer mehr; zwischen dem 30sten und 40sten Lebensjahre begann er sich vollständig erschöpft zu fühlen. In seinem Porträt sah er selbst die „erschlafften Züge eines von allen Gattungen des Leidens und der Freude geschwächten Menschen." Als er im Jahre 1804 um irgend eine Versorgung nachsuchte, schrieb er: „es gilt Rettung des letzten Restes eines verunglückten Künstlerlebens." Sechs Jahre später kam er, innerlich zusammengebrochen, irgend einer Wendung entgegentreibend, nach Rom, das sich aber zunächst keineswegs wunderthätig an ihm erwies. Es ging die alte, schlammige Bahn weiter, wie er in mehreren Gedichten besingt:

> Selbst in der sieben Hügel Schooß
> War das Gelüst mein Taggenoß,
> Mein Nachtgesell das Grauen.
> Gehetzt, der alten Sünde treu,
> Von Reu zur Gier, von Gier zur Reu,
> Selbst auf den heil'gen Bergen
> Hab ich gesündigt freventlich,
> Entwürdigt hab ich Rom und mich,
> Das will ich nicht verbergen.

Und weiter:

> Vergebens! den die Schuld verstockt,
> Der wird zum Abgrund hingelockt,
> Selbst durch der Schönheit Strahlen.
> Kunst, Andacht reizten mein Gelüst,
> Durch Roma's Tempel rannt ich wüst
> Genüssen nach und Qualen.

Nach seinem eigenen Geständniß war es die Lektüre der Wahlverwandtschaften, die ihn zu dem Entschluß brachte, nach Ottilien's Vorbild Entsagung zu geloben. Aus eigener Kraft würde er aber ein solches Gelübde kaum gehalten haben und suchte es deshalb durch äußerliche Förmlichkeiten zu stützen. Es ist bezeichnend, daß es die geistlichen Uebungen waren, die den noch Schwankenden endgültig zum Uebertritt zur katholischen Kirche bewogen. Diese Uebungen, von Loyola und Liguori wie es scheint mit feinster Kenntniß der Bedürfnisse kranker und sündiger Menschen zusammengestellt, bestanden in einer streng geregelten, klösterlichen Lebensführung, die von den Theilnehmern während einer gewissen Zeit unverbrüchlich mußte innegehalten werden. Jeder hatte sein Zimmer für sich, wo er sich in einen vorgeschriebenen Stoff zu versenken hatte, worüber er dem geistlichen Oberen Rechenschaft ablegen mußte. Gemeinsame Betrachtungen leitete der Geistliche, übrigens herrschte Stillschweigen, eine Vorschrift, die dem redseligen Werner, dessen Mund „immer von dem überging, wovon sein glühendes Herz voll war", große Selbstüberwindung kosten mochte. Die mäßige Kost und die körperlichen Bewegungen, die vorgeschrieben waren, regelten das Wohlbefinden in heilsamer Weise. Alles dies zusammen mit der strengen Zeitordnung brachte für einmal dem „eitlen Zeitvergender" und „ewigen Juden" Ruhe. Eine öffentliche Beichte wollte er nicht ablegen, weil „die Aufdeckung einer Pestgrube der Gesundheit der Herumstehenden, noch Unangesteckten gefährlich sei"; man kann daraus schließen, daß er sich mit der Beichte einen gehörigen Haufen Unrath von der Seele ablud und, wie die übrigen Convertiten, auch dadurch eine bedeutende Erleichterung verspürte. Der Segen dieser Zeit hielt nicht so an, daß nicht die Anfälle von Angst, Reue und Zweifel wiedergekommen wären, und auch die Priesterweihe konnte nichts anderes aus ihm machen als was er war: ein früh gealteter, erschöpfter, armer, zerrissener Mensch. Immerhin wirkte der Zwang, den seine Stellung ihm auferlegte, das Ansehen, das sie ihm gab, die Thätigkeit des Seelenrettens, die sie ihm nahelegte und die seiner Begabung entsprach, wohlthätig.

Ist es den meisten Menschen schon eine Genugthuung, wie man täglich beobachten kann, einem Verein anzugehören, wie viel mehr muß das Bewußtsein heben und stärken, Glied einer uralten, an Gott selbst anknüpfenden Kirche zu sein, der die größten Geister der Vergangenheit angehörten und die mit dem Anspruch auftritt, die ganze Menschheit zu umfassen. Der Protestant, das heißt in diesem Sinne der aktive, selbstständige Mensch, pflegt dem Katholiken zu entgegnen, daß eine Gemeinschaft der Heiligen auch ohne sichtbare Kirche bestehen könne, da das gleiche auf einander wirke und zusammengehöre; der passive, nach der Allgemeinheit strebende sucht einen gegebenen Kreis, dem er sich angliedern, in den er gewissermaßen versinken und sich auflösen kann wie im Unendlichen.

„In unserer Zeit allein stehen können, heißt ein Riese sein" schrieb Brentano einmal an Arnim, indem er die Gründung einer Art romantischen Dichtergesellschaft vorschlug, an deren Spitze Tieck stehen sollte. Das Geschlecht, das im Anfange des 19ten Jahrhunderts, etwa um die

Zeit der Freiheitskriege in der Blüthe der Jugend stand,
fühlte mehr oder weniger deutlich, daß sich große Kämpfe
vorbereiteten, die mit ganzer Seele handelnde Männer ver=
langte. „Weich und aufgelegt zu Lust und fröhlichem
Dichten" klagten sie gegenüber der aus den Fugen ge=
kommenen Zeit wie Prinz Hamlet: Weh, daß ich zur Welt
sie einzurichten kam. So schildert der junge Eichendorff
seine Zeit- und Gesinnungsgenossen in seinem ersten Romane:
Ahnung und Gegenwart, der, obwohl ein ungarer Brei und
schwer genießbar, doch die Art der jüngeren Romantiker
theils mit theils ohne Absicht in ihrer ganzen Lebensun-
fähigkeit vorführt. Die drei Helden, Friedrich, Rudolf und
Leontin ergreifen, enttäuscht und angewidert vom Leben der
Gegenwart, die Flucht davor: Rudolf ergiebt sich der Magie
und geht nach Egypten, „dem Lande der alten Wunder",
Leontin mit seiner Geliebten nach Amerika, wo er „in dem
noch unberührten Waldesgrün eines anderen Welttheils
Herz und Augen stärken, und sich die Ehre und die Erinnerung an die vergangene große Zeit, so wie den tiefen
Schmerz über die gegenwärtige heilig bewahren will, damit
er der künftigen, besseren würdig bleibe." Friedrich, der
edelste von allen, flüchtet in's Kloster. Dieses Abwenden
von der Gegenwart tadelt der Dichter Faber in einem Sonett,
das er einem von der Welt Flüchtenden in den Mund legt:

Der Wald empfing, wie rauschend, den Entfloh'nen.
In Burgen alt, an Stromeskühle wohnen,
Wollt ich auf Bergen bei den alten Sagen.

Da hört ich Strom und Wald dort so mich tadeln:
„Was willst, Lebend'ger du, hier über'm Leben,
Einsam verwildernd in den eignen Tönen?

Es soll im Kampf der rechte Schmerz sich adeln,
Den deutschen Ruhm aus der Verwüstung heben,
Das will der alte Gott von seinen Söhnen."

Friedrich stimmt der hier ausgesprochenen Gesinnuug bei; trotzdem hält er es für angemessen, daß gerade der, der sich zum Eingreifen berufen fühle, vor der Hand sich zurückziehe und warte. Denn „es ist noch nicht an der Zeit zu bauen, so lange die Backsteine, noch weich und unreif, unter den Händen zerfließen. Mir scheint in diesem Elend, wie immer, keine andere Hülfe als die Religion." Erst wenn das jetzige Geschlecht einmal alle seine irdischen Sorgen und Mühen abgestreift, sich zu Gott gewendet und durch die Religion geläutert hätte, so daß das Große und Göttliche wieder Raum gewänne im öffentlichen Leben, wäre die Zeit zum Handeln gekommen.

Die Kunst des Unendlichen.

Ach, nach tieferen Melodieen,
Sehnt sich einsam oft die Brust.
Eichendorff.

In seinen Reden über die Beredtsamkeit weist Adam
Müller darauf hin, daß die Deutschen lange in sich hinein=
gelebt haben, daß darum ihr Denken und Fühlen weiter
reiche als ihre Sprache und daß immer die rhetorischen
Dichter, die mit dem vorhandenen Sprachschatz schlechtweg
in die Menge wirken, mit den poetischen abwechseln, die
in's Innere blicken, um noch Unbenanntes zu gestalten, das
flüssige Gold der Seele zu prägen; so folge auf Dante,
den poetischen Dichter, Tasso, der rhetorische, auf Homer
Sophokles, auf Shakespeare Pope.

Die Romantiker waren poetische Dichter, und ihre
Lyrik nahm die Richtung auf das Unbewußte; als „Verdichten der im Leben umhertrrenden Gefühle" bestimmte
Wackenroder das Wesen der Poesie. Während die vor-
romantische Lyrik eigentlich nichts war als gereimte Betrachtung und auch in Goethe's Gedichten ein zu Grunde
liegender Gedanke oder eine Handlung sich fast immer erkennen
läßt, strebten sie danach, den bewußten Zusammenhang zu
vermeiden und durch geeignete Worte, Ton und Rhythmus,
Gefühl, Stimmung zu erregen. Ein Beispiel dafür sind
Eichendorff's Gedichte: sie selbst sollen Nixen und Zaube-
rinnen, wirre Stimmen im kühlen, rauschenden Grunde
sein, die die Seele aus der Region des Tages und des
Individuellen in die Nacht des Unbewußten, des Kosmischen

ziehen.   Sein „irres Singen"

ist wie ein Rufen nur aus Träumen. —

Liederquellen gehen halbbewußt, wie im Traume, verwirrend durch seine Brust, in vielen Gedichten wird das Gefühl von Traumverwirrung dadurch erregt, daß er unter dem Eindruck irgend eines Naturzaubers nicht weiß, wo er ist, wer er ist. Nicht selten nennt er ausdrücklich das Unbewußte als das Stimmungsgebende.

Und die ewigen Gefühle,
Was dir selber unbewußt,
Treten heimlich, groß und leise
Aus der Wirrung fester Gleise,
Aus der unbewachten Brust,
In die stillen, weiten Kreise.

Oder:

Schweigt der Menschen laute Lust,
Rauscht die Erde wie in Träumen
Wunderbar mit allen Bäumen
Was dem Herzen kaum bewußt,
Alte Zeiten, linde Trauer,
Und es schweifen, leise Schauer
Wetterleuchtend durch die Brust.

Indessen hat Eichendorff mehr die Sehnsucht nach Unaussprechlichem als Unaussprechliches — oder Unausgesprochenes — selbst ausgedrückt; neuer Mittel bediente er sich nicht, er dichtete in der überkommenen, an das Volkslied sich anlehnenden Art, stellenweise eine gewisse Intensität durch die Beschränkung auf ein einziges, tief durchgefühltes Anschauungsgebiet erreichend. Zum eigentlichen „Verdichten" fehlte es ihm an Geist und Tiefe; er begnügte sich damit, eine romantische Stimmung, wie sie eben kam, in sinnigen, reizvollen Tönen festzuhalten.

Weniger einmüthige und in dichterischer Hinsicht weniger oberflächliche Naturen fanden ihre Ausdrucksmittel nicht so leicht und strebten über die Grenzen der gegebenen Poesie hinaus. Sehr belehrend sind die Aeußerungen der Bettine, die von ihren Freunden oft gedrängt wurde, die Poesie, die in ihr war, in gebundene Form zu fassen.

Sie wehrte solche Zumuthungen ab: Dichten sei ihr nicht naß genug, es besinne sich zu sehr auf sich selber; es sei im Gefühl ein Schwung, der durch den Vers gebrochen werde, der Reim sei oft eine beschämende Fessel für das leise Wehen des Geistes. Der Günderode, die ihr die Bedeutung der Form klarzumachen suchte, schrieb sie antwortend: „Ich weiß wohl, daß die Form der schöne, untadelhafte Leib ist der Poesie, in welcher der Menschengeist sie erzeugt; aber sollte es denn nicht auch eine unmittelbare Offenbarung der Poesie geben, die vielleicht tiefer, schauerlicher in's Mark eindringt, ohne feste Grenzen der Form?“

Hier spricht auch das Genie des jüdischen Volkes mit, das unplastische, in der Poesie auf eingeborenen Wellen= rhythmen hinwogende.

Das einzige Gedicht der Bettine, das mir bekannt ist, überrascht durch seine Banalität; Vers und Reim haben dort allerdings das Wehen des Geistes gänzlich gelähmt und den Schmelz des Gefühls abgestreift. In ihren Prosa= sachen dagegen ergreift sie uns oft durch lyrische Kraft und zwar besonders, wenn sie Menschen oder Natur anschaulich und fühlbar machen will. Läßt sie sich von wogenden Ideen bemeistern und strömt unmittelbar hin, was ihr ein= fällt, sowie sich also ihre Prosa dem freien Rhythmus nähert, neigt sie sogleich zum Rhetorischen und verliert an Inner= lichkeit und Tiefe, in der doch gerade das Wesen der Romantik besteht. Nur wenige — Goethe, Novalis, Hölderlin — konnten den freien Rhythmus als poetische Dichter behandeln; gerade der Umstand, daß der Schwung des Gefühls dort durch keinen äußerlichen Zwang gebrochen wird, macht ihre Wirkung oberflächlich, denn der Schwung des Gefühls in der Sprache, ungehemmt durch das Bewußtsein, ist leer und flach. Je stärkere Hemmung dem starken Gefühlsstrom entgegengestellt wird, desto intensiver ist das Ergebniß.

Freilich, auch von der gewählten und strengen Formbehandlung, die die Schlegel aufgebracht hatten, führte der Weg in Aeußerlichkeit und Leere. Ueber die Arbeit durch gewisse lautliche und rhythmische Zusammenklänge musikalisch zu wirken, ging die Musik, die aus der Seele fließt, verloren, und während dort das ungehemmt sich ergießende Gefühl verdünnt und verflacht wird, verscheucht hier das Schnurren der Mechanik Gefühl und Gedanken. „Es ist aber wohl überhaupt eine eigene Mystifikation unserer Neueren, daß sie ihr Heil lediglich in dem äußeren metrischen Bau suchen, nicht bedenkend, daß nur der wahrhaft poetische Stoff dem metrischen Fittig den Schwung giebt," so urtheilt Hoffmann. „Der somnambule Rausch, den wohlklingende Verse ohne weiteren sonderlichen Inhalt zu bewirken im Stande sind, gleicht dem, in den man wohl verfallen mag bei dem Klappern einer Mühle oder sonst. Es schläft sich herrlich dabei!" Deutlich erhellt, wie die tiefmystische Romantik in platte Natürlichkeit übergehen konnte: im Streben nach Innerlichkeit und Tiefe suchten sie musikalisch zu wirken, vernachlässigten deswegen den geistigen, aus dem Bewußtsein geschöpften Theil der Poesie, und brausende Worte oder tönende Rhythmen verkleideten anspruchsvoll eine Leere und wirkten unächt. Um dem innersten Gefühl seinen Schmelz, seine Unmittelbarkeit nicht zu rauben, warfen sie weg, was es zu fesseln schien und was im Gegentheil seinen Duft auspreßt, seine Farbe

inniger leuchten macht. In Hölderin läßt sich dieser Ueber-
gang an einem einzelnen Falle beobachten; ihm war es
wie keinem gelungen, in klassischer Form die romantische
Seele zu binden, ohne daß sie von ihrer Würze verlor.
In der Zeit, wo sein Geist eben in die dunkle Fluth des
Wahnsinns eintauchte, gleichsam zwischen Bewußtsein und
Bewußtlosigkeit schwebend, entstanden einige größere Gedichte in freien Rhythmen, die zum Theil leer und abgeschmackt, an einigen Stellen aber von einziger, allertiefster
Wirkung sind. Dem Unverständlichen sich nähernd, lassen
diese Verse doch etwas Geheimnißvolles ahnen, sie tönen
wunderbar bedeutungsvoll, eh' man sie bedacht hat und
bleiben so, nachdem man es gethan hat; es ist, als ob sich
die Seele des Dichters auf dem Punkt befindet, wo sie,
noch wachend, den Schlaf, das Jenseit, in dem alle Wunder
ihre Deutung finden, berührt: im nächsten Augenblick verliert sie das Gleichgewicht und sinkt in das bodenlose Nichts
hinunter. Die Gedichte, die Hölderlin später im Wahnsinn
verfaßte, sind nichts als oberflächliche Reimerei, ähnlich den
Versen oder Rhythmen, in denen die Reden der Somnambulen sich bewegten, die am klarsten beweisen, daß das Gefühl allein, ohne Gegenwart des bewußten Geistes, keine
dichterische Wirkung hervorbringt.

Es gebe auch in den höchsten Dichterwerken, sagte
Zacharias Werner einmal, nur ein paar Stellen Poesie, das
Uebrige sei prosaisches und metrisches Gewäsche. Die
Arbeit des Verdichtens würde dem abhelfen; aber es fehlte
dazu den Romantikern an geistiger Kraft. Brentano sah
selbst ein, daß das Zufällige des Guten in seinen Werken
ein Fehler sei, dem er nur durch planmäßiges Arbeiten
begegnen könne; das aber, fügt er sogleich hinzu, gehe wider
seine Natur. Ebenso warf er Arnim vor, er thue seinen

Versen zu wenig Inhalt, er sei von Poesie durchdrungen,
lasse sie aber zu sehr in's Wildfleisch wachsen. Die centri-
fugale Kraft war in diesen jüngeren Romantikern stärker
als die centripetale: sie wollten sich, wie Bettine, von den
Musikfluthen im Innern bemeistern lassen, nicht ihrer Meister
werden, sie fühlten sich als Saite, die der Wind, wie er
will, stimmt und rührt, sie wollten selbst die Welle sein,
„auf der die Welt sich bricht in tausend Funken", nicht die
zerstreuten Lichter sammeln zu einer schönen Erscheinung.
Derselbe Wackenroder, der das Verdichten der umherirrenden
Gefühle als Aufgabe des Dichters bezeichnete, empfand die
Sprache als drückende Fessel und nannte sie das „Grab
der Herzenswuth," das heißt der Leidenschaften, Schmerzen
und Freuden, die uns qualvoll beseligen. Gelingt es ihnen,
das Grab zu sprengen, als himmlische Gestalten Auf=
erstehung zu feiern, so haben wir nicht Poesie — sondern
Musik.

Musik ist nach der Ansicht aller Romantiker die höchste
Kunst. Sie ist ihnen gleichbedeutend mit dem All, dem
Unendlichen, in das aufzulösen sie sich sehnten.

> Hör' ich ferne nur her, wenn ich für mich geklagt,
> Saitenspiel und Gesang, schweigt mir das Herz doch gleich;
> Bald auch bin ich verwandelt,
> Blinkst du, purpurner Wein, mich an.

Man sieht aus dieser Zusammenstellung, daß von der
Musik dieselbe Wirkung erwartet wird wie vom Weine, eine
berauschende: die Welt der Wirklichkeit verschwindet und die
Seele versinkt in eine Wonne, wo sie sich heimisch fühlt.
Sie ist — nach E. T. A. Hoffmann — das Dschinnistan
voller Herrlichkeit, das wunderbare Geisterreich, wo der
Schmerz keine blutende Wunde mehr schlägt, sondern die
Brust wie mit höchstem Entzücken mit unnennbarer Sehnsucht

erfüllt. Als Justinus Kerner seinen Freund auf der Maul=
trommel spielen hört, vergleicht er die Töne mit Geister=
chören und fühlt sich durch die überirdischen Weisen in's
Land der Geister gerissen. Solche Töne, meint er, hört
der Sterbende, den die von den Freunden unvernommenen
Klänge selig in das Jenseit hinübergeleiten. Erklingt Musik,
so heißt es bei Wackenroder, spannt die Seele die Flügel
aus und fliegt in den Himmel.

Faßt man derartige Aeußerungen zusammen und nimmt
dazu die, welche nicht nur Bild und Gefühlsausdruck sind,
sondern das Wesen der Musik erklären sollen, so ergiebt sich,
daß die Musik aufgefaßt wird als etwas der Welt der Er=
scheinungen entgegengesetztes, als das Ding an sich, das
Unbewußte selbst, das die Worte zu umschreiben suchen.
Musik setzt das Universum mit uns in unmittelbare Be=
rührung, sagte Zacharias Werner, und Oken erklärt den
Ton als Rückgang der Materie in Aether, als die Stimme
Gottes, wodurch er sein Innerstes kund thue. Hoffmann
nennt Musik die romantischste aller Künste, ja eigentlich die
einzige wahrhaft romantische, weil sie das Unendliche zum
Vorwurf habe, die in Tönen ausgesprochene Sanskritta —
also Ursprache — der Natur, in der allein man das hohe
Lied der Bäume, Blumen, Thiere, Steine und Gewässer
verstehe. Daher setzt er auch die Töne mit Duft und
Farbe gleich und behauptet, beim Duft der Nelke in einen
träumerischen Zustand zu gerathen, wo er die anschwellenden
und wieder verfließenden tiefen Töne des Bassethorns ver=
nehme. Wackenroder spricht von dem Strom in der Tiefe
des menschlichen Gemüthes, dessen Verwandlungen die
Sprache in fremdem Stoff zähle, nenne, beschreibe; die
Musik, sagt er, strömt uns ihn selbst vor.

Carus, dessen Betrachtungen den Vorzug der Klarheit

und Verständlichkeit haben, äußert sich folgendermaaßen:
die Gedanken und Handlungen der Menschen gehen aus
einem Keim hervor, der früher da ist als sie, es ist der
noch unausgesprochene Zustand ihres Seins. Könnte dieser
Zustand sich durch bestimmte äußere Zeichen offenbaren, so
müßte man den ganzen Menschen mit seinem Vorstellungs-
leben und seinen Handlungen daraus erkennen. Die eigentliche Bezeichnung nun dieses primitiven Zustandes, meint
er, sei in der Musik gegeben. „Daher also die Eindring-
lichkeit, das ganz allgemein Menschliche dieser Kunst, daher
aber auch das Mysteriöse und das schwer im Innern zugängliche derselben, daher die Möglichkeit, wie in einem
kurzen Tongange eine menschliche Individualität, ein gewisser menschlicher Zustand so schneidend ausgedrückt sein
kann, daher endlich auch das Aufregende und gewaltig Fort-
reißende dieser Kunst". Er nennt die Musik in diesem
Sinne die Kunst des Primitiven und spricht dem Musiker
die wahre poetische Reichs-Unmittelbarkeit zu.

Auch Carus sah wie Hoffmann das Einzigartige und
Geheimnißvolle der Musik darin, daß sie keinen Stoff habe
wie die andern Künste, nur aus dem Innern schöpfe. Hoffmann indessen suchte die Musik auch von einer anderen,
ich möchte sagen etwa objektiven, kosmischen Seite nahezu-
kommen. Er fragte sich: Zaubert der Mensch die Musik
wirklich nur aus seiner Brust? Singt nicht das Meer?
der Wald? der Wind? ja, die Blume; das Auge, der
Himmel, alles Sichtbare? Für den Ungeweihten zwar wohnt
in den Dingen nur der Ton, nicht die Melodie, diese,
glaubt er, sei der Brust des Menschen allein angehörig;
aber der Musiker ist überall von Melodie und Harmonie
umgeben. Wie von einem Physiker das Hören ein Sehen
von innen genannt worden sei, so, meint Hoffmann, ließe

sich umgekehrt sagen, das Sehen des musikalischen Menschen
sei ein Hören von innen, das heißt, ein Bewußtwerden der
Musik, die mit seinem Geiste gleichmäßig vibrirend, in allem
klänge, was sein Auge erfasse.

So sagt ein Gedicht von Eichendorff:

> Schläft ein Lied in allen Dingen,
> Die da träumen fort und fort,
> Und die Welt hebt an zu singen,
> Triffst du nur das Zauberwort.

In der Urzeit, so träumt Hoffmann weiter, habe die
ganze Welt den noch kindlichen Menschen melodisch und
harmonisch tönend umgeben, wovon die Sage von der
Sphärenmusik als unverstandene Erinnerung zurückgeblieben
sei. Nicht ganz sei aber die Stimme der Natur ver-
schwunden: Schubert erzählt von einer Luftmusik, der sogenannten Teufelsstimme auf Ceylon, die den Hörer mit
Entsetzen durch's Mark bringe, und Hoffmann wollte etwas
Aehnliches am Kurischen Haff gehört haben, nämlich einen
tiefen Klagelaut, einer Orgel oder Glocke vergleichbar, der
ihn mit unaussprechlichen Schauern erfüllt habe. Vom
„Grundton der Natur" ist in Kerner's Gedichten öfters die
Rede; Hoffmann meinte, das würde der vollkommenste Ton
sein, der diesem am meisten entspräche. Wegen des Studiums
der Naturlaute, nicht minder aber wegen ihrer unmittel-
baren Wirkung, interessirte er sich für mechanische Musik,
für den Versuch also aus Glas oder Metall Töne zu ziehen.
Wie die Menschen nachäffenden Wachsfiguren hatte Maschinen-
musik für ihn etwas zugleich etwas Anziehendes und Grausen-
erregendes. Einen reinen und großen Genuß gewährten
ihm nur die Instrumente, die Naturlaute hervorbringen,
aber nicht mechanisch gespielt werden, vor allem die Aeolsharfe und mehr noch die Wetterharfe, bestehend aus dicken,

in beträchtlicher Entfernung von einander ausgespannten
Drähten, welche die Luft in Schwingungen versetzt. Diese
Vorliebe für kunstlose Instrumente, die nur durch ihren
Naturton wirken, hatten alle Romantiker von Meßmer an
— wenn man diesen darunter zählen will — der die Glas-
harmonika, bis auf Kerner, der die Maultrommel (eine Art
Mundharmonika) spielte. In der Poesie und Prosa der
Romantik spielen Harfe, Zither, Mandoline und Guitarre
eine bedeutende Rolle; die Grafen, Gräfinnen, Vagabunden,
Jäger und Ritter reisen nicht ohne Laute, ja auf den Eis-
feldern und feuerspeienden Bergen Islands wandelt der
Nordlandsrecke nicht ohne ein Saitenspiel über der Schulter
zu tragen, auf welchem er seine Gesänge begleitet.

Es zeigt sich auch hier wieder die Richtung nach Süden,
einmal in der Liebe zur Musik überhaupt, und innerhalb
derselben wieder in der Liebe zum Naturlaut.

Entsprechend dieser Ansicht von Musik, daß sie den
„unausgesprochenen Zustand“ des Menschen, die unbewußte
Naturseele bezeichne, verwarfen Hoffmann und Carus gänzlich, was man jetzt Programmmusik nennt. In seinem Aufsatz über Beethoven's Instrumental = Musik sagt Hoffmann:
„Die Musik schließt dem Menschen ein unbekanntes Reich
auf, eine Welt, die nichts gemein hat mit der äußeren
Sinnenwelt, die ihn umgiebt, und in der er alle bestimmten
Gefühle zurückläßt, um sich einer unaussprechlichen Sehnsucht hinzugeben. Habt ihr dies eigenthümliche Wesen auch
wohl nur geahnt, ihr armen Instrumentalkomponisten, die
ihr euch mühsam abquältet, bestimmte Empfindungen, ja sogar
Begebenheiten darzustellen? Wie konnte es euch denn nur
einfallen, die der Plastik geradezu entgegengesetzte Kunst
plastisch zu behandeln? Eure Sonnenaufgänge, eure Gewitter, eure batailles des trois empereurs u. s. w. waren

wohl gewiß gar lächerliche Verirrungen und sind wohl=
verdienter Weise mit gänzlichem Vergessen bestraft." In
der Oper, wo durch die Worte bestimmte Gefühle und Hand=
lungen angedeutet wären, wirke die Musik wie ein wunder=
bares Elexir, wovon ein Tropfen jeden Trank köstlicher
mache; sie hülle die Vorgänge und Empfindungen des ge=
wöhnlichen Lebens in den Purpurschimmer der Romantik.
Der Text könne deshalb und solle sogar höchst bündig und
einfach sein, gleichsam nur ein Wegweiser zu der immer
gern in's Unendliche verlockenden Musik.

Die Lieblingskomponisten der Romantiker waren Bach,
Gluck, Mozart, Beethoven, der letztere galt ihnen — Hoff=
mann, Carus, der Bettine — als der unwidersprechlich
größte Tondichter. Bach's Musik verglichen Carus und
Hoffmann unabhängig von einander mit der gothischen
Architektur, deren Zeit unwiderbringlich vorüber sei wie die
der großartigen Innerlichkeit und Mystik in Bach's Musik.
Auch Haydn zählt Hoffmann zu den romantischen Kom=
ponisten; doch bleibt er innerhalb des menschlichen Lebens,
nur daß eine geliebte Gestalt wie Abendroth am Horizonte
schwebt und wehmüthiges Verlangen erregt. Hinein in das
Geisterreich führt Mozart, die Nacht geht auf und holde
Gestalten ziehen uns in ihre Reihen. Beethoven schwört
Riesenschatten hervor, die uns vernichten, so daß wir nur
noch in dem Zusammenklang von Leidenschaften leben, den
seine Töne wecken. Hoffmann nennt ihn den romantischsten
Tonkünstler, ja, den romantischen im eigentlichen Sinn, weil
er allein die unendliche, durch nichts zu stillende, und daher
ewig schmerzliche Sehnsucht errege.

Die romantischen Komponisten stehen im Gegensatz zu
den damals populären, Reichardt, Zelter, die gewissermaaßen
die Plattisten, die Vertreter der Aufklärungszeit in der

Musik sind. Von Zelter sagte Bettine, er lasse nichts Unverstandenes die Grenze passiren, und doch beginne die Musik gerade mit dem Unbegreiflichen. Reichardt war zwar persönlich mit dem Kreise der Romantiker vielfach verbunden, aber wie er in seiner Ansicht von Poesie nicht mit ihnen übereinstimmte, so erkannten sie auch — Clemens äußerte es einmal gegen Arnim — daß er den neuen romantischen Schritt der Musik niemals machen würde.

In ganz anderer Weise als die ältere Kunst steht nun die neuere Musik im Gegensatz zu der „romantischen" von Haydn, Mozart und Beethoven; zu ihr verhalten sich Carus und Hoffmann durchaus ablehnend. Sie charakterisiren sie folgendermaaßen: mit allen Reizmitteln „bis zum Tam=Tam" ausgestattet, sei sie doch unfähig, die selige Schönheit und Heiterkeit auszudrücken, die Mozart's Werke auszeichne; an Stelle organischer Verhältnisse, innerer Folge, sei Willkür getreten. Die Melodie werde vernachlässigt, aus dem Trachten nach Originalität entstände die unsangliche Musik. „Sie kritteln und kritteln", dies Urtheil über die neueren Komponisten legt Hoffmann seinem Gluck in den Mund, „verfeinern alles bis zur feinsten Meßlichkeit; wühlen alles durch, um nur einen armseligen Gedanken zu finden; über dem Schwatzen von Kunst, von Kunstsinn und was weiß ich — können sie nicht zum Schaffen kommen, und wird ihnen einmal so zu Muthe, als wenn sie ein paar Gedanken an's Tageslicht befördern müßten: so zeigt die furchtbare Kälte ihre weite Entfernung von der Sonne — es ist Lappländische Arbeit".

Carus zählt die späteren Werke Beethoven's, obwohl er auch sie auf's höchste bewundert, schon zum Niedergang. In der 9ten Symphonie zum Beispiel herrsche keine organische Folge, sondern die Konsequenz der Zerrissenheit;

eine krampfhafte Gereiztheit gehe bis zur Gedankenflucht und zum vollkommenen Wahnsinn, aus dem freilich die erhabensten Ideen aufzuckten. Selbst Hoffmann giebt zu, daß in der Missa manche Stellen zu jubilirend, zu irdisch jauchzend seien, dasselbe wohl, was Carus als „gewisse Buntheit" wegwünschen möchte. Ueberhaupt, obwohl gerade in der Missa Carus Geisterchöre zu hören vermeint, wie sie vor Gott erschallen, und sich durch Beethoven's Genius an Dante gemahnt fühlt, findet er doch, daß sie nicht im ächten Baustyl der Kirche gehalten sei, den die alte italienische Kirchenmusik und Bach vertreten, jene den romantischen, dieser den gothischen. Auch Hoffmann schätzt die alten italienischen Meister — Palestrina, Leo, Durante — auf's höchste, empfiehlt überhaupt den Deutschen die Tonwerke „jenes in Musik erglühten Volkes," dessen „einheimisches Eigenthum" der Gesang, der wahrhaft singende Gesang sei.

Die Melodie ist nach Hoffmann's Ansicht das Erste und Vorzüglichste in der Musik. Ohne ausdrucksvolle, singende Melodie sei jeder Schmuck der Instrumente nur ein glänzender Putz, der keinen lebendigen Körper ziere. Die nicht singbare Melodie sei eine Reihe von Tönen, die vergebens strebe, Musik zu werden. Erst in zweiter Linie stehe die Harmonik, und in Bezug auf sie sei alles Erkünstelte zu vermeiden. Bei der Modulation wären der Charakter der Tonarten und ihre Verwandtschaft unter einander, die der ächte Musiker verstände, zu beobachten.

Denkt man daran, daß Carus die Melodie einmal den Gedanken in der Musik nennt, so findet man, daß der neueren Musik derselbe Vorwurf gemacht wird, wie der ausartenden romantischen Dichtung, daß es ihr an Inhalt fehle, daß die Dekoration das Gerüst überwuchere, vielmehr daß das Gerüst, die Idee, zu schwächlich und nichtig sei.

Vollends die Musik unserer Zeit, die über weit aufregendere
Reizmittel verfügt als diejenige, die damals neu war, die
nicht nur bestimmte Bilder und Handlungen, sondern bestimmte philosophische Betrachtungen zum Ausdruck bringen
will, die von der Willkür bestimmt ist und uns wohl tiefer
in die Sinnenwelt, aber nicht tiefer in das Geisterreich
einführt, würde die romantischen Musikfreunde aus der
ersten Hälfte des 19ten Jahrhunderts erschrecken und ab-
stoßen.

Doch führt dahin mit Nothwendigkeit die romantische
Richtung, wenn sie, wie es zu gehen pflegt, ihr Princip
übertreibt. Die Dichtung, um sich kosmische Wirkungen nicht
entgehen zu lassen und sowohl durch Stimmung zu be-
rauschen, wie durch Ideen zu erhöhen, bringt zuletzt mit
dem „Wohlklang leerer Verse" nur noch einen „somnambulen Rausch" hervor. Aber das Hellsehen gotterfüllter
Begeisterter, das wußten die Romantiker wohl, steht höher
als das künstlich in Hochschlaf versetzter Somnambulen. Die
Musik, die musikalische Ideensprache der Melodie verschmähend,
um über sich selbst hinauszugehen, verlernt sie schließlich und
findet den Zauber nicht mehr, der vor der Seele die Pforten
des Geisterreiches aufspringen läßt. Dieser Pforte ist die
Poesie durch Zauberworte, die Musik durch Zaubertöne
mächtig; versucht die Poesie es mit bloßen Tönen, die
Musik mit Gedanken, bleibt sie zu, und es gelingt höchstens
in der Gedanken- und Sinnenwelt Orgien zu erregen, die
eine Weile für ächte Mysterien gelten.

Romantische Aerzte.

Justinus Kerner erzählt, wie er als Knabe, etwa um 1798, von einer langwierigen Magenkrankheit heimgesucht wurde, an der die Kunst der damaligen Aerzte sich mit Mixturen, Pillen und Latwergen vergebens versuchte. Als nun der russische Geheimrath Dr. Weickardt, ein berühmter Brownianer, der Leibarzt der Kaiserin Katharina gewesen war, nach Heilbronn kam, machte sich des Justinus Mutter mit dem kranken, sehr heruntergekommenen Jungen auf, in der Hoffnung, die Wunderkuren des modernen Arztes möchten sich auch an ihm erproben. Als der Geheimrath, ein kleiner Mann mit rothem Bordenrock, hoher Frisur, blitzenden Augen und beweglichen Gesichtsmuskeln, vor dem kleinen Kerner stand und ihn untersuchte, mußte dieser an den gestiefelten Kater denken, bekam Herzklopfen und fiel in Ohnmacht. „Das ist die erklärteste Asthenie“ rief der Brownianer (so erzählt Just. Kerner im „Bilderbuch aus meiner Knabenzeit“) „und da werden Hopelpopel und Pfefferkörner die zweckmäßigste Diät sein.“ Hopelpopel war ein aus Thee, Eigelb und Kirschgeist gemischtes Getränk; Pfefferkörner sollten nach jeder Speise geschluckt werden. Eine befreundete Dame versicherte der Frau Kerner, daß der Doktor „entsetzliche Kuren“ mit Hopelpopel gemacht und Menschen, die bereits begraben werden sollten, damit wieder in's Leben gebracht habe. Der kleine Justinus brach indessen, wie er es mit allen Medicinen zu machen pflegte, auch diese wieder heraus, und wurde darin noch durch einen andern, gleich-

falls berühmten Arzt in Heilbronn bestärkt, nämlich den
Dr. Gmelin, einen der ersten, der durch Magnetismus heilte.
Dieser traf den bleichen, schwachen Knaben zufällig, kurz
nachdem die Hopelpopel-Kur begonnen hatte, betrachtete ihn
liebreich und mitleidsvoll, reichte ihm die Hand und beklagte
ihn, daß ihm so viele Arzneien seien eingeschüttet worden;
dann führte er ihn in sein Zimmer, sah ihn fest an, bestrich
ihn mit den Händen und behauchte ihn, worauf Justinus
schläfrig wurde und das Bewußtsein verlor. Er schrieb
seine bald hernach sich einstellende Besserung dieser magnetischen Behandlung zu; denn den Hopelpopel, den seine
Mutter ihn noch eine Zeitlang zu trinken gezwungen hatte,
hatte er im Gefühl, er würde ihm nicht gut thun, beharrlich
immer wieder herausgebrochen.

So treffen sich in der Jugendgeschichte Kerner's die
alte Medicin, die aber damals schon anfing, sich zu über-
leben, und die der Zukunft, vertreten durch Gmelin.

John Brown, ein Schotte, im Jahre 1736 geboren,
war ein genialischer Mensch gewesen, auch in den wilden
Ausschweifungen seines Lebens nicht ohne Großartigkeit,
weswegen er wohl mit Paracelsus verglichen wurde. Der
Grundgedanke seines Systems war die Auffassung des Lebens
als einen Erregungszustand, hervorgehend aus einer Wechsel-
bewegung zwischen der organischen Reizbarkeit und äußeren
Reizen, wobei ein Zuviel oder Zuwenig das Wesen der
Krankheit ausmache. Je nachdem der Charakter der Krankheit in zu geringer oder zu heftiger Erregung bestehe, unter-
schied er asthenische und sthenische Krankheiten und kam dem
Organismus mit stärkenden oder schwächenden Mitteln zu
Hülfe.

Der deutsch-russische Arzt Weickardt brachte im Anfang
der 90er Jahre das System nach Deutschland, wo es von

den Aerzten Markus und Röschlaub in Bamberg begeistert ergriffen wurde. Von Röschlaub's Persönlichkeit ist mir nichts bekannt geworden, als was die Anhänglichkeit seiner Schüler im Allgemeinen Gutes von ihm aussagt. Markus scheint die stärkere Natur von beiden gewesen zu sein: ein Mensch von ausgeprägter Eigenart, thätig und energisch eingreifend, gehaßt und geliebt, so oder so unabweisbar auf die Gemüther wirkend. Ein in Mitteldeutschland geborener Jude siedelte er 1778 als tüchtiger Arzt nach Bamberg über und schuf sich dort eine hervorragende Stellung. Als Leibarzt des Fürstbischof von Bamberg und Würzburg, der große Stücke auf ihn hielt, begründete er ein allgemeines Krankenhaus, das er in musterhafter Weise einrichtete. Um das Jahr 1793, gerade zu der Zeit, als er sich das Brown'sche System zu eigen gemacht hatte, eröffnete er am Krankenhause klinische Vorlesungen, welche die neue Lehre verbreiteten.

Die bis dahin in Deutschland geübte Medicin war im Allgemeinen roh empirisch verfahren oder, wenn man sich an eine Theorie hielt, war es die sogenannte Humoral=pathologie, die durch massenhafte Säfteentleerungen wirkte. Das Brown'sche System, von einer Idee beseelt, einheitlich und consequent, gewann gerade die bedeutenderen Aerzte, die längst nach einem höheren Gesichtspunkt verlangt hatten, so daß sie anfänglich seine Einseitigkeit übersahen, die es ja freilich einerseits auch um so schlagender wirken ließ. Die Bamberger Klinik wurde durch das System, das Markus und Röschlaub lehrten und ausübten, so berühmt, daß lern=begierige Studenten und Aerzte nicht nur aus Europa, sondern auch aus Amerika sie besuchten.

Lustig erzählt Gotthilf Schubert, wie er als Student der Medicin in Jena, selbstverständlich eifriger Brownianer, bei Gelegenheit einer kleinen Ferienreise zum ersten Mal in

die Lage kam, ärztlichen Rath zu ertheilen und seine Kur
streng nach Brown'scher Lehre einrichtete. Eine alte Frau
holte ihn zu ihrem Manne, einem Arbeiter am Eisenhammer,
der in einem entlegenen Waldthale in niedriger Hütte krank
lag. Schubert betrachtete den Mann, ließ ihn seinen Zustand
beschreiben und fand sich einigermaßen in Verlegenheit, da
er mindestens zehn Krankheiten wußte, die sich genau ebenso
anließen. Nach einigem Besinnen tröstete er sich mit dem
Gedanken, es könne schließlich was für eine Krankheit es
wolle sein, jedenfalls wäre sie entweder sthenischer oder
asthenischer Art. Infolgedessen schrieb er zwei Mittel auf,
ein kühlendes und ein anregendes, trug der Frau auf, beide
in der Apotheke machen zu lassen und ihrem Manne zunächst
von dem einen zu geben. Thue ihm das gut, so möge sie
dabei bleiben, thue es nicht gut, so möge sie es mit dem
anderen versuchen; eines von beiden werde sicher helfen.

Aber um diese Zeit wurde der Brownismus bereits
durch die Naturphilosophie überwunden. Die romantische
Schule in Jena, die alle Wissenschaften, namentlich die
Naturwissenschaften, und also auch die Medicin, in ihr Be-
reich zog, brachte der Brown'schen Lehre, die die Medicin
eigentlich erst wieder zur Wissenschaft machte, lebhafte Theil=
nahme entgegen. Schon i. J. 1799, dem Geburtsjahre
der Romantik, wurden die Schlegel, Schelling und Steffens
mit Markus und Röschlaub bekannt, und enge freundschaft=
liche und wissenschaftliche Beziehungen entstanden besonders
zwischen Schelling und den Aerzten. Eine Zeitlang war
Schelling dabei der empfangende; bald aber hatte er die
neue Lehre seinem System eingeordnet und gab sie verwandelt seinen Lehrern zurück. Der Stern der Naturphilo=
sophie, der auf alle Wissenschaften und Künste, ja auf das
Leben selbst ein wundervolles, blendendes Licht warf, ließ

auch die ganze Würde, Schönheit, und Tiefe der Heilkunde
wieder erscheinen. Das Begreifen der Natur als eines
lebendigen Ganzen, als eines Organismus, in dem jedes
kleinere Glied ein Abbild des größeren sei, verdunkelte die
tastenden Constructionen, die vorher Eindruck gemacht hatten.
Man sah nun ein, daß Brown nur eine Seite des Organismus erfaßt und sie fälschlich für das Ganze ausge-
geben hatte. Gerade das, worauf die Naturphilosophie
Werth legte, den Organismus als etwas Einheitliches und
Lebendiges, zwar bestimmbar, aber auch sich selbst bestimmend
anzusehen, hatte er außer Acht gelassen.

Gerecht abwägend urtheilt Windischmann: „Kein Wunder,
daß ein gewaltiger Griff in die Saiten des Lebens und der
Kunst, wie John Brown that, bezauberte. Er hatte Sinn
für die alte, gediegene Existenz. Falsche Theorieen und ungeschickte Praxis durchschaute er. Er suchte das Leben auf
zwei Grundkräfte, Erregbarkeit und Reiz, zurückzuführen;
Erregung nannte er das mittlere. So erscheint das Leben
als etwas Erzwungenes, aus seinen Faktoren kalkulables.
Die Heilkraft der Natur, das Rhythmische, hat er ganz verkannt. Seine Therapie ist ein Streit des Künstlers mit
dem Tode, wo es auf das höchste Gebot für das hin- und
hergezerrte Leben ankommt." Er kommt zu dem Schluß,
daß Brown ein Newton, das heißt ein Begründer des
Mechanismus auf dem Gebiete der Medicin sei.

Das Hauptverdienst der naturphilosophischen Medicin
lag nun darin, daß sie große und allgemeine Gesichtspunkte
aufstellte und den Organismus als Einheit von Leib und
Seele zu fassen suchte. Nunmehr eng verbunden mit der
Physiologie und Psychologie hätte sie, um die Fülle der
neuen Ansichten verwerthen zu können, weit mehr Kenntnisse
besitzen müssen, als die damaligen Aerzte hatten und haben

konnten. Bei dem Mangel an thatsächlichen Kenntnissen und dem Reichthum an neuen Anschauungen, die sich von allen Seiten aufdrängten, erscheinen die Verkündiger der neuen Lehre oft verworren. Sie selbst waren dermaßen durchdrungen von der Höhe und Ergiebigkeit ihres Standpunktes, daß sie die Aussicht auf das neue Reich genossen, ohne sich durch Zweifel, ob und wann es erobert werden müsse, stören zu lassen.

Schelling und Steffens hielten in Bamberg Vorträge über Naturphilosophie, die die Zuhörer mit Enthusiasmus erfüllten. Röschlaub und der feurige Markus hatten die Wendung mit Entschiedenheit mitgemacht und Markus schwang in seinen Schriften auf romantische Art „den Zauberstab der Analogie"; da heißt es z. B.: „Gewitter ist Fieber der Natur. Wasser-Erzeugung dort ist Schweiß-Erzeugung hier. Fieber und Entzündungen entstehen nur durch Temperaturveränderungen."

Die dreifache Erscheinungsweise des Organismus als Reproduktivität, Irritabilität und Sensibilität diente als Grundlage bei der Betrachtung des Menschen. Steffens' Einfall, diese drei Systeme als Analoga der drei großen Naturkräfte Elektricität, Magnetismus und Chemismus zu fassen, und dementsprechend, entweder parallelisirend oder antogonisirend, die Arzneien anzuwenden, fand Schelling's Beifall. Es ist bezeichnend dafür, wie viel Ideen galten, daß Männer, die philosophisch-naturwissenschaftlich gebildet waren, aber doch nicht Medicin studirt hatten, nicht nur die Aerzte anregten und ihnen Wege wiesen, sondern ihre Theorieen selbst ausübten.

Schelling erlebte einen unglücklichen Ausgang seiner Kunst in einem Falle, der die romantische Schule nah anging, am Krankenbett der kleinen Auguste, der Tochter

Karoline Schlegel's, die bald hernach seine Frau wurde. Karoline hatte ihrer eigenen Gesundheit wegen das kleine Bad Bocklet bei Bamberg aufgesucht, wo Schelling häufig in ihrer Nähe sein konnte. Die 15jährige Auguste, die ihre Mutter hatte pflegen wollen, wurde selbst krank und starb, von Schelling behandelt, nach wenigen Tagen. Dieser Todesfall, für Schelling, dem Mutter und Kind theuer waren, so überaus traurig, zog einen häßlichen, öffentlichen Streit nach sich; denn die zahlreichen Widersacher Schelling's benützten den Anlaß, um den siegreichen und hochmüthigen Vertreter der neuen Medicin anzugreifen, wobei die innersten Privatverhältnisse der betheiligten Personen boshaft hervorgezogen und Schelling's Gefühl und Ehre so gekränkt wurden, daß der korrekte Wilhelm Schlegel, obwohl selbst hart betroffen, mit öffentlichen Erklärungen für seinen Nachfolger in der Ehe mit Karoline eintrat.

Kurze Zeit nach diesem Ereigniß, im Jahre 1802, fiel Bamberg infolge der Kriegswirren an Kurbayern und Markus wurde zum Direktor sämmtlicher Medicinal- und Krankenanstalten gemacht. Er führte nun eine Reform des Medicinalwesens durch und begründete eine Reihe von Anstalten nach einem wahrhaft großartigen Plane; doch wurde er andrerseits dadurch gekränkt, daß die Universität aufgelöst und nach Würzburg verlegt wurde, so daß Bamberg aufhörte, Mittelpunkt der neuen Lehre zu sein.

Schon durch die Naturphilosophie mit der Romantik verbunden, wurde die Medicin nun vollends zur romantischen Wissenschaft, indem sie sich einer Erscheinung bemächtigte, die, ihrem Entstehen nach eigentlich einer vergangenen Epoche angehörend, erst von der Romantik aufgefaßt und gewürdigt wurde, nämlich des Mesmerismus oder animalischen Magnetismus.

Franz Anton Mesmer, im Thurgau im Jahre 1734 geboren, also 2 Jahre jünger als John Brown, erwarb sich i. J. 1766 durch eine Abhandlung über den Einfluß der Gestirne den Doktortitel und gab dadurch eine romantische Art die Welt anzusehen zu erkennen. Doch war dieser merkwürdige Mann viel zu früh geboren, um ein ächter Romantiker zu sein: so oft er sich auch in seinen Gedanken mit moderner Anschauung begegnet, behielten sie doch immer die Natur der Aufklärungs- und Revolutionszeit, der er angehörte.

Der Grundgedanke, von dem Mesmer ausging war, es gebe eine Kraft, die, getragen von einem Aether, einer ganz feinen Fluth, das All durchdringe und in allen seinen Theilen zusammenhalte. Die Eigenschaft der thierischen Körper, welche sie für diese Kraft empfänglich macht, nannte er thierischen Magnetismus. Indessen wäre das Theorie geblieben, wenn ihm nicht zugleich der Gedanke gekommen wäre, man müsse diese Kraft in seine Gewalt bekommen können.

Nur ein Mensch von großer Kraft und gesunder Naivität konnte ernstlich daran denken, einen solchen Gedanken auszuführen; es berichten denn auch alle Zeugen, die etwas von Mesmer überliefert haben, einstimmig von seiner ungeheuren Kraft des Körpers sowohl wie des Willens. Seine Erscheinung war stattlich und schön, übrigens war er ein ächter Schweizer, einfach, still, so unauffällig in seinem Wesen, daß er trotz seiner merkwürdigen, vielberedeten Entdeckung persönlich fast unbekannt blieb. Er schrieb und sprach wenig, that aber desto mehr. Nichts weniger als ein Charlatan that er so gut wie nichts zur Verbreitung seines Systems und blieb im Hintergrunde, als gegen das Ende des Lebens der Magnetismus mit Geräusch Triumphe feierte. Ein pietätvoller Anhänger des Magnetismus, Wolfart, suchte ihn im Jahre 1812 in der Schweiz auf und fand einen kräftigen, heitern und freundlichen Greis, der den Eindruck von Weisheit und Güte machte. Wenn es die Gelegenheit mit sich brachte, heilte er Kranke aus der Umgegend, übrigens lebte er zurückgezogen das einfache Leben eines alten Landmannes. Er war das Urbild eines starken Wurzelmenschen, dem immer neue Kraft der Erde in den Stamm strömt, so daß er dasteht als ein mächtiger Baum, jenen heiligen Eichen vergleichbar, in denen nach dem Glauben alter Völker die Götter wohnten.

Von seiner imponirenden Kraft zeugt folgendes Beispiel, das er selbst erzählt: „Ich bereute die Zeit, die ich anwandte, Ausdrücke für meine Gedanken zu suchen. Ich fand, daß wir jeden Gedanken unmittelbar, ohne langes Nachsinnen in die Sprache einzukleiden pflegen, die uns die bekannteste ist. Und da faßte ich den seltsamen Entschluß, mich von dieser Sklaverei loszumachen. Drei Monate dachte ich ohne Worte. Als sich dies Nachdenken endete, sah ich mich voll Erstaunen um. Meine Sinne betrogen mich nicht mehr wie vorher. Alle Gegenstände hatten für mich eine neue Gestalt." Er wollte also denken, wie man im Traume denkt, unmittelbar, oder man könnte sagen, er wollte das Denken in Schauen verwandeln und setzte das auch durch, wie sich von selbst versteht nur bis zu einem gewissen Grade. Es läßt sich denken, daß, wer solche Herrschaft über sich selbst ausübt, auch über andere, schwächere Menschen viel vermögen kann.

Ob seine Behandlung des blinden Mädchens, der Fall, welcher die Ursache wurde, daß er Wien verließ und sich nach Paris begab, Erfolg hatte oder nicht, seine Wirksamkeit auf Menschen, die er nicht einmal zu berühren, in deren Nähe er nur zu kommen brauchte, ist vielfach bezeugt und außer allem Zweifel.

Männer dieses Typus, unbewußte, urwüchsige Naturen waren viele von den Aerzten, die in der Folge magnetische Kuren machten, so Wienholt, ein Bremer, Gmelin, ein Schwabe; sie waren von den ersten, die die neue Heilart vertraten. Es ist wahrscheinlich, daß die Wirksamkeit solcher Aerzte überhaupt, auch wo sie nicht absichtlich magnetisirten, zum großen Theil magischer Natur war. Um den unmittelbar heilsamen Eindruck zu schildern, den Markus' Erscheinen machte, sagt Oken: „Wer krank im Bette lag, fühlte Hippokrates." Einmal behandelte Markus einen Kranken, der fürchtete, die Brustwassersucht zu haben oder zu bekommen und die Verordnung eines gewissen Mittels, welches dagegen angewandt zu werden pflegte, gleichsam als sein Todesurtheil von den Lippen des Arztes erwartete. Markus untersuchte ihn aufmerksam und verordnete eine andere Arznei, obwohl die gefürchtete angemessen gewesen wäre. Später, als der Kranke genesen war, äußerte sich Markus darüber: „Auf seinem Gesicht lag die Frage, ob ich das Mittel billigen würde oder nicht. Ich wußte, daß er dasselbe gegen die eingebildete Krankheit kannte und würde es ihm nicht verschrieben haben, selbst wenn er die Brustwassersucht wirklich gehabt hätte. Kranke seiner Art muß man nicht bloß mit Mitteln aus der Apotheke kuriren wollen." Er suchte also hier mit Bewußtsein auf den Körper durch die unbewußt bildende Seele zu wirken; that es aber sicher oft auch ohne Wollen und Wissen.

Ringseis, der Bayer, war ein Mann von erquickender Naivität und Urwüchsigkeit. Bettine hat ihn beschrieben, wie er aussah und war, als er in Landshut studirte: „ein Gesicht wie aus Stahl gegossen, alte Ritterphysiognomie, kleiner, scharfer Mund, schwarzer Schnauzbart, Augen, aus denen die Funken fahren, in seiner Brust hämmert's wie in einer Schmiede, will vor Begeisterung zerspringen; und da er ein feuriger Christ ist, so möchte er den Jupiter aus der Rumpelkammer der alten Gottheiten vorkriegen, um ihn zu taufen und zu bekehren."

Noch als alter Mann hatte er einen feinen Kopf mit energischen Formen und sprühenden Augen. Auf Kranke hatte er einen unmittelbar beruhigenden Einfluß; er besaß soviel magische Kraft, daß er zuweilen Zahnschmerzen augenblicklich stillte dadurch, daß er den ausgestreckten Zeigefinger gegen die schmerzende Stelle bewegte. Uebrigens nahm er magnetische Kuren nicht vor, da er es für eine bedenkliche Sache hielt. Im Anfang seiner Laufbahn besuchte er das Wolfart'sche magnetische Institut in Berlin und nahm als Begründung der beobachteten Erscheinungen die Reil'sche Theorie von der Verkehrung der Pole im Cerebral- und Gangliensystem an. Später, als seine kirchliche Richtung strenger wurde, verwarf er diese Ansicht als zu materiell und sah nun religiöse Geheimnisse durch den Magnetismus und Somnambulismus angedeutet; umsomehr scheute er sich, damit zu experimentiren.

In seiner Blüthe galt Ringseis als der erste Diagnostiker seiner Zeit. Der Kronprinz v. Baiern, später König Ludwig I., ließ sich von dem tüchtigen, durch und durch anständigen, sympathischen und kunstliebenden jungen Mann auf seinen italienischen Reisen begleiten. Auf den Landschaftsbildern in den Arkaden zu München, die die auf diesen Reisen geschaute Schönheit festhalten sollten, war denn auch Ringseis angebracht, in einer Sänfte sitzend und lesend; noch in seinem hohen Alter sah man ihn über die damals noch stilleren Straßen Münchens nicht ohne ein

Buch oder eine Zeitung geben, worin er las. Nachdem er
lange Jahre ein gefeierter Arzt gewesen war und bedeu=
tende Stellungen innegehabt hatte, wandte sich die Neuzeit,
die das Experiment vergötterte und über der Beschränkung
auf's Einzelne den großen, allgemeinen Standpunkt verlor,
gegen den Romantiker. In seinem System der Medicin
hatte er oft Analogien aus den verschiedenen Wissenschaften
herbeigezogen, da alle, wie er sagte, mit einander zusammen=
hingen, besonders aus der Theologie und Philosophie. Dies,
für die romantische Anschauungsweise selbstverständlich, war
dem nachfolgenden Geschlechte lächerlich und anstößig. „Daß
er geschöpft aus dem Ganzen und Vollen", so sagt einer
seiner ehemaligen Schüler, „daß er seine Wissenschaft niemals
losgelöst von der wissenschaftlichen Gesammtwahrheit, vom
Bleibenden in Welt= und Menschengeschichte, vom Urheber
aller Dinge", gerade das habe auf viele am meisten gewirkt,
während es ihm von andern am meisten zum Vorwurf ge=
macht sei.

Die besseren unter seinen wissenschaftlichen Gegnern
konnten sich der Macht seiner Persönlichkeit doch nicht ent=
ziehen. „Nein, dieser Ringseis ist gar zu lieb" rief einer
von ihnen aus, „mag man noch so wenig mit ihm einver=
standen sein, lieb muß man ihn haben. Noch jetzt, lange
nach seinem Tode, wird schwerlich einer, der sich mit dem
„Ritter ohne Furcht und Tadel" beschäftigt, ungerührt und
unerwärmt bleiben durch alle die Aeußerungen, in denen
sich die Offenheit, Gradheit, Ehrlichkeit, Kindlichkeit und
Herzlichkeit seines Wesens offenbart.

Karl Gustav Carus, in Leipzig im Revolutionsjahre
1789 geboren, war der strengste und behutsamste unter den
romantischen Denkern; ein Mann mit einem ernsten, kräf=
tigen, bedeutenden Kopfe, körperlich und geistig gesund und

dauerhaft, besonnen, beinah zäh im Hergeben, bewußt ein
vornehmes Maaß im Denken und Leben bewahrend. Weniger
die Fülle schöpferischer Ideen zeichnete ihn aus, als hervorragende Fassungskraft, umfassender Blick, feines, logisches,
konsequentes Denken. Von Schelling erfuhr er die erste,
große Anregung; aber vor der Verworrenheit und den
Uebertreibungen, in die manche Naturphilosophen geriethen,
schützt ihn immer die unbestechliche Klarheit seines Geistes.
Wünscht man über die Liebhabereien der Romantik, Magnetismus, Rhabdomantie, Sympathie, Magie und Mystik aller
Art, ein billiges und dabei geneigtes Urtheil zu vernehmen,
so kann man keinen besseren Führer als Carus wählen.
Als Schriftsteller ist er zwar nicht temperamentvoll, aber
von wohlthuender Zuverlässigkeit, seinem Stil ist Schönheit,
Klarheit und Würde wesentlich; doch mag man die deutliche
Anlehnung an Goethe's Alter-Stil dabei zuweilen störend
empfinden. Seine Arbeitskraft und seine Vielseitigkeit waren
gleich bedeutend; außer seinen medicinischen und naturwissenschaftlichen Werken hat er auch über Psychologie,
Physiognomik und Cranioskopie Grundlegendes geschrieben.
Auf allen Gebieten vertrat er den Entwicklungsgedanken
und erkannte darin Goethe und Oken als Vorläufer an;
doch war er viel tiefsinniger und umfassender als der letztere.
Er wußte stets, ächt romantisch, sich über die Pole Naturwissenschaft und Geisteswissenschaft zu erheben und beide
von einem höheren Standpunkt aus zu vereinigen.

Ebenso ernstlich und gründlich wie mit den Wissenschaften beschäftigte sich Carus mit den Künsten. In der
Literatur huldigte er der romantischen Richtung, doch so,
daß ihm Goethe, über den er auch ein Buch geschrieben
hat, der Mittel- und Gipfelpunkt war. In Dresden an-
säßig, lernte er Tieck kennen und wohnte zuweilen seinen

Vorlesungen bei; doch gewisse häusliche Verhältnisse des übrigens verehrten Dichters verleideten ihm den Umgang. Besonders begabt war Carus für Malerei. Viel Anregung empfing er von dem Maler Friedrich, der auch in Dresden lebte und mit dem er verkehrte, dessen stimmungsvolle Meer- und Haidebilder die Erstlinge einer romantischen Landschafts= kunst waren. Die Titel der Bilder, die Carus malte, deuten gleichfalls einen romantischen Charakter an: Eingang in die Unterwelt nach Dante; die Erscheinung eines musicirenden Engels im Morgennebelduft am Fenster eines Malers; die Musik, dargestellt durch eine Harfe in einem mondhellen Zimmer; dann Landschaften: Island, das Profil der Süd- westspitze, umgeben von bewegter Luft und bewegtem Meere, das treibendes Eis und ziehende Walfische beleben.

Ein gutes Beispiel für sein zugleich künstlerisches und naturwissenschaftliches Sehen giebt sein Aufsatz über die Be= deutung der besonderen Bildung der Augen auf manchen alten Gemälden, besonders denen von Fiesole. Die Augen der Engel und Heiligen auf den Bildern des Fiesole sind bekanntlich schmal und lang mit auffallend kleinen Augen- sternen. Carus, der dies beobachtete, erklärt nun, daß die Markhaut, nämlich das Weiße im Auge, das feinste, geistigste Gebilde des Auges, Iris und Hornhaut, der Augenstern, das niedrigste sei. Vergleiche man das Auge des Embryo, der Thiere, des Kindes, des reifen Menschen, so finde man, daß, je niedriger der Stand der Organisation sei, desto größer verhältnißmäßig der Augenstern gegenüber dem Weißen sei, und eben darauf beruhe der Ausdruck von Geistigkeit und Verklärung, den das schmale, längliche Auge mit kleinem Augenstern mache, wie es Fiesole und andere ältere Maler gewisser Figuren, die überirdisch wirken sollten, gaben.

So suchte Carus bei jeder Erscheinung nach einem natürlichen Grunde mit geistiger Entsprechung.

Erst später im Leben versuchte Carus in die Musik einzudringen, zu der er nicht den angeborenen, überschwänglichen Hang der eigentlichen Romantiker hatte. Durch fleißiges Hören und Studiren bildete er sich doch auch auf diesem Gebiete zum verständnißvollen Kenner aus und wenn er über Musik schreibt, geschieht es immer mit der Tiefe der Anschauung und der Reinheit des Ausdrucks, die ihm eigen waren.

Auch Carus machte mit Glück magnetische Kuren; er betrachtete das Versenken des Kranken in Schlaf und seine dadurch herbeigeführte innigere Vereinigung mit der All-natur als ein natürliches, gutes Heilverfahren, ohne religiöse oder sonst überirdische Aufschlüsse von diesen Erscheinungen zu erwarten. Hierin unterschied sich Carus, dessen Entheismus — Gottinnigkeit — wesentlich Gedanken-ergebniß war, von anderen Aerzten seiner Richtung, z. B. Ringseis und Passavant, deren Religiösität mehr herzlicher Art war und überhaupt die Gefühlsgrundlage, aus der das ganze Leben hervorwuchs.

Johann Karl Passavant gehörte einer französischen Hugenottenfamilie an, die nach Basel auswanderte und sich von da nach Frankfurt a. M. verzweigte. In diesen Familien hat sich oft eine ernste Frömmigkeit durch Jahrhunderte erhalten. Ihr stand in dem jungen Johann Karl ein ausschweifender Ehrgeiz und ein heißblütiges, sehr reizbares Temperament entgegen, das sein hoher sittlicher Wille jedoch zu bändigen wußte. Sein beständiges Arbeiten an sich trug ihm im Alter Früchte, da er sich im Gegensatz zu vielen andern regsam und heiter erhielt; bis im Alter blieb er auch ein Freund der Frauen im schönsten Sinne. Er sah schön und bedeutend aus und soll Goethe geglichen haben.

Sein Lebenlang schwankte Passavant zwischen zwei Berufen, dem des Arztes, den er ausübte, und den des Theologen, zu dem er neigte; er konnte es nie ganz verwinden, daß er seinen Lieblingswunsch seinem Vater geopfert hatte, und mußte sich immer wieder selbst ermuntern, seiner Thätigkeit mit Eifer und Liebe nachzugehen. Das Ideal seines theologischen Strebens, Vereinigung der katholischen und protestantischen Kirche, ließ er nie aus den Augen. Er verhandelte darüber oft mit dem großherzigen Sailer und dessen Schüler Diepenbrok und verließ dabei nie den großartigen Standpunkt einer wahrhaft allgemeinen Kirche, in der die christlich-katholische Lehre, gestützt und erhellt durch freie protestantische Forschung, wieder auflebt. Wie hier ein tief religiöses Gefühl stets die Kühnheit der Wissenschaft begleitet, die vor keiner Folgerung zurückschreckt in inniger Sicherheit, daß Glaube und Wissenschaft sich schließlich in einem Grunde treffen müssen, und wie die klare, durchdachte Darstellung von sympathischer Wärme überall durchdrungen ist, das ist an diesen Erörterungen besonders bemerkenswerth.

Als Arzt erlangte Passavant niemals großen Ruhm, sei es, daß dem durchaus innerlichen, kontemplativen Menschen die richtige Veanlagung zur Heilkunst abging, sei es, daß die reiche Handelsstadt Frankfurt kein geeigneter Boden für seine Richtung war. Von seinen magnetischen Kuren glückten, wie es sich von selbst versteht, durchaus nicht alle; doch hing die häufige Anwendung des magnetischen Verfahrens und die Verwerthung von Rathschlägen somnambuler Personen eng mit seinen Ideen über Medicin und Magnetismus zusammen.

Passavant erhielt eine nähere Kenntniß vom Magnetismus als Student in Wien durch Malfatti. Dieser, ein Italiener aus Lucca, ein „scharfgeistiger, schnell- und tiefblickender“

Mann, practicirte in Wien in den vornehmsten Familien, wie er denn auch Arzt des Herzogs von Reichsstadt war.

Ueberhaupt verkehrten die meisten romantischen Aerzte in den höchsten Kreisen: Ringseis war Leibarzt des Kronprinzen v. Baiern, Breslau bairischer Hofarzt, Markus Leibarzt des Fürstbischof v. Bamberg, Windischmann Leibarzt des Kurfürsten Dalberg, Carus Leibarzt des Königs von Sachsen, Justinus Kerner war und blieb zwar ein einfacher Landarzt, stand aber mit der bairischen und schwäbischen Königsfamilie in leutselig=herzlichen Beziehungen. Koreff mußte schleunig und heimlich Christ werden, um eine Stelle als Arzt und vortragender Rath beim Minister Hardenberg bekleiden zu können. Auch von Koreff, unter dessen Anleitung Passavant in Wien arbeitete, und der, wie Malfatti, ein gesuchter, erfolgreicher Magnetiseur war, wird jener manches über die neue Heilmethode erfahren haben.

Koreff gehörte dem Kreise junger Berliner Dichter — Varnhagen, Chamisso, Robert, Hitzig — an, die sich im Ganzen den Romantikern anschlossen, denen aber ihr heißes Blut, ihr Schmelz, ihr seelischer Zauber fehlte. Immerhin lebt Koreff als der witzige, bizarre, kenntnißreiche und scharfsinnige Vinzenz in E. T. A. Hoffmann's Serapionsbrüdern, von ungewissem Reiz umgeben in unserer Vorstellung. Die Unterhaltungsgabe des „ergötzlichen Fabulanten" muß in der That außerordentlich gewesen sein; an seinem etwas zweideutigen Charakter mag es gelegen haben, daß seine Berührung mit der unsichtbaren Kirche — wenn das romantische Freundesnetz so genannt werden darf — nur lose war. Koreff war einer von den Heimathlosen, schon durch seine Natur und Erscheinung ein Fremdling; denn er sah wie Brentano weit mehr jüdisch-italienisch als deutsch aus. Er war beständig auf Reisen, unstät, lange begleitete

er den Minister Hardenberg, den er auch magnetisirte; am
längsten lebte er in Paris, wo er eine Zeitlang Ruhm und
Reichthum genoß, dann aber den Umschwung der Zeit erfuhr, in der öffentlichen Meinung sank, und den Verfall
seines Vermögens erlebte.

In Passavant's Leben machte die Bekanntschaft mit dem
Magnetismus Epoche, indem diese wunderbaren Erscheinungen
seinen Sinn vollends auf das innere Leben lenkten.

Als er die Geliebte seiner Jugend, die spätere Frau
von Ringseis, nach längerer Trennung wiedersah und ihre
auf ihn gesetzten Hoffnungen durch ablehnendes Betragen
enttäuschte, schrieb sie in einem Briefe über ihn: „Nichts
als inneres Leben, nichts als Bestimmung, nichts als Rapport
mit Geistern und endlich noch Magnetismus. Vom Magnetismus sprach er mit hohem Ernst. Soviel ich mir zu-
sammenreimen kann, muß er sich haben magnetisiren lassen
und darum seinen Lebensplan gesponnen haben."

Auf Reisen, namentlich in Südfrankreich, wo sich nach
Mesmer's Auftreten bedeutende Schulen gebildet hatten, ergriff
er die Gelegenheit, Erfahrungen zu sammeln; in Frankfurt
hatte ein älterer Freund und Kollege, Professor Dr. Nerf,
bereits viel Material gesammelt. Ein pietistischer Zug bezeichnet den Frankfurter Freundeskreis, in dem Passavant
verkehrte, und auch die dort herrschende Auffassung des
Somnambulismus, insofern als der Zustand des Hellsehers
als Vorbild und Bürgschaft eines geistigen Lebens nach
dem Verlust oder nach der Verwandlung des materiell=
körperlichen angesehen wurde.

Uebrigens war Passavant ein zu gebildeter Denker, um
alle die Anschauungen seiner hellsehenden Patienten, die zum
Beispiel über den Aufenthalt der Verstorbenen auf den
Sternen genaue Angaben machten, für objektive Wahrheit

zu halten. Abgesehen davon, daß ihm Magnetismus und Somnambulismus Analogieen für höhere Verhältnisse boten, hatten die Gesichte der Schlafwachen psychologischen Werth für ihn, indem sie in die Innerlichkeit des Menschen gleichsam tiefer hineinleuchteten. Er selbst warnte andere, so namentlich den Freund Justinus Kerner, das in Traumzuständen Geschaute und Erlebte aus dem Inneren des Schläfers in die Außenwelt zu übersetzen oder etwa gar sich von ungebildeten oder betrügerischen Personen täuschen zu lassen.

Keiner von den Aerzten seiner Zeit ist so vom Zauber der Romantik umgeben wie Justinus Kerner, der Dichter, der Geisterseher, der, wenn er des Nachts zu Kranken gerufen wurde, von seinem Hündchen und von den Geistern der Verstorbenen, die er nicht hatte heilen können, begleitet, die wunderliche Runde machte. Wenn die Güte des Wollens und aufrichtige Hilfsbereitschaft Grundbedingungen des magnetischen Wirkens sind, war Justinus Kerner ausnahmsweise befähigt: er schien nur für Andere da zu sein, sein Haus war stets voll von Hülfsbedürftigen aller Art, die das Vertrauen auf seine allbekannte rührende Herzensgüte und zum Theil auf das Gerücht von seinen magischen Kräften anzog. Von den nervösen und gemüthsleidenden Freunden und von den Somnambulen abgesehen, hielten sich im Laufe der Zeit 8 oder 9 Besessene bei ihm auf, die scheu und bleich, unheimliche Erscheinungen, an den erschrockenen Kindern und Gästen vorüberstrichen. Sie wurden kakomagnetisch behandelt, das heißt die Dämonen, von denen der Kranke besessen war, wurden durch magnetische Manipulationen und die Ueberlegenheit eines guten Willens ausgetrieben. Eine solche Scene muß schauerlich, ja entsetzenerregend gewesen sein, da die Kranken wirklich wie von bestimmten Personen oder Teufeln bewohnt, die mit unnatürlichem Gebrüll aus

ihnen heraus sprachen, sich geberdeten, in den kritischen
Augenblicken sich mehrten und in gräßlichen Krämpfen knirschend
sich wälzten. Besonders niederschlagend war es, wenn nach
erfolgter Austreibung und Besserung der verjagte Dämon
von seinem Opfer wiederum Besitz ergriff und plötzlich in
höhnenden Worten sein Wiederdasein ankündigte. In ein=
zelnen Fällen erzielte Kerner doch eine völlige Heilung. Das
meiste Aufsehen erregte ein von einem Mönch besessenes
Mädchen, der nach eigener Angabe vor mehreren Jahrhun=
derten in einem Kloster, dessen Trümmer in der Nähe des
Heimathsdorfes der Kranken noch vorhanden waren, ein ver=
brecherisches Leben geführt, mehrere Frauen verführt und diese
nebst den Kindern, die sie von ihm bekamen, umgebracht hatte.

Die Möglichkeit des Besessenseins wurde von mehreren
Aerzten und Philosophen festgehalten; Baader, der in seiner
Jugend auch Medicin studirt hatte, war stolz auf den Ruhm,
die im Alterthum und Mittelalter bekannte Krankheit sozu=
sagen wieder entdeckt zu haben. Ringseis machte Kerner
darauf aufmerksam, daß die Kirche die Annahme, es könnten
auch Verstorbene, nicht nur Dämonen, von Menschen Besitz
ergreifen, als unwahr und Betrug höllischer Geister ver=
worfen habe, wodurch sich Kerner aber nicht irre machen
ließ. Auch Görres, der Katholik nahm das Besessensein
durch Verstorbene wirklich an und hat in seiner Mystik dies
Geheimniß in einer auch für Ungläubige bewundernswerthen
Weise beleuchtet.

Man beurtheilt Kerner falsch, wenn man ihn für einen
Gefühlsschwärmer hält, der sich mit leicht erregter Phan=
tasie in alberne Spuk- und Gespenstergeschichten verträumt
habe. Er selbst versichert, daß er auf dem Wege der Natur=
forschung und kalter Beobachtung zu diesen Dingen gekommen
sei, die seiner Phantasie viel mehr entgegen gewesen wären,

und daß Poesie und Religion keinen Antheil daran hätten. Auch spricht er in einem Vorwort zur Seherin von Prevorst den Wunsch aus „es möchten diese Phänomene mehr auf naturforscherischen als religiösen Boden gezogen“ und dort weiter verfolgt und erklärt werden. Dies wurde aber nicht beachtet; denn man wollte lieber, wie er klagt, die Geister mit dem Poeten zu Tode schlagen.

Einen kritischen Verstand, den poetische, kindlich un=schuldige und liebreiche Menschen der Art überhaupt selten haben, besaß Justinus Kerner allerdings nicht, und er son=derte die Angaben seiner Kranken viel zu wenig von dem was ihre Einbildung und beschränkte Auffassung hineinge=mischt hatte. Zuweilen mag ihn auch sein Humor verleitet haben, einen angenehmen Schnörkel, wie E. T. A. Hoffmann es genannt haben würde, stehen zu lassen oder anzubringen; vergessen darf man nie, wenn man sich das Bild des „un=gemein dicklichen“ Justinus vorstellen will, diesen feinen Humor, der in seinen Augen saß, und alles was er sah, that und dachte, auch seine ernsten Ueberzeugungen, mit einem guten, herzlichen Lächeln betrachtete.

Seine ganze Liebenswürdigkeit entfaltete Kerner, als er den armen Irrsinnigen, den die Leute eingesperrt hatten und an den sich nun niemand heranwagte, weil er in seiner Raserei den Ofen umzureißen drohte, durch Musik beschwich=tigte. Gelassen begab er sich in die Zelle und da er sah, daß freundliches Zureden unverstanden blieb, zog er seine Maultrommel, ein der Harmonika ähnliches Instrument hervor und begann zu spielen, worauf der Irre allmählich ruhig und zutraulich, schließlich ganz folgsam und zufrieden wurde. Daß Spiegel und Musik, namentlich Aeolsharfe und Harmonika, die magnetische Wirkung verstärken, hatte schon Mesmer beobachtet; er hatte im Alter Versuche über

die Wirkung der Musik auf Thiere mit der Glasharmonika
angestellt, was Kerner mit der Maultrommel fortsetzte. Diese
Art der psychischen Heilmethode, zu der Reil die erste Anregung von berufener Seite gegeben hatte, ist besonders
charakteristisch für die romantische Arzneikunde.

Bei weitem leichtgläubiger und kritikloser als Justinus
Kerner war sein Freund und Landsmann Eschemayer, der
Arzt und Philosoph, als welchen ihn zwar die wissenschaftlich
gebildeten Philosophen nicht gerne wollten gelten lassen, da
er überwiegend aus dem Gefühl heraus grübelte. Mit
seinem guten, versonnenen Gesicht ist er doch eine bemerkens-
werthe Erscheinung unter den schwäbischen Naturphilosophen.
Im hohen Alter ließ er sich von einem Schneider, der in
den Augen auch der nachsichtigen Beurtheiler ein Trunken-
bold und frecher Gaukler war, mit vorgespiegelten Ekstasen
hinter's Licht führen, so daß selbst Kerner nicht umhin konnte
den Kopf zu schütteln. Indessen sind seine Werke über
Naturphilosophie und Magnetismus reich an feinen und
tiefsinnigen Anschauungen.

Fast alle diese Aerzte und eine Reihe von anderen, die
ich nicht erwähnt habe, Breslau in München, der jüngere
Schelling in Stuttgart, Ludwig v. Voß und Wolfart in
Berlin, Hufeland, ein Bruder des bekannten, Windischmann
in Aschaffenburg standen miteinander in Verbindung, zum
großen Theil in freundschaftlicher. Sie fühlten sich, von
gewissen Abweichungen im einzelnen abgesehen, in den grundlegenden wissenschaftlichen Ueberzeugungen einig. Es lassen
sich in der theoretischen Medicin der Romantik hauptsächlich
zwei Richtungen unterscheiden, die aber beständig ineinander
übergehen, die durch die Naturphilosophie und die durch den
Magnetismus eingeschlagene.

Ringseis hatte in Anlehnung an seinen Lehrer Röschlaub

den Begriff der Krankheit bestimmt als ein dem Organismus
fremdartiges Wesen, das sich als Parasit im Körper ent-
wickle, und legte diese Lehre seinem System der Medicin
zu Grunde.

Diese Wesen gehören der niedersten Lebensstufe an; es
sind „vollkommene, d. i. aus dem Verein von Männlichem und
Weiblichem gebildete Samen, welchen der Organismus nur den
Boden oder Uterus bietet." Der Kranke könne demzufolge, da ein
Leben nach eigenen Gesetzen störend in sein Leben eingreife,
nicht als einheitliches Ganze betrachtet werden. Die Heilung
gehe von dem gesundgebliebenen Körper aus, keineswegs sei
also die Krankheit mit dem Heilungsproceß gleichzusetzen.
Im hohen Alter — Ringseis starb erst i. J. 1880 —
erfuhr Ringseis zu seiner Ueberraschung aus einer kleinen
Schrift von Virchow, daß diese Theorie mit der modernsten
medicinischen Forschung übereinstimmte. Die große Entdeckung des Tages, die Bacillentheorie, war eine wesentliche
Behauptung seines verhöhnten Systems gewesen; allerdings
hatte Ringseis durchaus nicht angenommen, daß es sich in
allen Fällen um wirkliche Parasiten handle, sondern den
Vergleich herbeigezogen, um das organische Eigenleben der
Krankheit zu bezeichnen.

In einem anderen Punkte wich allerdings Virchow von
Ringseis ab, indem er nichts von der Lebenskraft wissen
wollte, die für jeden romantischen Arzt unerläßlicher Begriff
war. Die Lebenskraft war ihnen nicht, wie vielfach fälschlich
geglaubt wird, eine zum Organismus hinzukommende, von
ihm trennbar zu denkende Kraft, vielmehr das Wesen der
Seele, das wodurch der Organismus etwas Einheitliches, sich
selbst Bestimmendes ist. Durch die Lebenskraft unterscheidet
sich der Organismus von der Maschine; grade in diesem
Punkte war die Naturphilosophie dem herrschenden Brow-

nismus zuerſt entgegengetreten. Ringseis wies darauf hin,
daß auch Hippokrates in jedem Organismus ein ſeeliſch ein=
heitliches Princip angenommen habe, das den Körper ge=
ſtalte, erhalte und in Krankheitsfällen wieder herzuſtellen be=
ſtrebt ſei, indem es ſeine Alleinherrſchaft gegen das ſtörende
Fremde geltend machen wolle. Alle die großen Aerzte der
Vergangenheit, auf die die Romantiker zurückgegriffen, hatten
dieſe Auffaſſung ihren Syſtemen zu Grunde gelegt: Para=
celſus, der Schweizer, der romantiſch=myſtiſche Arzt des
Mittelalters, Helmont und Sydenham, die im 17. Jahr=
hundert lebten, Stahl, der im Geburtsjahre Mesmers ſtarb.

Beſonders Paracelſus wurde von den Naturphiloſophen
häufig angeführt. Sie nannten ihn den Luther der Medicin,
weil er die ſcholaſtiſche Medicin angegriffen und überwunden
und einige, damals berühmte Bücher von Galenus und
Avicenna verbrannt hatte. Auch auf ſeine urkräftige und
eigenthümliche Sprache bezog ſich der Vergleich; der kundige
Wilhelm Grimm, der in Halle, wo der Geiſt der Romantik
beſonders kräftig wehte, ſowohl Jakob Böhme wie Paracelſus
kennen lernte, wunderte ſich darüber, wie dieſe beiden die
damalige Sprache faſt gewaltſam durchbrochen hätten.

Paracelſus nannte das Princip des Hippokrates den
Archaeus und ſagte ſo: jede Krankheit iſt ein eigener, für
ſich beſtehender, nach beſtimmten Geſetzen ſich darſtellender
Organismus, erzeugt durch das geſtörte Verhältniß der
Elementarſtoffe und durch den verſtimmten Archaeus, das
dämoniſche Princip des Lebens im menſchlichen Leibe; in
der Heilung wird der Archaeus des Abweichenden mächtig.
Bei Ringseis lautet es: „Krankheit iſt diagonale Wirkung
aus Lebenskraft und etwas Fremdartigen, was den Organis=
mus kränkt.“

Helmont und Sydenham hatten dieſe Lehre wieder auf=

genommen, der letztere die Krankheit als selbständigen After-
organismus bezeichnet. Stahl wurde gerühmt, weil er sich
bemüht hatte, die Vernunft der Seele in den vegetativen
Bildungsprocessen darzuthun, also das vernünftig bildende
Unbewußte, das Carus zuerst wieder wissenschaftlich untersuchte und als göttlich darstellte, erkannt hatte.

Der Ausspruch des Paracelsus: „Jegliche Krankheit ist
ein ganzer Mensch, hat einen unsichtigen Leib und ist selbst
Mikrokosmus, so daß in der Krankheit zwei Leben in einem
sind", stimmt durchaus zu der romantischen Anschauungsweise, die alles was vorher hohler Begriff gewesen war,
reell, körperlich, lebendig machte.

An allen diesen Aerzten rühmten die Romantiker vorzüglich auch die Einfalt und kindliche Treue, mit der sie
der Natur gegenüberstanden, ihre Erscheinungen beobachteten
und sie ehrfürchtig zu leiten suchten. Denn sie waren zu
der Ueberzeugung gekommen, daß Niemand zu heilen wisse
als die Natur selbst, das heißt in diesem Falle die auf geheimnißvolle Weise unbewußt vernünftig bildende Seele, und
daß es nur darauf ankomme, sie richtig zu verstehen, sie
nicht zu stören und ihr allenfalls zu Hülfe zu kommen. Von
dieser Annahme ausgehend, mußte die Heilmethode durch
Magnetismus schon deshalb einleuchtend erscheinen, weil sie,
nach Mesmer, nichts anders als die Wiederherstellung der
Harmonie im Körper bezweckte und das durch Schlaf erreichen wollte, während des Schlafes aber das Unbewußte
am schnellsten und kräftigsten zu wirken pflegt.

Doch auch noch aus anderen Gründen wurde der
Magnetismus als erster Schritt zu einer neuen Heilkunst
angesehen, die als Bedürfniß empfunden wurde. Mit ihm
schien sich der Ring zu schließen, der mit Heilung durch
Handauflegen der Priester, Schlaf und Traum im Tempel

und pythische Weissagung begonnen hatte. Wie auf allen
Gebieten war auch hier die Romantik die Ausdeuterin der
verborgenen Weisheit, die die instinktiven Regungen des
Alterthums geleitet hatte. In einem Buche des Arztes und
Philosophen Windischmann stellt sich dieser Gedankengang
folgendermaßen dar: Die Krankheiten sind Geschlechter und
Arten, lebendige Organismen, die sich im Laufe der Zeit
verändern zugleich mit dem Stamme, an dem sie wuchern
und von dem sie abhängen. Wie es Krankheiten des Kindes-
alters, des Jünglings-, Mannes- und Greisenalters giebt, so
auch Krankheiten der Menschheit in ihren verschiedenen
Epochen; sodaß, kennte man nur die Geschichte der Krankheiten besser, sich an ihrem Charakter das Alter des Menschen-
geschlechts genau müßte feststellen lassen. Es können deshalb
die Beobachtungen des Hippokrates, an sich nicht genug zu
würdigen, als an anderen Menschen und anderen Krankheiten
gemacht, für unsere Zeit nicht mehr genügen. Allem Anschein
nach tritt das menschliche Geschlecht jetzt in die gefährliche
Periode des Mannesalters; denn unsere Krankheiten unterscheiden sich von den früheren im allgemeinen durch ihren
häufig sensiblen Charakter. Früher hatte der Organismus
mehr Einheit und die Seele mehr Kraft, sowohl die einzelnen Organe wie die in ihren Organismus hineinspielende
Außenwelt ihrer Alleinherrschaft unterzuordnen; jetzt hingegen ist die Einheit gelöst, vielleicht am meisten durch die
Lustseuche, die Generationen in ihren Folgen vergiftete. Die
Menschen haben die Innigkeit und Kraft der Triebe, die
Einfachheit und Sicherheit des Instinktes verloren und sind
doch noch fern von der Klarheit wissender Vernunft. Je
complicirter, reicher und bewegter das äußere Leben geworden ist, desto reizbarer die Seele. Aus der Schwelgerei
des Daseins und dem zerstörten Geschlechtstrieb, aus der

maßlos gewordenen Temperatur der bis an die letzte Faser
aufgeregten Seele entspringen Hirnkrankheiten, ja, alle Krank=
heiten haben zugleich nervöse Symptome. Wie es nichts
Kraftvolles im Menschen mehr giebt, nicht einmal große
Laster, kühnen Egoismus, so verlieren sich auch die vehe-
menten Krankheiten: alles beginnt mit Heftigkeit und endet
mit Ohnmacht. Für die veränderten Bedingungen genügt
unsere Heilkunst nicht mehr; „die Leidensgeschichte der
Menschen geht mehr in die Tiefen des Lebens ein, und so
muß auch die Heilkunst mehr in das Innere gehen.“ Sie
muß auf die Seele wirken, die eigentlich die Mitte des
Menschen ist, und von der aus die Krankheit erst Geist und
Natur ergreift. Materie kann keine Ursache sein, Materie
und Ursache schließen sich aus. Nimmt die Seele die Krankheit nicht an, so kann sie den Leib nicht ergreifen. Krankheit
ist Sünde, meist eigene Verschuldung oder Schuld des sündhaften Geschlechtes, an welcher jeder Einzelne theilnimmt.
Es giebt Erbkrankheit, wie es Erbsünde giebt. Auch die
Hippokratische Schule lehrte: der Mensch ist von der Er-
zeugung an eine Krankheit.

Wem dies befremdend erscheint, der bedenke, daß jeder
Azt, auch der bloße Empiriker und Materialist, den Kranken
empfiehlt, sich heiter zu halten, da ein ruhiges, heiteres Gemüth Bedingung der Genesung, oder doch ihr förderlich sei,
und also, bewußt oder unbewußt, einen Antheil der Seele
am Erkranken und Genesen voraussetzt.

Betrachtet man nun die Romantiker selbst mit ihren
körperlichen und seelischen Leiden, so findet man an ihnen
durchaus bestätigt, was Windischmann über den Krankheits=
charakter der Zeit sagt. Vielen Zeitgenossen drängte sich
diese Einsicht auf. Eine kluge ältere Frau, Therese Huber,
einst als Therese Heyne und Frau Forster die Freundin

Karoline Schlegels, schrieb an Justinus Kerner, als der Hyperromantiker Graf Loeben, ein durch und durch kranker, epileptischer junger Mann, zur Behandlung in seinem Hause sich aufhielt, daß die Aerzte solchen Fällen gegenüber, die jetzt so häufig vorkämen, die intellektuelle Unmäßigkeit außer Acht ließen, die sie verschuldete. Sie machte geradezu die romantische Schule dafür verantwortlich, erinnerte an Jean Paul, dessen ärmlichen Jugendtagen abwechselnde Reizmittel versagt gewesen seien, der sie mit Wein ersetzt hätte und den nun auch Branntwein nicht mehr reizte; „er wankt schlaff, stumpf, ohnmächtig in's Grab." Robustere Naturen überlebten den Taumel und bildeten sich eine Lage, „in der sie die überlebende Sinnlichkeit befriedigen und mit Besonnenheit andern ein Blendwerk vormachen; dahin gehört Tieck mit seinen zwei Frauen." Kerner pflichtete ihr bei, nur meinte er, daß nicht das körperliche Leiden solcher Schriftsteller aus ihrem Intellektuellen hervorgehe, sondern umgekehrt. „Loeben's Körper wurde schon in früher Jugend zerrüttet, und die Art seines schriftstellerischen Strebens ging gerade daraus hervor." Auch er habe ihm ein einfaches, mäßiges, arbeitsames Leben zu einer Heilung angerathen, „allein ein Dämon der in ihm ist (der der Epilepsie) strebt mir immer entgegen."

Von dem Jugend- und Studienfreunde Arnim's und Brentano's, Winkelmann, dem Physiker, der jung in Braunschweig starb, sagt Arnim, er habe sich nicht eigentlich durch Liederlichkeit geschwächt, denn das sei mehr Redensart gewesen, sondern durch ein Ritter nachgebildetes Leben: „langes Arbeiten für einige Tage, Hungern, dann Schlafen, Fressen für die folgenden, Verliebtthun, Verzweifeln, eine künstliche Empfindungsmanege."

Bei dem unglücklichen Ritter war denn aber doch auch

simple Liederlichkeit im Spiele. Clemens Brentano schrieb an Görres, er sei durch eine Krankheit gestorben, „welche eine Folge des Branntweinsaufens war; dies war eine der herrlichsten Naturen, die vielleicht je von ihrer Zeitteufelei sind vernichtet worden." Baader gegenüber, der Ritter's Freund, Bewunderer und Wohlthäter war, und ihm gutgemeinte Vorstellungen machte, daß er an seiner Kränklichkeit selbst Schuld sei durch Ueberretzung und Unmäßigkeit, verantwortete sich Ritter: er habe sein von Natur aus unsäglich schwer zu bändigendes Temperament doch nach Kräften im Zaume gehalten; Weingenuß habe er erst in seinem 26sten Jahre im Umgang mit einem berühmten Manne — es ist wohl Schelling gemeint — kennen gelernt, Opium nehme er erst seit zwei Jahren. „Ich habe vielleicht alles erlebt was man bis zu meinen Jahren erleben kann; vieles habe ich nie gesucht, aber dagegen oft auch absichtlich mich nicht zurückgehalten, dies und jenes geschehen lassen; sicher, doch wohl, auch noch so tief darein, doch nie mit dem Kopfe unterzutauchen und zu seiner Zeit glücklich und sehr ^belehrt wieder das Ufer zu erreichen." Dies Experiment habe er indessen in letzter Zeit bei weitem nicht mehr in jenem Grade getrieben wie von seinem 19ten bis zum 26sten Lebensjahre."

In solchen Fällen zeigt sich allerdings deutlich die „Schwelgerei des Daseins" und „maßlose Temperatur der Seele" als Ursprung körperlicher Leiden, denen gegenüber sich die geistreichsten Aerzte, wenn sie nur über die Mittel der alten Medicinwissenschaft geböten, ohnmächtig erklärten. Kranke der Art bedürfen eines zugleich seelenkundigen und seelengewaltigen Arztes, eines Priester-Arztes, wie Windischmann ihn als Ideal des künftigen Heilkünstlers hinstellt. Christus, der Heiland, ist das Vorbild desselben und der

Glaube an Christus die erste Vorbedingung zu segensreicher Ausübung der Kunst, das will sagen: der Glaube an die menschliche Erlöserkraft durch den in ihm wirkenden Gott. Heiland und Erlöser ist ja der Arzt dem Kranken gegenüber: wenn diesem die Kraft fehlt, sich zu Gott, nämlich dem Quell des Heils, zu erheben, muß der Arzt sein Leiden auf sich nehmen, gleichsam sich selbst zu seiner Seele machen, ihm eine rechte Mitte geben. In diesem Sinne faßte Baader die Krankheit als Unvermögen des Organismus, das Gute vom Bösen zu scheiden. „Wenn nun das Gute $+a$ das Böse $—b$ nicht mehr von sich zu scheiden, sich nicht mehr von ihm frei zu machen, es nicht mehr unter sich zu bringen vermag, so muß ein analog freies $+A$ dem $+a$ zu Hilfe kommen, als Heiland, als Erlöser, indem dieses $+A$, die Aktion $—b$ an sich ziehend, sie absorbirend, gleichsam als diese Sündenlast auf sich nehmend, das $+a$ befreit."

Dies ist die Wirkungsart jeder Medicin, vor allem aber die des Magnetiseurs auf den Magnetisirten. Hier wirkt Seele auf Seele, die Urkraft des Menschen, der Wille, auf den Urgrund des Menschen, der, geschwächt und gelähmt, die Heilkraft nicht mehr aus sich selbst erzeugen kann. Aus der Einbildung und dem Willen — Suggestion und Magnetismus — geht die Heilung hervor, die dauernd und segensreich ist. Es erhellt nun von selbst, daß diese Ansicht von der Heilkunst im Arzte Eigenschaften voraussetzt, die sich nicht ohne weiteres erlernen lassen: nämlich einen starken Willen und einen guten, reinen Willen. Viele von den romantischen Aerzten, die magnetische Kuren machten, scheinen diese Bedingungen bis zu einem hohen Grade erfüllt zu haben. Von dem jüngeren Schelling, den Ritter i. J. 1807 den besten Magnetiseur der Zeit nannte, sagt derselbe Ritter, er sei ein „unendlich reiner, unschuldiger

und fühlender Mensch", was Andere bestätigen. Als sein
Bruder ihn, den Studenten, in Jena in den Schlegel'schen
Kreis einführte, wurde er gutartig, aber noch etwas roh
befunden; es mag eine gewisse Kraft und Naivetät gewesen
sein, die unter den Romantikern auffiel, und die ihn eben
befähigte, ein tüchtiger Magnetiseur zu sein. Wolfart wird
ein „tiefgediegener, inniger Mensch mit reinem Gemüth"
genannt, und sein pietätvolles Benehmen gegen den verehrten
Meßmer läßt in der That auf kindliche Herzensgüte schließen.
Ueber die Kraft und Reinheit des Willens bei Passavant,
Ringseis, Carus besteht kein Zweifel; letzterer betont aus=
drücklich, daß er sich der priesterlichen Natur des ärztlichen
Berufes immer wohl bewußt gewesen sei, seine Aufgabe
nie leicht genommen habe. Von Ennemoser, dem Tyroler
Hirtenknaben, der einer der meistbefähigten Magnetiseure
wurde, ist wenigstens primitive Kraft vorauszusetzen.

Wie es sich von selbst versteht, hielt keiner dieser Aerzte
das unmittelbare Wirken auf den erkrankten Organismus
durch Arzneien und die genaue Kenntniß des Organismus
für überflüssig. Windischmann erinnert diesbezüglich an
den heil. Benediktus, der den Klostergeistlichen auferlegte,
die Kranken durch erprobte Naturmittel, Gebet, Handauflegen
und Exorcismus zu heilen. Dementsprechend sollte die Auf=
gabe des Arztes dreifach sein: einen Schatz von Heilkräften
zu suchen, die in der Natur liegen; das Wesen der Krank=
heit zu erkennen; die Einwirkung des Mittels selbst zu be=
gleiten, das heißt magisch zu wirken.

Daß allerdings die Chirurgie, das Fach, in welchem
die moderne Medicin ihre Triumphe feierte, gänzlich ver=
nachlässigt, vielmehr beiseite gelassen wurde, braucht nicht
erwähnt zu werden. Die Chirurgie blieb altherkömmlicher
Weise den Wundärzten überlassen als ein von der Arzneikunde

gänzlich getrenntes Gebiet. Ringseis trug als Leiter des Medicinalwesens darauf an, daß die Wundärzte eine gründlichere wissenschaftliche Bildung zu erwerben haben sollten.

Dreierlei will ich noch als charakteristische Merkmale der romantischen Medicin erwähnen: erstens die Neigung der Aerzte an eine Krankheit als Wurzel aller Krankheiten und dementsprechend an ein Heilmittel zu glauben. Auch hierin war Mesmer vorangegangen; er hatte freilich nicht gemeint, daß der Magnetismus ein Allheilmittel wäre, aber doch, daß er dazu werden könne. Kieser beschränkte das soweit, daß er wenigstens alle die Krankheiten, die überhaupt durch stärkende Mittel gehoben werden könnten, für heilbar durch Magnetismus erklärte. Markus wandte das monistische Princip auf eine gewisse Gruppe von Krankheiten an, indem er sagte, es gäbe nur eine Entzündung und demgemäß nur eine Heilart aller Entzündungskrankheiten. Ringseis aber lehrte, daß alle krankhaften Gebilde, Gebilde der Entzündung seien. Auch die erzeugenden Schädlichkeiten seien nicht so viele und verschiedene, wie man glaubte. „Wie alle Sünden aus einer Stammsünde, so alle Krankheitsprocesse aus Einem Ursprünglichen." Griff man in die Vergangenheit zurück, so war es wiederum Paracelsus, der von einer Universalmedicin träumte.

Durchaus romantisch war es ferner, die Medicin als Kunst zu betrachten, weshalb man sich auch gern des Wortes Heilkunst bediente. „Nicht jeder ist zum Künstler geboren", heißt es bei Windischmann, „und nur diejenigen haben eigentlichen Beruf zur heilenden Kunst, welche mit scharfem Sinn das Krankhafte unter dem Schein des Gesunden bemerkend, dasselbe nicht ertragen können, weil sie von der Vollkommenheit und Schönheit des Gesunden und Harmonischen im Leibe, in der Seele und im Geist durchdrungen und erfüllt sind. Ihnen wird dieser künstlerische Sinn keine Ruhe lassen,

bis sie ihn zum Gedanken ausbilden, den Gedanken in die
Wissenschaft entfalten und die Wissenschaft in's Werk setzen."
Aehnlich äußerte sich Ringseis: ein geniales Können soll
dem Wissen an die Seite treten.

Nicht genug aber, daß Wissenschaft und Kunst sich ver=
einigen: zusammen sollen sie wieder in einem höheren auf=
gehen, in der Religion. Windischmann nannte sein Werk
über die Heilkunst einen Versuch zur Vereinigung derselben
mit der christlichen Philosophie; und ich habe geschildert,
wie er mit seiner wissenschaftlichen Forschung zu demselben
Ergebniß kam wie das Evangelium: „Den Kranken
werden sie die Hände auflegen, und sie werden sich wohlbefinden." Ebenso bezweckte Ringseis in seinem System der
Medicin die Wissenschaft in Einklang mit der christlichen
Religion zu setzen. Wie die Heilkunde im Alterthum von
den Tempeln ausgegangen war, sollte sie nun in die Kirche
zurückkehren, und der Arzt, ohne Priester zu sein, doch als
Mittler zwischen dem Kranken und Gott stehen.

Romantische Politik.

Wie der Mann im Allgemeinen dazu neigt, das Weib zu verachten, aus dem er doch hervorgegangen ist, so verachtet die handelnde Zeit die hinter ihr liegende in sich gekehrte, beschauliche, obwohl die wahrhaft fruchtbringende Handlung aus der Idee entspringen muß und ein Wechseln zwischen Innen und Außen nothwendig ist. Das junge Deutschland warf es der Romantik bitter vor, daß sie entweder unpolitisch war oder denn daß sie einer fortschrittlichen Entwickelung durch ihre Vorliebe für das Mittelalter entgegengewirkt hätte. Thatsächlich hat keiner von den führenden Geistern der Romantik an eine Wiederherstellung vergangener oder gar mittelalterlicher Zustände gedacht. Unpolitisch waren die romantischen Naturen; das heißt die äußere Gestaltung des Lebens, sei es in der Familie, in der Gesellschaft oder im Staate, interessirte sie wenig, die den Menschen in erster Linie als Inneres, in Bezug auf das Ewige und Unendliche betrachteten. Sie waren keine handelnden Menschen; die Politik riß sie aus dem weihrauchdurchdufteten Tempel des Inneren, den Clemens Brentano so lockend schildert, aus heiligen Hainen der Betrachtung und Anbetung, in Straßenlärm und Schlachtgewühl, wo die Augen nicht Schönes und Fernes suchen durften, sondern aufmerken mußten, wo es galt sich mit den Armen durchzukämpfen.

Justinus Kerner hat sich über sein Verhältniß zur Politik folgendermaaßen ausgesprochen: „Ich mißkenne nicht, daß die Politik der Tod aller wahren Poesie ist, wohl auch, weil sie zur Aeußerlichkeit, vom Naturleben weg in die Unnatur des Staatenlebens führt, in dem nun ein= mal, besonders in unsern Jahrhunderten, keine Poesie mehr zu finden ist". Gerade das, daß sie „die Natur mit ihrem Lärm übertäubten" warf er den Revolutionären vor, daß man vor dem Schlag ihrer Trommeln den lieben Schall der Drosseln und Nachtigallen nicht mehr hören könne. Das Menschenleben, soweit es nicht mit der mütterlichen Natur in Zusammenhang steht, erschien ihm zufällig und unwesentlich.

> Euer entsetzliches Schreien;
> „Volksherrschaft bringt einzig Gedeihen!"
> Euer Vivatrufen und Wüthen,
> Euer Trommeln, Trompeten,
> Uebertönet der Nachtigall Flöten,
> Erschüttert Blätter und Blüthen!
> Und dem Dichter ist's wohl zu verzeihen,
> Ruft er im Freien:
> Ihr Menschenkinder!
> Ist's Frühling? ist's Sommer? ist's Winter?

Als sein politisches Glaubensbekenntniß bezeichnete er selbst das Gedicht, in welchem er sich über den Druck der napoleonischen Fremdherrschaft mit der ewigen Sonne am unantastbaren Himmel tröstet:

> So lang noch Berg und Thale blüh'n,
> Durch sie melodisch Flüsse zieh'n,
> Ein Vogel hoch im Blauen schwebt,
> Goldähren licht im Westhauch wallen,
> Gebirge stehn, Alphörner schallen,
> Hat diese Welt nicht ausgelebt,
> Und was die Menschen thun und treiben,
> Ob frei sie oder Knechte bleiben,

Dem Himmel gräbt es sich nicht ein:
Kein Treiber bringt mich je in Zweifel,
Wär' er ein Teufel aller Teufel,
Er ändert nicht der Sonne Schein.

Als die Kriege gegen Napoleon anfingen, schrieb Brentano an Arnim: „Werde kein Soldat in einer Zeit, wo es keine gibt, bleibe der unsichtbaren Kirche der Kunst angehörig   Du weißt nicht, wie es mich erschreckt, wärst du Soldat, o sei keiner der untergeht, keiner der siegt: sei ein Mensch hoch über der Zeit und falle nicht in diesem elenden Streit um Hufen Landes". Worauf Arnim, der Brandenburger Edelmann, Abkömmling von Soldaten, antwortete: „Soldat fürchtest du, daß ich werden möchte? Es wäre freilich das einfachste, aber wahrscheinlich auch das nutzloseste bei meiner Unkenntniß und Ungewohntheit in tausend nothwendigen Dingen". An Görres, als er sich mit seinem Merkur wenigstens als geistiger Kämpfer in's Gewühl stürzte, schrieb Arnim abmahnend: „Es thut mir wahrlich leid, daß du dich von den Büchern zu den Menschen gewendet, du kannst froh sein, wenn du mit verlorener Zeit davonkommst". Es fehlte Arnim nicht an Lust sich zu bethätigen; aber er hatte doch nicht Kraft und Unbefangenheit genug, allen inneren und äußeren Zwiespalt zu überwinden und für eine heilig gehaltene Ueberzeugung in die Schranken zu springen. Creuzer ließ sich ähnlich wie Arnim gegen Görres vernehmen; er schrieb ihm, daß er ihn für zu gut halte, sich in das Getriebe der Welthändel zu mischen, die, wie es den Anschein hätte, allenthalben sehr ungöttlich wären. „Mohren werden Sie doch nicht weiß waschen!" Von E. T. A. Hoffmann wird erzählt, er habe politische Blätter nicht gelesen, sich überhaupt um Politik nicht gekümmert; hätte ihm jemand wichtige politische Neuigkeiten

erzählen wollen, so hätte er ihn mit den Worten unter=
brochen: „lassen Sie das, wir haben etwas Gescheideres zu
reden". Je ereignißreicher die Zeit wurde, desto energischer
entfaltete sich, gleichsam in Gegenwirkung, sein Inneres,
und während er i. J. 1813 in Dresden seine ersten No=
vellen dichtete, schrieb er einem Freunde: „In keiner als
in dieser düsteren, verhängnißvollen Zeit, wo man seine
Existenz von Tag zu Tag fristet und ihrer froh wird, hat
mich das Schreiben so angesprochen — es ist, als schlösse
sich mir ein wunderbares Reich auf, das, aus meinem
Inneren hervorgehend, und sich gestaltend, mich dem Drange
des Aeußeren entrückte". Ganz ähnlich schrieb Goethe im
Jahre 1809 an Bettine: „Ich habe mich nun hier in
Jena in einen Roman eingesponnen, um weniger von allem
Uebel der Zeit ergriffen zu werden".

Wo es sich nun aber in der Politik um Persönlich=
keiten oder um die Nationalität handelt, waren die Romantiker stark, zum Theil mit Leidenschaft betheiligt.

Sie neigten nicht dazu, wie so viele Deutsche, Napoleon zu bewundern; denn er war für sie der Vollender der
Revolution, das Princip der Centralisation und des Des-
potismus. Seine entscheidende Form hat dem romantischen
Hasse gegen Napoleon Kleist gegeben; auf das marmorne
Bild des „Korsenkaisers" wirft seine schauerliche, in Gluth
gehämmerte Sprache ein düsteres Licht. Ihm ist Napoleon
nicht ein Feind im gewöhnlichen Sinne, sondern „der böse
Geist, der Anfang alles Bösen und das Ende alles Guten,
ein Sünder, den anzuklagen die Sprache der Menschen
nicht hinreicht und den Engeln einst am jüngsten Tage der
Odem vergehen wird, ein der Hölle entstiegener Vater=
mördergeist, der herumschleicht in dem Tempel der Natur
und an allen Säulen rüttelt, auf welchem er gebaut ist".

Auch der Verhaßte wird aus Vereinzelung und Zufälligkeit in's Ewige erhoben.

Mit dem Haß Napoleons war der Frankreichs enge verbunden. Er war gewissermaaßen der böse Dämon, der in den ihm geeigneten Körper gefahren war und von der lüsternen Seele Besitz ergriffen hatte. Im französischen Staatsleben hatte seit Jahrhunderten schon die Centralisation gesiegt, das kahle, dürftige, lebentödtende Princip des Mechanismus, das die Romantik auf allen Gebieten verfolgte. Wie sie Newton bekämpfte als den, der in der Physik und Astronomie an die Stelle des Lebens den Mechanismus gesetzt habe, so Frankreich als den Staat, der durch willkürliche Berechnung und Konstruktion die mannigfaltige Gestaltung organischer Form und lebendige Wechselwirkung ersetzen wollte. Preußen nicht minder war das feindliche Princip in diesem Sinne, der todte Begriff gegenüber der lebendigen Idee, das Bewußte im Gegensatz zum Unbewußten, der naturlose Geist, als Staat im Großen Ganzen die willkürliche Schöpfung einzelner Männer, nicht in ältester Vergangenheit wurzelnd und mit Nothwendigkeit sich entfaltend, also in den Augen der Romantik der Heiligung durch beständiges Theilhaben am göttlichen Urquell entbehrend. Man glaubte nicht, daß Preußen berufen sein könnte, Deuschland an Frankreich zu rächen, aber man wünschte es auch nicht. Schon als die Freiheitskriege im Jahre 1813 begonnen hatten, schrieb Creuzer an Görres, sie wären in Heidelberg durchaus nicht der Meinung, als würden die Preußen viel ausrichten. Daub hätte ihre Begeisterung treffend einen Strohfeuerenthusiasmus genannt, „und wenn sie, was nicht zu erwarten, emergiren könnten, so würde ihre angestammte Hoffart in unerträglichen Hohn und Härte gegen Andere ausarten". Durch diese Charakterzüge haben die Preußen von jeher alle übrigen deutschen Stämme abgestoßen. Bei allen Reibungen und Neckereien beruht das Verhältniß der Schwaben, Sachsen, Hessen, Franken untereinander auf einem friedlicherem, sichererem Grunde, als das der sämmtlichen deutschen Stämme gegen die Preußen. Die Ursache davon liegt im tiefsten Unbewußten, das den Romantikern heilig war, nämlich in der nationalen Verschiedenheit. Zur Zeit des Wiener Kongresses schrieb Görres im Rheinischen Merkur, die Sachsen und Rheinländer wären verwundert, daß $4/5$ deutsche Menschen sich nach dem entferntesten [1] nennen sollten, das noch dazu halb slavisch sei.

Die Stammcharaktere, sagt Görres, seien so unverwüstlich wie die Pflanzenarten. Und Pflanzenmenschen waren die Romantiker alle, entweder entwurzelte, heimathlose, oder starke einheimische Gewächse, stolz in ihrer Stammeseigenthümlichkeit ruhend, voll Sinn für die Eigenart anderer Stämme, voll instinktiver, unüberwindlicher Abneigung gegen manche und sich sträubend gegen Verschmelzung selbst mit solchen, die von weitem wohlwollend betrachtet wurden. Durch die Wurzel empfangen sie die Nährkraft der Erde, und je nachdem der Boden, der sie trägt, anders geartet ist, sind sie wie Kinder, die verschiedene Muttermilch gesogen haben. Die Vorliebe für das Stammhafte ist nichts anderes als die für das Unbewußte im Menschen, das Forschen nach den tiefsten Quellen, aus denen sein Wesen zusammengeflossen ist. Daher begannen zur Zeit der Romantik Untersuchungen über die Verbreitung der germanischen und insbesondere der deutschen Stämme; aus Sage und Märchen und Vergleichung und Anschauung der Gegenwart suchte man sich ein Bild ihrer Art zu machen. Görres wollte seine Idee von den Stämmen in einem Buche das

Altdeutschland heißen sollte, aber nicht vollendet wurde, darstellen; die Brüder Grimm, Arnim und andere Freunde
feuerte er an, ihm mit Beobachtungen, in ihrer Heimath
oder auf Reisen gesammelt, zur Hand zu gehen.

Es ist hiernach einleuchtend, daß ein centralisirter
Staat wie Frankreich, wo die Stämme oder Provinzen zu
Gunsten eines beherrschenden Mittelpunktes unterdrückt und
ihre Verschiedenheiten ausgeglichen werden, nicht nach dem
Sinne eines romantischen Politikers sein konnte. Die Ein=
heit, die sie wünschten, sollte die Eigenthümlichkeit und bis
zu einem gewissen Grade die Selbstständigkeit der einzelnen
Theile keineswegs zerstören: der Bundesstaat wie man sieht,
schwebte ihnen vor. An seiner Spitze, als Vertreter der
Einheit dachten sie sich nicht Preußen, sondern Oesterreich
oder denn Beide, Oesterreich aber jedenfalls als Träger der
Kaiserkrone. Preußen war ein neuer Begriff, an den man
sich kaum gewöhnt hatte, das alte kaiserliche Oesterreich mit
Deutschland durch herrliche Erinnerungen verbunden. Nicht
nur den Rhein, sondern auch die Donau hatte die Helden-
sage bekränzt: die Donau hinunter fuhr Chrimhild in's
Hunnenland, in der Donau badeten die Meerfrauen und
prophezeiten Hagen den Untergang der Burgunder. In
dem halbböhmischen Prag hatten die Lützelburger gesessen,
die letzten Kaiser der großen Romzüge, und die erste deutsche
Universität hatten sie dort gegründet. Das alte Bollwerk
gegen die Türken war zugleich Deutschlands Pforte zu den
Wundern des Orients, ja, mit Italien, dem Lande deutscher
Sehnsucht, auf's engste verbunden. Oesterreich war, darf
man sagen, innerhalb Deutschlands der Süden und der
Orient, wohin der Kompaß der Romantik deutete; das Land
des Gesanges, der Phantasie, die üppige Natur.

Es waren nun aber die Führer der Romantik durch-

aus nicht so parteiisch blind, daß sie Preußens Verdienste
verkannt und es etwa ganz aus Deutschland hätten verdrängen mögen. Namentlich durch die Freiheitskriege hatte
sich das Land der Ordnung und Beherrschung einen giltigen
Titel auf eine leitende Rolle in Deutschland unwidersprechlich
erkämpft. „Zwar erkenne ich es als Unglück" sagte Görres,
„daß im Reich zwei Mächte stark geworden sind; aber es
gehört zur Geschichte." Widersprach also die Zweitheilung
dem monistischen Ideal, so war sie doch bereits durch Ueberlieferung geheiligt, als etwas Gewordenes, Entwickeltes zu
achten. In der Zeit seiner größten politischen Wirksamkeit
stellte Görres das ächt romantische Ideal eines nach dem
Vorbild des Sonnensystems gebildeten deutschen Reiches
auf: eine Ellipse mit zwei Brennpunkten Preußen und
Oesterreich.

Justinus Kerner hat ein Gedicht daraus gemacht:

> Kein Körper kann besteh'n mit einem Kopf allein,
> Es leget Gott in ihn stets auch ein Herz hinein.
> Dem deutschen Körper gab zum Kopfe Gott Berlin,
> Als Herz doch legt er Wien, das herzliche in ihn.

Oesterreich sollte sich demnach zu Preußen verhalten
wie das Unbewußte zum Bewußten, das Gangliensystem
zum Cerebralsystem, die Nacht zum Tage, die Wurzel zum
Wipfel. Für unentbehrlich hielt Görres Oesterreich, das
mütterliche, den warmen Lebensquell, die bildende Natur;
„aber sicher ist die Uebermacht des Geistigen auf Seite
Preußens, und der Geist ist's, der in jetziger Zeit zuletzt
immer siegreich bleibt". Es ist das etwa die Auffassung
Preußens, die Kleistens Prinzen von Homburg zu Grunde
liegt, und das Zugeständniß einer gewissen Obmacht ist
darin inbegriffen. Görres liebte die Gothik; der Plan des
Kölner Domes mit den zwei Thürmen versinnbildlichte ihm

Deutschland wie es hätte werden sollen, der Wiener und der Straßburger mit einem Thurme, wie es geworden war.

Görres Rheinischer Merkur bezeichnet die Blüthe der romantischen Politik. Er war von Geburt Rheinländer; von der Mutter her floß auch italienisches Blut in seinen Adern. Doch war seine Erscheinung durchaus deutsch: groß und kräftig gebaut hatte er goldblondes Haar und goldhelle Augen. Sein Wesen war gesund, naiv, harmonisch, seiner Jugendgeliebten blieb er zeitlebens treu, seinen Kindern war er ein guter Vater, der Freunde nicht so sehr bedürftig, wie von Jüngeren und Schwächeren als Lehrer oder Freund gesucht. Wundervoll charakterisirt ihn das Zeugniß, das ihm auf der Schule ausgestellt wurde: felicissimum ingenium, diligentia ingenio non satis congrua, progressus satis magnus, mores pueriles. Man sieht da den Knaben voll Lebensdrang und Lebensfeuer vor sich, der über die Schulstube hinaus strebt, mit unbewußter Sicherheit den überflüssigen Lernkram beiseite schiebt, dennoch Schritt hält; im Denken reifer als seine Mitschüler, im Wesen aber ein Kind. Als naiver Mensch dachte er nicht über sich nach, sondern lernte sich erst handelnd kennen, und so konnte ihm die große Täuschung mit dem Anschluß an die französische Republik begegnen. Das hatte aber noch andere, einleuchtende Gründe: er kannte die verrotteten Zustände der kirchlichen Fürstenthümer am Rheine aus eigener Anschauung, von der neuen Freiheit in Frankreich hatte er nur seine Ideale, die er sich nach ruhmrednerischen Gerüchten gebildet hatte. Als er nun in Paris mit französischer Art und französischen Einrichtungen in Berührung kam, wurde er sich seiner germanischen Eigenthümlichkeit erst recht bewußt und kehrte als Vorkämpfer einer Wiedererhebung Deutschlands in das Vaterland zurück. Nachdem er von einem Zwischenreich wie das karolingische Lotharingien war, geträumt hatte — schon damals an die alten Ueberlieferungen anknüpfend — ging ihm nun der Gedanke des unabhängigen, einigen Deutschlands auf, den er unerschrocken und unentwegt zu verbreiten suchte. Als die Unabhängigkeit erkämpft war, begründete er den Rheinischen Merkur, der am 23. Juni 1814 zuerst erschien, um als ein freiwilliger Volksvertreter bei der Neugestaltung des deutschen Reiches, die zu erwarten stand, seine Stimme abzugeben. Er allein, dessen Arbeitskraft unerschöpflich war, schrieb dies Blatt, das allgemein als das erste politische Journal angesehen wurde, allerdings unter getreuer Benützung der Briefe, die von Freunden und Gesinnungsgenossen, zu denen die meisten Gebildeten der Zeit zählten, an ihn gerichtet wurden. Zustimmung von allen Seiten ermunterte ihn. „Ich behaupte", schrieb der Naturforscher Ebel, „daß mit so viel Geist, Witz, Umsicht der Vergangenheit und Gegenwart, mit solcher Kenntniß der Geschichte und ihres wahren Geistes, mit so viel Tiefe, Kraft und heiligem Feuer noch nie ein politisches Blatt in Europa geschrieben wurde". Dr. Schulze, später ein berühmter Schulmann, schrieb: ihm erscheine der Rheinische Merkur oft wie ein Vesuv, der in die Ecke zwischen Mosel und Rhein von höherer Hand mächtig hingepflanzt sei zum Schutz und Trutz gegen das Franzosenthum. Die Brüder Grimm berichteten, in Hessen, Preußen und sicherlich überall in Deutschland sei jedermann vom Merkur entzückt. Der durchaus unpolitische Clemens Brentano, vermuthlich hingerissen von der stilistischen Kraft und Schönheit, die Görres im Merkur entfaltete, schrieb zwischen Ernst und Scherz: „Liebster bester Görres, es muß anders werden in der Welt, die Politik kann nicht so schlecht sein, daß sie nicht eine Passion für euch kriegte, ihr redet ja wie ein berauschter

Liebhaber, die Geschichte muß euch Schäferstunden geben".
Die Macht von Görres Sprache erkannten auch seine Gegner
an. Nicht leicht habe jemand erhabener, furchtbarer und
teuflischer geschrieben wie Görres, schrieb Gentz an die Rahel,
und an Görres selbst, freilich nicht ohne berechnetes
Schmeicheln: „Wenn ich gleich oft gegen Sie gemurrt habe,
hat doch das Uebergewicht ihres Genies mich ebenso oft
wieder mit Ihnen ausgesöhnt".

Während im allgemeinen politische Schriften schnell
veralten, kann man Görres' Aufsätze aus dem Merkur und
die darauf folgenden noch heute genießen, die kraftvolle
architektonische Schönheit mit der seine Gesinnung aus=
gedrückt ist, und seine ächt romantische Haltung „über den
Polen" bewundern. Es liegt Größe darin, wie Görres
um der wesentlichen Ideen willen, die er verfocht, jede
innerliche Ungerechtigkeit an Zuneigung oder Abneigung zu
unterdrücken wußte. Die Hauptideen waren außer dem
Kampfe gegen Frankreich und der Einheit des Ganzen bei
Erhaltung der eigenthümlichen Besonderheit im Einzelnen,
die Beachtung des Entwickelungsgesetzes durch Anschluß an
alte Formen und fortschreitende Weiterbildung derselben.
Für die Romantiker war der Staat nicht minder als etwa
die Erde ein lebendiger Organismus mit Gliedern, die bis
zu einem gewissen Grade ihr selbstständiges Leben haben.
Der Staat ist kein Begriff, sondern eine Idee, sagt Baader;
der Staat ist ein Naturgewächs, ein Kunstwerk Gottes,
Ringseis. Darum sollen, das ist Görres' Meinung, uralte
Formen in verjüngter Gestalt wieder aufstehen; man solle
das Neue vor dem Alten nicht verwerfen, noch auch umge-
kehrt, Jedes habe seine Zeit und Gelegenheit. Er hält den
Norden für zu historisch, den Süden für zu radikal, beide
Parteien aber müßten sein — ohne Parteien keine Reibung

und Bewegung — beide wären berechtigt und lösten sich auf in einer höheren Einheit. Nicht einmal der Reaktionär Adam Müller war blind gegen die alten Mißstände; von dem „alten Wust" warfen Gentz und Metternich ihm vor, könne kein Jakobiner verächtlicher reden als er. Zunächst betrachtet der Romantiker, wie es nicht anders sein kann, das Zurückliegende, die verlassenen, stets von Offenbarungen volle Formen. „Der Mensch fußt, und Dank sei es seiner guten Natur, mit tiefen Wurzeln in der Vergangenheit seines Daseins". Und noch einmal Görres: „Wer auf lange Dauer gründen will ein bleibend Dach, muß durch den leichten Schnitt der Außenfläche dringen und unten die ewigen Grundvesten aufsuchen", die auf dem uralten Gerüste der ersten gesellschaft= lichen Verfassungen ruhen. Aus dem vielgliedrigen mittelalter= lichen Staatenbunde, mit seinem Reichthum an individuellen Gebilden, seiner Beweglichkeit, Ausdrucksfülle, seiner chaotischen Verwirrung, was alles den Romantikern so sehr zusagte, konnte nach diesen Grundsätzen kein Einheitsstaat, höchstens ein Bundesstaat werden.

Entrüstet über die Selbstsucht der deutschen Fürsten auf dem Wiener Kongreß, die, anstatt an das Ganze zu denken, sich auf Kosten Anderer zu vergrößern suchten und da= durch Oberherrschaft zu ertrotzen, schrieb Görres, minder phan= tastisch als eine solche Hegemonie sei die deutsche Republik, „und näher liegt ein Bundesstaat in der Form des Ameri= kanischen der Gegenwart". Ernstlich dachte Görres nie an eine Republik; zu allen Zeiten von einem Kaiser und vielerlei Fürsten beherrscht, wäre Deutschland nicht ohne Willkür in allen Theilen so umzuwandeln gewesen. Da indessen der südliche Pol oder der zweite Brennpunkt, das Volk, zu seinem Rechte kommen sollte — „Fürsten und Völker sind von Gottes Gnaden", sagte Ringseis, — kam man folgerichtig auf die Form der beschränkten Monarchie. Von der doktrinären Voreingenommenheit für eine bestimmte Staatsform war Görres frei. „Das ist überhaupt der Irrthum in allem, daß man meint, Größe und Kleinheit, Genie und Blödsinn, Tugend und Schlechtigkeit, Großsinnigkeit und Erbärmlichkeit seien stehend und fest an irgend eine irdische Form geknüpft". Doch mußte sich aus Deutschlands historischer Entwickelung eine bestimmte Verfassung als die beste ergeben, und das schien Görres und andern eine Verbindung von Monarchie und Demokratie zu sein. J. J. Wagner, der größtentheils romantische Ideen aufnahm und verarbeitete, war der Ansicht, daß das überhaupt allgemein gültig sei: „Nach dem Priesterstaate kam die Despotie, die Demokratie war dagegen ein Fortschritt und würde, verbunden mit der Monarchie, in der Neuzeit die Völker zu wahrer organischer Gestaltung führen."

Dies ist — es versteht sich von selbst — keine Spezialität der Romantiker; die wesentliche Frage ist, in welcher Weise die Volksvertretung gedacht wurde. Gerade hier nun konnten die Romantiker, auch Görres, sich von den mittelalterlichen Formen nicht losmachen: „die ständische Vertretung blieb für sie die einzig zulässige". Wie die Stämme sahen sie auch die Stände, den Adel oder Wehrstand, den die Geistlichkeit und die Gebildeten überhaupt umfassenden Lehrstand und den ackerbautreibenden Nährstand, als ein Naturgewächs, als eine ewig unveränderliche Art an. Dem Handel und der Industrie sollte, so war wenigstens Görres' Meinung, durch eine große Hansa handeltreibender Städte Leben und Wirkung gesichert sein.

Oelsner, der kluge Beobachter der französischen Revolution, hatte eine hohe Meinung von Görres' schriftstellerischer Begabung, meinte aber, seine drei Stände gehörten in's Reich der

Nibelungen. Aber ebenso monströs und barbarisch wie ihm solche Antiquitäten, erschien dem Romantiker die moderne Auswalzung des Volkes zu einer gleichartigen Masse. Jakob Grimm äußerte später einmal, er könne keine Partei unbedingt loben noch tadeln, doch mißbehage ihm an den Liberalen ihr pedantisches Streben nach Ausgleichung und Gleichförmigkeit. Die Romantiker konnten auch in der Politik vom künstlerischen Standpunkt nicht ganz absehen, wie es denn Görres zum Beispiel eine Barbarei nannte, ein solches Kunstwerk wie die benezianische Verfassung gewesen sei, zu zerstören. Gliederung der breiten Masse des Volkes verlangte der künstlerische Sinn sowohl wie der naturphilosophische, und zwar natürlich keine schematische, willkürliche, sondern wie sie das bewußtlos plastische Alter=thum vorgebildet hatte. Die französische Revolution hatte in den Augen der Romantiker nicht alte Einrichtungen über den Haufen geworfen, sondern Lebewesen in Stücke gerissen, aus denen Blut floß. Man habe damals nicht daran ge=dacht, meinten sie, daß die Menschheit ein großer Organismus ist, daß ein persönlicher Lebenswille sowohl wie ein orga=nischer Zusammenhang die Geschlechter zusammenhält. In der französischen Revolution, sagt Adam Müller, herrschte der Irrthum, als seien die alten Bräuche und Gesetze Sachen, die man beiseite werfen könnte, als wären die Vor=fahren wirklich vermodert und ihre ganze Verlassenschaft bedeute nicht mehr, als was sich auf den Markt erwuchern und erkaufen lasse. Könnte man wirklich den Menschen als eine Einzelerscheinung abgesondert von Vor= und Nachwelt betrachten, gäbe es eine durchgreifende Grenze zwischen Vater und Sohn, so wäre der erbliche Adel etwas Sinn=loses. Nicht nur auf die Geschichte, sondern auch auf die Natur berufen sich die romantischen Politiker: in der Natur sei alles gesondert, gegliedert, körperlich scharf geordnet, ebenso müsse es in der Gesellschaft durch die Stände sein. Görres vergleicht den Bauernstand dem Ernährungsapparat im Organismus, das städtische Leben dem Athmungsapparat; beide ständen sich qualitativ gleich, obwohl letzteres höher gerückt sei.

Gerade der Bauernstand erfreute sich besonders auszeichnender Liebe von Seiten der Romantik. Sie stimmte darin mit der französischen Revolution überein, aber wesentlich verschieden war doch ihre Idee von der Natur und von der Rückkehr zur Natur als die Rousseau's. Hatten auch viele Romantiker, Zacharias Werner, Kleist und andere eine Zeit im Leben, wo sie Bauern werden wollten, so war doch, wenn man das reifliche Denken der Romantik zusammenfaßt, sein Ergebniß, das man durch Vorwärtsschreiten, nicht durch Zurückgehen wieder zur Natur gelangen müsse, nicht durch Wegwerfen der Errungenschaften der Kultur, sondern durch Vertiefung der Bildung, bis der Punkt erreicht werde, wo die Kultur sich wieder mit der Natur begegne. Man liebte den Bauernstand etwa wie das Kind, als Bild eines naiven und vollkommenen Zustandes, aus dem man ein für alle Mal herausgetreten sei und der doch zugleich als Paradies der Zukunft vor einem liege. So wenig wie man wünschen würde, die Kinder möchten unkindlich werden, wie vielmehr Jedem daran liegt, der Kindheit ihre Naivität zu bewahren, so strebte die romantische Politik danach, die urthümlichen Formen des bäuerlichen Standes festzuhalten. Ringseis, Adam Müller, Baader stimmten für die Erhaltung beziehungsweise Wiedereinführung der Naturalwirthschaft und suchten, soviel an ihnen war, die Ablösung der Zehnten zu hintertreiben. Begünstigten sie damit scheinbar eine Form der mittelalterlichen Hörigkeit, so verbarg sich doch dahinter keineswegs der Wunsch, das Volk

in sklavischer Unterwürfigkeit zu erhalten; abgesehen von der
Neigung, am historisch Gegebenen festzuhalten, fürchteten sie,
die Bauern würden, um die erforderliche Summe aufzu-
bringen, in die Hände von Wucherern gerathen, und überhaupt würde die Geldwirthschaft mit allen ihren verderblichen Formen zunehmen. Interessant, wenn auch höchst
wunderlich, ist Wilhelm von Schütz's Versuch, aus Faust's
zweiten Theil eine Weissagung über den Untergang des
Ackerbaues und dessen Folgen herauszulesen. Schütz hatte
in Schlegels deutschem Museum die Behauptung aufgestellt,
daß die römisch-katholische Kirchlichkeit und Lehre sich im
christlich abendländischen Ackerbau manifestire, die Dreifelder-
eintheilung zum Beispiel das Mysterium der Trinität wider-
spiegele. Würde der Ackerbau dereligionisirt, so müßten
alle übrigen Zustände nachfolgen. In einem Gespräch, das
Schütz mit Goethe hatte, kam Goethe, wie jener erzählt,
auf diesen Gegenstand, billigte Schützens Ansicht und sagte,
man würde statt neuer Konstitutionsversuche besser die
Frömmigkeit und Unschuld des alten Ackerbaues zu erhalten
suchen. Im Faust nun habe Goethe zunächst das Teuflische
und Verhängnißvolle der Geldwirthschaft dargestellt, da
nämlich, wo die Gnomen, Riesen, Plutus u. s. w. auftreten,
die Repräsentanten des Bergbaus und metallurgischen Ge-
schäftes. Von dort stamme der Verlust des Paradieses,
unter der Erde wohne der infernale Tod. Es habe eine
tiefe Bedeutung, fügt Schütz bei dieser Gelegenheit hinzu,
daß Luther Sohn eines Bergmann's gewesen sei. Vollends
als wesenloses Nichts, als das rein mephistophelische wird
uns das Papiergeld gewiesen, das die Geldwirthschaft zur
Blüthe treibt. Ihr ergiebt sich Faust gänzlich, indem er das
Symbol des ackerbaulichen Lebens, die friedliche Hütte von
Philemon und Baucis, zerstört und sich seinen auf's Meer

gerichteten Plänen widmet, die Merkantilismus und Navigation bezwecken, „vielleicht" meint Schütz im Jahre 1844 „Vorahnung von List's aberwißigem Schmachten nach einer deutschen Marine". Mit der Entkirchlichung des Lebens — durch Zerstörung des christlichen Acker-bau's — kommen Sorge, Mangel, Schuld, Noth und Faustens Ende.

Im allgemeinen namentlich der Industrie abgeneigt, insofern sie den Ackerbau unterdrückte, waren die roman-tischen Politiker doch nicht einseitig beschränkt: nur die überhandnehmenden Ansprüche und die ihrer Ansicht nach verkehrten Formen des industriellen Lebens bekämpften sie. So sagt Baader, wenn auch mit dem Steigen des Industrie-wesens der Pauperismus, der Socialismus und das Be-streben der Arbeiter, sich zu organisiren, zunehmen müsse, solle man deswegen doch nicht den Fortschritten der Industrie Einhalt thun. Seine Meinung war, man müsse gegen die verderblichen Folgen durch Begründung eines vernünftigen Armenwesens aufkommen, woran die Geistlichkeit sich be-theiligen solle. Ringseis betonte, daß er nicht die Industrie an sich, nur die gegenwärtige, nicht korporative bekämpfe; diese gegenwärtige freilich sei nicht gemeinnützlich, sondern gemeinschädlich, weil wenige dabei reich und viele dabei arm würden. Er hielt die Auflösung der alten Zünfte für einen verhängnißvollen Irrthum; angeboren, sagte er, sei der Trieb nach eigener Verwaltung, von Gott gegeben der Trieb nach Gesellung. Die Zeit hat ihm Recht gegeben, nur insofern nicht, als der Nothstand bessere, geeignetere Formen hervortreibt, als die alten, durch vielen Mißbrauch entstellten gewesen wären. Damals wurde die Vorliebe für das Zunftwesen als Symptom des mittelalterlichen Aber-glaubens verlacht, ja mitsammt den anderen Meinungs-

äußerungen als illiberale Bosheit und Schmeichelei der
Großen gebrandmarkt.

Ringseis, dem Ritter ohne Furcht und Tadel, lag
Kriecherei oder Berechnung fern: er verfocht jederzeit unent=
wegt seine eigenste Meinung und scheute die wüthenden Ausfälle
der Liberalen so wenig wie die Ungnade der Fürsten. Als
die Universitäten in den Verdacht kamen, den Geist des Auf=
ruhrs in der Jugend großgezogen zu haben, vertrat er muthig in
akademischer Rede das Recht der freien Forschung. Würden
die Regierungen, sagte er, die Freiheit der Universitäten ver=
nichten, so hieße das den jakobinischen Forderungen von Auf=
hebung des Königthums und Adels Recht geben, und das
gälte selbst in dem Falle, daß die Universitäten wirklich
einige Schuld an dem revolutionären Geiste der Zeit trügen.

Wie wäre es überhaupt denkbar, daß die Romantiker
die das Unbewußte eigentlich entdeckt hatten und es liebten,
die Liebhaber des Volksliedes und alles Volksthümlichen,
eine volksfeindliche Gesinnung gehabt hätten? „Ich habe
von Jugend auf,“ sagt Justinus Kerner, „unter dem Volke
und für das Volk gelebt“ hinzufügend: „aber nie um seine
Gunst, wie nie um die eines Fürsten gebettelt“. Ebenso
volksthümliche Männer waren Ringseis, Görres, Brentano,
die Brüder Grimm. die alten Schäfern und Bäuerinnen
ihre Märchen ablauschten.

Bis zu den 20er Jahren athmeten Kerner's Gedichte,
wenn sie Politisches berührten, durchaus liberale Gesinnung.
Rückwärts, sagt er da in einem „Vorwärts“ betitelten Liede,
wäre eine Weise aus irrem und krankem Herzen. Bürgers=
söhne und Ritterskinder wären im Gefechte Brüder geworden,
ihr Blut mit gleicher Ehre in einem Strome vergossen, jetzt
dürfe man nicht rufen, der eine sei mehr, der andere minder
nach altem Recht.

> Vorwärts! Vorwärts! weiter! weiter
> Ueber Trümmer ewig todt.
> Weh', o Bürgerfahne, heiter
> In das frische Morgenroth.

Was für unüberwindlicher Freiheitsdrang in dem wundervollen Weinliede, das wie ein dunkelrother Strahl aus krystallenem Becken aufschießt:

> Laßt uns heut mit Geistern ringen;
> Blickt der Alte noch so klar,
> Bringet jetzt den Neuen dar,
> Der dem Kerker will entspringen!

> Füllet muthig bis zum Rande
> Den Pokal mit seiner Gluth!
> Stoßet an! Dem Jugendblut
> Heil im weiten deutschen Lande!

> Ach! es liegt erstarrt, veraltet,
> Mancher Völker großes Herz,
> Jugendwärme, Lust und Scherz
> Sind in ihrer Brust erkaltet.

> Laßt der Jugend warmes Leben
> Strömen euch in's Herz hinein,
> Trinkt in Lust den neuen Wein,
> Den der neue Stern gegeben.

Von E. T. A. Hoffmann erzählt ein Freund, er habe sich gern mit Bauern, Handwerkern, überhaupt Leuten niederen Standes unterhalten, aber sie hätten müssen in den Grenzen ihrer Stellung bleiben, sich nicht geltend machen wollen. Man findet nicht selten, daß konservative und reaktionäre Menschen, die Sinn für den Reiz des Volksthümlichen haben, besser mit dem Volke umzugehen wissen, als die von Partei wegen Volksfreunde sind. Ein Romantiker würde es so thöricht und unbegreiflich finden, einen typischen Mann des Volkes aus seinem Kreise zu heben, wie ein Volkslied in ein Sonett umzuwandeln.

Welche Ansicht die richtige und für das Allgemeinwohl förderlichste sei, die Frage soll hier nicht berührt, nur festgestellt werden, daß ein Romantiker etwa gegen das allgemeine Wahlrecht oder gegen die parlamentarische Volksvertretung stimmen und doch ein warmes Herz und eingehenden Sinn für das Volk haben kann. Mit besonderer Lust schildert Hoffmann den Meister Johannes Wacht, den Zimmermann und Sohn eines verarmten Drechslers — denn „nicht die Paläste der Großen, nicht fürstliche Prunkgemächer wählt die Mutter des Lebens für ihre Lieblinge" — oder den Küfermeister Martin und seine frommen, treuen Gesellen, die ein stolzes Genügen in ihrer zunftgemäßen Arbeit finden und sich in ihrer Art vor keinem Könige schämen. Man liebte darum die mittelalterliche Gesellschaft, weil sie aus vielen einzelnen Kreisen bestand, die zusammen ein reiches Farbenbild gaben, und die so kräftig und blühend sein konnten, weil (was im allgemeinen vorausgesetzt wurde) jeder einzelne Angehörige sie mit ganzer Seele erfüllte.

Durchaus unrichtig ist, was man wohl in Literaturgeschichten lesen kann, daß die romantische Richtung „mit politischem und kirchlichen Obscurantismus" nothwendig verbunden sei. Befaßte sich der deutsche Romantiker überhaupt mit den äußeren Angelegenheiten, so gehörte er — bis ihn etwa die Ereignisse oder innerliches Erlahmen abdrängten zum Extremen — keiner Partei an, sondern hielt sich „über den Polen". Man hat sich darüber lustig gemacht, daß Viktor Hugo nacheinander Bonapartist, Liberaler, Republikaner, Socialist war; es beweist immerhin, daß sich die Romantik mit den verschiedensten politischen Richtungen verträgt. Savigny wollte im Jahre 1802 ein unschuldiges Blatt gründen „parteilos und unpolemisch"; doch knüpft die romantische Reaktion gerade an Savigny und

seine Schule, die der radikalen Idealpolitik der Revolution die
Achtung vor dem Bestehenden als dem nothwendigen Er=
gebniß vorangegangener Entwickelungen entgegensetzte.
Justinus Kerner vergleicht in einem Gedicht die Radikalen
mit verrückten Horden, die an einem blühenden Baum Feuer
legen, damit er desto schneller Früchte trage. Unvorbereitete
Zustände gewaltsam aus dem Boden stampfen zu wollen,
das erscheine lächerlich und verderblich; im Parteikampfe
erwuchs dieser antirevolutionären Richtung bald ein äußerstes,
das auf das altherkömmliche sich steifend jede auch die be-
rechtigste Weiterentwickelung zu hintertreiben suchte.

Den Gegnern der Romantiker ganz besonders zuwider
war, daß sie die Politik nicht von der Religion trennen
wollten. Es gehört zu ihren wesentlichen Ideen, daß die
Religion die Grundlage — oder Spitze — der Wissenschaft,
der Kunst und des staatlichen Lebens sei: auch in dieser
Beziehung mußte ihnen das Mittelalter mit seiner engen
Verknüpfung von Staat und Kirche, Kaiser und Papst, die
sich wirklich wie zwei Brennpunkte der Menschheit verhielten,
ein Ideal sein. Aber was Adam Müller von den Jesuiten
sagte, sie hätten untergehen müssen, weil sie zuviel Welt-
liches und Heidnisches anerkannt hätten, so erging es jetzt
der Religion bei Berührung mit dem Staate, der stärker
war als sie und sie nur gebrauchen wollte. Die Ver-
quickung gemeiner politischer Berechnung mit religiösen
Floskeln, wie sie in der heiligen Allianz zum Ausdruck
kam, konnte nur der Eindruck widerlicher Heuchelei und den
Einfluß der Romantik verhaßt und lächerlich machen.
Gleichwohl kann man den Romantikern im Grunde keinen
Vorwurf machen, als daß sie nicht voraussahen, daß
die eigentlichen Politikmacher und Gewalthaber sich das,
was sie ehrlich meinten, nur für höchst selbstsüchtige Zwecke

zu nutze machen würden. In ihren Augen war „Recht thun und Gerechtigkeit üben die einzig wahre Politik," der Staat eine Pflanzschule der Humanität, weder dazu da, um auf der einen Seite Freiheit, noch um auf der anderen Macht zu gewährleisten, Ansichten, die denen der Fürsten und Minister ganz und garnicht entsprachen und von denen sie sich nur aneigneten, was ihre Reaktionspolitik theoretisch stützen konnte. Einen Einblick in das wunderliche Verhältniß zwischen Staatsmänner und Romantiker bekommt man, wenn man den Briefwechsel von Gentz und Adam Müller liest, dem mit allem seinem süßlich abligen Christenthum eine strenge Folgerichtigkeit in seinem politischen Gedankengebäude doch nicht abzusprechen ist. Forderte er auf der einen Seite Unterordnung, so forderte er nicht minder auf der anderen Seite die Uneigennützigkeit und Unanfechtbarkeit, zu der das Recht des Regierens verpflichtet. Metternich und Gentz fühlten sich und ihresgleichen dem Maaßstab, den er an die Spitzen des Staates anlegte, so wenig gewachsen, daß sie sich fragten, ob der zu ihrer Hilfe und Rechtfertigung bestellte Theoretiker sie zum Besten habe und ihn ernstlich erinnerten, es sei ihnen nicht mit Bundesgenossen gedient, „die dem Feinde die glänzendsten Waffen gegen sie liehen". Der um 1764 geborene Gentz verstand die gegen die Regierungen gerichteten Ideen der französischen Revolution weit besser als die den Regierungen freundlichen religiös politischen des Zeitalters der Romantik.

Mit den Zuständen, die die Reaktion herbeiführte, konnten die Romantiker sich ebensowenig einverstanden erklären wie mit denen, die eine nivellirende Revolution wollte, und thaten sie es doch, so war es Resignation der Alternden und Kampfesmüden.

E. T. A. Hoffmann wurde zum Mitglied der Immediat=

kommiſſion ernannt, welche zur Zeit der beginnenden Re=
aktion zur Unterſuchung der ſogenannten demagogiſchen Um=
triebe eingeſeßt worden war. Er bezeichnete das, was ſich
nur vor ſeinen Augen enthüllte, als ein „Gewebe heilloſer
Willkür, frecher Nichtachtung aller Geſeße, perſönlicher Ani=
moſität". Dieſe Auffaſſung bekundete er auf das uner-
ſchrockenſte, da ihm der Prozeß gegen den Turnvater Jahn
übertragen wurde, indem er in dem Gutachten, das er dem
Juſtizminiſter einreichte, Jahn der Schuld zu entlaſten und
den Denuncianten vielmehr als einen unzuverläſſigen
unmoraliſchen Menſchen hinzuſtellen ſuchte. Als Jahn
ſeinerſeits gegen Kampß klagbar wurde, übernahm Hoffmann
die Führung ſeiner Sache und ſcheute nicht davor zurück,
durch die unbeugſame Rechtlichkeit, mit der er den Turnvater vertrat, die allerhöchſte Ungnade auf ſich zu ziehen.
Erbittert darüber, daß der König, um Kampß zu ſchüßen,
eine kraſſe Rechtsverleßung beging und Jahn's Klage durch
Machtſpruch abwies, machte er die ganze Demagogenheße
in einer Märchennovelle „Meiſter Floh" lächerlich, die freilich in dieſer Geſtalt niemals veröffentlicht wurde. Nur
die eifrig für ihn eintretenden Freunde bewahrten ihn vor
höchſt peinlichen Folgen ſeines kühnen Wißes; denn dem
Könige war bereits der Antrag unterbreitet, Hoffmann zur
Strafe nach Inſterburg zu verſeßen und ihm weitere ſchrift=
ſtelleriſche Thätigkeit zu unterſagen.

Sehr bezeichnend iſt die Wandlung, die mit Jakob
Grimm vor ſich ging, einem Manne, der ſich wie wenige
die Jugend des Geiſtes bewahrte. Hatte er im Jahre
1837 bekannt, daß er kein Parteimann ſei, nie aus der
Vergangenheit Waffen entlehnt habe, um die Gegenwart zu
bekämpfen, die Gegenwart hochhalte und den Nußen kon=
ſtitutioneller Einrichtungen einſehe, aber doch kein Liberaler

sei, so that er 1851, als die Reaktion zur Blüthe kam, den merkwürdigen Ausspruch: „Es ist an gar keine Rettung zu denken, wenn sie nicht durch große Gefahren und Um- wälzungen herbeigeführt wird. Es kann nur durch rück- sichtslose Gewalt geholfen werden. Je älter ich werde, desto demokratischer gesinnt bin ich. Käme ich nochmals in eine Nationalversammlung; ich würde vielmehr mit Uhland stimmen". Hier sieht man die natürliche Neigung des Ro- mantikers „über den Polen" zu bleiben, sich nach rechts zu neigen, wenn der Schwerpunkt nach links, umgekehrt nach links hinüberzugehen, wenn er nach rechts verrückt wird.

In allen Fragen ist es so: hatten die Romantiker im Allgemeinen das Recht der Stämme und Nationalitäten ver- treten, so rief doch Ringseis warnend, sowie sich das ge- fährliche, kulturfeindliche dieser Richtung zeigte: „Lassen wir uns nicht vom Nationalitäts - Teufel umgarnen! — Was würde in Zukunft geschehen, wenn die Nationen sich isoliren!"

Dasselbe kann man bei den kirchlichen Dingen beob- achten: Görres wollte, daß die Kirche dem Staate bei- geordnet, nicht übergeordnet sei, und innerhalb der Kirche waren weder er noch zum Beispiel Baader für eine Zunahme der päpstlichen Autorität, wohin die eingeschlagene und von ihnen selbst getragene Richtung schließlich führte.

Im Jahre 1848 hatte Justinus Kerner nur Ab- neigung und Spott gegen die Jungen und Rothen mit ihren Schlagworten von der „breitesten Unterlage", „Volks- souveränität" und „Sondergelüsten"; aber zwei Jahre später klingt sein Lied in viel ernsterer Klage: daß Schießen und Henken den Siegern nicht hilft, weil Liebe, Glaube, Treue hier wie dort fehlt, daß Gott den Gefallenen Reue senden möge, denen aber, die aufrecht stehen — und das

ist gesperrt gedruckt — Demuth. Mit bitterem Grame
wendet er sich völlig vom Treiben der Welt ab und gräbt
sich sehnsüchtig in die geliebte Mutter Erde hinein, die
durch „Einseitigkeit und Engherzigkeit" der Menschen
leiden muß.

Vollends ein Beispiel demokratischer und feurig nach
außen gekehrter Romantik haben wir nun aber in Bettine,
die als Kind schon, der ängstlichen Warnung ihres Bruders
zum Trotz, sich für Mirabeau und die französische Revo=
lution begeisterte. Zunächst kam es ihr wesentlich auf das
Heldische überhaupt an: wer für seine Idee kämpfte, sei es
Königsthum oder Freiheit, erregte ihre Theilnahme. Zur
Zeit der Tiroler Freiheitskämpfe erhob sie sich bewußt gegen
das thatenscheue, vornehme Sichinsichselbstzurückziehen, welches
die Art und zum Theil auch der Grundsatz ihrer Umgebung
war. Den angebeteten Goethe selbst und seine olympische
Ruhe tadelt sie nicht minder scharf, als späterhin das junge
Deutschland that. Hatten die ersten Romantiker Wilhelm
Meister als das Ideal des Romans angerufen, so entrüstete
sich Bettine über die darin geschilderte Welt von marklosen
Schwärmern und nichtsnutzigen Komödianten. „Komm,"
sagt sie zu dem schwächlichen Helden, „flüchte dich mit mir
jenseits der Alpen zu den Tirolern, dort wollen wir unser
Schwert wetzen und das Lumpenpack von Komödianten ver=
gessen, und alle deine Liebsten müssen dann mit ihren
Prätensionen und höheren Gefühlen eine Weile darben.
Ja, wenn etwas noch aus dir werden soll, so mußt du
deinen Enthusiasmus an den Krieg setzen   die Melan=
cholie erfaßt dich, weil keine Welt da ist, in der du handeln
kannst   O es ist eine himmlische Wohlthat Gottes, an
der wir alle gesunden könnten, eine solche Revolution: er
läßt abermals und abermals die Seele der Freiheit wieder

neugeboren werden". In demselben Sinne redet sie den „kapriziösen Liebhaber der Wissenschaften und Künste," den jungen Rumohr an, während er auf einem Spaziergang nach dem Dörfchen Harlachingen bei München unter einer frühlingsgrünen Pappel eingeschlafen ist: „Wie kommt's, daß du ein so großes Erbarmen hast und freundlich bist mit allen Thieren und nicht dich kümmerst um das gewaltige Geschick jenes Bergvolks? Vor wenig Wochen, wie das Eis brach und der Fluß überschwoll, da setztest du alles daran, eine Katze aus der Wassernoth zu retten Vorgestern hast du einen todtgeschlagenen Hund, der am Wege lag, mit eigenen Händen eine Grube gemacht und mit Erde bedeckt, obschon du in seidenen Strümpfen warst und einen Claque in Händen hattest. Warum gefällt dir's nicht, deine Langeweile, deine melancholische Laune zu verkaufen um einen Stutzen, du bist so leicht und schlank wie eine Birke, du könntest Sätze thun über Abgründe, von einem Fels zum andern, aber faul bist du und furchtbar krank an Neutralität Was geht dem Edelmann das Schicksal derer an, denen keine Strapaze zu hart, kein Marsch zu weit ist, die nur fragen: wo ist der Feind? Dran, dran für Gott, unsern lieben Kaiser und Vaterland".

Eine Reihe der jüngsten Romantiker theilten diese romantische Kriegsbegeisterung und machten sie zur That: Fouqué, Eichendorff, Philipp Veit kämpften in den Freiheits= kriegen und pflegten das Ideal des ritterlichen Sängers. Dies ließ sich nun freilich mit reaktionären Ideen sehr wohl vereinigen, wie denn auch die Genannten den späteren revo= lutionären Bewegungen feindlich gegenüberstanden. Anders Bettine: das Mitleid für die Nothleidenden, das sich bei ihr von klein auf als Energie, als Wille zu helfen zeigte, bildete in ihr socialpolitische Ideen aus, in denen sie sich weit mehr

mit den Freunden der Revolution als mit den Vertretern
der romantischen Reaktion begegnete. Weder die Aus=
schreitungen der Revolution noch der Unwille ihr nahe=
stehender Personen, wie zum Beispiel ihres Schwagers
Savigny, vermochten sie in ihren Ueberzeugungen irre zu
machen. Entgegen den übrigen Romantikern hielt sie sich
in dieser Hinsicht an das Sein, anstatt wie jene es aus
dem Werden zu erklären und dadurch gewissermaßen als
geheiligt anzusehen; sie stellte sich allemal auf die Seite der
Unterdrückten und Elenden und forderte Verbesserung vor=
handener Schäden unbedingt.

Hier hat einmal die Mischung von Germanischem und
Romanischem die merkwürdige Erscheinung eines zugleich
nach innen lebenden und stark nach außen gerichteten Sinnes
erzeugt. Es ist interessant, gerade an der Bettine, die als
einer der bekanntesten typischen Vertreter der Romantik an=
gesehen wird, zu beobachten, wie die Romantik sich mit
ihrem Gegensatz verbindet, über sich hinausgeht. Vielmehr:
es erhellt wieder, wie es das Ideal der Romantik war, alles
zu umfassen, Nordpol und Südpol, Innen und Außen,
Historisch und Radikal, und während es im Allgemeinen
ihr Schicksal ist, höchst einseitig in die Vergangenheit zurück=
zusinken, ranken sich aus ihrem Absterben einzelne Ranken
nach außen und verbinden sie von neuem mit der Zukunft.

Kampf und Niederlage.

Justinus Kerner macht einmal die Bemerkung, es sei wunderbar und wie in der Natur begründet, daß die Plattisterei nur an der vorigen Generation hänge, an der zehn bis zwanzig Jahre vor ihm blühenden, deren Höhepunkt in die französische Revolution falle; so daß man sagen müsse, die jetzige Romantik und Philosophie liege nicht am Einzelnen, sondern an der Zeit.

Die Geburt der ersten Romantiker fällt in die Mitte der 60er Jahre, die der jüngeren in die Mitte der 80er; nach 1790 sind nur noch vereinzelte Nachzügler geboren. Es konnte daher schon um 1820 ein neu herangewachsenes Geschlecht von Plattisten sich mit den letzten Vertretern des alten begegnen und die ihnen entsunkenen Waffen aufnehmen. Die Romantiker waren von Anfang an Kämpfer gewesen, zugleich Neues proklamirend und das Alte angreifend in die Schranken gesprungen; kaum aber hatten sie gesiegt, so sahen sich die triumphirenden neuen Gegnern gegenüber, die nun ihrerseits angriffen und sie in die Vertheidigung drängten. Unvermerkt hatte sich inzwischen das Verhältniß so umge= kehrt, daß Jugend, Kraft und damit schließlich auch das Recht auf Seiten der „Plattisten" oder „Physikanten", Greisenhaftigkeit und Verfall auf Seiten der Romantiker war.

Schelling und die Schlegel hatten in Jena glänzend gesiegt: die Jugend strömte den selbst noch Jungen zu, Kunst, Wissenschaft und Leben trugen ihre Farben. Die Gegner mußten machtlos grollend zusehen, gaben aber deshalb

den Widerstand nicht auf. Der rationalistische Theologe
Paulus begleitete die Zerstreuten von Jena auf fast allen
ihren Wegen, warf ihnen Steine vor die Füße und erwartete die gelegene Stunde zu größeren Vortheilen. Vom
Norden her rückte i. J. 1802 der „Großinquisitor des
Rationalismus", der alte Voß, nach Jena, das noch widerhallte von den Waldhornklängen der Romantik und dem
Nüchternen durch eine gewisse prickelnde, narkotische Atmo-
späre, die über den Hügeln schwebte, unleidlich wurde.
Nach kurzem Schwanken folgte er im Sommer 1805 dem
Rufe des Großherzogs von Baden nach Heidelberg, wo er
sich inmitten der reichlichen Natur überaus wohlgefiel. Er
fand nichts Verdächtiges vor als Creuzer, den weitaus
jüngeren Mann, der ihm den Eindruck großer Bescheidenheit
und Schüchternheit machte und leicht lenkbar schien. Auch
Brentano und Arnim, die nun nach einander einrückten oder
vielmehr, nach einem später von Voß gebrauchtem Ausdruck,
sich einnisteten, „übten zumeist nur Sang und Klang für
die geahnten Anschauungen des karfunkelnden Orients und
des südlichen Sonnenlichtes" und kamen ihm daher zwar
lächerlich, aber unschädlich vor. In Wahrheit waren sie
ihm Anfangs sogar sympathisch, vorzüglich Arnim, mehr
aber noch er ihnen, die garnicht anders konnten, als für
eine so unmittelbar aus dem Volke hervorgehende Erscheinung,
die eine urbäuerliche, naturstarke Stimmung umgab, Sinn
und Neigung haben. Creuzer äußerte, daß Voß ihm in
den Abendstunden, wo er ihn zuweilen sähe, als Mensch
und Hausvater sehr ehrwürdig erschienen sei, und Brentano
fühlte für die begabte, regsame, dabei ganz unverkünstelte
Frau Ernestine herzliche Liebe und Achtung.

Nun zeigte es sich aber bald, daß ein Bauer als
Bauer, vom verfeinerten Kulturmenschen betrachtet als ein

Stück Natur, wonach er sich hinsehnt, etwas ganz anderes ist als ein Bauer, der seine Anschauungsweise zur Geltung bringen und den Kulturmenschen aufzwingen will. Es war in Vossen's Abneigung gegen die Romantiker etwas von der zerstörenden Wuth der Bauern, die, wenn sie einen Luftballon oder ein Rad vorübersausen sehen, es sogleich mitsammt dem dazu gehörigen Reisenden zusammenschlagen möchten. Sowie sie anfingen ihre Ideen lauter zu äußern, erkannte er sie als etwas ihm fremdes, als Menschen auf einer höheren Kulturstufe, die, indem sie ihm vorauseilten an der Kraft und Gesundheit, die in ihm war, eingebüßt hatten; was sie gewonnen hatten, schätzte er nicht, und was sie verloren hatten, machte sie ihm verächtlich. Außerdem fehlte es nicht an natürlichen Gegensätzen: Arnim war ein Edelmann, und vollends mit Brentano, dem Sohne einer vornehmen Süddeutschen und eines italienischen Juden, hatte der niederdeutsche Bauernsohn keinen Zug gemein. Solcher Leute, wie Brentano war, glaubte er mit Gelächter und Nasenrümpfen leicht Herr werden zu können; schwerer war es, Görres beizukommen, dem die moderne Art zu denken aus einer festen, gesunden, naiven Natur herauswuchs, und er haßte ihn infolgedessen als den gefährlichsten Gegner.

Der bescheidene, ungeniale Creuzer hätte ruhig weiter wühlen, Arnim und Brentano ihre läppischen Reime weiter singen mögen, erst dadurch, daß der „struppige Lauscher" Görres mit „unstätem Aug' unter altdeutschem Haargebüsch" sich an ihre Spitze stellte, wurden sie bedeutsam. Hierin leitete Voß sein Gefühl nicht irre: er war wirklich die Seele der kleinen Schaar, sie sowohl durch seine Persönlichkeit, sowie durch seine Ideen begeisternd; war er auch nicht der Schöpfer, so doch sicherlich der Anreger der Symbolik, mit der Creuzer's Name unzertrennlich verwachsen ist.

Görres hatte zuerst die romantische Idee von der „heiligen Unität" mit klaren Worten auf die Religion angewendet, indem er einen Zusammenhang zwischen allen Religionen und ihre gemeinsame Abkunft von einer gemeinsamen Ur-Religion annahm. Die Gottheit an sich, im Abgrunde der Ewigkeit, lehrt er, habe keine Geschichte, erst in der Zeit beginne sie. „Die Geschichte ist der Gottheit exoterisch, weltlich Leben, das in rauschenden Strömen abläuft, innerhalb der ungetrübten Ruhe des innerlichen, göttlichen Lebens, und während dieses kein Alter und keine Wendepunkte kennt und nicht in Tag und Nacht und Jahre und Jahrhunderte geschieden ist, muß jenes, wenn gleich eben seiner Unendlichkeit wegen unsterblich, alle Formen der endlosen Metamorphose durchschlagen." Daher sei zu allen Zeiten die Idee der Gottheit gleich gewesen, ungleich ihre Anschauung in Reflexen; das Bild der Gottheit wachse ohne Grenzen, die äußerliche Inkarnation der Religion schreite mit der Religion fort, jede Zeit habe ihre Propheten, aber sie redeten die Sprache ihrer Zeit. Indessen galten dem Romantiker die Aeußerungen der alten morgenländischen Völker, in deren Sprache die Elemente noch forttönten, deren Worte wie Blitze aus weissagenden Träumen hervorbrachen, vorzugsweise als Offenbarung höherer Wahrheit, während seiner Ansicht nach in den Hellenen die Menschheit schon wach werde und die Untrüglichkeit unmittelbarer Traumesanschauung ihnen nicht mehr zukomme. Es sei nicht zufällig, sagte Passavant, daß, während die Naturforscher, unbefriedigt von der hellenischen und römischen Weisheit, deren ernstere Mutter im Morgenlande aufsuchten, wo sich eben jene verkannten Kräfte des Geistes und der Natur in alten Sagen und Gewohnheiten bis heute wiederfänden.

Diese Anschauungen trafen auf Widerspruch sowohl bei

gläubigen Christen wie bei den Griechenfreunden, die ersteren nämlich setzten zwischen das Christenthum und den anderen Religionen einen wesentlichen Unterschied, wollten es, wie z. B. Adam Müller, nicht als eine, sondern als die Religion angesehen wissen, und in ähnlicher Weise betrachteten die Hellenisten die griechische Kultur als etwas selbsteigenes, urthümliches, durch nichts bedingtes, was sie gerade dem formlosen, überschwänglichen Orientalismus als erste, göttliche Erscheinung der Schönheit entgegensetzten.

Creuzer hatte sich, angeregt durch Görres Ideen, die Aufgabe gestellt, den Zusammenhang der religiösen Symbole aller alten Völker darzuthun, insbesondere die Abhängigkeit der griechischen Mythologie von der älteren orientalischen, wodurch er Voß auf seinem eigensten Gebiete herausforderte. Für Voß war es eine Sache persönlicher Eitelkeit, daß die Auffassung Griechenlands, die er sich gebildet und die er verkündigt hatte, nicht untergraben würde. Er hatte den Olymp protestantisch und aufgeklärt behandelt: die Götterwelt war schön, klar, marmorn, ohne Geheimnisse und Untiefen; die Romantiker wollten sie orientalisiren. Durch Voß und Wieland hatten die Griechengötter die Gemeinverständlichkeit und „gemüthlose Grazie" bekommen, die romantische Gemüther abstieß; ohne Görres' und Creuzer's Wirksamkeit hätte Schütz i. J. 1841 nicht behaupten können, daß das Hellenenthum näher als der Protestantismus mit dem Katholicismus verwandt sei. Gerade dies, daß durch Görres und Creuzer das Griechenthum, altorientalische Ideen vermittelnd, in eine Art Beziehung zum katholischen Christenthum gesetzt wurde, erboßte Voß am meisten. Wenn er in der Schule das Hauptgewicht auf griechische Geschichte und Literatur als vorzüglich menschenbildend gelegt haben wollte,

so gebrauchte er natürlich ein einem protestantisch=libe-
ralen Deutschland angepaßtes Griechenthum, das eben die
Ideale lehrte, die er der deutschen Jugend förderlich hielt.
Nichts konnte ihn mehr erbittern, als wenn auf einmal
Dinge über die Griechen und ihre Mythologie behauptet
wurden, die sich mit seinem Schulplan nicht vereinigen ließen, und da nicht alle Ansichten, die Görres
und Creuzer aufstellten, sich buchstäblich beweisen ließen,
sondern von einem universellen Standpunkt aus com-
binirt, mit genialem Sinn geahnt und aus der Kenntniß
der menschlichen Phantasie heraus erspäht werden mußten,
war es das leichteste und billigste, sie einfach als Schwindel
zu brandmarken. Vossens Genugthuung war es, eine Menge
von Thatsachen zusammenzubringen und zu erklären; für
Creuzer hatten Thatsachen nur Werth, wenn sie zu einem
Ideenergebniß führten, als Symbol, das sich auf eine
höhere Einheit beziehen ließ. Daß dabei Irrtümer unter-
liefen, gab Voß den erwünschten Anlaß, seine Gegner als
leichtfertige Betrüger hinzustellen, die im Dienste der Pfaffen-
herrschaft arbeiteten; denn da seinem „philologischen Nagen
an der Schale der Wissenschaft" die Idee von dem organischen Zusammenhang der Religionen und ihre Bedeutung
völlig fremd war, konnte er sich nichts anderes vorstellen,
als daß sie der Deckmantel für irgend einen das Licht
scheuenden Zweck wäre.

Wie sehr Voß die romantische Bewegung mißverstand,
geht daraus hervor, daß er ihre Anfänge in der „Frömmler=
und Wundersekte" sah, die sich in Berlin um den König
Friedrich Wilhelm III. geschart hatte, und für deren Ziel
er gleichfalls „papistischer Mysterien Fortpflanzung" hielt.
Mit diesen brachte er auch Jung Stilling und Lavater in
Verbindung, der „arglos den arglistigen Pfaffenplan för-

derte." Die philosophischen Keime der Romantik sah er, mit weit mehr Recht, in Kant und Fichte: „mit solchem Anwachs voraussetzender und sich selbst „construirender" Idealdenker verbrüderten sich anwachsende Idealdichter, deren Ideal, Urschrei der Wildniß, und Urkunst des wildkräftigen Mittelalters, unter dem Namen der Romantik römelte. Man lud öffentlich junge Männer von Kraft sich anzuschließen; Schutzbedürftige folgten im Troß; und endlich im Jahr 1807 verkündete der Rottmeister Wilhelm Schlegel mit lautem Ruf: „eine unsichtbare Gemeinschaft edler Menschen" zur Verjüngung der kräftigen Pfaffenzeit."

Ein Gedicht Friedrich Schlegel's, in welchem er sagte, es sei des Dichters Ziel und Trachten, den Heldenruhm des deutschen Namens aus der Zeit „als Ritterthum der Andacht sich verbunden" wieder herzustellen, das also einen rein patriotischen Charakter hatte, und eine erklärende und empfehlende Recension, die Wilhelm Schlegel diesem und anderen Gedichten vorausgeschickt hatte, schien Voß ernstlich als Beweis für das Bestehen eines „sündhaften" Bundes zur „Herstellung des für Fürsten und Volk unerfreulichen Nachtsonnenthums" anzusehen. Es ist interessant, wie, während die Romantiker in allen Dingen organischen Zusammenhang erkannten und alle Erscheinungen aus dem Unbewußten zu erklären suchten, Voß, ihr Gegner, überall bewußten Zweck sah; die Annahme verbrecherischer Absicht gestattete ihm ein ungemeines, zwar komisches, aber pöbelhaftes Schimpfen.

Seine ersten öffentlichen Angriffe galten Arnim und Brentano, von denen er sich in der Einsiedlerzeitung angegriffen glaubte, in Bezug auf ihre Volksliedersammlung. Nicht allein mit dem Orientalischen nämlich, auch mit dem Volksthümlichen und Altdeutschen bedrohten die Romantiker, so schien es Voß. seine Griechen. Da Arnim sagte, die Nibelungen könnten den Deutschen werden was den Griechen Homer, entgegnete er, das hieße einen Saustall einem Pallast vergleichen. Ueber Volksdichtung hatte er nikolaische Plattistenbegriffe. Sein Sohn Heinrich fand, ein Volksmärchen verhalte sich zu einem Märchen von Musäus wie ein Skelett zu einem Schiller von Dannecker. Aber die Worte einfach, kindlich, natürlich seien einmal an der Tagesordnung. Der alte Voß nannte die Volksliedersammlung von Arnim und Brentano einen „heillosen Mischmasch von allerlei butzigen, schmutzigen, trutzigen und nichtsnutzigen Gassenhauern, sammt einigen abgestanden Kirchenhauern, uns vorgeschüttet"; und wie er immer bewußte Schlechtigkeit voraussetzte, so warf er auch hier den Herausgebern, die durchaus nicht verhehlten, daß sie sich, wo es ihnen gut schien, willkürliche Veränderungen der Lieder oder Zusätze erlaubten, Betrug vor und sprach von einem „zusammengeschaufelten Wust von muthwilliger Verfälschung sogar mit untergeschobenem Machwerk."

Arnim war darüber um so mehr entrüstet, als er am längsten der Vossischen Biederkeit vertraut hatte und verwies dem Angreifer die aus der Luft gegriffenen, verläumderischen Behauptungen in herrisch strafenden Worten, besonders ernstlich rügend, daß Voß ein alterthümliches Kirchenlied als „Lied der Romantiker an ihren Herrgott" parodirt hatte:

Herr ich will ja gerne bleiben
Was ich bin, dein armer Hund.

Die kleine Schaar der Romantiker hatte mit Ausnahme von Creuzer Heidelberg bereits verlassen, als Baggesen, der Däne, sich auf eine Zeit lang dort niederließ und seinen Witz und sein bewegliches Talent mit Vossen's gröberen Gaben vereinigte, um ein öffentliches Hohngelächter über die „rohzterliche Modeschwäzerei" der „romantisch gaukelnden Wildfänge" zu erheben. Die Sammlung von Spottgedichten, die Baggesen unter dem Titel: Der Kar= funkel oder Klingklingel-Almanach, Taschenbuch für vollendete Romantiker und angehende Mystiker" im Jahre 1810 bei Cotta in Tübingen erscheinen ließ, ist weitaus witziger und treffender als die oft wunderlich verhüllten und ausge= tüftelten Spöttereien der jüngeren Romantiker über ihre Gegner. Man mag noch so innig überzeugt auf der Seite der Romantiker stehen, doch muß man bei den behaglichen Späßen dieser Schelmen-Sonette mitlachen, deren Verfasser die verwundbare Seite der Gegner — vielleicht gerade weil sie ihre tiefere Bedeutung nicht verstehen — mit schneller Witterung herausfinden und, weniger aus Bosheit als um des Vergnügens willen, von ihrer Sache immer weiter gelockt, in komisch übertriebener Form darstellen.

Das romantische Paradoxe, das Verbinden der ent= gegengesetzten Pole, dessen Tragweite als wissenschaftlichen Grundsatz Voß nicht begriff, was ihm aber in der Weise wie nachplappernde Anhänger und Schüler der Romantik es mißbrauchten, als Unsinn einleuchtete, trifft das Sonett „Zweifel, Glaube und Zuversicht."

Kann ihren Ahn die Enkelin gebähren?
Kann Körperlicht entstehn aus Geistesdunkel?
Kann Kuhmist je sich wandeln in Karfunkel?
Kann das Vergangn' als Zukunft ewig währen?
Du fragst — und siehst du nicht den Nektar gähren?
Aus der Endivie, Honig aus der Runkel
Und Engelsschwangre Jungfraun an der Kunkel
Aus Spargelköpfen und aus Waizen=Aehren?
Dank sey der alten Schöpfung neuen Tiefe,
Auch gottlos kannst du göttlich ewig glauben,

Und voll Verzweiflung immer fröhlich hoffen;
Wenn auch der Schöpfer selig selbst entschliefe,
Unhörbar wird der Klang erfreun die Tauben;
Denn des Karfunkels Thor steht ewig offen.

Ebenso ergötzlich wird die Schauer-Poesie persiflirt in dem Gedicht welches betitelt ist: Winterabendempfindungen im Mondschein.

Wie trübe dort die Klostermauern schimmern!
Es will mir bangsam im Geblüth gemuthen,
Als säh ich die eilftausend Jungfraun bluten,
Als hört' ich halbgeborne Engel wimmern.
Auch scheint mir, daß die Kirchenfenster flimmern
Von ungewöhnlichen Gespenstergluthen,
Hohl schallt herab vom Thurm des Wächters Tuten,
Als stieg es unten aus des Kirchhofs Zimmern.
Es regen sich die längst verwesten, mürben
Prälatenknochen neben Layenschädeln,
Die Sterne sehen aus wie lauter Hippen;
Es ist mir, als wenn alle Seelen stürben,
Als wären dort die Bursche mit den Mädeln
Nur Schatten auf dem Schnee von Spukgerippen.

Angriffe dieser Art konnten Menschen von Humor und Einsicht sich wohl gefallen lassen. Aber allmählich folgten auf die nett geschnitzten Pfeile Waffen derberer Art, Prügel und Keulen. Es geschah allerlei, um Vossens üble Laune zu bitterstem Ingrimm zu steigern. Im selben Jahre wie der Klingklingel-Almanach erschienen die Mythengeschichte der asiatischen Welt von Görres und der erste Band von Creuzer's Symbolik, Werke in denen die Ansicht vom Zu=sammenhange der orientalischen und occidentalen Religion und Kultur durchgeführt war und gedruckt vorlag. Die Symbolik konnte nun den Ruhm Creuzer's weiter ver=breiten, der in Heidelberg selbst schon eine bedeutende Höhe erreicht und die Vossische Richtung gänzlich überflügelt hatte. Mit ansehen zu müssen, wie die jungen Leute dem Gegner zuströmten und mithin in ihr Verderben eilten, erbitterte den alten Pädagogen. Doch traten diese Dinge zunächst gegen die großen politischen Ereignisse, Napoleon's Sturz und die Erhebung der Deutschen zurück: eine Zeit der Glorie für die Romantiker, deren Richtung man undeutsch geschmäht hat, und die doch in gefahrvoller Zeit den Namen des Vaterlandes muthig bekannten, während der alte Voß im Jahre 1805 Napoleon scherzhaft „unseren Bundesgenossen" nannte und sein Sohn Heinrich nach der Schlacht bei Jena schrieb: „Da es einmal so steht, so wünsche ich von ganzem Herzen den Franzosen ferneren Sieg und baldigen Frieden."

Indessen, als die Siegesbegeisterung verrauscht war und die häßlichen inneren Kämpfe begannen, kamen zu den alten Streitpunkten politische Gegensätze, die die feindseligen Gemüther vollends vergifteten. Im Jahre 1819 wurde der badische Landtag eröffnet, in welchem der liberalen Partei die Hauptrolle zufiel. Ihr gehörten Voß und Paulus an, der seit 1811 in Heidelberg Professor war, Creuzer und Daub, der romantisirende Theologe, hielten zur Gegenpartei. Nun es sich um praktische Fragen handelte, greifbare Ziele galt, gewann Vossen's Neigung, dem Gegner böse Absicht unterzuschieben, erst recht Boden. Weil Creuzer und Daub das Bestehende nicht zu Gunsten liberaler Neuerungen umgeworfen sehn wollten, gehörten sie zu der „Bubenrotte der Pfaffen und Adelsknechte", die die „hildebrandische Domherrnzeit" wiederherstellen wollten, wo das Volk in Verdummung und Sklaverei schmachtete. Andererseits ergrimmte auch Creuzer einigermaaßen und schrieb: „Voß gehört jetzt zu der sauberen Zunft, die sich Religion und Staat selber machen will."

Gerade weil die Romantik um diese Zeit auf allen Gebieten siegreich war, glaubte Voß etwas Gewaltiges zur Rettung von Licht und Vernunft unternehmen zu müssen und wählte als Zielscheibe den alten Grafen Stolberg, um in seiner Person zugleich das „dumpfige Dunkel der Pfäfferei" und einen alten Feind zu vernichten. Stolberg, dem nach eigener Aussage Vulkan die Feile versagte, aber das Feuer verlieh, gehörte seinem Alter und seiner Art nach der Zeit von Sturm und Drang, nicht der Romantik an. Der junge Boisserée nannte ihn in einem Gespräch mit Goethe den Heros unter den Protestanten, die katholisch wurden, worauf Goethe antwortete, ja, es sei die Fülle der Menschheit in ihm, das Gemüth des Großen, das Naturell; selbst das Kindermachen deute auf die eigentliche Fülle des Menschlichen. Obwohl, vielleicht auch gerade weil von ihnen ganz verschieden, verehrten die katholischen Romantiker den vornehmen und liebenswürdigen Greis, der mit seinem im Jahre 1800 erfolgten Uebertritt die Reihe der Conversionen eröffnet hatte. Adam Müller veranlaßte ihn, in seinen Staatsanzeiger einen Aufsatz über den Zeitgeist zu schreiben, und seine Religionsgeschichte blieb nicht ohne Einfluß auf schwankende Gemüther.

Das Organ, welches dem Kampfe gegen die Pfäfferei dienen sollte, war eine von Paulus herausgegebene Zeitschrift „Sophronizon", in welcher eine von ihm selbst verfaßte Kritik der Stolberg'schen Religionsgeschichte und im Jahre 1819 die berüchtigte Schrift von Voß „Wie ward Fritz Stolberg ein Unfreier" erschien. Die pietätlose Rohheit dieser Schmähung wurde selbst von protestantischen Gesinnungsgenossen beklagt und ernstlich getadelt und was den beklemmenden Eindruck, den sie überall machte, verschärfte, war der bald darauf erfolgende Tod Stolbergs, dessen letzte

Lebenstage der unerwartete Anfall getrübt hatte. Um nur
den Vorwürfen Anderer und des eigenen Gewissens Stand
halten zu können, arbeitete Voß sich unwillkürlich immer
heftiger in die Vorstellung hinein, daß höchste Gefahr im
Verzuge und Deutschland durch den vorausgesetzten Dunkel-
männerbund ernstlich bedroht sei. Perthes fühlte sich durch
eine Claudius betreffende Aeußerung, die Voß in der Schrift
gegen Stolberg hatte fallen lassen, bewogen eine „Zurecht-
weisung" zu veröffentlichen, die Voß und Paulus durch die
Verläumdung beantworteten, Perthes sei das Werkzeug
katholischer Propaganda und empfange Geld aus einer
Heilands- und Missionskasse.

Das Jahr 1819 hatte eine kräftig ausgesprochene
Prägung. Heftig äußerte sich die junge Opposition — der
unglückliche Sand ermordete Kotzebue — und die Romantik
hielt sich noch auf der vornehmen Höhe der Vermittelung.
Im Herbst entfloh Görres, von der preußischen Regierung
wegen seiner unerschrockenen, volksfreundlichen Politik verfolgt, nach Frankreich und schrieb aus der Verbannung:
„Die Jugend wächst gegen das Alte in einem Haß auf,
den die Schufte und Thoren, die in dessen Vertheidigung
sich theilen, jeden Tag mehr rechtfertigen." Sein Buch
„Deutschland und die Revolution" erschien im selben Jahre,
ein Muster großartigsten Weitblicks über die Parteien, und
doch schrieb Gentz, nachdem er das neue Erzeugniß aus
Görres' „Riesenfeder" nach seiner eigenen Aussage ver-
schlungen hatte, triumphirend — denn „diesen Löwen zahmer
zu machen", war längst sein Ehrgeiz gewesen —: „In
der Hauptsache ist er unser und kann uns nicht mehr ent-
rinnen. Mit der Demokratie ist er nun auf ewig zerfallen."

Etwa mit dem Jahre 1820 beginnen die Zeichen des
Alterns, stellenweise der Altersschwäche an der Romantik,

und langsam drängt das neue Geschlecht sie in den Hintergrund. Wie die Jugend ist, geht sie auf die Aelteren, die ihr wohl ein gewisses Verständniß entgegenbrächten, nicht ein, sie übertrumpft sich selbst, um darzuthun, daß sie mit ihnen nichts gemein hat, die nun ihrerseits den Unterschied begreifen und sich mit Bitterkeit und Abneigung zurückziehen. Im Jahre 1822 bemerkte Creuzer zuerst, daß sich an der Universität die Professoren in zwei Gruppen sonderten, die der Mystiker und der Physikanten, welche mit Voß und Paulus schön thäten, und „die krasseste Empirie auf den Thron setzen möchten." Wie eigen, daß die haßerfüllten Gegner der Romantik das Wort Physik auf die Fahne schrieben, dem gerade die Romantiker Glanz und Bedeutung gegeben hatten!

J. J. Wagner machte im Jahre 1819 die richtige Bemerkung, die Naturforscher, denen durch die Naturphilosophie eine Auge zum Sehen gegeben sei, fingen nunmehr an, es zu gebrauchen, als ob sie es von sich selbst hätten, und mit ihren damit gemachten Entdeckungen sich gegen die Philosophen zu brüsten, als bedürften sie ihrer garnicht.

Während nun bei den jungen Leuten die Ansicht sich einbürgerte, daß nur mit dem zu rechnen sei was die Sinne wahrnehmen, ließ Görres nachträglich seine Ehe kirchlich einsegnen, die er vor zwanzig Jahren auf bürgerlichem Wege abgeschlossen hatte.

Hinter den schon verdrängten Gegnern, die freilich nach außen hin mächtig schienen und von oben mehr denn je beschützt wurden, donnerte Voß das schwere Geschütz der Antisymbolik her. Durch den Tod seines Sohnes Heinrich verdüstert, ließ der Alte dem seit lange angesammelten Groll in einem bissigen, in studentischer Kraftsprache verfaßten

Buche freien Lauf. Um es seinen Feinden sammt und
sonders zu geben, führte er in demselben den Ursprung der
Symbolik auf den verstorbenen Philologen Heyne zurück,
der sein Lehrer gewesen war und mit dem er die ersten
Händel gehabt hatte: „Wie aus Nilschlamm die Sonne
Gewürm ausbrütet, so aus Heyne-Herrmann's modernder
Symbolik erwuchs das Ungeziefer der Creuzerischen Symbolik
an der Religionssonne von Indien, ein unholdseliges Ge-
wimmel. Alles aus Faulung.“ Dazu kam der „Gestalt-
wechsler“ und „ohnehosige Fanatiker“ Görres und lehrte
wie die Religion aus Oberasien durch Indien, wo Krischna,
„der alfanzige Afterchristus der indischen Madonna“ die
Idee des zukünftigen Heilands vorbildete, zuletzt in die
gothischen Dome eingekehrt sei. Voß schimpft saftig auf
die „herzlosen, wollüstigen Morgenländer“ und den indischen
Backchos, „diesen rothäugigen Lump Schiwa-Dennysos, wie
er, von des Schmauchpfeifchens mythischem Qualme duselig,
auch seine Andächtigen benebelt.“ Daß der zeugungskräftige
Stier, eben um dieser Eigenschaft willen, daß Sonne und
Lotosblume Symbole für Göttliches sein sollten, fand er
abgeschmackt und gemein, und in unzähligen Wendungen
sucht er „den urweltlichen, aus Indiens Urdämmerung
westwärts leuchtenden Sonnenstier Dionysos“, das „indische
Urgespenst“, lächerlich zu machen. „Wo der begeisterte
Symboliker nur irgend was Rindernes bemerkt, gleich setzt
er ihm nach, und sollt' er's aus der spätesten Zeit rück-
wärts am Schwanz in seines Uralterthums mythische
Dunkelhöhle hineinschleppen“. Schließlich scheut er sich
nicht, Creuzer einen Unsauberen zu nennen, weil er auf
Symbole der Fruchtbarkeit hingewiesen, und „den mystischen
Mistkäfer aus gekugeltem Ochsenmist als schmutziges Bild der
Sonne, der Zeugung und der Seelenwanderung“ gedeutet habe.

Creuzer schrieb es diesem Angriff zu, daß sein Ruhm merklich erblaßte. „Jetzt ist alles voll von der ganz frischen Vossischen Antisymbolik" schrieb er an Görres. „Die Studenten fangen schon an, den Physikanten zuzulaufen. Sie sind sehr thätig, die Mystiker unthätig." Seine Entgegnung war feiner, aber weder so witzig, noch so herzhaft wie Vossen's Schrift. Das alles hatte übrigens nicht viel mehr zu bedeuten: Voß starb zwei Jahre später, aber Creuzer's Ansehen wuchs deswegen doch nicht wieder. Er fing an sich verhaßt und verachtet zu fühlen. Die Hieroglyphik, meldet er den Freunden, werde nun auch Parteisache. Phantasie, Gemüth, großartige Combination und Philosophie würden nachgerade als Contrebande behandelt. „Es kann ja heutiges Tags nichts Ehrwürdiges und Alterthümliches mehr zur Sprache kommen, ohne daß es diese Philister in ihrer liberalen Dummheit verhöhnen. Die Physikanten meinen, sie wären die Regenten der Welt, und Tiedemann hat neulich in einer Rede gezeigt, daß es mit allen Wissenschaften außer der erfahrungsmäßigen Naturwissenschaft nichts sei, und wie es der höchste Triumph des menschlichen Geistes sei, in dem Cadaver eines Krokodils eine neue Thränenfistel entdeckt zu haben." Ja, die Staatsräthe selbst, die für die Universitäten sorgen sollten, klagt er, hätten ganz nord= amerikanische Ideen vom relativen Werth der Studien. Es wende sich alles mehr der Praxis und Wirklichkeit zu: in seinen mythologischen Vorlesungen habe er gerade die wenigsten Zuhörer.

Länger hielt sich die Romantik in München, wo sie mit dem Regierungsantritt Ludwigs I. erst recht eigentlich auf den Thron gesetzt wurde. Um neben der Kunst auch die Wissenschaften in der Hauptstadt heimisch zu machen, verlegte er die alte Universität von Landshut nach München und berief an dieselbe eine Reihe von deutschdenkenden Männern, die während der Franzosenzeit zu ihm gehalten hatten, so Görres, Schubert, Ringseis, Schelling. Um 1828 hatten Görres, Schelling und Schubert die meisten Zuhörer; aber drohend machte sich die neue Zeit und Wissenschaft bemerkbar in der Person Okens, der neben Schubert Vertreter der Naturwissenschaften war.

Oken war Naturphilosoph und stand insofern ursprünglich der Romantik nicht ferne; aber er führte die jugendlich phantheistische Richtung Schelling's weiter und zwar so, daß sie sich von der Religion, die sie anfänglich beinah berührte, mehr und mehr trennte und zu den späteren Materialisten wie Vogt und Büchner hinleitete. Als im Jahre 1819 Oken in der Isis die Behauptung aufstellte, die ganze Welt des Lebendigen auf der Erde, auch der Mensch, sei aus einem Urschleim hervorgegangen, der das Urmeer erfüllt habe, spürte der Alterthumsforscher Kanne, damals bereits Pietist, darin eine große Gefahr, ein „aufsteigendes Gewölk, das den heiteren Morgenhimmel der Naturwissenschaft trüben sollte." So, setzte er dem Freunde Schubert auseinander, würde die moderne Naturwissenschaft bald auch den Gedanken, mit dem der Geist Gott denkt, aus einem im Gehirn aus dem Blute präparirten, nachträglichen Urschleim abstammen lassen; sie würde frei hervortreten mit dem Bekenntniß: es ist kein Gott, kein Geist, keine Seele, alles ist nur so oder anders gestalteter Meeresschaum, dessen Formen sich mit dem Tode wieder in Schaum auflösen und zerfließen.

War Schubert damals auch weniger bedenklich, so ängstigte es ihn später doch, neben Oken lehren zu sollen, dessen Ansichten sich mit den seinigen immer weniger vertrugen, und der doch im Ganzen die Jugend auf seiner

Seite hatte. Es kam denn auch sogleich zu kleinen, nach ihren Anlässen höchst unbedeutenden Feindseligkeiten, die aber dadurch aufgebauscht und peinlich wurden, daß das Publikum Partei nahm und hetzte. „Es giebt nämlich", so erzählt Schubert, „dermalen hier bei uns in München eine Literatur, von welcher man in solcher Form und Anwendung anderwärts wohl kaum etwas Aehnliches hat. Mehrere sogenannte Volkszeitungen, die unter verschiedenen Titeln in der Stadt erscheinen und welche das Volk Käseblätter zu nennen pflegt, weil man, nachdem man sie gelesen, den Käse hineinwickelt, den man mit sich in's Bierhaus nehmen will, bilden jene Literatur, welche unter der größeren Menge die beliebteste und allgemein verbreitetste ist." In diesen Blättern wurde Schubert stark mitgenommen, was ihn die ersten Jahre in München trotz Freundschaft und Ehre auf anderer Seite verbitterte, und eine schwere Krankheit mit veranlaßte. Vom Könige, der sogar die jüngeren Prinzen und Prinzessinnen durch ihn unterrichten ließ, wurde Schubert beschützt und die Versetzung Okens nach Erlangen sollte dem unerquicklichen Streit ein Ende machen. Oken zog es vor, einem an ihn ergangenen Rufe nach Zürich zu folgen.

Andere Romantiker hatten nicht weniger als Schubert unter den Angriffen der Gegner zu leiden.

Der wackere Ringseis wurde von einem liberalen Gegner in der Ständekammer — wie sich denn die liberale Partei besonders auf das Schimpfen verstand — dekorirtes Skelett, Bild der Sünde und Verwesung, mystischer Gaukler, vermodertes Phantom, ärztlicher Giftmischer und frömmelnder Charlatan, Wahrzeichen des Kretinismus, in welchen die Hochschule gesunken sei, kurz auf die beleidigendste Weise betitelt. Mit der Revolution nahte das öffizielle Ende der

Romantik. Als im Jahre 1848 Görres starb, auf den in Zeiten der Bedrängniß das gebildete und freisinnige Deutschland vertrauend geblickt hatte, wurden die Studenten von der Polizei verhindert, ihm einen Fackelzug zu bringen und die Denkrede auf ihn in der Akademie wurde hintertrieben. Die neue Regierung stellte norddeutsche Professoren an, um die Universität intellektuell zu heben.

Manchem Schlage hatte die Romantik widerstanden, solange sie Jugendkraft hatte; allmählich verlief sie im Sande, alt geworden, stellenweise kindisch und schwachsinnig. Schließlich wurde sie gar nicht mehr bekämpft, höchstens im Vorbeigehen verlacht. Bis in die neueste Zeit wußte man nicht, was das Wort Romantisch eigentlich bedeutete und bezeichnete damit kurzweg was unpraktisch, unklar und unwahr auftrat. Es berührt einen sonderbar, wenn man hört, daß im Jahre 1869 Overbeck starb, als schon Böcklin seine ersten, die Meisterwerke der Romantik geschaffen hatte. Erst im Jahre 1880 starb Ringseis, zu einer Zeit als die Romantik fast schon wieder modern zu werden begann. Revolutionen und Kriege hatten die leichten poetischen Anlagen zerstampft, und es war um das was im Publikum von der Romantik lebte nicht schade. Wie bitter hatte Friedrich Schlegel über Unpopularität geklagt! Wie es zu gehen pflegt, machten erst die Nachahmer die Romantik populär, indem sie die neugeprägten Ideen und Bilder aushöhlten, breitklopften und mit dünnen Lappen eigener Erfindung ausputzten. Mit dem Ideengehalt der Romantik war das Mittelalter nicht nothwendig, nicht wesentlich verbunden; aber man glaubte nun, daß eine Geschichte oder ein Gedicht romantisch seien, wenn Einsiedler, Burgen, Ritterfräulein darin eine Rolle spielten. Ebenso wurde das Schaurige und Gespenstische, ferner das Exotische zum Wahr=

zeichen der Romantik. Die Taschenbücher und Almanache
waren voll von diesen Dingen. Dieselben Menschen, die
sich einmal mit Kotzebue belustigt und gerührt hatten,
schwärmten nun für Fouqué's fade und thörichte Ritter=
gesellschaft und für die schreckhaften, von den Folgen der
Vaterflüche oder Zigeunerwahrsagungen umgarnten Puppen
der Schicksalstragödie. In der Mitte des Jahrhunderts
gab es wohl wenig Gebildete, die die Verse Jaromir's:
„Ja ich bin's du Unglückſel'ge, ja ich bin's, den du ge=
nannt" nicht auswendig wußten. Werner's neununddzwan=
zigster Februar, von Goethe geschätzt und auf die Bühne
gebracht, wurde im Erfolge übertroffen durch die brutaleren
und flacheren Machwerke Müllners, und am allerbeliebtesten
wurden die blöd geschwätzigen Stücke Houwald's, eines gut=
müthigen, braven Menschen, der über das begeisterte Ent=
gegenkommen des Publikums dankbare Rührung empfand.
Tieck hatte zur Eröffnungsvorstellung des neuen Schauspiel=
hauses in Berlin den Prinzen von Homburg empfohlen:
aber das Bild von Houwald, der Treffer des Tages, wurde
vorgezogen. In diesen spätromantischen Geschichten und
Gedichten vernehmen wir noch den erlesenen, besonnenen
Ton, der von dem flackernden, herausfordernd hinge=
schmissenen irgend einer Sturm= und Drang=Periode so
vortheilhaft absticht; aber da keine Innerlichkeit dahinter ist,
wirkt er falsch, ohnmächtig und gespenstisch.

„Was hätte aus uns allen werden können, und was
ist aus uns geworden!" soll Brentano's Klage im Sterben
gelautet haben. Die Worte lassen sich auf viele einzelne
Romantiker und auf die Bewegung überhaupt anwenden.
Sie war voll Hoffnung, Reichthum, Zuversicht, als sie auf=
trat, sie brachte unübersehbare Fülle von Anregung auf
allen Gebieten, aber während sie überall hin Samen streute,

hat sie sich keine Denkmäler in reifen Werken gesetzt. Eine neue, feindselige Epoche vergötterte die Endlichkeit, deren Mangel die Ursache war, daß die Künstler des Unendlichen mit ihren Werken sich auflösten und zerflatterten. Durch die Begrenzung gestärkt, können neue Geschlechter sich wieder den zwar befleckten und entstellten, doch immer erhabenen Idealen zuwenden, die jene in der Ferne zeigten.

———— ——

Ausblicke.

„Denn es wird doch immer der wesentliche Charakter des Romantischen bleiben, daß die Abgeschlossenheit fehlt, und daß immer noch auf ein Weiteres, auf ein Fortschreiten gedeutet wird." Diese Worte schrieb Carus in sein Tagebuch, nachdem er den Regensburger Dom betrachtet und von ihm den Eindruck des Poetischen empfangen hatte, den ihm die kurz vorher gesehene Aukirche in München eben wegen ihrer Regelmäßigkeit und Vollendung nicht hatte geben können.

Auch die Geschichte der Romantik selbst deutet auf ein Weiteres, auf ein Fortschreiten. Daß sie weder in der Kunst, noch im Leben Vollendetes erreicht hatten, wußten die Romantiker. Es finden sich Zeugnisse genug dafür, daß sie mit sich und ihren Erzeugnissen nicht zufrieden waren, und verloren sie sich auch mit trotzigem Behagen in die Irre, so deuteten sie um so wissender nach den höchsten Zielen. Man hat den Romantikern mit Recht Willkür, Subjektivität, Individualismus vorgeworfen; mit dem Kampfe gegen die Regel hatten sie ja begonnen. Trotzdem lag zügellose Hingabe an das persönliche Belieben im Kunstbetrieb durchaus nicht in dem ursprünglichen romantischen Programm; aber Phantasie wurde gefordert, und es ist in der menschlichen Natur, daß die phantasiebegabten Künstler gewöhnlich das Gesetz scheuen, Muster nicht achten wollen und dem Einfall des Augenblicks alles zuliebe thun.

Der Sucht, sich und seine Eigenheit und seine Stimmungen auszudrücken, hielt die Ehrfurcht vor überlieferten Typen zu wenig das Gleichgewicht, und so blieb vieles fragmentarisch, anderes verfiel im Streben nach Originalität in Abgeschmacktheit und Verzerrung.

Das Erschrecken vor dieser Verwilderung und die Einsicht, daß der Instinkt des modernen Menschen die Sicherheit des primitiven nicht mehr habe, ließ es hie und da wünschbar erscheinen, daß das hervorbringende Genie sich einer Aufsicht unterwürfe.

Arnim plante die Anlage einer Sprach- und Singschule, einer Schule für Bänkelsänger und einer Schule für Dichtkunst, die im Schlosse Lauffen am Rheinfall eingerichtet und wo eine allgemeine deutsche Sprache erfunden werden sollte. Dies bezweckte allerdings zum Theil die Hebung des poetischen und musikalischen Sinnes im Volke und sollte ferner der deutschen Einheit vorarbeiten. Zugleich spricht sich doch aber darin der Wunsch nach einer festen Grundlage, einem Gerüste, woran der Dichter sich zu halten hätte, aus; klagten doch gerade Arnim und Brentano über das „Gesinge und den Romantismus", das eingerissen sei, und die Schwäche seiner eigenen Arbeiten sah Clemens in dem Zufälligen des Guten darin, was er nur durch außerordentliche Planmäßigkeit — zu der er sich aber zu schwach fühlte — bessern könne. Es zeigt sich dasselbe Verlangen nach einer Richtschnur, welches in der Religion zum Katholicismus führte. Im Gefühl des Schwankens, der Unsicherheit geht die Einsicht auf, daß „uralte Traditionen mehr Werth haben, als die Philosopheme der gescheitesten Denker" und daß der Grundsatz der katholischen Kirche, das *quod semper ubique et ab omnibus creditum est* zur allgemeinen Richtschnur zu machen, dem subjektiven

Drange eines jeden sich einen eigenen Glauben zu erfinden ein berechtigtes Gegengewicht giebt.

Ausdrücklich damit „die Literatur nicht blos Privatbestrebungen überlassen bleibe", verlangt J. J. Wagner die Gründung von Akademieen, die die Ueberlieferungen festzuhalten, die literarische Wechselwirkung und Schulung herzustellen und eine letzte Instanz zu bilden, also das Typische gegenüber dem Individuellen zu retten hätten. Dies wurde zur selben Zeit und auch von romantischer Seite gesagt, als junge Maler, die nachmaligen Nazarener, den Protest gegen die Maler-Akademie erhoben; aber eben Overbeck, der späterhin nicht nur sein Leben, sondern auch seine Kunst dem katholischen Dogma unterwarf, beweist, daß es nicht der Zwang an sich war, den man scheute. Der kirchliche Zwang erwies sich nun freilich den Künstlern, die ihn sich auferlegten, nicht günstig; Erwin Speckter, obwohl ein Vertreter Overbeck's, giebt ihm die Schuld einer gewissen frostigen und heuchlerischen Unwahrheit, die er in seinen Bildern findet. Speckter seinerseits fordert, die Künstler müßten zuerst Handwerker werden, damit die Kunst sich wieder einen Weg bahne in das innere Leben der Welt; offenbar in der Meinung, daß sich die Kunst zu weit vom Leben entfernt habe, und daß das Leben ganz von selbst Grundlage und Richtschnur geben werde, deren sie bedürfe.

Theoretisch hatten besonders die älteren Romantiker die Kunst nicht höher gestellt als das Leben. Novalis nennt denjenigen den größten Menschen, dessen Tagebuch das größte Kunstwerk wäre. Ritter stellt folgende Reihe der Künste auf: Architektur — Plastik — Malerei — Musik — Lebenskunst; und spricht von einer künftigen Zeit, wo des Menschen Leben und seine That die höchste Wahrheit und Schönheit selbst darstellen müsse. „Er selbst in seinem

Leben wird das höchste Kunstwerk sein, deß Künstler mit demselben eins und gleich ist." Er indessen verwüstete sein Leben jämmerlich, und vielen andern zerbrach und zerfloß es, ohne zuweilen daß nur der Versuch einer planvollen Gestaltung unternommen wäre. Im Allgemeinen waren die Romantiker in erster Linie denkende, dichtende und ausbauernde, am wenigsten handelnde Menschen. Den sittlichen Gesichtspunkt ordneten sie dem ästhetischen unter, schien ihnen etwas schön oder ihrem Gefühle entsprechend, fragten sie nicht, ob es moralisch sei. Görres unterschied einmal gemäß den drei Vermögen Vernunft, Wille und Phantasie die drei Reiche Wissenschaft, Sittlichkeit oder Ethik und Schönheit oder Kunst und nannte als ihre philosophischen Vertreter Schelling, Fichte und Jakobi. Es ist bezeichnend, daß von Fichte, dem eisernen, unbeugsamen, sittlichen, die Romantiker sich mit Entschiedenheit abwandten; je mehr sie Gefühls- und Stimmungsmenschen waren, desto unbegreiflicher und abschreckender war er ihnen. Die Helden ihrer Dichtungen waren Dichter, Maler oder Musiker, als höhere Menschen über den Gemeinen stehend, die sie theils verehrten, theils aus roher Unwissenheit verachteten. Die Gebräuche und Gesetze der Durchschnittsmenschen galten für diese Ausnahmemenschen nicht, sie befanden sich immer in außergewöhnlicher, „romantischer" Lage, wo der gemeine Maßstab nicht anzulegen war. Liest man die Romane und Novellen Eichendorff's, wo die Studenten, Grafen, Dichter, Jäger und Zigeuner von einem Abenteuer zum andern vagabundiren, so ergreift einen bald ein ungeheurer Ueberdruß, und einen solchen empfanden die Romantiker zuweilen an sich selbst, ihrem beruflosen Leben und ihrer Kunst. Neben der Ueberschätzung der Kunst entsteht im Schooße der Romantik selbst ihre gänzliche Ver-

werfung beziehungsweise Unterordnung unter Religion und
Leben.

Daß es ohne Religion keine Kunst geben könne, war
einer der ersten Grundsätze der Romantik; etwas anderes
ist es aber, wenn nun die Kunst als ein Uebergang oder
Mittel zur Religion aufgefaßt wurde, an sich werthlos, nur
als Vorbereitung zu etwas Höherem schätzbar. So urtheilte
Zacharias Werner, und zwar lange bevor er katholisch und
Priester wurde: die Kunst an sich habe keinen Werth, nur
insofern sie Ahnungen der Gottheit gebe. Das Bücher=
schreiben sei ihm nur werthvoll, weil er damit Gemüther
für das Heilige gewinnen könne. Kunstwerke seien Vor=
arbeiten der neuen Religion, die der Menschheit gegeben
werden müsse. „Sie, mein lieber Adalbert", schrieb er an
Chamisso, „können füglich noch nicht hetrathen. Zum
Heirathen gehört nämlich hauptsächlich, daß man dem
Götzendienst nicht anhängt, und dem sind Sie noch sehr er=
geben. Jede reine Seele durchlebt die Periode der Ideale,
indessen behält dennoch Gottes Gebot: du sollst keine anderen
Götter haben neben mir, seine unumstößliche Kraft." Hier
ist es am deutlichsten ausgesprochen, daß die Kunst im
Leben des Einzelnen, wie natürlich im Leben der Mensch=
heit, nur eine Episode sei, ein Behelf der Suchenden ge=
wissermaßen und Unreifen, die die Wahrheit noch nicht
fassen können.

Brentano empfand nach seiner Bekehrung Ekel vor
seinen Schriften. Als er zum ersten Male etwas von
E. T. A. Hoffmann las, war sein erstes Gefühl Ueber=
raschung und Bewunderung; er sagte sich wohl, daß er
selbst dergleichen hätte schaffen mögen, es aber nicht ver=
mocht hätte. Kam nun Eifersucht und Unbehagen hinzu,
oder war es seine ernstliche Meinung, kurz, er schrieb an

Hoffmann, eine solche Kunst, die den Dichter selbst und nicht nur Gott spiegle, flöße Grauen ein.

Bei Brentano und Werner liegt es auf der Hand, daß der krankhaft übermäßige Kultus des Ich, den sie in ihren Dichtungen getrieben — Brentano sagte selbst, alle seine Schriften seien Bekenntnisse, und der Gegenstand seines Nachdenkens sei immer nur er selbst gewesen — ihnen diesen Widerwillen erregte und sie als einzig würdige Kunst eine religiöse begreifen läßt, wo sich das Ich in Gott verliert. Es war die einzige, die sie außer ihrer subjektiven ausüben konnten: etwa wie schwache Menschen nur Säufer oder geschworene Antialkoholiker sein können.

Merkwürdiger noch ist der Ausspruch des jungen Malers Runge, er möchte, es sei nicht nöthig, daß er die Kunst treibe, „denn wir sollen über die Kunst hinaus, und man wird sie in der Ewigkeit nicht kennen." Ihm war die Kunst ein Mittel sich zu äußern; wären nun die Seelen durch den schweren Vorhang des Körpers nicht gehindert, sich unmittelbar mitzutheilen, so bedürften sie der Kunst nicht mehr. Es würde dasselbe bedeuten, sagte man anstatt dessen, wer sich völlig darleben könnte, hätte das Mittel der Kunst nicht nöthig.

Man sieht, wie die subjektiven Künstler dahin kommen, ganz an der Kunst zu verzweifeln. Der Körper, der dem naiven Künstler, der die Welt der Objekte liebt und an sie glaubt, eine Lust ist, empfinden sie als Last und Behinderung. Nicht das Schaffen und Bilden an sich ist ihre Sehnsucht, sondern s i c h darstellen; und daß diesem Bedürfniß die Kunst doch nicht ganz genug thut, hat sie der Schmerz der Erfahrung gelehrt.

Ergreifender hat keiner die Qual des vom Leben abgesonderten Romantikers geschildert, als der junge Wackenrode mir Briefe Joseph Berglinger's, des Musikers, an einen väterlichen Freund. Da spricht er von seinen „lüsternen Kunstfreuden", die „im Keime vergiftet" sind. „Was bin ich? was soll ich, was thu ich auf der Welt? Was für ein böser Genius hat mich so von allen Menschen weit weg verschlagen, daß ich nicht weiß, wofür ich mich halten soll? daß meinem Auge ganz der Maßstab fehlt für die Welt, für das Leben und das menschliche Gemüth? daß ich nur immer auf dem Meere meiner inneren Zweifel mich herumwälze, und bald auf hoher Welle hoch über die anderen Menschen hinausgehoben werde, bald tief in den tiefsten Abgrund hinuntergestürzt?" Kaum hat ihn das Gefühl erhoben, wie göttlich die Kunst sei, gerade weil ohne Zweck und Nutzen, gerade weil sie „von keinem Rad des großen Räderwerks getrieben wird und keines wieder treibt", so fliehen auf einmal die hohen Bilder seiner Phantasie von ihm fort in die Welt der anderen Menschen, die vielleicht gering von der Kunst denken und ihre edelsten Werke mit Füßen treten, aber mehr Gutes wirken und gottgefälliger leben als er. „Die Kunst ist eine verführerische, verbotene Frucht; wer einmal ihren innersten, süßesten Saft geschmeckt hat, der ist unwiderbringlich verloren für die thätige, lebendige Welt. Immer enger kriecht er in seinen selbsteigenen Genuß hinein, und seine Hand verliert ganz die Kraft, sich einem Nebenmenschen wirkend entgegenzustrecken. — Und wenn ich nun die Botschaften höre: wie unermüdet sich dicht um mich her die Geschichte der Menschenwelt mit tausend wichtigen, großen Dingen lebendig fortwälzt, wie da ein rastloses Wirken der Menschen gegen einander arbeitet, und jeder kleinen That in dem gedrängten Gewühl die Folgen, gut und böse, wie große Gespenster nahetreten — ach! und dann das Erschütterndste — wie die erfindungsreichen Heerschaaren des Elends dicht um mich herum, Tausende mit tausend verschiedenen Qualen in Krankheit, in Kummer und Noth, zerpeinigen, wie, auch außer den entsetzlichen Kriegen der Völker, der blutige Krieg des Unglücks überall auf dem ganzen Erdenrund wüthet und jeder Sekundenschlag ein scharfes Schwert ist, das hier und da blindlings Wunden haut und nicht müde wird, daß tausend Wesen erbarmenswürdig um Hülfe schreien! — Und mitten in diesem Getümmel bleib ich ruhig sitzen wie ein Kind auf seinem Kinderstuhle und blase Tonstücke wie Seifenblasen in die Luft: — obwohl mein Leben eben so ernsthaft mit dem Tode schließt."

Das sei das Gift der Kunst, daß der Künstler ein Schauspieler würde, der jedes Leben als Rolle betrachte, seine Bühne für die Musterwelt, für den Kern, und das wirkliche Leben nur für die Schale, eine „elende, zusammengeflickte Nachahmung" ansehe.

Innerlich von Vollkommenheit zu träumen, anstatt lebend und handelnd nach Vollkommenheit zu ringen, Gott innerlich anzubeten, ohne das von ihm verliehene Leben auf sich zu nehmen und ihm dadurch zu dienen, das ist ganz besonders die Schwäche und der innerste Verzweiflungsgrund des romantischen Dichters. Wackenroder fühlte deutlich, daß auch Gottgläubigkeit und Verherrlichung Gottes den zweifelnden Künstler nicht rette, wenn sie ihn nicht zur Uebernahme der Aufgabe des Lebens mit dem Willen des Guten vermöge. Die ruhigeren, mehr harmonisch veranlagten Dichter und Denker der Romantik, die sich nicht bis zur Uebelkeit an der Kunst berauscht hatten, zweifeln nie an ihrer erhabenen Bedeutung, betrachteten sie aber nicht als Selbstzweck und wollten sie nicht vom handelnden Leben trennen.

Röschlaub, der naturphilosophische Mediciner, der Lehrer von Ringseis, unterschied die großen Künste Erziehung, Politik und Taktik von den schönen; den großen, meint er, nähere sich die Medicin. Ringseis fügt hinzu, die höchste Kunst sei ein wahrhaft christliches Leben, womit wir also zu dem vorher erwähnten Ausspruch Ritter's zurückkämen. An den Ausspruch Röschlaub's erinnert eine Ordnung der Künste, die Oken in seinem im Jahre 1809 erschienenen, Schelling und Steffens gewidmeten Lehrbuch der Naturphilosophie aufstellt: in der Dichtkunst, sagt er, vermählten sich alle Künste, in der Kriegskunst alle Wissenschaften und Künste; die Kriegskunst sei die höchste, erhabenste, göttliche Kunst; der Held sei der höchste Mensch, der Gott der Menschheit, Gott. „Der Sieger ist nicht der Held, der Held aber ist der Sieger." Diese Aeußerung ist zweifelsohne beeinflußt durch den Drang der Zeit, welche handelnde Männer, Helden forderte. Bedeutsam ist es nichts desto weniger, daß hinter den Taugenichtsen und Guitarrenspielern der romantischen Novellistik doch das Ideal des Helden, des Genies der Moral, steht. Die Darstellung versuchte sich sogar an ihm; aber die Recken Fouqué's haben das Blut ihres Schöpfers in den Adern — „ein guter Ordinari Gesellschaftsknaster, der immer lacht", und den im besten Mannesalter ein Rückenmarksschlag traf.

Ein Mann, der heroisch an seiner Selbstveredelung arbeitete, Passavant, sah in der Ausbildung des Willens und der Erziehung zum handelnden Leben die Aufgabe der Zukunft. „Die vorzüglichsten Menschen, die ich kannte, ruhten am Ende ihres Lebens in dem Glauben an die Gemeinschaft der Heiligen, aber es war eine Ruhe, die einem thätigen Leben folgte." Ueberall finden wir Hin-

deutungen auf eine Zukunft die die, Einseitigkeiten der
Gegenwart ausgleichen soll.

Ein einigermaßen zusammenhängendes Bild erwünschter
künftiger Lebensverhältnisse fand ich in dem Büchlein „Religion, Wissenschaft, Kunst und Staat in ihren gegenseitigen
Verhältnissen betrachtet", 1819 erschienen und von Joh.
Jak. Wagner verfaßt, einem Schriftsteller, der, ein Zeit-
genosse der Romantiker und Naturphilosophen, sehr von
ihnen beeinflußt war. Die Produkte des Heidenthums, sagt
er dort, seien Wissenschaft und Kunst; die jüdisch-christliche
Idee, welche die Propheten verkündeten, sei die des Reiches
Gottes, nämlich einer Universalkultur und Universal=
monarchie, welche herzustellen der Menschheit noch obliege.
Die ungeheure Ungleichheit des Kulturstandes mache zu=
nächst das Bestehen einer Universalkirche unmöglich: „eine
gottverehrende Gemeinde ist eine Gesammtheit, in welcher
alle Einzelnen ihren Gegensatz aufgeben und zusammen-
fließen. Dazu muß der Kulturstand gleich sein. Darum
hatte der Kultus des Mittelalters so viel Feuer und Kraft."
Solange die Ungleichheit der Kultur unter den Menschen
dauere, müsse der Privatkultus freigegeben werden. Der
Kultus sei aber nichts anderes als die Gesammtheit aller
Künste in ihrer höchsten Bedeutung, eine allseitige Symbo=
lisirung des Göttlichen durch die Künste. Predigt solle
ausgeschlossen sein; Musik, Malerei, Plastik und Dichtkunst
im Verein müßten den Kultus bilden, in welchem das
ganze Leben religiös begriffen und zur Anschauung gebracht
werden müsse. Auch Erwin Specter sah im harmonischen
Zusammenwirken aller Künste das Ideal, und Eichendorff
drückt dasselbe in den Worten aus, alle einzelnen Künste
seien Arabesken am Dome der Kirche.

Als poetische Aufgaben, „auf welche der Kunstinstinkt

bisher in seinen Launen noch nicht gekommen ist", nennt Wagner die Stufen der Natur, des Gewerbelebens, das öffentliche Leben, die Stände und dergleichen, Gegenstände, die jetzt erst — nämlich nachdem die Kunst auf der mit Wissenschaft verbundenen Religion beruht — in ihrer Idee erkannt werden. Da der Staat „mit der allgemeinen Form des Weltgesetzes in Einklang gebracht ist", gehört er nicht mehr zu den mechanischen, antipoetischen Dingen. „Der Unterschied zwischen innerem oder Moralgesetz und äußerem oder politischem Gesetz muß wegfallen." Uebrigens sei der Staat relativer Natur und die vollendete Existenz des Menschen nicht in ihm zu suchen. Man solle die Menschen durch humane und liberale Behandlung womöglich aus der Herrschaft des Gesetzes in die Freiheit des eigenen Gewissens retten.

Die nächste Aufgabe der Menschen wäre demnach die Gründung von Mittelpunkten der Kultur, als welche, wie ich schon sagte, Wagner Akademieen vorschlug, die gewissermaaßen an die Stelle des alten Priesterthums treten sollten. Das Zusammenschließen in Gemeinschaften, welches die Romantiker von vornherein charakterisirt, gehört denn auch gewiß zu ihren bedeutungsvollsten Bestrebungen. Noch einmal erinnere ich an den warmen Eifer Friedrich Schlegels für die Gründung einer Hanse, an seine Vorliebe für das συμφιλολογεῖν καὶ συνενθουσιάζειν. Diese Verbrüderungen lösten sich immer wieder auf und wurden doch immer von neuem angestrebt. Brentano plante eine Verbindung mit poesiefördernden Zweck, an deren Spitze Tieck stehen sollte Werner hätte allen poetischen Lorbeer hingegeben, um Stifter einer religiösen Sekte zu sein. Bücherschreiben sei weniger wichtig; als Schriftsteller, Leser und Kritiker suche er nur verwandte Seelen. Zweck des zu gründenden Bundes sollte sein, die Menschen zu erwärmen und zu vergöttlichen. Er wie Brentano flüchteten sich schließlich in die Gemeinschaft der katholischen Kirche, ja Werner dachte gegen das Ende des Lebens noch daran, in einen Orden einzutreten. Doch unterließ er es im letzten Augenblick: „denn sonnenklar ist es mir geworden, daß das Christenthum unmöglich etwas ist, als der alles Wahre, Gute und Schöne krönende Culminationspunkt der durch die Gottheit gereinigten Menschheit."

Der schweizerische Naturphilosoph Troxler warf die Fragen auf, welches das Ziel der Entwickelung des Geistes, und welches das der Entwickelung des Seins sei, und antwortete auf die erste: Lebensweisheit, nämlich Vollendung von Wissenschaft und Geschichte; auf die zweite: Lebensgenuß, nämlich Durchdringung von Kunst und Ethik. Von allen Seiten deutet es darauf, daß auch die Kunst dem großen Zweck, gottähnliche Menschen zu bilden, sich nicht entziehen dürfe. Kaum wird jemals eine Romantik, welche die Kunst vom Leben ablösen, wie eine selige Luftinsel darüber schweben will, lange gedeihen. Je mehr sie Kraft hat, desto besser wird es ihr gelingen, das Innere mit dem Aeußeren zu verbinden, in das große Räderwerk einzugreifen, ohne der Zweckmäßigkeit ihre Schönheit, ohne der Berechnung ihre Mysterien aufzuopfern.

Verzeichniß der benützten Quellen.

v. Arnim, Bettina, Goethe's Briefwechsel mit einem Kinde. 3 Bde. Berlin 1835.

— Die Günderode. 2 Bde. Grünberg 1840.

— Klemens Brentano's Frühlingskranz. Charlottenburg 1844.

Boisserée. Briefwechsel. Stuttgart 1862.

Briefwechsel zwischen Friedr. Gentz und Adam Heinr. Müller. Stuttgart 1857.

— zwischen Jakob und Wilhelm Grimm. Weimar 1881.

Brunner. Cl. Maria Hoffbauer. Wien 1858.

Carus, Karl Gustav, Lebenserinnerungen und Denkwürdigkeiten. 4. Bde. Leipzig 1865—66.

Daumer, Meine Conversion. 1859.

Diel, J. B., Clemens Brentano. Ein Lebensbild. Hrsg. von W. Kreiten. 2 Bde. Freiburg 1878.

Dorow, Wilh., Erlebtes aus den Jahren 1813—20. 4 Thle. Leipzig 1843—45.

Düntzer, Zwei Bekehrte. Leipzig 1873.

Fouqué, Lebensgeschichte. 1840.

Funck, Z. [K. F. Kunz] Erinnerungen aus meinem Leben, Bd. I. Aus dem Leben zweier Dichter: E. Th. W. Hoffmann und Fr. G. Wetzel. Leipzig 1836.

Görres. Familienbriefe. Hrsg. von Maria Görres. 1858.

— Freundesbriefe. Hrsg. von Franz Binder. 1874.

Herbst, W., Johann Heinr. Voß. 2 Bde. Leipzig 1874—76.

Hitzig, J. E., Lebensabriß Fr. L. Zacharias Werner's. Berlin 1823.

Hoffmann, E. Th. A., Aus dessen Leben u. Nachlaß. Hrsg. v. J. E. Hitzig. 2 Thle. Berlin 1823.

Humboldt, Alexander v., Eine wissenschaftliche Biographie im Verein mit R. Avé-Lallemant, J. V. Carus u. a. hrsg. v. Karl Bruhns. 3 Bde. Leipzig 1872.

Kanne, Leben und aus dem Leben merkwürdiger und erweckter Christen. Selbstbiographie v. J. A. K. 1816—1824.

Kerner, Just., Franz Jul. Meßmer. Ersch. 1856.

— Briefwechsel mit seinen Freunden. Hrsg. von seinem Sohne Theobald Kerner. 2 Bde. Stuttgart 1897.

— Bilderbuch aus meiner Knabenzeit. Braunschweig 1849.

Kerner, Theobald, Das Kernerhaus und seine Gäste. Stuttgart 1894.

Litzmann, C. C. T., Hölderlin's Leben. In Briefen von und an Hölderlin. Berlin 1890.

Menge, Theob., Der Graf Frdr. Leop. Stollberg u. s. Zeitgenossen. 2 Bde. 1862.

Overbeck, Friedr. Hrsg. v. Marg. Howitt. 1886.

Passavant, Johann Karl, Ein christliches Charakterbild. Frankfurt 1867.

Pichler, Karoline, Denkwürdigkeiten aus m. Leben. Wien 1844.

Ringseis, Lebenserinnerungen, ihm nacherzählt v. E. Ringseis. 2 Bde. Regensburg 1886.

Rosenthal, Dav. Aug., Convertitenbilder aus dem 19. Jahrhundert. Bd. I. Deutschland in 2 Abth. 1865—66.

Schadow, Der moderne Vasari. Berlin 1854.

Scherer, W., Jakob Grimm. Berlin 1885.

Schubert, G. H. v., Der Erwerb aus einem vergangenen u. die Erwartungen von einem zukünftigen Leben. 3 Bde. Erlangen 1853—56.

Schütz, H. W., Rumohr's Leben u. Schriften. Leipzig 1844.

Sepp, Görres u. Zeitgenossen. Nördlingen 1877.

Simeon, Wanderungen und Heimkehr eines christl. Forschers v. L. Clarus. 3 Bde. Schaffhausen 1862—63.

Specter, Briefe eines deutschen Künstlers aus Italien. Leipzig 1846. Aus den nachgelassenen Papieren v. Erwin Specter.

Speyer und Mark, Marcus nach seinem Leben und Wirken. Bamberg 1817.

Steig, R., Achim von Arnim u. Clemens Brentano. Stuttgart 1894.

---

v. Arnim, Bettina, Sämmtliche Schriften. 11 Bde. Weimar 1853.
Arnim, Ludw. Ach. v., Sämmtliche Werke. 22 Bde. Leipzig 1856.
Brentano, Clemens, Gesammelte Schriften. 7 Bde. Frankfurt 1852—55.
Daumer, G. Fr., Polydora, ein weltpoetisches Liederbuch. 2 Bde. Frankfurt 1855.
Eichendorff, Jos. Frhr. v., Sämmtliche poetische Werke. 3. Aufl. 4 Bde. Leipzig 1883.
Fouqué, Fr. de la Motte, Ausgewählte Werke. Ausgabe letzter Hand. 12 Bde. Braunschweig 1841.
Grillparzer, Franz. Die Ahnfrau. Wien 1817.
Hölderlin, Joh. Chr. Friedr. Sämmtliche Werke. Hrsg. von Chr. Th. Schwab. 2 Bde. Stuttgart 1846.
Hoffmann, E. Th. A. Gesammelte Schriften. 12 Bde. Berlin 1871—73.
Horn, Franz Christ., Guiscardo, der Dichter. Leipzig 1801.
Houwald, C. E. Freih. v., Sämmtliche Werke. 5 Bde. Stuttgart 1851.
Karfunkel, der, oder Klingklingel-Almanach. Taschenbuch für vollendete Romantiker und angehende Mystiker. 1810. Hrsg. von Baggesen. Tüb. Cotta.
Kerner, Justinus, Ausgewählte poetische Werke. 2 Bde. Stuttgart 1878.
Kleist, Heinrich v., Gesammelte Schriften. Hrsg. von L. Tieck. 3 Bde. Berlin 1826.
Lenau, Nicol. Sämmtliche Werke. 4 Bde. Stuttgart 1855.
Müllner, Gottfr. Ad., Dramatische Werke. 7 Thle. Braunschweig 1828.
Isidorus Orientalis (Otto H. Graf von Loeben), Blätter aus dem Reisebüchlein eines andächtigen Pilgers. Mannheim 1808.
— Lorosblätter. Fragmente. 2 Thle. Bamberg 1817.
Werner, Fr. L. Zacharias, Ausgewählte Schriften. 13 Bde. Grimma 1841.

———

Amoretti. Elementi di elettrometria animale del cav. Carlo A. Mil. 1816.
Baader, Franz v., Sämmtliche Werke. Hrsg. von Franz Hoffmann u. a. 16 Bde. Leipzig 1850—60.
Butte, Arithmetik des menschlichen Lebens. Landshut 1811.
Carus, Karl Gust. Briefe über Landschaftsmalerei. Leipzig 1831.
— Zwölf Briefe über das Erdleben. Stuttgart 1841.
— Psyche, Zur Entwicklungsgeschichte der Seele. Pforzheim 1846.
— Physis, Zur Geschichte des leiblichen Lebens. Pforzheim 1851.
— Symbolik der menschlichen Gestalt. Leipzig 1853.
— Ueber Lebensmagnetismus. Leipzig 1857.
— Vergleichende Psychologie oder Geschichte der Seele in der Reihenfolge der Thierwelt. Wien 1866.
Cassel, F. P. Versuch über die natürlichen Familien der Pflanzen. Köln 1808.
Creuzer, Friedr. Symbolik und Mythologie der alten Völker. 4 Bde. Leipzig und Darmstadt 1810—12.
Daumer, G. Fr. Die dreifache Krone Roms. Münster 1859.
— Aus der Mansarde. Mainz 1860—62.
— Der Tod des Leibes kein Tod der Seele. Zeugnisse u. Thatsachen. Dresden 1865. Der Zukunftsidealismus der Vorwelt. Regensburg 1874.
Eichendorff, Jos., Frhr. v., Geschichte der poetischen Litteratur Deutschlands. 2 Bde. Paderborn 1861.
Ennemoser, Jos., Der Magnetismus i. s. geschichtl. Entwickelung. Leipzig 1849.
— Der Geist des Menschen in der Natur oder die Psychologie in Uebereinstimmung mit der Naturkunde. Stuttgart und Tübingen 1849.
— Der Magnetismus im Verhältnis zu Natur und Religion. Stuttgart 1842.
Eschenmayer. Versuch die scheinbare Magie des thierischen Magnetismus aus physischen und psychologischen Gesetzen zu erklären. Wien 1816.
— Grundriß der Naturphilosophie. Tübingen.
Friedreich, J. B., Die Symbolik und Mythologie der Natur. Würzburg 1859.
Görres, Jos. v., Gesammelte Schriften. Hrsg. von Maria Görres. 9 Bde. München 1850—74.
Haller, K. L. v., Politische Religion. Zittau 1801.
Hufeland, Frdr. Ueber Sympathie. Weimar 1811.
Kanne, J. E. Pantheum der ältesten Naturphilosophie. Tübingen 1811.
Kerner, Just., Die Seherin von Prevorst. 2 Bde. Stuttgart 1829.
Kestner, A. Römische Studien. Berlin 1850.

Kieser. System der Medicin. Halle 1817.

Kieser, D. G. System des Tellurismus oder thier. Magnetismus. Leipzig 1826.

Kluge, K. A. F. Versuch einer Darstellung des animalischen Magnetismus als Heilmittel. Berlin 1811.

Lasaulx, Ernst v., Ueber den Sinn der Ödipussage. 1841. (Progr.).

— Der Fluch bei den Griechen und Römern. 1843. (Progr.).

— Die Linosklage. 1842. (Progr.).

Malfatti, Giov. Studien über Anarchie und Hierarchie des Wissens. Leipzig 1845.

Marcus u. Schellings Jahrbücher der Medicin als Wissenschaft. Tübingen 1805.

Menzel, Wolfg. Voß und die Symbolik.

Mesmer. Mesmerismus oder System der Wechselwirkungen, Theorie und Anwendung des thierischen Magnetismus als die allgemeine Heilkunde zur Erhaltung des Menschen von F. J. M. Hrsg. von Karl Chr. Wolfart. Berlin 1814.

Müller, Adam Heinrich. Vorlesungen über deutsche Wissenschaft und Litteratur. Dresden 1806.

— Von der Idee der Schönheit, in Vorlesungen gehalten zu Dresden im Winter 1807. Berlin 1809.

— 12 Reden über die Beredsamkeit und ihren Verfall. Leipzig 1816.

Rees v. Esenbeck. Naturgeschichte des magnetischen Schlafes und Traumes. Bonn 1820.

Oken, Lehrbuch der Naturphilosophie. Jena 1809.

Passavant, Untersuchungen über den Lebensmagnetismus und das Hellsehen. Frankfurt a. M. 1821.

— Gedenkblätter. Frankfurt a. M. 1860.

Reil, Rhapsodieen über die Anwendung der psych. Kurmethode auf Geisteszerrüttungen. 1803.

Ringseis, Joh. Nep., System der Medicin. 1840.

Ritter, Joh. Wilh. Die Physik als Kunst. München 1806.

— Der Siderismus. Tübingen 1808.

— Fragmente aus dem Nachlaß eines jungen Physikers. Heidelberg 1816.

Rixner, Versuch einer neuen Darstellung der uralten indischen All-Eins-Lehre. Nürnberg 1808.

Scheitlin, Thierseelenkunde. Stuttgart und Tübingen 1840.

Schelling, Fr. Wilh. J. v., Sämmtliche Werke. 14 Bde. Stuttgart 1856—61.

Schubert, G. H. v., Ansichten v. d. Nachtseite d. Naturwissenschaft. Dresden 1808.

— Symbolik des Traumes. Bamberg 1814.

Schütz, Wilh. v., Goethe's Faust und der Protestantismus. Bamberg 1844.

Solger, Karl Wilh. Ferd., Nachgelassene Schriften und Briefwechsel hrsg. von L. Tieck und Fr. v. Raumer. 2 Bde. Leipzig 1826.

Steinbeck, Alb. Der Dichter ein Seher, oder über die innige Verbindung der Poesie und der Sprache mit dem Hellsehen. Leipzig 1836.

Steffens, Beiträge zur inneren Naturgeschichte der Erde. Freyburg 1801. Grundzüge der philosophischen Naturwissenschaft. Berlin 1806.

Troxler, Grundriß der Theorie der Medicin. Wien 1805.

— Ueber das Leben und sein Problem. Göttingen 1807.

Voit, Wilh. Gust. Die Tiroler ekstatischen Jungfrauen. 2 Bde. Regensb. 1843.

Voß, Joh. Hch., Antisymbolik. Stuttgart 1824.

Wagner, Joh. Jak. Von der Philosophie und der Medicin. Bamberg und Würzburg 1805.

— Religion, Wissenschaft, Kunst und Staat in ihren gegenseitigen Verhältnissen betrachtet. Erlangen 1819.

Weber, Jos. Der thierische Magnetismus oder das Geheimniß des menschlichen Lebens aus dynamisch-psychischen Kräften verständlich gemacht. Landshut 1816.

Wienholt, Heilkraft des thierischen Magnetismus. Lemgo 1802—06.

Wilbrand, J. B. Das Gesetz des polaren Verhaltens in der Natur, dargestellt in den magnetischen, elektrischen und chemischen Naturerscheinungen. Gießen 1819.

Winkelmann, Aug. Einleitung in die dynamische Physiologie. Göttingen 1808.

Windischmann, Ideen zur Physik. Würzburg und Bamberg 1805.

— Ueber etwas, was der Heilkunde noth thut. Leipzig 1824.